DUMONT

Pommern, das »Land am Meer«, gibt es seit dem zweiten Weltkrieg nicht mehr. Dort wuchs Maria Wellershoff als Maria von Thadden auf, auf den Landgütern Trieglaff und Vahnerow, die seit Generationen der Familie von Thadden gehörten. Mit leichter Hand und einer wundervoll eindringlichen Sprache bringt die Autorin uns ihre Kindheit und Jugend nahe. Maria Wellershoff erzählt von den Dörfern und Gutshäusern, von Eltern, Geschwistern, Verwandten und Freunden, von den Tieren, von Festen und Jagden, von der pommerschen Landschaft und den Ferien an der Ostsee. Eine große Rolle spielen dabei auch Naziherrschaft und Krieg. So beschreibt sie, wie Elisabeth, ihre Halbschwester, 1944 von den Nazis hingerichtet wird. Zu diesem Zeitpunkt studiert Maria bereits Kunstgeschichte in Prag. Kurz vor Kriegsende kehrt sie ins »Reich« zurück. Zusammen mit ihrem Bruder Ado wird sie von den Amerikanern gefangen genommen und gelangt auf abenteuerlichen Wegen nach Göttingen, wo sie endlich ihr Studium fortsetzen kann.

Maria Wellershoff wurde 1922 als Tochter von Adolf von Thadden und Barbara Blank geboren. 1941 machte sie Abitur in Berlin und studierte Kunstgeschichte, Archäologie und Geschichte. Die Mutter dreier Kinder arbeitete als Redakteurin, als freie Lektorin und im Römisch-Germanischen Museum in Köln. Sie ist verheiratet mit dem Schriftsteller Dieter Wellershoff und lebt in Köln.

Maria Wellershoff

Von Ort zu Ort

Stationen einer Jugend

DUMONT

Die abgebildeten Fotos sind aus dem Privatbesitz der Autorin.
Der Rechteinhaber der Karte »Das Land der Familie von
Thadden« konnte trotz Bemühen von Seiten des Verlages
leider nicht ermittelt werden.

Erste Auflage 2013
© 2010 DuMont Buchverlag, Köln
Alle Rechte vorbehalten
Umschlag: Zero, München
Umschlagabbildung: © Ingo Arndt / Minden Pictures / Corbis
Vorsatzkarte: Ernst R. Döring, Verlagshaus Würzburg
Satz: Angelika Kudella, Köln
Gesetzt aus der Adobe Garamond
Gedruckt auf säurefreiem und chlorfrei gebleichtem Papier
Druck und Verarbeitung: CPI – Clausen & Bosse, Leck
Printed in Germany
ISBN 978-3-8321-6253-5

www.dumont-buchverlag.de

INHALT

Vorwort 9
Trieglaff: *Das Dorf – Das Schloss – Der Park* 13
Von großen und kleinen Pferden 72
Allmähliche Horizonterweiterung 80
Schulzeit vor dem Dritten Reich – Grundschule 98
Schulzeit im Dritten Reich –
   humanistisches Gymnasium 115
Intermezzo 1 146
Das Magdalenenstift in Altenburg/Thüringen 156
Intermezzo 2 195
Wieblingen – ein Jahr in der Frauenschule 207
Intermezzo 3 224
Der erste Kriegswinter 227
In Berlin – bis zum Abitur 238
Der Reichsarbeitsdienst 264
Intermezzo 4 282
Studium der Kunstgeschichte,
   Freiburg im Breisgau, 1942–1943 294
Leipzig, 1943–1944 315
Prag, Sommer 1944 349
Das Ende – von allem 386
Der Anfang – nach dem 8. Mai 1945 427

Drei Briefe unserer Mutter aus Vahnerow 465
Personenverzeichnis 475
Litcratur zur Familie von Thadden 477

VORWORT

»Was eure Generation erlebt hat – da können wir nur staunen«, sagte einmal eine jüngere, nach dem Zweiten Weltkrieg geborene Freundin zu mir. Es könne gar nicht genug persönliche Aufzeichnungen geben, ergänzend zu den Publikationen der Historiker, meinte sie. Das ermutigte mich, meine Erinnerungen aufzuschreiben und dem großen Mosaik der deutschen Geschichte in der ersten Hälfte des 20. Jahrhunderts einige Steine hinzuzufügen.

Aufgewachsen in einem protestantischen, deutsch-nationalen Elternhaus, wurden wir sechs Geschwister nach dem frühen Tod unseres Vaters (1932) erzogen und geprägt von einer liberalen, politisch hellsichtigen und sehr mutigen Mutter, die den Nationalsozialismus von Anfang an ablehnte und uns lehrte, hinzusehen statt wegzuschauen.

Die politisch und wirtschaftlich schwierigen Zwanzigerjahre habe ich als Kind auf einem pommerschen Gut verbracht, in den Dreißigerjahren als Gymnasiastin und Internatsschülerin die allmähliche Politisierung des Alltags erfahren, als Studentin den Krieg und das katastrophale Ende erlebt und den endgültigen Verlust der ostdeutschen Heimat begreifen müssen.

Die wichtigste Quelle für meine ganz persönliche Geschichte in der Weltgeschichte sind Briefe, die ich an Irmgard Meyer, genannt Inga, ab 1931/32 geschrieben habe. Sie war Freundin und Vertraute unserer Familie, und kurz vor ihrem Tod 1995 hat sie mir alle Briefe und Postkarten, in einem Ordner gesammelt, zurückgeschickt. Ohne sie hätte ich dieses Buch nicht schreiben können. In zwei kleine Taschenkalender habe ich von Januar 1944 bis Ende September 1945 Kurzinformationen – ohne kritische Kommentare – notiert, die die Chronologie von wichtigen Stationen und Ereignissen sichern. Die Eintragungen aus den Sommermonaten 1945 in Göttingen sind leider mit Bleistift geschrieben und zum größten Teil kaum noch lesbar. Meine Erinnerungen habe ich in Geschichts- und Fachbüchern überprüft; einige Titel sind im Text zitiert. Nach der Ermordung unseres Bruders Gerhard am 2. Oktober 1945 im Wald bei Hannoversch-Münden und dem allmählichen Begreifen, dass die pommersche Heimat endgültig verloren war, habe ich nichts mehr notiert, nie wieder einen Taschenkalender besessen.

Mit meiner Immatrikulation an der Göttinger Universität Anfang September 1945 endet dieser Bericht. Mit der Fortsetzung des über ein Jahr unterbrochenen Studiums fing ein neuer Lebensabschnitt im Frieden an.

Im Anhang habe ich drei Briefe unserer Mutter abgedruckt; vermutlich die beiden letzten, die sie im Februar 1945 kurz vor dem Einmarsch der Sowjetarmee geschrieben hat, und einen vom 3. Juni 1945, in dem sie das Elend des Lebens unter russischer Besatzung schildert und hofft, durch ihr und unserer Schwester Barbaras Ausharren die Heimat für ihre Kinder retten zu können: »Es scheint zu gelingen.« Es konnte nicht gelingen, denn die Alliierten hatten über das Schicksal Ostdeutschlands und der Deutschen längst anders entschieden. Im März 1946 wurden Mutter und Tochter ausgewiesen.

Ein Personenverzeichnis über drei Generationen und eine Ahnentafel können dem Leser hoffentlich helfen, sich in den schwierigen Verwandtschaftsverhältnissen zurechtzufinden. Was die Namen betrifft, so habe ich für meine Geschwister die Rufnamen gewählt, Abkürzungen der Taufnamen.

Meine Aufzeichnungen sollen nicht nur ein kleiner persönlicher Beitrag sein, in dem ich mich bemüht habe, das eigene Schicksal mit der Zeit- und Kriegsgeschichte zu vernetzen, sondern sie sind auch eine Liebeserklärung an die verlorene pommersche Heimat, an Trieglaff und Vahnerow.

Ich danke allen, Verwandten und Freunden, die mich während meiner Arbeit durch kritische Lektüre, Ergänzungen und Richtigstellungen unterstützt und zum Weiterschreiben ermutigt haben. Besonders danke ich Dr. Theda Krohm-Linke für ihre einfühlsame und verständnisvolle Hilfe bei der letzten Überarbeitung dieses Buches.

Köln, August 2009　　　　　　　　　　　　Maria Wellershoff

TRIEGLAFF

Das Dorf

Auf der Luftaufnahme von Trieglaff ist gut zu erkennen, dass das Dorf eigentlich aus zwei Dörfern besteht: dem um einen Teich angelegten typisch slawischen Runddorf mit großen Bauernhöfen (im mitteldeutsch-fränkischen Stil), deren Gebäude um einen geschlossenen Hof gruppiert sind, und dem Straßendorf, das zum Gutshof, zum »Rittergut«, gehört. Die selbstständigen, recht wohlhabenden Bauern hatten mit dem Gutsbetrieb nichts zu tun. Im Bauerndorf lagen die kleine alt-lutherische Kirche und das zugehörige Pfarrhaus. Ich kann mich nicht erinnern, jemals einen Bauernhof betreten zu haben, als wir in Trieglaff wohnten.

Außerhalb des Dorfes, auf dem Luftbild nicht zu sehen, erhebt sich in einer Koppel, die einem Bauern gehörte, ein kleiner Hügel, auf dem einmal eine Ritterburg gestanden hat, eine »Raubritterburg«, wie wir Kinder glaubten, weil das aufregender klang. Jedenfalls hieß der Hügel »der Schlossberg«. Flur- und Ortsnamen haben immer einen historischen Hintergrund. Die Burg soll erst im Dreißigjährigen Krieg von schwedischen oder kaiserlichen Truppen zerstört worden sein. Das Schlafliedchen mit dem traurigen Vers »Pommerland ist abgebrannt« stammt aus dem Dreißigjährigen Krieg. Irgendwann soll ein Fuchs aus seinem Bau einen silbernen Löffel und eine Münze herausgescharrt haben. Archäologische Grabungen hätten vielleicht zur Klärung der Vergangenheit des »Schlossbergs« beitragen können. Daran war jedoch niemand interessiert.

Ungefähr in der Mitte des Dorfes befand sich ein Kaufladen, ein »Kramladen«. Der Kaufmann betrieb auch die zum selben Haus gehörende Gaststätte mit einem großen Festsaal. Hier trafen sich abends und vor allem am Wochenende die Männer aus dem ganzen Dorf bei Bier und Schnaps. Im Saal wurden Feste gefeiert, am Wochenende wurde dort getanzt.

Am Rande des alten Dorfes, an der Grenze zum Rittergut, stand eine alte, fast hohle Linde, die sogenannte Götzenlinde. Bevor die christlichen Missionare die slawische Siedlung erreichten, sollen die Bewohner des Dorfes das Kultbild ihres Gottes Triglav hier vergraben und diese Linde gepflanzt haben. Beim Einmarsch der Russen im März 1945 ist die Linde zusammengebrochen.

Mit dem Straßendorf beginnt das Rittergut, das im Laufe der Jahrhunderte mehrfach die Besitzer gewechselt hat. An die Familie von Thadden kamen die ziemlich heruntergewirtschafteten Dörfer Trieglaff, Gruchow und Vahnerow 1820 durch die Heirat Adolfs von Thadden mit der Erbin Henriette von Oertzen. Ihr ältester Sohn Reinhold erbte Trieglaff und Gruchow, der Sohn Gerhard das kleinere Vahnerow.

An der langen Dorfstraße, die vom Bauerndorf zum Gutshof führt, stehen die niedrigen Häuser der Landarbeiter oder auch Tagelöhner, unserer »Leute«, wie wir sie nannten. Die Häuser hatte unser Vater Anfang des 20. Jahrhunderts nach und nach, wie es finanziell möglich war, anstelle der strohgedeckten Lehmfachwerkhäuser bauen lassen. Jeweils zwei Familien lebten in einem Haus, das unterkellert war und einen Dachboden hatte. Die Wohnungen hatten zwei oder drei Stuben, eine Kammer,

Küche und Vorratsraum und eine kleine Waschküche. Alle Familien legten vor ihren Häusern Blumenbeete an, die von weiß gestrichenen Staketenzäunen eingefasst waren. Ein großer Obst- und Gemüsegarten und Ställe für Geflügel, Kaninchen und eine Kuh befanden sich hinter den Häusern.

Wenn ich mich nicht täusche, bin ich nur einmal in einem Arbeiterhaus gewesen, und zwar zu einer Hochzeits- oder großen Geburtstagsfeier, in Vertretung unserer Mutter, die entweder krank oder hochschwanger war oder im Wochenbett lag. Ich war sieben Jahre alt, als mir diese erste offizielle Aufgabe, Stellvertreterin der »Gnädigen Frau« zu sein, anvertraut wurde.

Als ich beim großen Familienfest ankam, war die Stube schon voller Gäste, sie saßen auf Bänken dicht zusammengedrängt. Ich wurde meiner Rolle entsprechend zu den Erwachsenen gesetzt, nicht zu den Kindern. Auf der langen Tafel standen dampfende Schüsseln, denn das Gelage fing mit dem Mittagessen an. So bescheiden und sparsam die Arbeiter gewöhnlich auch aßen – Pellkartoffeln mit Heringen, Pellkartoffeln mit Specksoße, »Kartoffelsupp', Kartoffelsupp', die ganze Woch' Kartoffelsupp'«, hieß es in einem Lied –, bei festlichen Anlässen wurde nie gespart. Also zunächst Mittagessen mit verschiedenen Braten, Gemüsen und Kartoffeln, nach einer kurzen Pause folgte das Kaffeetrinken mit Cremetorten und Blechkuchen. Dauernd wurde mir was angeboten, und obwohl ich längst satt war, wagte ich nicht, »Nein, danke« zu sagen, weil ich damit die Gastgeber beleidigt hätte. Sie hätten sofort misstrauisch gefragt, ob es mir denn nicht schmecke. Also aß ich tapfer weiter, sah aus dem Fenster und hoffte das Kindermädchen zu sehen, das mich abholen sollte. In der Stube wurde es immer lauter, die Männer rauchten, tranken Bier und

Schnaps. Erst nachdem ich noch belegte Brote in mich hineingestopft hatte, wurde ich endlich abgeholt. Wahrscheinlich war mir furchtbar übel.

In allen großen Dörfern mit einem Gutsbetrieb – nicht in den reinen Bauerndörfern – gab es eine sogenannte Schnitterkaserne, in der während der Erntezeit die polnischen Saisonarbeiter einquartiert waren. Sie kamen zur Getreideernte und blieben, bis die letzten Rüben geerntet waren, weil die eigenen Leute für die zusätzlichen Arbeiten nicht ausreichten. Das Wort »Schnitter« weist darauf hin, dass die Polen bereits auf die Güter kamen, als das Korn noch mit der Sense gemäht, also geschnitten wurde. Die Saisonarbeiter wurden vom Gutsbetrieb mit Essen versorgt, denn sie durften ihre Frauen nicht mitbringen. Und sie wohnten zwar in der Kaserne, waren aber natürlich nicht kaserniert, sondern konnten sich frei bewegen.

Im Zweiten Weltkrieg wurden Kriegsgefangene oder ukrainische Zwangsarbeiter in diesen Häusern untergebracht.

Der eigentliche Wirtschaftshof des Guts liegt immer noch im Winkel zwischen zwei aus dem Dorf herausführenden Straßen. Bevor ich zur Schule ging, habe ich den Hof allein wohl nie verlassen. Für ein kleines Kind gab es hier ja genug zu sehen: die Ställe der Kühe, Schweine, Schafe und Ackerpferde, die Scheunen, die Schmiede und die Stellmacherei. Den Stellmacher und seine Gehilfen störte es nicht, wenn ich ihnen zuschaute, wie sie mit der Kreissäge große Bretter zerschnitten, wie sie hobelten, feilten, schmirgelten und mit selbst gekochtem, scharf riechendem gelbem Leim Holzteile verklebten. So viel wie möglich wurde in der Stellmacherei selbst hergestellt und repariert: Ackerwagen, Leitern, Schubkarren, Tröge und vieles mehr. Die Kutschwagen wurden gekauft.

Neben der Stellmacherei lag die Schmiede, denn Schmied und Stellmacher arbeiteten viel zusammen, ergänzten sich in ihren Tätigkeiten, besonders beim Bau und der Reparatur von Ackerwagen und -geräten. Mich interessierte beim Schmied nur das Beschlagen der Pferde, sonst keine seiner Arbeiten. Mit seinem vom Ruß geschwärzten Gesicht war er mir immer etwas unheimlich.

Der Stellmacher war auch der Herrenfriseur des Dorfes. Die Haarschnitte waren einfach: Die Männer hatten kurz geschnittene Haare mit Seitenscheitel, die Jungen wurden fast kahl geschoren, es blieben einige Stoppeln auf dem Kopf. Die Frisur war praktisch, pflegeleicht, und Läuse waren gut sichtbar. Die Frauen brauchten keinen Friseur: Sie kämmten ihre langen Haare straff nach hinten und drehten sie in einem Knoten zusammen. Darüber trugen die meisten Frauen kleine, unter dem Kinn geknotete Kopftücher.

Mein Bruder Adolf (Ado) hatte hellblonde Locken, die bis über die Ohren fielen – der Stolz der Mutter, aber nicht der des ältesten Sohnes, denn eines Tages erschien er mit ganz kurz geschorenen Haaren. Der Grund: Er wollte aussehen wie die Dorfjungen, die ihn wegen seiner mädchenhaften Frisur verspottet hatten. So hat er es jedenfalls später erzählt. Dem misstrauischen und zögernden Stellmacher-Friseur hatte er versichert, die Eltern seien einverstanden mit dem Kurzhaarschnitt. Zum Bedauern unserer Mutter wuchsen nie wieder Locken.

Zur Landwirtschaft gehörten außer der Feldbestellung vor allem auch die Aufzucht von Nutztieren und ihre Verwertung, also das Schlachten. Doch bis die Tiere getötet wurden, hatten sie es damals gut auf dem Land. Sie lebten länger als die Tiere heutzutage, weil sie nicht im Schnellverfahren gemästet wurden, sie waren nicht auf engstem Raum zusammengepfercht, und im Sommer hatten sie alle genügend Bewegung im Freien: die Kühe auf den Koppeln, die Schafe auf den Wiesen und im Herbst auf den Stoppelfeldern, die Schweine in ihrer großen Suhle vor dem Stall. Die Hühner liefen überall auf dem Hof herum. Nur im Winter mussten sie im Stall bleiben, legten dann auch weniger Eier. Frische Eier waren im Winter knapp.

Die Kälber blieben bei ihren Müttern, tranken aus ihren Eutern, wurden nicht – wie heute – in enge Käfige gesperrt und mit »Milchaustausch« gefüttert. Wir hielten den noch zahnlosen Kälbchen unsere Hände hin, an denen sie gierig saugten. Uns entzückte das Kitzeln der rauhen Zungen an den Fingern immer wieder. Überhaupt gingen wir am liebsten in die Ställe, wenn Junge geboren waren: Lämmchen auf unsicheren staksigen Beinchen, rosa Ferkelchen, die sich um die Zitzen der dicken Sau balgten, blinde kleine Kätzchen und natürlich die Fohlen.

Ob es jetzt in den sterilen Schweineställen überhaupt noch Ratten gibt? Sie waren, als die Schweine noch viel Stroh in ihren Koben hatten, eine große Plage und gefährlich für die Ferkel, weil die Nagetiere an ihren Ohren und Schwänzen knabberten.

Katzen liefen in allen Ställen herum. Blechteller mit Milch standen für sie bereit, ernähren mussten sie sich selbst vom Mäusefang und leider auch vom Vogelfang. Kaum jemand kümmerte sich um sie. Sie bekamen oft Junge, von denen die meisten gleich nach der Geburt in einen Sack gesteckt und ertränkt wurden. Die Katzen waren scheu und vorsichtig und ließen sich nicht streicheln. Auf einen Kampf mit ausgewachsenen Ratten ließen sie sich nicht ein.

Warum hieß das große Schlachten im Spätherbst »Schlachtfest«? Was war daran festlich? Ich fand es traurig, dass die Tiere getötet werden mussten. Trotzdem war ich kein Vegetarier, sondern aß gerne Fleisch und die gut gewürzte pommersche Wurst. Überall auf den Dörfern wurden ungefähr zur gleichen Zeit Schweine und Kühe geschlachtet. Immer auf dem eigenen Hof. Ein amtlich zugelassener, geprüfter Fleischbeschauer untersuchte die Tiere vor und nach der Schlachtung. War das Fleisch in Ordnung, wurde es nach dem Schlachten gestempelt.

Wenn ich das gellende Schreien der Schweine hörte, die sehr grob von den Knechten behandelt wurden, bin ich ins Kinderzimmer gelaufen, habe mich in die hinterste Ecke gehockt und mir die Ohren zugehalten. Für ein kleines Kind ist das Landleben nicht immer idyllisch.

Die geschlachteten Tiere wurden zur Weiterverarbeitung in die Küche gebracht. Auf vielen Gutshöfen waren bei dem Hochbetrieb nicht nur Köchin und Küchenmädchen mit den verschiedenen Arbeiten beschäftigt, sondern auch die Hausfrauen. Unsere Mutter hat sich in Trieglaff nie daran beteiligt; sie verstand zunächst auch nichts von pommerscher Wurst- und Schinkenherstellung. Vielleicht ekelten sie, die die »feinste Nase« hatte, wie sie oft betonte, die widerlich süßlichen Gerüche in der Küche.

Als unser Vater den Gutshof Anfang des 20. Jahrhunderts neu gestaltete, die alten Ställe abreißen und neue bauen ließ, mit schöner Ziegelornamentik, hat er auch Bäume anpflanzen lassen. Bäume und Büsche trennten den Hof vom Park, sodass im Sommer die Stallungen vom Schloss aus kaum zu sehen waren. Bäume waren wichtig für die Vögel, und sie spendeten Schatten.

Nur eine Familie litt unter der Dendrophilie, der »Baumfreundschaft« des Gutsherrn: die des Inspektors Friedrich Pierau. Die breite Südfront des lang gestreckten Hauses hätte im hellsten Sonnenlicht liegen können, wenn nicht eine Reihe großer Bäume zu dicht vor dem Haus gestanden hätte. Selbst im Hochsommer waren die Zimmer dunkel. Trotz wiederholter Bitten des Inspektors, mit dem unseren Vater eine echte Freundschaft verband, durften die Bäume nicht gefällt werden. Sie waren wichtiger als helle Räume.

Unser Vater war auf den Tag genau zehn Jahre älter als Karl Pierau. Beide Männer waren tüchtige Landwirte, und sie haben in den schwierigen Jahren nach dem Ersten Weltkrieg die wirtschaftliche Situation des Guts allmählich verbessern können.

Einem klugen Rat seines Freundes ist unser Vater leider nicht gefolgt. Nach dem Ersten Weltkrieg war der Mann unserer Schwester Marie-Agnes (Anza), Martin Braune, berufslos, denn Marineoffiziere wurden nicht mehr gebraucht. Um ein kleines Gut an der Oder kaufen zu können, bestand er – trotz der beginnenden Inflation und der prekären Wirtschaftslage – auf der Auszahlung des Erbanteils seiner Frau. Karl Pierau beschwor den Vater, den Hof für seine Tochter zu kaufen, als Sicherheit für sie und ihre Kinder. Er glaubte nicht an die Zuverlässigkeit des Schwiegersohns, der ihm auch unsympathisch war. Für den sehr konservativen Landrat aber war es undenkbar, den Landbesitz einer Frau, nicht einmal seiner Tochter, zu überschreiben. Leider, denn die Ehe zerbrach, Martin Braune heiratete ein zweites Mal, und Anza hatte deshalb nach dem Zweiten Weltkrieg keinen Anspruch auf Entschädigung. Den »Lastenausgleich« für den verlorenen Besitz erhielten der geschiedene Mann und seine zweite Frau, die sich dafür einen Hof in Westdeutschland kaufen konnten.

Wegen der rasanten Geldentwertung in der Inflationszeit musste der Betrag für den Kauf des Hofs innerhalb von vierundzwanzig Stunden von einer Sparkasse zur anderen gebracht werden. Damit wurde Fritz Schmitz, der jüngere Bruder unserer Mutter, beauftragt. Morgens, als die Sparkasse in Greifenberg geöffnet wurde, packte er die Geldscheinbündel, viele Millionen Mark, in einen großen Koffer, eilte zum Bahnhof, fuhr mit dem nächsten Zug nach Stettin, stieg dort um und konnte gerade noch vor Kassenschluss das Geld in der Sparkasse von Greifenhagen abliefern. Am nächsten Tag hätten die Millionen schon nicht mehr gereicht.

Sind unsere Eltern jeden Sonntag zum Gottesdienst in die Kirche gegangen? Der Gutsherr war als Patron der Kirche vielleicht dazu verpflichtet. Seine Frau auch? An den großen Festtagen ist sie wohl auch in die Kirche gegangen, das wurde sicher erwartet. Später, als wir in Vahnerow wohnten, ist sie nur selten nach Batzwitz zum Gottesdienst gefahren.

Die Kirche in Trieglaff war ein sehr schöner einschiffiger Bau, aus großen behauenen, weiß verputzten Findlingen aufgemauert, mit einem geraden Chorabschluss. Der gedrungene Holzturm an der Westseite hatte eine auffällig hohe, dünne Spitze, die man auf dem Luftbild gerade noch zwischen den Baumkronen erkennen kann. Holztürme gab es in Hinterpommern nur bei Dorfkirchen, sie waren viel billiger als die in Städten üblichen Steintürme. Das hölzerne Innengerüst aus kräftigen Balken war sehr stabil, weil es der Belastung durch die schwingende Glocke standhalten musste. Außen war die Konstruktion mit schmalen Brettern verkleidet, in Trieglaff waren sie in einem Fischgrätmuster angeordnet.

Die Kirche ist im 13. Jahrhundert auf dem Platz erbaut worden, auf dem sich die heidnische Opferstätte für den Gott Triglav befunden hatte. Sie wurde der heiligen Elisabeth geweiht. Das Kultbild ihres Gottes hatten die Slawen angeblich rechtzeitig in Sicherheit gebracht. Alte knorrige Eichen umgaben die Kirche: Eine von ihnen, aus einem bestimmten Winkel betrachtet, hatte das Profil Friedrichs des Großen, des Alten Fritz. Verwitterte Grabsteine erinnerten an den ehemaligen, längst aufgelassenen Friedhof. Von all dem ist nichts mehr zu sehen: Die Kirche ist allmählich verfallen und schließlich abgerissen worden (1948).

Wir, die Patronatsfamilie, betraten die Kirche erst, wenn sich die Gemeinde zum Gottesdienst versammelt hatte. Links vom Gang saßen die Frauen, rechts die Männer. Wir gingen bis zum Chor und stiegen dann auf einer kurzen, steilen Treppe zur Empore hinauf. Hinter einer brusthohen Bretterwand auf unbequemen Stühlen sitzend, sahen wir Kinder außer der Kanzel und dem Baldachin nichts vom Kirchenraum, wir guckten nur auf die braunen Bretter. Standen wir mit der Gemeinde zur Verlesung von Bibeltexten oder zum Gebet auf, konnten wir den Pastor vor dem Altar sehen. Ich wagte kaum, den Kopf zur Gemeinde zu wenden, man hätte mich für neugierig oder gar für herablassend halten können. Also schaute ich nur auf den Pastor in seinem schwarzen Talar und langweilte mich bei seiner Predigt, die er von der Kanzel hielt. Kirchenlieder, vom Orgelspiel begleitet, habe ich immer sehr gerne gesungen.

Ob im Großen Kirchengebet noch für den Patron gebetet werden musste? Im 20. Jahrhundert hatte er zwar noch den Titel, doch kirchenrechtliche Befugnisse wie im 19. Jahrhundert hatte er nicht mehr. Damals hatte er noch das Recht gehabt, einen Pastor zu berufen. Jetzt konnte er einer Ernennung nur noch zustimmen. Gegen seinen ausdrücklichen Widerstand wäre allerdings auch kein Pastor eingesetzt worden.

In jedem Jahr gab es ein Missionsfest zugunsten der Missionsstationen in fernen Erdteilen. Dann wurde ein bunt bemalter, wohl eineinhalb Meter großer Neger aus Holz neben die Kirchentür gestellt. Er trug einen farbigen Turban auf dem Kopf, zeigte lächelnd seine weißen Zähne, sah aus wie ein Sarotti-Mohr auf den Schokoladentafeln. In den Händen hielt er eine Blechbüchse. Wenn eine Münze durch den Schlitz gesteckt wurde, nickte er dankbar mit dem Kopf.

Unsere Mutter fand Missionsfeste überflüssig. Sie war der Meinung, die Kirche solle sich um die Mission im eigenen Land kümmern, da sei genug zu tun. Es gab überall, vor allem in den großen Städten, soziales Elend. Dies zu lindern war wichtiger, als in fernen Ländern den Chinesen oder den »armen Negerkindern« das Christentum zu predigen. Das hat sie uns unmissverständlich gesagt, trotzdem mussten Ado und ich an den Festen im Garten des Pastors als Vertretung der Patronatsfamilie teilnehmen. Auf der Wiese unter den Obstbäumen waren Tische und Bänke aufgestellt, es gab Blechkuchen, Kaffee und Obstsaft, ein Missionar berichtete über seine Arbeit in einem fernen Land, es wurde gebetet und gesungen. Der dünne Gesang verwehte im Sommerwind. Die schmalen Bänke waren hart. Vielleicht stammt aus jener fernen Zeit mein Widerwillen gegen lange Bänke an langen Tischen. Ado und ich waren immer froh, wenn wir endlich nach Hause laufen durften.

Doch die »armen Negerkinder« spielten in unserer geschwisterlichen Pädagogik eine Rolle. Wenn jemand etwas nicht aufessen wollte, weil es ihm nicht schmeckte, hieß es vorwurfsvoll: »Aber die armen Negerkinder würden sich freuen, wenn sie so etwas Gutes essen könnten!«

Gesellschaftlichen Kontakt zwischen dem Kirchenpatron und dem Pastor hat es wohl nicht gegeben. In meiner Erinnerung kam der Pastor nur ins Schloss, wenn wieder ein Kind getauft werden musste, denn wir wurden nicht in der Dorfkirche getauft. Mit den zahlreichen Kindern des Pastors, die in unserem Alter waren, haben wir nie gespielt.

Zum Familienfriedhof führt eine Kastanienallee, erst leicht abfallend, dann sanft aufsteigend zu dem großen Eingangstor aus grauem Stein. In den Bogen ist ein Vers aus dem Johannesevangelium, Kap. 11, eingraviert: »Ich bin die Auferstehung und das Leben, wer an mich glaubet, der wird leben, ob er gleich stürbe.« Dahinter lag wie in einem heiligen Hain, feierlich und immer etwas dämmrig, das Thaddensche Erbbegräbnis mit einem weiten Blick über den Bauernsee. Die Grabhügel waren von dichtem Efeu bedeckt, die eisernen Grabkreuze hatten alle dieselbe Gestalt. In leicht erhabenem und bronziertem Relief waren die Namen, Daten und ein Bibelspruch geschrieben. Neben all den adligen Toten, in geziemendem Abstand, lag das Grab einer bürgerlichen Toten. Uns wurde erzählt, es sei das Grab eines Hausmädchens, das von der Gutsherrin Sophie von Mellin mit einem Schlüssel erschlagen worden sei. Es wurde auch erzählt, Sophie von Mellin habe zur Strafe lebenslang einen eisernen Ring um den Hals tragen müssen. Ins Gefängnis ist sie jedenfalls nicht gekommen. Sie lebte um 1830 »noch mit ihrem Ring um den Hals in Greifenberg am Markt, betreute hier zur Schule gehende Abkömmlinge, beobachtete durch einen Spion, wer die Straße passierte, und sah ihre Nachkommenschaft über Pommern sich ausbreiten«, wie Udo von Alvensleben 1934 in seinem Tagebuch geschrieben hat (In: Alvensleben/Koenigsfeld, *Besuche vor dem Untergang*, Berlin 1968, S. 64).

Vor meinem ersten Pommernbesuch (1976) mit meiner jüngsten Schwester Astrid (Atti) und zwei befreundeten Galeristen aus Köln hatte ich erwartet, den von Efeu, Unkraut und Gestrüpp überwucherten alten Familienfriedhof mit inzwischen verrosteten Eisenkreuzen vorzufinden, um den sich nach dem Krieg niemand gekümmert hatte. Auf den Anblick des total verwüsteten Friedhofs war ich nicht vorbereitet, obwohl es Raubgräber und Friedhofschänder zu allen Zeiten gegeben hat. Einige Gräber waren aufgegraben, Kreuze waren umgeworfen, zum Teil zerbrochen. Das Kreuz unseres Vaters stand noch aufrecht. Wir richteten einige Kreuze auf oder lehnten sie an Baumstämme. Wahrscheinlich sind ortsfremde Plünderer für die Aufgrabungen verantwortlich gewesen, nicht die Bewohner von Trieglaff. Der katholische Pfarrer war nicht zuständig für diesen Friedhof, weil er Privatbesitz der Thadden-Familie war, also niemals kirchliches Eigentum. Irgendwann sind die Eisenkreuze in den nahen See geworfen worden. Der Bürgermeister hat einige herausziehen und auf den Friedhof bringen lassen, darunter das Grabkreuz unseres Vaters.

Dann haben Trieglaffer Bürger unter großem Aufwand den Friedhof allmählich entrümpelt und von Gestrüpp befreit, was vor allem dem Verwalter, Herrn Momot, und seiner Familie, dem Bürgermeister und dem Schuldirektor zu danken ist. Die Aktion wurde ständig von Rudolf von Thadden als Vertreter der Familie unterstützt. Den Toten wurde in der Mitte des Platzes ein großes Denkmal gesetzt, in dessen Zentrum eine Gedenktafel mit zweisprachiger Inschrift steht. Der neu gestaltete Friedhof wurde 2004 mit einem protestantischen Gottesdienst eingeweiht, zu dem auch viele Nachkommen der Familie von Thadden gekommen waren. Ein großes Fest mit Musik und Tanz wurde zum Abschluss im Schulhaus gefeiert.

Der sogenannte Bauernfriedhof, auf dem auch die Gutsarbeiter und ihre Familien beerdigt wurden, war total überwuchert von Gestrüpp, als ich ihn 1976 sah. Er war bis zum Kriegsende hell und freundlich mit den unterschiedlichsten, manchmal recht kitschigen Grabsteinen und Kreuzen, betenden Engeln, aufgeschlagenen Porzellanbüchern, auf deren Seiten die Namen der Toten in goldenen Buchstaben geschrieben waren, mit bunten Papier- und Wachsblumen und frischen Sträußen. Er gefiel mir besser als unser stilvoller feierlicher Familienfriedhof.

Auf dem Weg zu den beiden Friedhöfen überquerte man die Gleise einer Schmalspur-Kleinbahn, die Greifenberg und Trieglaff verband. Seit 1896 beteiligte sich unser Vater als Landrat an der Gründung einer Zuckerfabrik in Greifenberg, förderte den Zuckerrübenanbau im ganzen Kreis. Zur besseren Anbindung an die Fabrik ließ er für den Rübentransport eine feste Feldbahn von siebzig Zentimeter Spurbreite verlegen, deren Endstation Trieglaff war. Hierher wurden von einigen Gütern und Bauernhöfen im Herbst mit schweren Ackerwagen Zucker- und Futterrüben und Kartoffeln gebracht und in die offenen Waggons verladen. Von Vahnerow zu dieser Kleinbahn war ein schmaler Schienenstrang für die von Pferden gezogenen Kipploren verlegt worden.

Der Gang durchs Dorf endet schließlich vor dem Schloss. Auf der gepflasterten Rampe, die leicht ansteigend zum Portal führt, wurde im Winter, nach Beendigung der Treibjagd, die sogenannte Strecke ausgelegt: das von den Jägern zur Strecke gebrachte Wild lag, nach Gattungen geordnet, in mehreren Reihen dicht nebeneinander: Hasen, Kaninchen, Fasanen, Füchse, auch Rebhühner. Die Jäger, Gutsherren aus der Nachbarschaft, und unser Förster Zastrow, die Flinten noch über die Schulter gehängt, standen stolz davor. Wir Kinder sahen uns die toten Tiere mit gemischten Gefühlen an, denn wir hatten Mitleid mit den niedlichen Hasen und Kaninchen, deren Fell blutig befleckt war, denen Blut an Maul und Nase klebte, mit den bunten Fasanenhähnen, auch mit den schönen Füchsen, andererseits gehörte die jährliche Treibjagd zu unserem Leben auf dem Land wie das Schlachten der Haustiere. Es wurde natürlich gezählt, welcher Jäger wie viele Tiere geschossen hatte, und wenn unser Vater zu den erfolgreichen Schützen gehörte, waren wir stolz auf ihn.

Das Schloss

Das Gutshaus in Trieglaff, allgemein »das Schloss« genannt (viele Gutshäuser wurden so bezeichnet, auch wenn sie den Namen nicht verdienten), ist ein seltsam unharmonisches Bauwerk, das Kriegs- und Nachkriegszeit fast unbeschadet überstanden hat. Von dem ehemaligen Inventar des Hauses ist nichts erhalten; im Laufe der Jahre haben es die Russen, die seit 1945 dort den Sitz ihrer Kommandantur hatten, restlos ausgeplündert. Später übernahmen Polen den Gutsbetrieb.

Das Schloss sieht so aus, als wären zwei Häuser, die überhaupt nicht zusammenpassten, aneinandergeschoben oder -geklebt worden. Das alte, lang gestreckte Haus in bescheidenem hinterpommerschen Landhausstil mit zwei niedrigen Stockwerken und einem hohen Dach stammt aus der ersten Hälfte des 17. Jahrhunderts, ein leichter, ursprünglich strohgedeckter Fachwerkbau, in dem die Familie von Mellin lebte. Im 18. Jahrhundert wurde es mit dem Geld der Ehefrau Christiane Henriette von Kauderbach erneuert, umgebaut, erweitert und bekam einen breiten vorgebauten Eingang zur Hofseite. 1903, drei Jahre nach dem Tod seines Vaters Reinhold, zog unser Vater, der vorübergehend mit seiner Familie in Greifenberg gewohnt hatte, nach Trieglaff, um das Gut zu übernehmen. Für seine große Familie – fünf Kinder – war das alte Haus zu klein und auch nicht repräsentativ genug für den Landrat. Außerdem stand wieder Geld einer Ehefrau, Ehrengard von Gerlach, zur Verfügung.

Der Architekt des neuen Baus hat bei seinem Bauplan auf den Charakter des alten Hauses keine Rücksicht genommen, sondern ein imposantes Schloss im damals modischen historisierenden Stil entworfen. Mit barocken Stilelementen, in die sich Jugendstilformen mischten, und einem romanischen Erker, entsprach es dem Geschmack der Auftraggeber.

Natürlich habe ich als Kind das Haus niemals mit kritischem Blick betrachtet. Es war unser Haus, es kam mir riesig vor und herrschaftlich, es war viel größer als die größten Häuser im Dorf: das des Inspektors, das Schulhaus, in dem der Lehrer mit seiner Familie wohnte und die Häuser der beiden Pastoren von der altlutherischen und von der unierten Kirche. Auch in der nächsten Nachbarschaft gab es kein vergleichbares Gutshaus. Die meisten ähnelten dem schlichten alten einstöckigen Haus. Später lernte ich wesentlich größere Schlösser in der weiteren Umgebung kennen.

Immer noch geht oder fährt man zum Eingang über eine leicht ansteigende Auffahrt, die von einer steinernen Balustrade begrenzt ist. Auf ihr standen in meiner Kindheit vier große Steinvasen, die im Sommer mit Geranien bepflanzt waren. Man betritt das Schloss durch ein doppelflügeliges Portal, das plastisch hervorgehoben und von einem Schmuckgiebel gekrönt ist, auf dem die Wappen der Familien der Erbauer, von Thadden und von Gerlach, angebracht sind. Weder die Russen noch die Polen haben sie zerschlagen. Man geht einige Schritte durch den Windfang und kommt dann in die große Halle. Zu beiden Seiten des Durchgangs liegen die Damen- und die Herrengarderobe (»Damen- und Herrenablege«, wie man auch sagte), denn Damen und Herren zogen sich nicht im selben Raum aus und an. Auch Händewaschen und Frisieren im selben Raum wären unschicklich gewesen. Natürlich hatte jede Garderobe ihre eigene Toilette. Die Schuhe mussten gewechselt werden vor dem Betreten der Wohnräume. Bei Regenwetter wurden die Lederschuhe durch aufknöpfbare Überschuhe aus Gummi vor Nässe und Schmutz geschützt.

Auf der rechten Seite der hohen Halle führt eine breite Eichentreppe in den ersten Stock; in die linke Wand ist ein Kamin eingebaut, der niemals benutzt wurde, wenn ich mich recht erinnere. Er war wohl nur ein Statussymbol, das zur Ausstattung einer Halle gehört, kein notwendiger Wärmespender an kalten Winterabenden. Eine für die damalige Zeit moderne Zentralheizung versorgte das ganze Haus mehr schlecht als recht.

Das Licht fällt aus der Höhe durch ein großes Fenster in reinster Jugendstilornamentik in die Halle. Die Glasmalerei in bräunlichen Farben zeigt unter einem runden Medaillon den dreiköpfigen Gott Triglav, umgeben von verschlungenem Ranken- und Bänderwerk. Dieser wendische Gott hat dem Dorf seinen Namen gegeben.

Unser Vater war ein sehr geselliger und leutseliger Mann, der gerne Gäste einlud: Verwandte, Freunde, Nachbarn, Ratsuchende, Hilfsbedürftige. Der Bruder seiner Mutter, Leopold Witte, schrieb im September 1918 an seinen Sohn Karl: »... jetzt in Trieglaff ist es und war es wunderschön. Hier wimmelt es nur allzu sehr von ganzen Familien und einzelnen Herren und Frauen. Jetzt wird es nach der Abreise der meisten endlich stiller.«

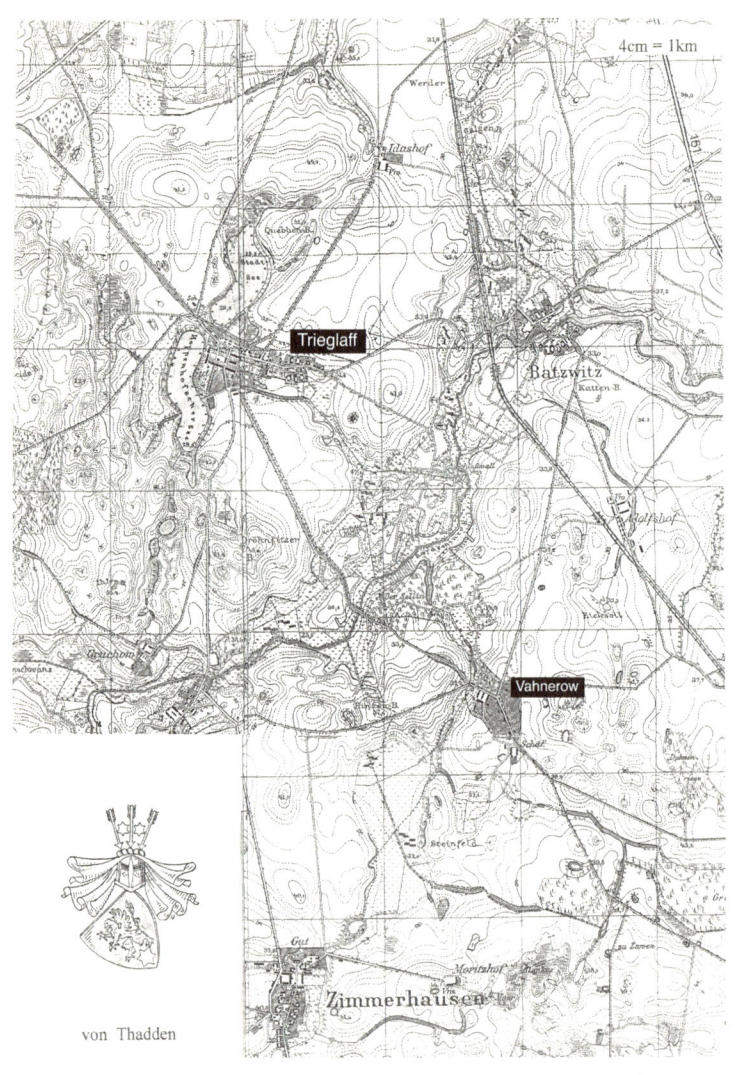

Das Land der Familie von Thadden

Adolf von Thadden (um 1922)

Barbara von Thadden, geb. Blank (1920)

Reinhold von Thadden und seine Frau Marie, geb. Witte,
beim Schachspiel im Park (um 1900)

Es blieb nicht lange still, denn zwei Jahre später, im September 1920, heiratete unser verwitweter Vater die fünfundzwanzigjährige Barbara Blank, Lehrerin für Deutsch und Englisch in dem von seiner Schwester Hildegard geleiteten Altenburger Magdalenenstift. Sie hatte die junge Lehrerin zur Erholung nach Trieglaff geschickt, nicht ahnend, welche Folgen dieser Besuch für die ganze Familie haben würde. Ihr Bruder verliebte sich auf der Stelle in die hübsche junge Frau und verlobte sich mit ihr. Der Schock über diese unerwartete Verbindung muss bei den längst erwachsenen Kindern aus der ersten Ehe groß gewesen sein. Die Großmutter Marie (geb. Witte) bemühte sich in einem Brief an Berliner Freunde um Verständnis: »Die junge Frau neben dem so viel älteren Mann. Das richtig zu empfinden ist nicht einfach.« Der jungen Barbara wird aber guter Willen und Takt bescheinigt. Im nächsten Brief heißt es schon: »Barbara ist verblüffend Herrin der Situation – beherrscht ihre Aufgaben. Das englische Blut ihrer Mutter hat ihrer Mischung gutgetan.« Ein erstaunliches Lob, denn die junge Schwiegertochter hatte von der Organisation und Leitung eines großen Haushalts keine Ahnung. »Ich konnte nur Tee und Eier kochen«, behauptete sie später. Wichtigste Ratgeberin wurde Lena von Woedtke, die Schwester der ersten Frau unseres Vaters und Frau seines besten Freundes Fritz von Woedtke. Zwar wusste der erfahrene Diener Wilhelm, wie eine festliche Tafel für die Diners gedeckt wurde, doch die Speisekarte musste die Hausfrau bestimmen, und dabei wurde sie so lange von Lena von Woedtke beraten, bis sie keinen Rat mehr brauchte. Auch sonst stand Lena für alle Fragen der Haushaltsführung und der Etikette zur Verfügung. Um von den Angestellten anerkannt zu werden, musste die junge Hausfrau sehr schnell lernen, selbstsicher und bestimmt aufzutreten.

Nachdem sich also die Gäste in den beiden Garderoben umgezogen hatten, wurden sie in der Halle empfangen. Sie war nur sparsam möbliert, denn sie war eigentlich kein Aufenthaltsraum. Hier versammelten sich die Jäger, die zu Jagden gekommen waren, oder die Ehepaare von den Nachbargütern, die zu Musik- und Leseabenden eingeladen waren. Die Damen in modisch kurzen Hängekleidern, aber besonders elegant war sicher keine, denn es war nicht üblich, für Kleidung viel Geld auszugeben. Die Herren waren in dunklen Anzügen immer passend angezogen. Und wir Kinder, frisch gewaschen und in Sonntagskleidern, mussten natürlich Guten Tag sagen. Die Mädchen begrüßten die Damen mit tiefem Knicks und Handkuss, die Jungen verbeugten sich beim Handkuss. Die Erwachsenen waren so groß, dass ich nicht immer zu ihnen aufsah, sondern einfach von einer herunterhängenden Hand zur nächsten ging, sie ergriff und einen Kuss darauf drückte – manchmal war das auch eine etwas haarige Männerhand. Und stets hörten wir dieselben Bemerkungen der Erwachsenen, die sich zu uns herunterneigten, um uns genauer betrachten zu können: »Nein, wie bist du groß geworden!« »Du bist aber gewachsen, seit ich dich zuletzt gesehen habe!« »Ach, wie siehst du deinem Vater (oder deiner Mutter) ähnlich!« oder »Ist es nicht erstaunlich, wie sie der Großmutter (oder der Tante XY) ähnlich sieht?« Wir waren froh, wenn die lästige Zeremonie vorbei war und wir, vom Kinderfräulein oder Kindermädchen begleitet, nach oben in unsere Schlafzimmer laufen durften, wo uns noch vorgelesen wurde.

Die Gäste der Leseabende begaben sich in den Blauen Salon, in dem die Stühle in Reihen aufgestellt waren. In einer Ecke stand der Blüthner-Flügel. Der Raum hat ein großes Fenster mit dem schönsten Blick über den See auf das bewaldete Ufer und abends auf herrliche Sonnenuntergänge.

Lese- und Musikabende gab es in den Zwanzigerjahren wohl nur noch in Trieglaff. Unser Vater führte damit eine Tradition fort, die im 19. Jahrhundert auch auf anderen Gütern beliebt war, es gab, wie Bismarck einmal spöttisch bemerkte, »ästhetische Tees mit Lektüre, Gebet und Ananasbowle«. Beliebt war das Lesen mit verteilten Rollen. Die Thaddens galten als besonders »gebildet und intellektuell«, und das Trieglaffer Haus wurde in den Zwanzigerjahren »zum kulturellen Mittelpunkt des Kreises Greifenberg und über den Kreis hinaus«, wie unsere Mutter einmal geschrieben hat. Bei den Leseabenden, zu denen unsere Eltern einluden, wurden vor allem zeitgenössische Theaterstücke vorgetragen. Meistens las unser Vater die Texte allein vor; war aber die Schauspielerin und Jugendfreundin Ruth von der Ohe zu Besuch, dann übernahm sie die weiblichen Rollen. Die modernen Theaterstücke befremdeten die konservativen Gäste, und nach der Lesung wurde beim kalten Abendbrot lebhaft über das Vorgetragene diskutiert. An den Musikabenden sang unsere Mutter, die als Sängerin ausgebildet war und eine gute Alt- oder Mezzosopranstimme hatte, begleitet von Karl Kratz, dem Musiklehrer aus Greifenberg, der im Einwohnerbuch der Stadt Greifenberg als »Tonkünstler« eingetragen ist. Er war nicht nur als überdurchschnittlich guter Pianist geschätzt – er hatte eigentlich Konzertpianist werden wollen –, sondern er war auch gesellschaftlich anerkannt, weil er eine adlige Mutter hatte.

Wahrscheinlich gab es auch mal »gemischte Abende« mit Literatur und Musik.

An einen Gesellschaftsabend kann ich mich noch gut erinnern. Die Gäste standen im Blauen Salon, unterhielten sich, bewunderten wie üblich das Panorama, und ich stand zwischen ihnen. Plötzlich drängten alle zum Fenster, denn der Hausherr hatte einen ungewöhnlichen Großvogel auf der Wiese gesehen, eine Trappe, und machte die Gäste darauf aufmerksam. Anstatt sich nur an dem Anblick des schönen Tieres zu freuen, eilte er zum Gewehrschrank, nahm eine Flinte, lud sie, öffnete das Fenster und schoss. Ich war empört. Was die Gäste dachten, weiß ich nicht. Ich fragte sie, ob mein Vater etwa eine Vogelmutter erschossen hätte, deren Kinder nun keine Mutter mehr hätten und verhungern müssten. Nein, nein, wurde ich getröstet, es sei ein Vogelmann. Und ich sagte erleichtert – zum Vergnügen der Damen und Herren: »Ach – nur so ein alter Vater, wie ich auch einen habe!« Immerhin hatte der alte Vater so viel Humor, dass er die Geschichte an die Redaktion der Zeitschrift *Wild und Hund* sandte. Das Geld für den Abdruck zahlte er auf mein Sparbuch ein. Mein erstes Honorar. Trappen, schon lange vom Aussterben bedroht, stehen heute unter strengstem Naturschutz. Ob sie allerdings damals schon geschützt waren, kann ich nicht sagen.

Im Gelben Salon, dessen hellgelbe Tapete mit stilisierten, palmenähnlichen Bäumchen gemustert war, sehe ich weiße Möbel mit goldenen Verzierungen, einen Tisch, eine Bank und Stühle auf schlanken Beinen. Wenn Gäste zum Nachmittagstee kamen, es waren meistens Damen aus der Nachbarschaft oder Feriengäste, dann saßen sie an diesem Tisch.

Zu Vaters siebzigstem Geburtstag wurde hier ein Gruppenfoto aufgenommen: die allzu rundliche Mutter mit Monika (Mona) auf dem Schoß, in dünnem weißem Voilekleid (dazu trägt sie dicke dunkle Strümpfe und schwarze Schnürschuhe – weder sie noch ihr Mann haben diese Zusammenstellung als Stilbruch gesehen). Neben ihr sind die vier älteren Kinder aufgestellt, alle weiß gekleidet. Ich habe offene, leicht gewellte Haare, eine große weiße Satinschleife auf dem Kopf und sehe, wie immer, sehr ernst aus.

Der schönste Platz in diesem Raum war der halbrunde Altan in einer Ecke, zu dem man einige Stufen hinaufstieg. Das Licht fiel vom späten Vormittag bis zum Abend durch drei hohe Sprossenfenster. Wenn unsere Mutter nicht in ihrem eigenen sehr schmalen Zimmer saß, dann saß sie oft hier, entweder stickend, stopfend oder strickend, und wenn sie ein Strickzeug in der Hand hatte, las sie nebenbei in einem Buch, das vor ihr auf dem Tischchen lag. Ich kann mich nicht erinnern, dass sie jemals untätig war. Auch wir Töchter mussten es frühzeitig lernen, beim Lesen zu stricken. Denn: Nur stricken war geistlos, nur lesen war Zeitverschwendung.

Vaters Zimmer, das Herrenzimmer, war grün tapeziert, an den Wänden hingen Gehörne, zu Gruppen geordnet, dazwischen Bilder mit Jagdszenen. Die Brandmalerei eines röhrenden Hirschs über dem Sofa war ein Werk des Hausherrn. In dieser Technik, die kaum noch bekannt ist, war Vater ein Meister. Das Motiv wird zunächst auf eine helle Holzplatte gezeichnet und dann mit einer glühenden Stahl- oder Platinnadel in die Platte eingebrannt. Ich war nicht gerne in diesem Zimmer, weil es immer nach Tabak roch, denn Vater war ein Zigarren- und Pfeifenraucher. Wenn Fritz von Woedtke uns besuchte, saßen die beiden alten Freunde nach dem Mittagessen an dem Schachtisch, an dem schon die Großeltern gesessen hatten. Neben ihnen auf einem silbernen Tablett ein Mokkaservice. Ich wunderte mich, dass man so lange, unbeweglich vorgebeugt und schweigend, auf ein Brett mit schwarzen und weißen Figuren starren konnte, bevor eine Figur von einem Quadrat zu einem anderen geschoben wurde.

Niemals war die Eingangshalle so voller Menschen wie zum siebzigsten Geburtstag unseres Vaters am 3. Juni 1928. Die Halle war mit Rotdorn geschmückt Es kamen Männer in Uniformen von

Krieger- und Jägervereinen, Abordnungen der Kreisverwaltung, Vertreterinnen des Landfrauenvereins, Gutsherren mit ihren Frauen aus der Nachbarschaft, die fünf uns sehr fremden Halbgeschwister, Leute aus dem Dorf, Männer mit Schärpen und Orden. Vier kleine Kinder aus der zweiten Ehe, artig und still, standen neben der Mutter, die vermutlich die erst zehn Monate alte Mona auf dem Arm trug. Langweilige Reden wurden selbstverständlich auch gehalten. Ich war beeindruckt von so vielen Gratulanten, und auch stolz auf unseren Vater.

Nur noch einmal, ein Jahr später, kamen die Halbgeschwister nach Trieglaff, diesmal zu unangenehmen Erbauseinandersetzungen. Auf die Regelung des Erbes hatten vor allem die vier Schwestern gedrängt, weil sie fürchteten, der Vater würde Trieglaff, das größere Gut, uns Kindern aus der zweiten Ehe vermachen und Vahnerow, das kleinere und sehr verschuldete Gut, den Kindern aus der ersten Ehe. Das Ergebnis der Verhandlungen: Vater und Sohn tauschten die Güter. Reinold übernahm außerdem die hohen Schulden von Vahnerow. Die Schwestern verzichteten auf ihren Erbanteil zugunsten ihres Bruders. Der Ortswechsel wurde auf den Sommer 1930 festgelegt.

Unsere Mutter freute sich auf das kleinere, bequemere und vor allem besser beheizbare Vahnerower Gutshaus, das sie auch innenarchitektonisch nach ihrem Geschmack verändern konnte.

Die Zimmer des neuen Schlosses waren hoch und groß, im Blauen und Gelben Salon hielt sich selten jemand auf. Die steifen und unbequemen Möbel luden nicht zum Sitzen ein. Wir hätten es auch niemals gewagt, uns zum Lesen oder Spielen hier aufzuhalten. Ich habe mich in den Salons immer klein und verloren gefühlt.

Alle repräsentativen Räume in Trieglaff waren mit Parkett im

Fischgrätmuster ausgelegt. Das Holz war nicht versiegelt, sondern offenporig und deshalb empfindlich. Die Pflege war aufwendig: Auf flachen Kissen knieten die Hausmädchen und rieben mit feiner Stahlwolle jede einzelne Diele in der Richtung der Maserung ab. Anschließend wurde der Boden mit Bohnerwachs eingefettet und blank gebohnert. Ich fand es selbstverständlich, dass ein Herrenhaus Parkettböden hat und war später enttäuscht, dass es im Vahnerower Haus nur Dielen aus Buchenholz gab.

Vom Blauen Salon stieg man einige Treppenstufen hinunter in die Bibliothek, die bereits zum alten Haus gehörte. Die eingebauten Regale waren voller Bücher, viele mit alten Lederrücken. Vor dem Essen haben wir Kinder hier manchmal wartend gesessen. Weil die Bibliothek eigentlich ein Durchgangsraum war, eignete sie sich nicht recht zum stillen Lesen. In meiner Erinnerung war sie nur der Raum für die täglichen Morgenandachten, denn hier stand ein kleines Harmonium. Alle Hausangestellten mussten an den Andachten teilnehmen. Der Hausherr las die Tageslosung vor – ein Text aus der Bibel mit kurzer Interpretation –, es wurde gemeinsam gebetet und gesungen. Die Gesänge begleitete die Hausfrau auf dem Harmonium.

Ich ging gerne in das alte Haus, in dem die Wirtschaftsräume untergebracht waren und einige Hausangestellte wohnten, auch die Köchin und ihre Schwester Meta, die den seltsamen Namen Rux trugen. Meta war unsere Hausschneiderin. Sie stopfte Strümpfe, nähte Knöpfe an, verlängerte Kleider, flickte Hosen und Bettwäsche, sogar Aufnehmer wurden gestopft – so sparsam war man früher! Wer flickt heute noch seine Laken und Bettbezüge?

Ich besuchte Meta oft in ihrem Zimmer, das sie mit ihrer Schwester teilte. Ich setzte mich auf ein niedriges Bänkchen und sah ihr bei der Arbeit zu. Wenn ein Faden zu Ende war, gab sie mir die Nähnadel und einen neuen Faden und bat mich, für sie einzufädeln, weil sie das Nadelöhr nicht erkennen konnte. Und ich wunderte mich darüber, denn für mich war das ganz einfach.

In der Mitte des Zimmers stand ein großer Tisch, über ihm hing eine Metalllampe mit grünen Perlschnüren, und in dem messingfarbenen Schirm funkelten Glassteine in Facettenschliff, grüne, gelbe, rote, blaue. Ich liebte diese Lampe. Der Lichtschein mit den bunten Flecken reichte zwar nicht weit, der größte Teil des Zimmers lag im Dunkeln, das fand ich aber besonders gemütlich. Und wenn ich jetzt in einem Geschäft mit alten Möbeln eine solche Lampe entdecke, erinnert sie mich an Meta und ihr Zimmer.

Auf einem Foto aus den Zwanzigerjahren stehen sechs Hausmädchen nebeneinander: die Köchin und ihre Schwester, das Kindermädchen Gerda, zwei Stubenmädchen und ein Küchenmädchen. An diese kann ich mich nicht mehr erinnern, denn sie wechselten häufig. Alle tragen eine Art Tracht, basierend auf einer alten pommerschen Tracht: Trägerröcke und darunter weiße Blusen. Die Trägerröcke waren blau mit bunten Borten über dem Rocksaum. Den Stoff webte meine Mutter. Sie selbst trug diese Haustracht gerne, aus Solidarität mit den Hausmädchen, obwohl sie ihr nicht gut stand.

Auch das Esszimmer, verhältnismäßig niedrig und schmal, befand sich im alten Haus. Die Wände waren mit dunklem Holz getäfelt. Ich erinnere mich nur noch an das schwere Eichenbuffet mit einem von dicken gedrechselten Säulen getragenen Aufsatz, denn an diesem Buffet stand unser Diener immer und erzählte uns Geschichten, wenn die Eltern abends eingeladen waren. Der Diener wurde Wilhelm genannt, und er sah auch ein wenig aus wie Kaiser Wilhelm II. mit seinem Bart, dessen Enden nach oben gezwirbelt waren. Getauft war er auf den Namen August, doch bei Thaddens wurde er Wilhelm genannt. Alltags trug er eine leichte blau-weiß gestreifte Jacke, zum Empfang der Gäste und zum Servieren bei Diners musste er eine dunkelblaue Livree anziehen. Sie hatte goldglänzende Wappenknöpfe. Der immer freundliche Wilhelm, den wir sehr liebten, wollte später nicht mit uns nach Vahnerow umziehen, er gehörte zum Schloss in Trieglaff. Außerdem konnten wir uns keinen Diener mehr leisten.

Wir Kinder aßen, bevor wir nicht perfekte Tischmanieren hatten, niemals mit den Erwachsenen zusammen. Der Tisch war mit einem weißen, zart gemusterten Damasttischtuch bedeckt, das jeden Sonntag gewechselt wurde. Die beim Frühstück und Abendessen verstreuten Krümelchen wurden mit einer kleinen polierten Metallschaufel und einer weichen Bürste entfernt. Erst wer sechs Jahre alt war und mit Messer und Gabel umgehen konnte, durfte am allgemeinen Mittagessen teilnehmen. Auf der Kinderseite musste aber noch lange ein weißes Wachstuch liegen – sonst hätte das Damasttuch schon Anfang der Woche gewechselt werden müssen. Wir frohlockten immer, wenn einer der Erwachsenen den ersten Fleck machte. Kinder mussten beim Essen schweigen, nur wer gefragt wurde, durfte sprechen. Eine strenge Regel, die bei den wenigsten Gutsfamilien in der Nachbarschaft üblich war.

Wann wir zum Abendessen mit den Erwachsenen zugelassen wurden, weiß ich nicht mehr. Normalerweise mussten wir vor- oder nachessen und am hinteren Ende des Tisches sitzen. Das war das dem Eingang gegenüberliegende Ende. Um halb acht sollten wir im Bett sein. Unser Vater war zu alt, um noch die kleinen Kinder der »zweiten Serie« bei Tisch ertragen zu können. Uns war es recht so.

Waren unsere Eltern abends nicht zu Hause, konnten wir etwas trödeln, und dann baten wir Wilhelm, »von früher« zu erzählen, von der Zeit vor dem Ersten Weltkrieg, aber noch lieber vom Krieg. Und er erzählte von den Schützengräben, in denen der Dreck spritzte, wenn die feindlichen Granaten einschlugen, von den Angriffen der deutschen Soldaten und den Gegenangriffen der französischen, von Geschützdonner, Verwundeten und Toten. Die Dramatik von Wilhelms Schilderungen und unser gebanntes Zuhören sind mir deutlich in Erinnerung geblieben.

An der Südseite des Hauses hatten wir Kinder zwei große helle Spielzimmer, durch eine breite Türöffnung miteinander verbunden. Ein Gang und ein schmales Treppenhaus trennten sie von den Wohnräumen, sodass kein störender Lärm zu den Erwachsenen dringen konnte. In der Mitte des vorderen Zimmers stand ein runder Eichentisch auf einem dicken Mittelfuß, an den ich lange eine unangenehme Erinnerung hatte, weil er in einem mehrmals wiederkehrenden Traum eine Rolle spielte: Aus dem Mittelfuß wuchs ein gewaltiger Arm, und eine fleischige Hand griff nach mir. Anstatt aus dem Zimmer zu fliehen, lief ich um den Tisch herum, die Hand näherte sich bedrohlich, um mich zu packen – doch ehe sie mich erreichte, wachte ich entsetzt auf. Manchmal hatte ich Angst vor dem Einschlafen, weil ich mich vor diesem Traum fürchtete. Irgendwann träumte ich ihn nicht mehr.

Warum dieser Tisch nachts so bedrohlich werden konnte, verstehe ich bis heute nicht, denn wir saßen immer an ihm, wenn wir malten, spielten, bastelten, Bilderbücher ansahen. Unsere Spielzimmer waren bei Weitem nicht so voll, so überfüllt wie heutige Kinderzimmer – gefehlt hat uns aber nichts. Wir sahen niemals Spielzeuggeschäfte mit vollen Schaufenstern und Regalen, deren

Angebote uns hätten verlocken können. Zu den Geburtstagen und zu Weihnachten bekamen wir die Geschenke, die von den Eltern (wahrscheinlich nur von unserer Mutter) ausgesucht worden waren. Erst in Vahnerow durften wir uns aus dem Katalog eines Stettiner oder Berliner Kaufhauses (Wertheim?) selbst etwas auswählen. Mona passte genau auf, dass wir nur billige und keine teuren Spielsachen ankreuzten und auf unsere Wunschlisten schrieben. Sie prüfte die Endsummen.

Meine Schwester Barbara (Baba) und ich besaßen viele Puppen. Eine begeisterte Puppenmutter wie Baba war ich jedoch nie. Ich ritt lieber auf meinem schwarz-weißen Schaukelpferd. Einige Puppen hatten Porzellanköpfe mit Glasaugen und beweglichen »Klimper«-Lidern, mit Kugelgelenken an Armen und Beinen, mit Stoff- oder Lederkörpern, andere waren aus Zelluloid. Natürlich gab es Bettchen und kleine Wagen, mit denen wir die Puppen im Park spazieren fahren konnten. Die kostbarsten Puppen, mit denen wir besonders achtsam umgingen, waren die Käthe-Kruse-Puppen. Schon damals, Ende der Zwanzigerjahre, waren sie so teuer, dass wir nur Puppen mit angemalten Haaren bekamen, keine mit Echthaarperücken. Mein liebster Puppenjunge hieß Pauli. So oft habe ich mit ihm gespielt, dass nach einigen Jahren trotz aller Vorsicht die hellbraune Farbe der Haare fast abgerieben war.

Ado hatte eine Dampfmaschine, an die über Treibriemen verschiedene Geräte angeschlossen werden konnten, unter anderem ein Hammerwerk, eine kleine Kreissäge, mit der wir Papierstückchen schnitten, ein Schaufelrad, das Wasser in kleine Eimer goss. Ein recht lärmendes, klapperndes, zischendes Spielzeug, faszinierend, wenn alle Maschinen in Betrieb waren. Und selbstverständlich hatte Ado einen Eisenbahnzug. Keinen elektrischen, sondern einen, dessen Lokomotive mit einem Schlüssel aufgezogen werden musste. Die Schienen waren in weiten Kurven auf dem Fußboden durchs Zimmer gelegt. Einmal habe ich nicht aufgepasst, bin gestolpert und so heftig mit dem linken Knie auf ein senkrecht stehendes Rädchen gefallen, das sich von einem Waggon gelöst hatte, dass die dünne Haut aufriss und die blanke Kniescheibe zu sehen war. Vor lauter Schreck habe ich nicht geweint und keinen Schmerz gespürt. Dr. Riebe, unser Hausarzt, musste aus Greifenberg kommen, um die klaffende Wunde zu nähen. Die Narbe ist noch heute auf meinem Knie zu sehen.

In der Türöffnung zwischen den Spielzimmern war eine Schaukel befestigt mit zwei Ringen, in die man ein Brett legen konnte. Ein beliebtes, aber gefährliches Spiel war es, sich die Seile mit den Ringen zuzuwerfen. Das spielten wir mit Vergnügen, bis mich eines Tages ein von Ado geworfener Ring am rechten Augenlid traf. Die Platzwunde blutete heftig, brauchte aber nicht genäht zu werden, ein Pflaster genügte. Nach diesem Unfall wurde die Schaukel abgeschraubt. Ein Wunder, dass man die Kindheit einigermaßen heil überlebt.

In einer Ecke stand ein kleines Pult für Ado und mich, an dem wir unsere Schularbeiten machten. Malen und zeichnen ließ sich auf der schrägen Platte besser als auf dem flachen Tisch. Ich malte gerne und habe dort oft gesessen. Am liebsten zeichnete ich natürlich Pferde, und meistens war ich zufrieden mit den Ergebnissen. Einmal hatte ich mir ganz besondere Mühe gegeben, weil ich das Bild verschenken wollte. Einen galoppierenden Rappen hatte ich gezeichnet und mit dicker Ölkreide das Fell schwarz gemalt. Vor dem Schlafengehen war ich gerade noch fertig geworden und ließ den Zeichenblock auf dem Pult liegen. Am nächsten Morgen im hellen Sonnenlicht sah ich, dass das

Pferd lila und nicht schwarz war – bei der schlechten Beleuchtung hatte ich abends die Farben verwechselt. Ich habe das Blatt sofort in kleine Fetzen gerissen und in den Papierkorb geworfen, niemand sollte mein lila Pferd sehen und mich auslachen.

Waren wir jemals allein, uns selbst überlassen, in den Spielzimmern? Ich glaube nicht. Entweder beaufsichtigte uns das Kindermädchen oder das Kinderfräulein, beide waren zu unserer Betreuung da, hatten aber verschiedene Aufgaben. Sie hatten wohl genug zu tun, denn in achteinhalb Jahren wurden sechs Kinder geboren, von denen immer einige gewaschen, angezogen, auf den Topf gesetzt und gefüttert werden mussten.

Die Kindermädchen kamen aus dem Dorf und waren nach dem Schulabschluss vierzehn bis sechzehn Jahre alt. Sie waren vor allem für unsere Sauberkeit zuständig, beaufsichtigten uns, wenn wir im Park spielten, machten mit uns den langen und auf die Dauer langweiligen Spaziergang »um den See rum«. Das einzige Mädchen, an das ich mich undeutlich erinnere, war die blonde, rundgesichtige Gerda. Sie war gleichzeitig mit Inga, unserem ersten Kinderfräulein, bei uns.

Inga (Irmgard Meyer), achtzehn Jahre alt, hatte gerade ihre Ausbildung in Hannover als Kindergärtnerin abgeschlossen, als sie zu uns kam. Das war 1928. Sie wurde engagiert, weil die drei ältesten Kinder mehr brauchten als nur Betreuung und Aufsicht. Wir sollten lernen, was Kinder in der Stadt im Kindergarten lernen: kreatives Spielen, die Fantasie sollte angeregt werden beim Basteln und Malen. Tätigkeiten, zu denen unsere Mutter weder Talent noch Zeit hatte. Es sollte uns viel vorgelesen werden, akzentfrei und nicht im hinterpommerschen Platt, das die Hausmädchen sprachen. Niemand konnte uns so lebendig und dramatisch Geschichten erzählen und die Illustrationen in den Bilderbüchern so eindringlich beschreiben wie Inga. *Hänschen im Blaubeerwald, Die Häschenschule, Die frohen Blumenkinder.*

Von dem kleinen Gang vor den Kinderzimmern führte der eine Treppenlauf nach unten zum Nebeneingang für Lieferanten und dann ins Souterrain, der andere nach oben in den ersten Stock. Das ganze Haus war unterkellert. Die mächtigen Gewölbekeller aus Granit unter dem alten Haus stammten wahrscheinlich aus dem späten Mittelalter. Oft war ich nicht im Keller, was sollte ich da auch? In der Erinnerung sehe ich vor mir nur den dunklen Gang unter dem Neubau, der zur Küche führt. Hier saßen viele Frauen aus dem Dorf in einer langen Reihe auf Schemeln, hielten zwischen ihren Oberschenkeln die Gänse, die sie gerade abgestochen hatten, das Blut tropfte noch aus den Köpfen. Dann wurden die Gänse gerupft, die Frauen warfen die Federn je nach Größe in verschiedene Eimer. Später trafen sich die Frauen an Winterabenden zum Zerschleißen der großen Federn, nachdem sie den unbrauchbaren Federkiel herausgeschnitten haben. Dabei wurde geschwatzt und gesungen. Die groben Federn wurden zur Füllung von Polstermöbeln und festen Kissen verwendet; die feinen für Steppdecken, Kopfkissen und Plumeaus. Die meisten Federn wurden verkauft.

Alle oder fast alle Arbeiterfamilien besaßen Gänse, die an den Wegrändern, auf den gemähten Wiesen und auf den Stoppelfeldern fressen durften. Als Entgelt für diese freie Weide musste im Herbst, wenn die Gänse sich fett gefressen hatten, jedes siebente Tier »an die Herrschaft« abgegeben werden. Das qualvolle Stopfen der Gänse war offiziell verboten; ich vermute aber, dass es heimlich gemacht wurde. Die vielen Gänse wurden nicht nur im großen Gutshaushalt verbraucht. Ein Teil wurde an den Kaufmann Knoll in Greifenberg geliefert zum Verkaufen. Was nicht bald als Braten auf den Tisch kam, wurde eingepökelt. Eine besondere Delikatesse waren geräucherte Gänsebrust und geräucherter Magen, der fein gerieben aufs Butterbrot gestreut wurde. Ein Lieblingsgericht nicht nur unseres Vaters, sondern vieler Pommern, die auf dem Land wohnten, war das sogenannte Schwarzsauer, das aus den Innereien der Gänse, Hals, Beinen, Speck, Rosinen und anderen Zutaten bestand, die in einer schwarzen dicken Blutsauce schwammen, süß-sauer abgeschmeckt. Schon den Anblick dieses Gerichts fand ich ekelhaft. Eigentlich mussten wir Kinder »alles schweigend essen, was auf den Tisch kam«. Bei Schwarzsauer wurde jedoch eine Ausnahme gemacht, weil unsere Mutter diese pommersche Spezialität auch nicht mochte.

Noch eine Szene, die sich im Flur des Kellers abspielte, steht mir recht deutlich vor Augen: Ado, der mit dem Luftgewehr Zigeunerinnen verjagt.

Weil Ado auch einmal ein guter Jäger und Schütze werden sollte, bekam er spätestens mit fünf Jahren ein Luftgewehr, dazu eine Schachtel mit kleinen, bunt gefiederten Bolzen. Zum Üben eine Zielscheibe. Auf lebende Ziele durfte er mit diesem Gewehr natürlich nicht schießen.

Zigeunerfamilien zogen im Sommer mit ihren bunt bemalten, von kleinen Pferden gezogenen Wagen von einem Dorf zum anderen. Die Männer verdienten Geld als Scheren- und Messerschleifer und als Kesselflicker. Die Frauen verkauften Nähzubehör und lasen die Zukunft aus den Handlinien. Dunkelhäutig, schwarzhaarig und exotisch farbenfroh gekleidet, wirkten sie sehr fremd. Noch befremdlicher als ihr Aussehen war das, was von ihnen erzählt wurde: Sie würden Igel braten und essen, diese niedlichen und nützlichen Tiere, sie wären die geschicktesten Diebe, nichts wäre sicher vor ihnen und – sie würden Kinder stehlen! Und das, obwohl sie selbst zu viele hätten.

Wieder einmal waren sie in Trieglaff. Einige Frauen waren bis zum Nebeneingang des Schlosses gekommen und die Kellertreppe hinabgestiegen. Vergeblich hatte die Köchin versucht, sie zu vertreiben. Hatte sie Ado zu Hilfe rufen lassen? Hatte sie mich geschickt, ihn zu holen? War er zufällig in der Nähe? Jedenfalls war er da mit seinem Luftgewehr, hob es an seine Schulter und lief drohend auf die Zigeunerinnen zu, die schreiend flüchteten, ein kleines Stück noch von Ado verfolgt.

Hinter den Türen des Kellerflurs befanden sich die Vorratsräume, die Zentralheizungskessel und die Koksvorräte, die Küche, der Raum, in dem die Wäsche geplättet und gemangelt wurde. Ich sah den Mädchen gerne beim Plätten zu, ich mochte den feuchten Geruch, der von der frisch duftenden Wäsche aufstieg. Mit einer großen Kastenmangel wurde die über zwei Rollen gewickelte Bett- und Tischwäsche geglättet. Die Rollen wurden mit einem großen Schwungrad bewegt. Dieses drehten wir auch gerne, wenn die Mangel nicht benutzt wurde. Und schon wieder gab es einen Unfall, an dem Ado und ich beteiligt waren. Wir waren allein im Plättraum. Ich stand hinter der Mangel, hatte die Finger meiner linken Hand auf das untere Brett gelegt, Ado drehte das Rad, ich zog die Finger nicht rechtzeitig zurück, die Rolle walzte die Knochen platt. »Wie Löschpapier«, sagte unsere Mutter später. Dr. Riebe tröstete, die Knochen seien so weich, sie würden sich allmählich wieder runden. Das taten sie auch. Nur die Spitze des Zeigefingers blieb etwas schief.

Im Keller gab es keine Waschküche, obwohl Platz genug gewesen wäre. Ob der penetrante Seifengeruch die Hausherrin gestört hätte? Von der ersten Frau unseres Vaters hieß es, sie sei sensibel und zart gewesen. Jedenfalls wurde die Haushalts- und Leibwäsche nicht im Schloss gewaschen, sondern in einem eigenen Waschhaus außerhalb des Parks am nördlichen Ufer des Sees. Bei mindestens zwölf ständig im Haus lebenden oder tagsüber beschäftigten Personen kam im Laufe von zwei bis drei Wochen – öfter wurde nicht gewaschen – eine Menge schmutziger Wäsche zusammen. Sie wurde einen Tag lang eingeweicht, um die Stärke aus der Bett- und Tischwäsche, den Manschetten und Kragen der Herrenhemden zu lösen. Gewaschen wurde mit selbst gekochter und dann gehärteter Seife, für deren Zubereitung außer chemischen Zusätzen vor allem Fette benötigt wurden, unter anderem auch tote Ferkel. Die Waschfrauen – waren es vier oder mehr? – kamen aus dem Dorf. Vor dem Waschhaus führte ein Holzsteg zum See, in dem die Frauen die Wäsche spülten. Auf einer großen Wiese wurde sie dann zum Trocknen aufgehängt oder zum Bleichen aufs Gras gelegt. Schließlich wurde die trockene Wäsche in Körben auf Schubkarren zum Haus gefahren und in die Plättstube gebracht und dort schrankfertig gemangelt und geplättet. Vor und nach dem Waschen zählte die Hausfrau die Wäschestücke. Wo die Wäsche allerdings im Winter oder bei Regenwetter getrocknet wurde, weiß ich nicht.

Stieg man die hintere Treppe im Haus nach oben, kam man zu dem Korridor, an dem einige Gästezimmer, die Schlafzimmer der Kinder und des Kinderfräuleins lagen. In einem Zimmer standen die Betten der vier ältesten Kinder. Mona schlief vermutlich im Schlafzimmer der Eltern oder daneben im Ankleidezimmer.

Ich war, wie viele Kinder, eine Schlafwandlerin. Daran habe ich unangenehme, fröstelnde Erinnerungen. Mal lag ich auf dem kleinen Teppich neben dem Bett, mal zusammengekauert in einer Ecke auf dem Fußboden neben dem Wäschekorb. Ich wachte auf, wenn ich ganz durchfroren war und tastete mich in der Dunkelheit zurück zu meinem Bett.

Das Zubettgehen hatte immer denselben Ablauf: Baden – jeden Abend wurden wir gebadet, weil das in England üblich war –, Vorlesen, Nachtgebet. »Lieber Gott, mach mich fromm, dass ich in den Himmel komm«. Ich habe keine besonderen Erinnerungen mehr daran.

Außer einer vielleicht: Wir waren an jenem Abend lauter als üblich, bewarfen uns vielleicht mit Kissen, als jemand hereinkam und uns zur Ruhe und Rücksicht ermahnte, weil unsere Mutter bald ein Baby bekommen würde. Da sah ich nun gar keinen Zusammenhang. Die Babys, hatte man uns immer erzählt, wurden von einem Engel gebracht (nicht vom Klapperstorch). Warum brauchte unsere Mutter Ruhe und Rücksichtnahme, sie brauchte das Baby doch nur vom Engel in Empfang zu nehmen? Außerdem, überlegte ich, von wem wusste sie überhaupt, dass ein Engel ihr ein Baby bringen würde? Welcher Bote hatte sie benachrichtigt? Ich habe aber nicht gewagt, einen Erwachsenen zu bitten, mir diese Fragen zu beantworten.

Am nächsten Morgen öffnete sich die Tür, und gegen das helle Licht stand eine Krankenschwester in gestreiftem Kleid und mit weißer Haube auf dem Kopf und zeigte uns das neue Baby. Besonders gefreut habe ich mich nicht. Wir waren doch schon fünf Kinder. Warum brachte der Engel denn schon wieder eines zu uns? Andere Familien hatten weniger Kinder und hätten vielleicht gerne eines mehr gehabt. Auf unseren Geburtsanzeigen stand immer die Formel: »Gottes Güte schenkte uns eine gesunde Tochter (einen gesunden Sohn)«.

Ich lebte in einer völlig abgeschirmten Welt. Die auf dem Land übliche sexuelle Aufklärung durch die Dorfkinder fand nicht statt, weil ich nie etwas mit Dorfkindern zu tun hatte. Am Sonntag verlas der Pastor von der Kanzel die Ereignisse der vergangenen Woche: Todesfälle, Krankheiten bei Gemeindemitgliedern, um deren Genesung gebetet wurde, und Geburten, und er dankte Gott, dass er der Mutter in ihrer schweren Stunde beigestanden hatte. »Die schwere Stunde« – warum schwer, wenn doch die Engel die Kinder brachten? Wer hätte mir die Wahrheit gesagt, wenn ich gefragt hätte? Nachdem ein Engel nun zum letzten Mal ein Baby zu uns gebracht hatte, habe ich über das Problem nicht weiter nachgedacht.

Wenn man das Schlafzimmer der Eltern betrat, in dem wir alle geboren worden sind, hatte man einen herrlichen Blick durch zwei große Rundbogenfenster über den See auf den bewaldeten Abhang am anderen Ufer und den Himmel. Das Zimmer war nicht groß. Die Ehebetten aus hellem Holz mit hohem Kopf- und Fußteil nahmen viel Platz ein; daneben standen die Nachttische. Die Nachttöpfe aus weißem Porzellan, tagsüber diskret hinter einem Türchen des Nachttisches versteckt, wurden abends vom Hausmädchen, das auch die Betten aufdeckte, unter die Betten gestellt. Es war ganz selbstverständlich, dass nicht die Benutzer, sondern die Hausmädchen die vollen Töpfe am Morgen leerten.

Die Eltern zogen sich in getrennten Räumen aus und an. Unsere Mutter hatte ein eigenes Ankleidezimmer, in dem sie auch die Babys stillte. Wenn ich an dieses Zimmer denke, sehe ich sie in einem Sessel sitzen, mit dem Rücken zum Fenster, ein Baby an der Brust. Die Brust war mit einem weißen Tuch möglichst dezent verhüllt. In diesem Zimmer stand wohl auch der Kleiderschrank mit ihrer bescheidenen Garderobe. Unsere Mutter war wohl niemals elegant gekleidet, obwohl sie nicht uneitel war. Sie wusste, dass sie hübsch war mit ihren großen grünen Augen, den langen, dichten Wimpern, dem üppigen Mund und den dicken kastanienbraunen Haaren. Von ihrem verliebten Mann wurde sie auch »meine Niedliche« genannt. Doch für teure Kleider war bei Thaddens kein Geld übrig. In Trieglaff war man gebildet, gesellig, sozial denkend, belesen – auf keinen Fall eitel. Für eine junge Frau, die dauernd schwanger war, passten die sackartigen Kleider mit tiefer Taille, die in den Zwanzigerjahren modern waren, zu allen Gelegenheiten.

Zu jeder Geburt eines Kindes schenkte der Vater unserer Mutter ein bescheidenes Schmuckstück. Damen, die sich mit zu viel Schmuck behängten, hießen in Pommern herablassend »Klunkertanten«.

Im Ankleidezimmer stand auch der Toilettentisch mit einem dreiteiligen Spiegel. Mama legte großen Wert auf die Pflege ihrer schönen Haut, dafür benutzte sie zart duftende Cremes aus blauen Glasdosen. Zu festlichen Anlässen ondulierte sie sich selbst die Haare. Mit einer langen Brennschere, die über einer Spiritusflamme erhitzt und dann durch schnelles Drehen etwas abgekühlt wurde, legte sie einzelne Haarsträhnen in große Wellen. – Eine besondere Attraktion auf dem Frisiertisch war eine flache Holzschachtel mit kleinen braunen Fläschchen, die weiße Kügelchen enthielten, homöopathische Mittel. Sie schmeckten süß, und wenn wir unbeobachtet waren, naschten wir von den Kügelchen, indem wir einen angefeuchteten Finger in ein Fläschchen steckten. Geschadet haben sie uns nicht.

Unser Vater zog sich im Badezimmer aus. Erstaunlicherweise gab es in dem großen Schloss für die ganze Familie, Eltern und Kinder, nur dieses eine Bad! Wahrscheinlich standen in den Gästezimmern nur Waschtische mit Porzellanschüssel und Wasserkanne.

Ich muss noch recht klein gewesen sein, als ich einmal im Gitterbett im Schlafzimmer der Eltern schlafen durfte – oder musste. Als sie nacheinander ins Zimmer kamen, wachte ich auf, stellte mich aber schlafend, blinzelte nur durch fast geschlossene Lider. Im Schein der Nachttischlampen sah ich den Vater in weißem Nachthemd dicht an meinem Bett vorbeigehen. Die Eltern unterhielten sich leise. Nach einer Weile wurden die Lampen ausgeschaltet, und ich hörte seltsam dumpfe, mir unheimliche Geräusche. Als es still war, schlief ich ein, wurde aber mehrmals durch das laute Schnarchen des Vaters, das in einen lang gezogenen Pfeifton überging, geweckt.

An das alte Haus war in den Dreißigerjahren des 19. Jahrhunderts im rechten Winkel ein großer Festsaal angebaut worden, der den Park nach Norden abschloss. Der Anbau war nötig geworden, als immer mehr Menschen zu den von unserem pietistischen Urgroßvater Adolf und seiner Frau Henriette (geb. von Oertzen) und ihren gleichgesinnten Freunden ins Leben gerufenen Versammlungen kamen. (Dazu: D. Hermann Petrich, »Adolf und Henriette von Thadden und ihr Trieglaffer Kreis«. In: *Forschungen zur Kirchengeschichte Pommerns*, Bd. 2, Stettin 1931) Anfangs hatten für die Gebetsversammlungen, Laienpredigten und Andachten noch die Räume im alten Haus ausgereicht, dann wurden sie zu eng für die von weit her angereisten Gläubigen. Zu den Laienpredigern gehörte auch Adolf von Thadden. Er ist wohl auch ein begeisterter Sänger gewesen, denn er hat 1861 den Greifenberger Männergesangverein gegründet.

Später wurde der Saal vor allem für weltliche Veranstaltungen genutzt: für Sitzungen, zu denen der Landrat einlud, Hochzeitsfeiern, Erntefeste oder Theateraufführungen, denn er hatte auch eine kleine Bühne. Es gab genügend halbwegs talentierte Schauspielerinnen und Schauspieler in der Trieglaffer Nachbarschaft und einen tüchtigen Regisseur, der die Stücke einstudierte. Hildegard, die jüngste Schwester unseres Vaters, dramatisierte besonders gern Erzählungen von Conrad Ferdinand Meyer. Bei einer Aufführung von Meyers *Gustav Adolfs Page* verliebte sich unser Vater in Barbara Blank, die von seiner Schwester zur Erholung nach Trieglaff geschickt worden war. Sie spielte den Pagen und der Hausherr einen verwitweten schwedischen General, der eine Mutter für seine Kinder und eine Hausfrau für den Gutsbetrieb suchte. Und wie der schwedische General sich im Dreißigjährigen Krieg in den Pagen, der ein verkleidetes Mädchen war, verliebte, so verliebte sich der verwitwete alte Adolf von Thadden, der ebenfalls eine Frau für sich und seinen Haushalt brauchte, in die junge Barbara. Seine längst erwachsenen Kinder brauchten keine Ersatzmutter mehr. Im Gegenteil – sie missbilligten die zweite Ehe des Vaters, lehnten die Stiefmutter jahrelang ab. Sie kamen sehr selten nach Trieglaff, vor allem die älteste Tochter Elisabeth, die dem Vater zehn Jahre lang den Haushalt geführt hatte.

Ich erinnere mich, wenn ich an diesen Festsaal denke, nur noch an die von lauter Musik begleiteten Tänze der Dorfleute zum Abschluss der Erntefeste. Eröffnet wurde das Erntefest immer mit einer Polonaise, die vom Gutsherrn und seiner Frau angeführt wurde. Die Polonaise war ein geschrittener Tanz im Dreivierteltakt mit vielen verschiedenen Figuren, deren Wechsel vom Hausherrn mit lauter Kommandostimme ausgerufen wurde. Die Polonaise endete mit einem Wiener Walzer. Unsere Eltern waren beide ausgezeichnete Tänzer.

Von dem Festsaal ist nichts mehr zu sehen; er wurde schon bald nach der Besetzung durch die Russen (1945/46) abgerissen oder abgebrannt.

Nachsatz:
Während das neue Schloss 1905 gebaut wurde, war die Familie vorübergehend nach Greifenberg gezogen. Von dort schrieb Ehrengard von Thadden, die sehr zart und oft krank war und die Wärme südlicher Regionen liebte, nach einem Besuch im Badischen an eine Freundin (22.10.1905): »Auf ihrer [der Gastgeberin] rebenbekränzten Veranda tranken wir Tee, und ich dachte, dass es vielleicht töricht ist, sich im öden, nasskalten Nordosten Schlösser zu bauen, aus denen man nie wieder herauskann zu Natur und Gedankenfreiheit.« – War die herbe pommersche Landschaft für sie keine Natur, sondern nur »Öde«? Hatte sie keinen Blick für den schönen Park?

Wir Kinder aus der zweiten Ehe haben gerne im Trieglaffer Schloss gewohnt; unsere Mutter allerdings fand es kalt, unpraktisch und ungemütlich. Uns gefiel die pommersche Landschaft, wir kannten ja keine andere. Über das nasskalte Wetter haben wir nicht weiter nachgedacht, das war eben so.

Der Park

»Trieglaff, das war vor allem und immer wieder der Park«, wie unsere Mutter 1962 in einem Erinnerungsbericht geschrieben hat. Er war das Werk unseres Vaters, eines begabten Landschaftsgärtners, der anerkennend »ein pommerscher Fürst Pückler« genannt wurde; er hätte auch der »pommersche Lenné« sein können, denn wie dieser schätzte er vor allem die freie Entfaltung einzelner Bäume. Von dem Park, den er vorfand, als er das Gut zu Beginn des 20. Jahrhunderts übernahm, kenne ich nur ein Foto: Die Großeltern Reinhold und Marie sitzen in der breiten Eschenallee an einem runden Tisch und spielen Schach. Die Eschen müssen damals schon über hundert Jahre alt gewesen sein. Unser Vater ließ die unregelmäßigen Ränder des Wegs begradigen und vor die hohen Bäume kugelige Buchsbaumbüsche pflanzen, die er selbst beschnitt. Alle Menschen, die unseren Vater kennenlernten, erinnern sich daran, dass er immer eine Heckenschere oder ein scharfes Messer bei sich trug, wenn er durch den Park ging, um störende Zweige abzuschneiden. Es war wohl dieses Messer mit einem Hirschhorngriff, das er in pommerscher Drastik als »Hühneraugen-, Obst- und Wurstmesser« bezeichnete.

Die Allee endete an einem Platz, in dessen Mitte eine alte Linde stand. Der dicke Stamm hatte eine große Höhle, in der manchmal eine Schleiereule – oder war es ein Kauz? – saß. Sie blinzelte zu mir herunter, wenn ich neugierig zu ihr hinaufschaute. Mehrere Wege führten von dem Platz in verschiedene Richtungen: zum See, zum Gemüsegarten, zum Hoftor, zum Rosengarten.

Vom Park, so wie er bis zum Ende des Krieges aussah, gibt es viele Fotos, die schönsten machte unser Vetter Heini Löher. Sie zeigen, dass einzelne Bäume, Baumgruppen, kleine Waldstücke und Wiesenflächen kennzeichnend waren für die ganze Anlage, und besonders wichtig in dem Konzept des Landschaftsgärtners waren die Sichtschneisen und die Ausblicke in die Landschaft über den See.

Leider hat Vetter Heini den hübschen Rosengarten nicht fotografiert, der an zwei Seiten von hohen Buchenhecken begrenzt war, die die Rosenbeete und die bunten Blumenrabatten vor den auch im Sommer kühlen pommerschen Winden schützten. Die Buchenhecken wurden von den Gärtnern geschnitten. Ich habe ihnen gerne bei der Arbeit zugeschaut, wenn sie auf den hohen Leitern standen. Unser Vater brauchte dann nur noch kleine Unregelmäßigkeiten zu korrigieren, wenn er, das scharfe Messer stets zur Hand, an den Hecken vorbeiging.

Hier im Rosengarten hatten wir, weit vom Haus entfernt, windgeschützt durch die Hecken, unseren Spielplatz mit einem großen Sandhaufen. Nahe beim Haus hätte ein Kinderspielplatz in der großzügigen Parkanlage gestört.

In der Mitte des Rosengartens waren, etwas vertieft, noch die Umrisse eines Tennisplatzes zu erkennen, der jetzt nur noch eine Rasenfläche war. Einmal hatten sich Wespen in einem Mäuse- oder Maulwurfsgang ein Nest gebaut, und als ich achtlos darauf trat, attackierten mich die wütenden Wespen, und ich floh in Panik. Seltsamerweise hat mich keine gestochen. Wenig später habe ich fasziniert zugesehen, wie das Nest, in das Benzin gegossen worden war, ausgeräuchert wurde. Die Tiere verbrannten schon unter der Erde oder auf der Flucht in den Flammen. Mitleid habe ich nicht gehabt, denn Wespen waren nutzlose Insekten, sie produzierten keinen Honig, und ihre Stiche waren schmerzhafter und gefährlicher als die der Bienen.

Der Park endete hinter dem Rosengarten an einem Wassergraben, über den eine Holzbrücke führte. Sie war von zwei Steinskulpturen liegender Greifen, den Wappentieren der Thaddens, flankiert, die je ein leeres Wappenschild zwischen den Vordertatzen hielten. Für uns Kinder waren die Greifen Reittiere, auf denen wir oft gesessen haben. Der Greif war übrigens kein besonderes Wappentier der Thaddens, sondern ein sehr beliebtes, weit verbreitetes, auch das der pommerschen Herzöge.

2001 sind die letzte verstümmelte Figur und verstreute Fragmente des Greifen nach Greifenberg transportiert worden. Für die Brückenpfeiler der neuen Regabrücke sollten Abgüsse angefertigt werden, denn ursprünglich lagerte auf jedem der vier Pfeiler der 1945 zerstörten Steinbrücke ein Greif. Unser Vater hat wohl, als die Brücke in seiner Amtszeit gebaut wurde, gleich zwei zusätzliche Greifen für den Trieglaffer Park in Auftrag gegeben.

Erst unser Vater hat mit seinem weiträumigen Konzept den großen See in die Parkanlage einbezogen, indem er durch überlegte Anpflanzungen, Freistellung einzelner Bäume und Baumgruppen auch das jenseitige Ufer gestaltete.

Korrekt hieß der See Hoppenhofscher See, doch er wurde allgemein »Herrensee« genannt, um ihn vom nördlicher gelegenen Stadtsee zu unterscheiden, den wir »Bauernsee« nannten. Die Ufer waren zum Teil offen, sodass man bis ans Wasser gehen konnte, zum Teil von einem breiten Schilfgürtel bedeckt. Es gab einen Bootssteg mit weiß gestrichenen Geländern und ein Ruderboot, in dem wir vom Kindermädchen oder Kinderfräulein umhergefahren wurden. Aber nur bei ruhigem Wetter, denn die Winde konnten gefährlich werden. Inga erzählte, dass sie einmal, ganz unerwartet, »aus heiterem Himmel«, von einem heftigen Wind überrascht worden war, der sich ständig drehte. So kräftig sie auch ruderte, immer wieder wurde sie vom Ufer abgetrieben. Schließlich gelang es ihr, das Boot zum Landungssteg zu steuern, wo sie total erschöpft mit den ihr anvertrauten Kindern anlegte.

Gingen wir mit Inga spazieren, dann belebten sich Park und Wald mit Elfen, Zwergen, Gnomen, die auf dem Boden lebten, am liebsten in vermoderten, bemoosten Baumstümpfen, das waren ihre Burgen. Wir legten ihnen mit Moos und Rinden, Tannenzapfen und Blaubeersträuchern kleine Gärten an, zu denen schmale Wege führten, die wir mit hellem Sand bestreuten. Häufig kontrollierten wir, ob unsere Anlagen noch in Ordnung waren, und verbesserten, was uns nicht mehr gefiel. Inga erzählte uns dabei Geschichten vom Leben der kleinen Bewohner, die wir leider nie sahen, da sie nur nachts ihre Wohnungen verließen.

Zu jedem herrschaftlichen See gehören natürlich Schwäne, die langsam und vornehm durch das Wasser gleiten, im Frühjahr gefolgt von einer Reihe grau-gelber Küken, den hässlichen Entlein, aus denen später die schönen jungen Schwäne werden. Irgendwo im Schilf stand ein Holzhaus für sie. Manchmal ließen sie sich zum Ausruhen friedlich auf der Wiese am Seeufer nieder. Wenn sie Junge hatten, konnten sie sehr aggressiv werden. Kamen wir ihnen zu nahe, erhoben sie sich und watschelten mit drohend vorgestrecktem Hals böse zischend und flügelschlagend auf uns zu. Und wir zogen uns vorsichtig zurück.

Im Schilf versteckt stand ein kleines Badehaus aus Holz, in dem sich unsere Mutter umzog, bevor sie vom schmalen Steg ins Wasser sprang. Sie war eine begeisterte Schwimmerin. Niemals wäre sie im Bademantel durch den Park zum Baden gegangen. Sind vielleicht auch mal Sommergäste im See geschwommen? Ich kann mich nicht daran erinnern und auch nicht, dass unser Vater jemals im See gebadet hat.

Wir Geschwister fuhren erst später, als wir richtig schwimmen konnten, von Vahnerow nach Trieglaff zum Baden, hielten uns aber immer auf einer Wiese außerhalb des Parks auf, denn er gehörte uns nun nicht mehr.

Die Winter in Pommern waren lang, kalt und schneereich, und beide Seen waren wochenlang zugefroren. Hatte es viel geschneit, dann wurde der Schnee mit Holzbrettern an langen Stielen zur Seite geschoben, sodass breite spiegelglatte Straßen entstanden, auf denen die Erwachsenen Schlittschuh liefen. Nachfallender Neuschnee wurde täglich zur Seite gefegt, wodurch die seitlichen

Wälle immer höher wurden. Unser Vater ist wohl immer gerne Schlittschuh gelaufen, unsere Mutter hat es erst gar nicht versucht. Wir Kinder schlitterten auf dem Eis herum, bewegten uns auf kleinen sogenannten Piekschlitten vorwärts oder wurden vom Kindermädchen auf Rodelschlitten gezogen. Es gab auch noch einen altmodischen zweisitzigen kleinen Kufenschlitten, auf dem vermutlich schon unsere Halbgeschwister von einem Diener oder Hausmädchen über das Eis geschoben worden waren. Vor den Gefahren des Eises, vor der trügerischen Festigkeit bei beginnendem Tauwetter wurden wir natürlich gewarnt. Als Beispiel erzählte Vater ein eigenes Erlebnis aus der Zeit vor dem Ersten Weltkrieg: Er kam von einem Schlittschuhlauf auf dem See zurück, näherte sich dem Ufer, als er plötzlich einbrach und im eiskalten Wasser versank. Wilhelm, der treue Diener, hatte das Unglück gesehen und den Ertrinkenden herausgezogen. In der kurzen Zeit unter Wasser, so behauptete nun unser Vater, war sein ganzes Leben blitzschnell wie in einem Film an ihm vorübergezogen. Das klang unwahrscheinlich, aber wir mussten es wohl glauben.

Wenn das Eis zuverlässig stabil war, wurden in jedem Jahr die Primaner des Greifenberger Gymnasiums mit ihren Lehrern, dem Direktor und den Ehefrauen nach Trieglaff eingeladen. Es wurden verschiedene Wettkämpfe veranstaltet: Schnellläufe, Paarläufe, Kunstläufe, Wettrennen auf kleinen Rodelschlitten und, wie unsere Mutter schrieb: »herrliche Wettrennen mit uns Damen auf Stuhlschlitten – das waren wirklich unsere schweren Esszimmerstühle –, bei denen die Schüler auf Schlittschuhen wild mit uns durchs Ziel rasten.«

Als Preise bekamen die Schüler eine gerahmte Fotografie mit der Ansicht vom Schloss. Nur an eine Preisverleihung kann ich mich erinnern. Bei der Überreichung der Preise erzählte der Hausherr, dass er Berliner Arbeiterkindern, die in den letzten Kriegsjahren und kurz danach zur Erholung nach Trieglaff eingeladen worden waren, zum Abschied und zur Erinnerung auch gerahmte Fotos mit einer Ansicht vom Schloss geschenkt habe. Ein Kind habe sich zwar artig bedankt, wollte das Bild aber nicht mitnehmen, weil seine Familie »keine Wand« hätte. Seine Eltern und Geschwister bewohnten nur die Mitte eines großen Zimmers, an den vier Wänden wohnten andere Leute. Ich konnte mir nicht vorstellen, dass es so arme Familien gab. Hinter mir, auf der Anhöhe, lag unser Schloss mit vielen Zimmern, von denen einige nur selten benutzt wurden.

Die Sorge für hilfsbedürftige Kinder, die sich auf dem Land erholen sollten, hatte Tradition in Trieglaff. Der Berliner Pastor Siegmund-Schultze, mit dem Thaddens befreundet waren, vermittelte vor allem unterernährte Arbeiterkinder. Unsere älteste Halbschwester Elisabeth, die seit dem Tod ihrer Mutter den großen Haushalt führte, war verantwortlich für die Organisation dieser privaten Kinderlandverschickung, die in den letzten Kriegs- und ersten Nachkriegsjahren schwierig gewesen ist.

Elisabeth kümmerte sich auch um die Resozialisierung von Strafgefangenen, die in einem Nachbardorf in Baracken untergebracht waren und von den Gutsverwaltungen für Arbeiten in der Land- und Forstwirtschaft angefordert wurden. Ich erinnere mich undeutlich an Trupps von Männern in gestreiften Sträflingsanzügen, die nach Trieglaff kamen. Sie arbeiteten auch im Park.

Warum Elisabeth ihnen allerdings Arbeiten im Schloss übertrug, ist schwer verständlich. Glaubte sie, dass solches Vertrauen die Moral der Kleinkriminellen stärken würde? Jedenfalls überließ sie ihnen einmal sogar das Putzen des Familiensilbers, was

Wilhelm, der Diener, bestimmt missbilligt hat. Bald nach der Heirat unserer Eltern (1920) nutzten die Sträflinge die Kenntnisse der Räumlichkeiten und leerten eines Nachts fast sämtliche Besteckfächer im Esszimmer. Sie wussten, dass es weder Wachhunde noch Sicherheitsschlösser gab. Erst am nächsten Morgen wurde der Diebstahl entdeckt, vermutlich als der Frühstückstisch gedeckt werden sollte. Konsequenzen haben unsere Eltern erstaunlicherweise aus diesem Einbruch nicht gezogen, denn kurz danach gelang es einigen Einbrechern, nicht nur ins Esszimmer, sondern sogar in den Keller zu kommen. Sie wussten, wo der Weinkeller war, und sie bedienten sich reichlich. Sie tranken von dem schweren Rotwein so viel, dass sie sich nur noch bis zu der großen Linde im Park schleppen konnten und volltrunken einschliefen. Sie schliefen so fest, dass sie unsanft geweckt werden mussten. Einige Teile des Familiensilbers und einige ungeöffnete Weinflaschen lagen neben ihnen.

Unsere Mutter erzählte uns diese Geschichte amüsiert und verärgert. Sie konnte Elisabeths Naivität nicht verstehen. Nach und nach wurde neues Tafelsilber gekauft, trotz knapper Kasse, denn mit versilbertem oder Edelstahlbesteck aß man nicht.

Der Trieglaffer See war sehr fischreich. Zuständig für die Fische und den Fischfang war der Förster. Im Sommer wurden die Fische in Reusen gefangen, im Winter in Netzen, die unter dem Eis zu großen Löchern gezogen wurden, wo die zappelnden, glitschigen Fische herausgeholt und in Holzbottiche geworfen wurden. Jahrelang wurde noch von dem Riesenhecht gesprochen, der zum siebzigsten Geburtstag unseres Vaters gefangen worden war. Er war so groß, dass er auf keine Schüssel passte und auf einem Bügelbrett serviert werden musste.

Luftbild von Trieglaff (oben links das Schloss)

Trieglaff von der Seeseite

Die Dorfkirche von Trieglaff

Jugendstilfenster in der Halle des Schlosses mit dem dreiköpfigen wendischen Gott Triglav

Paul von Hindenburg zu Besuch
bei Adolf von Thadden (1919)

Das Trieglaffer Schloss (erbaut 1905/06)

Weil es auf dem Land in den Zwanzigerjahren weder mit Gas- noch mit Elektrizität betriebene Kühlschränke gab, wurde das Eis, das man zur Kühlung brauchte, aus dem See gebrochen und in einer Miete eingelagert. Diese befand sich an der Nordseite des Parks an einem schattigen Platz. Das Eis wurde zunächst von einer Strohschicht bedeckt, darauf kam eine dicke Schicht Erde. Die Köchin holte sich nach Bedarf eimerweise das Eis aus einer kleinen Öffnung, die sorgfältig wieder zugedeckt wurde. Eis wurde zum Beispiel zur Herstellung von Speiseeis gebraucht, das man auf dem Dorf nicht fertig in Packungen kaufen konnte. Ich glaube, nur zu festlichen Anlässen gab es Eis als Nachspeise, weil die Herstellung zeitraubend war. Unsere Mutter liebte Eis zu jeder Jahreszeit, sie aß es schnell wie Pudding. Im Laufe des Sommers wurde die Miete immer flacher, der Boden ringsherum immer matschiger, denn trotz der Isolierschichten schmolz das Eis allmählich.

Wer ist wohl auf den Gedanken gekommen, Kaninchen für uns Kinder anzuschaffen? Eines Tages wurden jedenfalls zwei oder drei Ställe direkt neben dem Haus vor der Parkmauer aufgestellt und dazu ein Auslauf mit Maschendraht eingezäunt. Genügend weit von der Eschenallee entfernt, sodass diese Anlage die Parkästhetik nicht beeinträchtigte. Die Rassekaninchen hießen Blaue Wiener wegen ihres blau-grauen Fells. Pädagogische Gründe waren wohl ausschlaggebend für den Kauf: Wir sollten Fürsorge lernen und Verantwortung übernehmen. Dazu gehörten pünktliches Füttern und sorgfältiges Säubern der Käfige und des Auslaufs. Gefüttert haben wir vielleicht regelmäßig, weil es Spaß machte, aber das Säubern der Ställe und des Auslaufs haben wir – vermutlich – meistens den Angestellten überlassen. Obwohl die Kaninchen viel Platz zum Herumhoppeln hatten, versuchten sie immer wieder, unter dem Zaun Wege ins Freie zu scharren, um zu entkommen. Wurde die Flucht rechtzeitig bemerkt, konnten sie wieder eingefangen werden.

Einmal wurde die Kaninchenflucht zu einem aufregenden gesellschaftlichen Ereignis. Viele Gäste waren gekommen, entweder zu einem Lese- oder Musikabend oder zu einem Geburtstag; jedenfalls hielten sie sich vor der Veranstaltung im Park auf, als plötzlich gerufen wurde: »Die Kaninchen laufen weg!« Sie hoppelten über die Eschenallee auf die Wiese, liefen den Abhang hinunter zum See, versteckten sich unter den Buchsbaumkugeln und im Wildrosengebüsch. Weil es unsere geliebten und außerdem noch wertvollen Kaninchen waren, durften sie nicht entkommen. Die Gäste mussten beim Einfangen helfen, ohne Rücksicht auf ihre Abendgarderobe, unterstützt wurden sie von unseren Hausangestellten und den Kutschern der Gäste. Die Herren liefen zum Seeufer, um die Kaninchen zurückzutreiben, die Damen bekamen Besen, Schrubber, Harken, Stangen und stocherten damit im Rosengestrüpp herum, wir Kinder verfolgten einzelne Kaninchen. Es war ein großes Vergnügen. Ich erinnere mich noch an das Rufen, Schreien und Lachen, sehe die Damen in ihren hellen Sommerkleidern und die Herren in dunklen Anzügen vor mir. Ob die Kaninchen in Panik wohl freiwillig zu ihren Ställen zurückgelaufen sind oder sich erschöpft fangen ließen? Oder sind die meisten entkommen?

In Vahnerow hatten wir zunächst noch einige Blaue Wiener, von deren traurigem Schicksal ich Inga wohl 1931 geschrieben habe: »Die eine blaue Mutter von den Kaninchen hatte schon 5 Kleine gehabt, aber die hat sie alle totgedrückt. Ein Hund hatte den einen blauen Bock aus dem Stall geholt und ihn aufgefressen.« Bestimmt hatten wir die Stalltür nicht richtig verriegelt.

Nach dem tragischen Ende der letzten Rassekaninchen wurden uns nur noch ordinäre Hauskaninchen anvertraut.

Selbstverständlich gab es einen Nutzgarten, denn der Bedarf an Gemüse und Obst für den Gutshaushalt war groß. Fast alles Obst und Gemüse, das im Haushalt gebraucht wurde, stammte aus dem eigenen Garten. Außer Zitronen wurden keine importierten Früchte gekauft, denn wir sollten, wie unser Vater betonte, deutsches Obst essen. Manchmal brachte unsere Großmutter Apfelsinen aus Hannover mit. Bananen lernte ich erst in den Dreißigerjahren kennen. Wir hatten viele verschiedene, köstlich schmeckende Apfelsorten, von denen es manche gar nicht mehr gibt. Ein Apfel musste bei Thaddens immer in fünf Teile geschnitten werden, entsprechend den fünf inneren Kammern, weil auf diese Weise am wenigsten vom Fruchtfleisch »verschwendet« wurde. Es war mühsam zu erlernen, den richtigen ersten Einschnitt zu finden. Noch heute bemühe ich mich, einen Apfel in fünf Teile zu schneiden.

Die vielen Reihen von Gemüsebeeten und Beerensträuchern, die Mistbeete mit schmierigen Glasfenstern fand ich langweilig. Warum bin ich trotzdem in den Gemüsegarten gegangen, zusammen mit Ado? Weil es dort viele Obstbäume gab, die sich gut zum Klettern eigneten. Wann meine Leidenschaft fürs Klettern angefangen hat, weiß ich nicht.

Wenn die Gärtner im Herbst die Leiter am Stamm eines Apfel- oder Birnbaums stehen gelassen hatten, stiegen Ado und ich hinauf, nicht um Obst zu pflücken, sondern um auf einem kräftigen Ast zu sitzen und etwas zu schaukeln. Vielleicht genossen wir ein Gefühl der Erhabenheit dabei. An warmen Sommertagen haben wir uns auf das Dach des Geräteschuppens gesetzt, einfach nur, um aus der Höhe etwas weiter sehen zu können.

Zwei kleine Katastrophen habe ich nicht vergessen, die bei diesen Klettereien passierten. Großmutti, die mir ab und zu ein hübsches Kleid aus Hannover mitbrachte, weil sie meine Kleider nicht fein genug fand, hatte mir ein weißes Spitzenkleid geschenkt. Es war Sonntag, ich hatte das neue Kleid an und kletterte trotzdem auf einen Baum. Diesmal wollte ich so mutig sein wie Ado und nicht die Leiter hinuntersteigen, sondern auf den Boden springen, wie er es mir vorgemacht hatte. Ich sprang, blieb an einem Zweig hängen – und landete mit zerrissenem Rock recht unsanft auf dem Boden. Ein anderes Mal – wieder war es Sonntag, wieder hatte ich ein weißes Kleid an, und durch Schaden war ich nicht klug geworden – stieg ich auf das Dach des Geräteschuppens und setzte mich neben Ado auf das mit Teerpappe gedeckte Flachdach. Zu spät merkte ich, dass der Teer in der sommerlichen Hitze weich geworden war – mein Rock klebte schon fest. Nur mit einem kräftigen Ruck konnte ich aufstehen, und ein Stück Stoff blieb am Teer kleben. Dieses Kleid war nicht mehr zu retten. Ob die Großmutter es danach aufgegeben hat, mich elegant anzuziehen? Sie hätte allen Grund dazu gehabt.

VON GROSSEN UND KLEINEN PFERDEN

Immer habe ich Pferde geliebt. Oft bin ich in Trieglaff in den nahen Stall gegangen, in dem die Kutschpferde und Vaters Reitpferd standen und habe dem Kutscher Franz Krüger und seinem Gehilfen, die sehr freundlich zu mir waren, zugesehen: beim Füttern, Tränken, Putzen, Anschirren und Aufsatteln. Ich mochte den warmen, etwas strengen Geruch der Pferde, das Geräusch der malmenden Zähne. Ich brauchte nicht um Erlaubnis zu fragen, wenn ich zu den Pferden gehen wollte. Der Stall lag in Rufweite des Gutshauses, damit der Kutscher den lauten Befehl des Herrn Landrat, »Franz! Vorfahren!«, hören konnte. In Vahnerow hieß es: »Willy! Vorfahren!«

Ich muss drei oder vier Jahre alt gewesen sein, als es mein sehnlichster Wunsch war, selbst ein Pferd zu werden; dieser Wunsch gehört jedenfalls zu meinen frühesten Erinnerungen. Ich wollte mich vor Vaters Kutsche spannen lassen und ihn zum Landratsamt nach Greifenberg bringen und »immer nur Trab laufen, niemals im Schritt gehen«. An dieses Versprechen erinnere ich mich seltsamerweise noch. Wie ich mir allerdings meine Verwandlung in ein großes Pferd vorgestellt habe, weiß ich nicht. An die Möglichkeit muss ich aber fest geglaubt haben, denn in den Märchen, die uns vorgelesen wurden, hörte ich von Verwandlungen, die durch das Wünschen auch erfüllt wurden. Warum nicht auch bei mir? Sonst hätte ich nicht so oft meine Kinderarme den Eltern, Hausangestellten und sogar Besuchern hingehalten und gefragt, ob die Pferdehaare schon gewachsen seien. Und jeder Befragte strich vorsichtig über die dünnen blonden Härchen und versicherte, sie seien schon länger geworden. Irgendwann ist die Einsicht gekommen, dass mein Wunsch niemals in Erfüllung gehen würde. Vielleicht hat Ado mich aufgeklärt, weil er die Naivität seiner kleinen Schwester peinlich und lächerlich fand. Die Erwachsenen belehrten mich nicht, sie fanden meinen Wahn ganz entzückend.

Ado war schon früh darauf bedacht, aus mir eine Dame zu machen. Er verbot zum Beispiel den anderen, mich noch »Mausi« zu nennen, als ich drei oder vier Jahre alt war. »Die heißt nicht Mausi, die heißt Maria«, sagte er streng. Vielleicht verdanke ich ihm, dass mein Name in der Familie nie verstümmelt wurde.

Aus dieser Zeit gibt es ein Foto von mir, datiert 1926: Ich sitze auf einem ungesattelten schwarzen Pferd und halte die Zügel. Das Pferd wird von einem Mann gehalten, von dem nur die Hosenbeine mit Bügelfalten zu sehen sind. Reiten sollte ich nicht, denn ich trage ein Kleid mit weißem Kragen, habe Kniestrümpfe und Kinderschuhe an. Nur für einen Fototermin bin ich auf das Pferd gesetzt worden und lächele zufrieden. Auch Ado ist auf das Pferd gesetzt worden. Auf diesem Foto von ihm sieht man einen schlanken jungen Mann in dunklem Anzug mit weißem Hemd und Fliege, der das Pferd hält. Es könnte ein Student gewesen sein, der zu Besuch war. Oder vielleicht auch Mamas Halbbruder Fritz, der oft nach Trieglaff kam. Ich mochte ihn sehr gerne.

Eines meiner wahrhaft schönsten Weihnachtsgeschenke war ein Schaukelpferd mit echtem schwarz-weißem Kalbsfell, mit dicker schwarzer Mähne und einem langen schwarzen Schwanz aus Pferdehaaren. Geschirr und Sattel waren aus Leder. Es stand in Schrittstellung mit erhobenem rechten Vorderbein auf einem

Brett mit Rädern, unter dem die abnehmbare Schaukel befestigt war – damals, Mitte der Zwanzigerjahre, sicher ein sehr teures Geschenk. Ich war glücklich mit meinem Pferdchen. Für mich war es lebendig, und deshalb glaubte ich es so behandeln zu können wie alle unsere Pferde, seien es nun Kutsch- oder Ackerpferde, behandelt wurden: Ihnen wurden die Mähnen und Schwänze im Herbst kurz geschnitten, weil Rosshaar gut verkauft werden konnte. Bis zum Sommerbeginn waren die Schwänze wieder so gewachsen, dass sie zum Vertreiben von Fliegen und Bremsen lang genug waren. Bevor mich jemand daran hindern konnte, hatte ich also Mähne und Schwanz gekürzt, wie es unsere Pferdeknechte gemacht hatten – aber bei meinem Schaukelpferd wuchsen sie leider nicht wieder. Mein Entsetzen war groß. Wurde ich belächelt oder getröstet?

Angst vor Pferden, die doch so riesig groß waren, dass ich ihnen kaum bis zum Bauch reichte, hatte ich nie, weil ich sie liebte, und ich glaubte, die Pferde müssten meine Zuneigung spüren und immer freundlich zu mir sein, wie ich zu ihnen. Welch ein Irrtum!

Der Stall der Ackerpferde befand sich am Ende des Gutshofes. Ich hatte gehört, dass dort ein Fohlen geboren worden war, und das wollte ich unbedingt sehen. Obwohl wir vor der Unberechenbarkeit der Mutterstute gewarnt worden waren, gingen Ado und ich in der Mittagszeit, in der kein Knecht Dienst hatte, heimlich in den Stall und öffneten die Tür zu der Box, in der wir die Stute entdeckt hatten.

Kaum hatte ich mich dem Fohlen genähert, biss die Stute mich in die linke Backe. Vor Schreck fiel ich auf den Boden, der glücklicherweise dick mit Stroh bedeckt war. Ich sprang sofort auf und aus der Tür raus, die Ado hinter mir schloss und verriegelte. Als er sah, wie stark ich blutete, nahm er sein Taschentuch, hielt es unter einen Wasserhahn und gab es mir. Ich drückte es fest auf die Backe, es war sofort blutdurchtränkt, das Blut tropfte auf mein Kleid und auf den Boden, als wir nach Hause rannten. Direkt zu unserer Mutter in ihr Ankleidezimmer, sie saß am Fenster im Sessel und stillte Mona. Eine fast heilige Tätigkeit, bei der sie niemals gestört werden durfte. Sie erzählte später, wie erschreckend mein Anblick mit dem blutgetränkten Taschentuch auf der Backe gewesen sei, zumal sie die Schwere der Verletzung nicht erkennen konnte. Ich glaube, das allgemeine Entsetzen über das Geschehen und die Erleichterung darüber, dass die Verletzung nicht ganz so gefährlich war, wie sie wegen der starken Blutung aussah, waren groß. Wir wurden deshalb trotz unseres Ungehorsams nicht ausgeschimpft. Wie ich dann medizinisch behandelt worden bin, ob ein Arzt kam, um die Wunde zu nähen, ob zunächst nur ein dicker Verband um meinen Kopf gewickelt wurde, habe ich vergessen. Wegen des Schocks hatte ich überhaupt keine Schmerzen. Jahrelang waren die Spuren einiger Zähne auf der Backe zu sehen, eine kleine Narbe am Hals ist heute noch sichtbar.

Meine Liebe zu Pferden ist trotz dieser üblen Erfahrung nicht geringer geworden.

Wenn die Söhne der Gutsbesitzer sechs oder sieben Jahre alt waren, mussten sie reiten lernen. Reiten gehörte zur Ausbildung eines Jungen. Vor dem Ersten Weltkrieg lernten auf den Gütern oft auch die Mädchen reiten, und zwar mit langem Rock im Damensitz. Nach dem Krieg, als die Wirtschaftslage schwierig war, wurde das Reiten zu einem Privileg der Söhne — das Halten eines Reitpferds war teuer. Ado war sieben Jahre alt, als 1928 ein Pony für ihn gekauft wurde. Kein ganz kleines, sondern ein mittelgroßes. Schwarz, mit langem Schwanz und dicker Mähne. Es bekam keinen eigenen Namen, sondern hieß einfach nur »Pony«. Mir gefiel es sehr gut, und ich beneidete Ado um dieses Geschenk. Selbstverständlich sollte es nur ihm gehören, obwohl er sich noch nie für Pferde interessiert hatte. Es war nicht vorgesehen, dass ich teilhaben sollte an dem Reiterglück, ich war ein Mädchen und erst sechs Jahre alt.

Pony wurde aufgezäumt, anstelle eines richtigen Ledersattels wurde ein dicker Filzsattel aufgelegt und mit einem breiten Riemen unter dem Bauch festgeschnallt. Franz Krüger befestigte die Longe am Backenriemen des Zaums, half Ado beim Aufsteigen und führte Pony auf die Wiese vor der Freitreppe. Ich stand am Rand und sah zu. Natürlich sahen auch die Eltern zu und sicher noch einige Hausangestellte; es war schließlich ein besonderes Ereignis. Erst ging das Pony im Schritt, dann fing es an zu traben – und bald konnte Ado sich nicht mehr halten und fiel herunter. Der Kutscher hob ihn wieder in den Sattel, und schon beim ersten Antraben passierte dasselbe. Viele Versuche gab es wohl nicht mehr, denn bald verweigerte Ado weitere Demütigungen – und ist nie wieder geritten. Nur einmal noch im Krieg, wie er später erzählte, aber auch dieser letzte Versuch endete kläglich in einem Feld.

Gekauft war das Pony nun, zurückgeben konnte man es wohl nicht, und deshalb wurde es »mein« Pony. Ich wurde zunächst auch auf meine Tauglichkeit geprüft, musste ebenfalls an der Longe im Kreis reiten, und weil ich sogar beim Traben nicht herunterfiel, waren alle mit mir zufrieden. Und Großmutter, sehr stolz auf mich, schenkte mir, ihrer Lieblingsenkelin, bald eine Jockeymütze. Als Reithose genügte eine Trainingshose, Stiefel brauchte ich auch nicht, ich bin immer mit Halbschuhen geritten.

Sobald ich fest und sicher im Sattel saß, ohne Steigbügel, sollte ich unseren Vater beim Ausreiten begleiten. Gern habe ich das nicht getan. Der Kutscher brachte die Reittiere vor die Haustür und half jedem Reiter beim Aufsteigen: Vater, weil er steif war, und mir, weil ich noch so klein war.

Vaters Fuchsstute, Liebling, war sehr groß und ging im Schritt so schnell, dass mein Pony traben musste, um ihr folgen zu können, und wenn Liebling trabte, musste es galoppieren. Schnelligkeit mochte Pony gar nicht. Ritten wir weg, dann trommelte ich mit den Schuhabsätzen kräftig auf seinen dicken Bauch oder half mit der kleinen Peitsche nach, um es anzutreiben. Sobald wir aber umkehrten, ging es nicht schnell genug. Ich hatte Mühe, das Tier zu halten, wenn Vater langsam vor mir herritt. Ich glaube, wir ritten immer hintereinander, nie nebeneinander; wir hatten uns sowieso nichts zu erzählen. Ab und zu schaute sich Vater prüfend um, und wenn der Abstand zwischen ihm und mir zu groß geworden war, wartete er auf mich.

Das Pony hatte eine fatale Liebe zu frisch gepflügten Äckern, auf denen es sich lustvoll wälzen konnte. Sah es solch einen Acker rechts oder links des Weges, nützte es nichts, wenn ich so energisch ich konnte die Zügel in die andere Richtung zog – Pony war immer viel stärker als ich. Sobald es mit den Vorderbeinen einknickte, sprang ich ab, behielt den Zügel in der Hand und wartete, bis das Wälzen beendet war. Dann schüttelte Pony die losen Erdklumpen ab, die anderen klebten am Fell und auf der Satteldecke. Ich konnte erst wieder aufsteigen, wenn ich einen großen Feldstein am Weg gefunden hatte, von dem aus ich mich in den Sattel schwingen konnte. Möglicherweise half mir auch mal ein Arbeiter, der mein Missgeschick beobachtet hatte.

Passierte dieses Unglück beim Ausritt mit Vater, wurde er sehr ärgerlich. Er musste absteigen, um mir beim Aufsteigen zu helfen und dann musste er nach einem großen Stein, es konnte auch ein Baumstumpf sein, Ausschau halten, um selbst sein Pferd besteigen zu können. Und deshalb mochte ich die gemeinsamen Ausritte mit meinem Vater nicht.

Wenn es sich vermeiden ließ, bin ich nicht allein durch das Dorf geritten, denn die Jungen warfen mit Stöcken und kleinen Steinen nach mir, um das Pony zu erschrecken und mich zu ängstigen. Sie hofften natürlich, das Pony würde bocken und mich abwerfen, und dann könnten sie mich auslachen. Ich habe sie immer enttäuscht, ich fiel nicht auf die Pflasterstraße, ich blieb im Sattel. Bei vielen anderen Gelegenheiten bin ich auf den Boden gefallen oder gerutscht, hatte blaue Flecken, aber nie eine ernsthafte Verletzung. Einmal lag ich unter dem Pony und sah auf den über mich hinweggleitenden runden Bauch.

Ungefähr drei Jahre behielt ich das Pony noch in Vahnerow zum Reiten und Kutschieren. Nach dem Tod unseres Vaters wurde es wohl im Sommer 1933 verkauft. Jedenfalls sehe ich auf dem letzten Foto als Reiterin wie ein zehn- oder elfjähriges Mädchen aus.

Der längst vergessene Kinderbuchautor Adolf Holst schrieb nach einem Besuch 1933 ein langes Gedicht über die sechs Thadden-Geschwister. Nicht nur jedes Kind bekam einen Vers, sondern auch der Schäferhund Harras.

Zu mir fiel dem Dichter ein: »Maria, das Kalenderkind,/ mit Zöpfen, die wie Seide sind,/ sehr würdig und schon Dame fast,/ gemessen gegen fremden Gast,/ jedoch als Reiterin von Sitz/ berühmt von Bonn bis Batzewitz! Du Perle von ganz Pommernland,/ Servus, Maria! Küß die Hand!«

Vaters Reitpferd Liebling wurde noch nicht verkauft, denn unsere Mutter nahm Reitstunden in Greifenberg und Kolberg. Sie ist mit Vergnügen durch den stillen Wald geritten und begeistert den Ostseestrand in Kolberg entlanggaloppiert. Sie fand allerdings, das dauernde »Deutsch-Traben« ohne Bügel sei nichts für Frauen ihres Alters. Nachdem sie aber schwer gestürzt war und sich dabei das Steißbein angebrochen hatte, fühlte sie sich nicht mehr sicher auf dem Reitpferd. Es wurde verkauft.

Erst Ende der Dreißigerjahre lernte ich endlich auf einem großen Pferd reiten, das sowohl Kutsch- als auch Reitpferd war und ebenfalls dem Inspektor zur Verfügung stand. Zuvor hatte Willy Lüdtke, unser Kutscher, mir die Grundregeln richtigen Reitens beigebracht, denn ich war ja nur eine Amateurreiterin; ich konnte nicht einmal ohne Hilfe in den Sattel kommen. Zwei wichtige Voraussetzungen brachte ich allerdings mit, die ich als Ponyreiterin ohne richtigen Sattel erworben hatte: einen geraden Sitz und einen festen Schenkeldruck. Willy war zwar kein ausgebildeter, diplomierter Reitlehrer, aber er war ein immer geduldiger und freundlicher Lehrer, von dem ich mich gerne leiten und korrigieren ließ. Ich habe viel bei ihm gelernt.

ALLMÄHLICHE HORIZONTERWEITERUNG

In allen Gutshäusern in unserer Nachbarschaft wurden in den Zwanzigerjahren ständig Kinder geboren. »Seid fruchtbar und mehret euch!« war ein gern befolgtes Gebot. Nach und nach lernten wir die gleichaltrigen Kinder kennen. Ihre Eltern waren mit unseren Eltern verwandt oder befreundet, manchmal auch beides. Unser Vater kannte natürlich alle Nachbarn seit Langem, er war überall beliebt. Seine junge Frau musste erst akzeptiert werden, und das dauerte länger, als sie erwartet hatte. Die seltsame, »unpassende« und unerwartet fruchtbare Verbindung war zunächst auf Unverständnis und Ablehnung gestoßen. Eine Cousine erzählte mir, dass die Erwachsenen in Gegenwart von Kindern immer Französisch sprachen, sobald sie naserümpfend über das ungleiche Paar in Trieglaff lästerten.

Die nächsten Verwandten wohnten im ungefähr zwei Kilometer entfernten Vahnerow, das unser Vater seit dem Tod seines Onkels Gerhard verwaltete. Er übergab es nach dem Ersten Weltkrieg seinem Sohn Reinold, der nach seiner Heirat mit Elisabeth (Liesi) Freiin von Thüngen in das Gutshaus einzog. Falls ich den 31 Jahre älteren Halbbruder überhaupt angeredet habe, habe ich »Onkel« gesagt. Das Verhältnis der Trieglaffer und Vahnerower Thaddens konnte man als »freundlich-distanziert« bezeichnen.

Tante Liesi war meine Patentante, ich besuchte sie sehr gerne. Für sie war ich auch ein Tochterersatz, denn ihre einzige Tochter war als Baby gestorben. Sie hatte ein stürmisches Temperament, sie sprach laut mit fränkischem Akzent, lachte gerne, tobte mit ihren Söhnen und – sammelte bunte Ansichtspostkarten. Sie besaß mehrere Alben, in deren Blätter die Karten eingesteckt werden konnten. Besuchte ich sie, setzten wir uns aufs Sofa und blätterten Seite für Seite um: Blumen, Tiere, Alpenlandschaften, Bibelillustrationen, Weihnachts- und Winterkitsch mit Silberflitter und viele Pferdebilder. Dass sie Kitsch mochte, hätte Tante Liesi vermutlich gar nicht abgestritten. Noch im hohen Alter schickte sie mir zu Weihnachten und zum Geburtstag, den sie nie vergaß, eine bunte Postkarte.

Die Söhne, genannt »die Bürschi«, waren so lebhaft, laut und ungezügelt, wie wir auch gerne mal gewesen wären, wenn wir es nur gedurft hätten. Später war ich mit den zwei ältesten »Neffen«, Ernst-Dietrich und Leopold, in derselben Klasse im Gymnasium. Die Bürschi waren blond, blauäugig, rundgesichtig, sehr pommersch aussehend, bis auf einen, Leopold. Er hatte ein schmales Gesicht, braune Haare und braune Augen und sah aus, als ob er überhaupt nicht zu dieser Familie gehörte. Drei der fünf Brüder sind im Zweiten Weltkrieg gefallen.

Nie hätte ich zu Hause gewagt zu sagen, dass mir der von Tante Liesi und Reinold geschmückte Weihnachtsbaum besser gefiel als unserer. Er war mit bunten Kugeln, Glöckchen, Lamettabündeln, Laternen, Engelchen, vergoldeten Tannenzapfen und noch viel mehr behängt, auch die Kerzen waren bunt. Jeder Sohn hatte ein kleines Bäumchen auf seinem Tisch. Unser Trieglaffer Baum war feierlich und stilvoll-streng: Er hatte nur silbernen Schmuck, weiße Kerzen und einzeln aufgehängte Lamettafäden.

Das Schmücken unseres Weihnachtsbaums, zu dem ich in Vahnerow erst nach meinem sechzehnten Geburtstag zugelassen wurde, war überhaupt nicht feierlich, im Gegenteil sehr vergnüglich, weil mehrere Personen daran beteiligt waren. Sehr oft war Inga dabei. Ich musste immer auf die Leiter steigen, um auf den höchsten Zweigen Lametta und Kugeln aufzuhängen und die Kerzenhalter festzuknipsen. Unsere Mutter, die behauptete, nicht schwindelfrei zu sein (das Zimmer war sehr hoch), kontrollierte, ob die Kerzen auch ganz senkrecht standen. Während sie die unteren Zweige schmückte, erzählte sie Anekdoten, lustige Geschichten, Witze, zwischendurch setzte sie sich an den Flügel, spielte Weihnachtslieder und pfiff dazu die Melodien. Sie konnte beneidenswert gut pfeifen, ein Talent, das sie ungeniert nur in der Vorweihnachtszeit zeigte, denn es gehörte sich für eine Dame nicht, eine gute Pfeiferin zu sein. »Mädchen, die pfeifen, und Hühnern, die krähen, soll man beizeiten den Kopf umdrehen«, zitierte sie. Noch eine genierliche Begabung hatte sie: Sie konnte wunderbar auf einem Kamm blasen. Dafür wählte sie aber weltliche Melodien, Schlager aus den Zwanzigerjahren.

In den Arbeitspausen, in denen der Baum kritisch begutachtet wurde, durften die Hilfskräfte Gebäck essen und Saft trinken. War der Baum fertig geschmückt, war ihm nicht anzusehen, wie unkonventionell das Schmücken gewesen war.

Nach Eleonorenhof, von Trieglaff kaum weiter entfernt als Vahnerow, wo die Familie Groth mit ihren Söhnen wohnte, fuhr man auf einem unbefestigten, sehr sandigen Weg durch einen Kiefernwald. Der Boden des Waldes, mit einer dicken Nadelschicht bedeckt, war der ideale Nährboden für Pfifferlinge. Sie gediehen hier so gut, dass sie in manchen Sommern waschkörbeweise geerntet und zum größten Teil verkauft wurden. Eine willkommene Nebeneinnahme für den Gutshaushalt, bei dem Bargeld immer knapp war. Noch heute werden viele Pfifferlinge aus Polen importiert. Vielleicht sind auch welche aus Trieglaff dabei?

Eine große Katastrophe war es für diesen reinen Nadelwald, wenn sich in einem Jahr plötzlich die Kiefernspanner so vermehrt hatten, dass sie den Baumbestand gefährdeten. Dann musste um die befallenen Bäume herum der Waldboden weiträumig abgegraben werden. Wahrscheinlich gab es auch noch andere Methoden zur Bekämpfung dieser Schädlinge, die weniger augenfällig waren.

Hinter diesem Kiefernwald lag also Eleonorenhof, der große Bauernhof der Familie Groth. Herr Groth war Marineoffizier gewesen und musste nach dem Ersten Weltkrieg einen zivilen Beruf erlernen. Er wurde Landwirt. Seine Frau Ilse stammte aus Niederländisch-Indien, heute Indonesien, was sie interessant für uns machte, weil dieses Land in Asien lag, am anderen Ende der Welt. Das Ehepaar Groth hatte gegenüber dem ungleichen Trieglaffer Paar keine gesellschaftlichen Vorbehalte.

Im Haus lebte auch Ilse Groths Schwester, die von Geburt an blind war. Wenn ich sie begrüßte, musste ich ihr mein Gesicht hinhalten, und sie tastete es mit ihren sensiblen Fingern behutsam ab und sagte dann: »Ja, du bist Maria.« Sie ging vorsichtig durch die Zimmer, und ich wunderte mich, dass sie nirgends anstieß.

Groths hatten drei Söhne. Der älteste, Peter, war so alt wie Ado, der zweite, Uwe, wohl zwei Jahre jünger als ich, der dritte viel jünger. Zu unseren Geburtstagen luden wir uns regelmäßig ein, und wahrscheinlich besuchten wir uns auch zwischendurch ohne besonderen Anlass.

Während des großen Umzugs von Trieglaff nach Vahnerow im Sommer 1930 wurden Ado und ich für längere Zeit in Eleonorenhof untergebracht. Weil ein Tag dem anderen glich, wir Kinder miteinander spielten oder uns stritten, kann ich mich deutlich nur an ein besonderes Ereignis erinnern, das die Erwachsenen ganz entzückend fanden, weil sie es sich ausgedacht hatten. Ich fand es überhaupt nicht entzückend: Ich sollte Peter heiraten, im Garten sollte die Trauung sein. Ein kleiner Tisch mit weißer Decke und einer Vase mit Blumenstrauß war der Altar. Peter war aber Ados Freund und überhaupt nicht meiner. Er war mir unsympathisch geworden, als ich beobachtete, wie er Ado das Aufblasen lebender Frösche gezeigt und dabei gelacht hatte, als sie platzten.

Vor allem aber verzieh ich Peter nicht, dass mein Vater mich einmal seinetwegen bestraft hatte. Etwa zwei oder drei Jahre vor der »Zwangshochzeit« war Peter zu Besuch in Trieglaff, und er überredete mich, mit ihm ans Seeufer zu gehen, obwohl er wusste, dass es uns Kindern verboten war. Kein Erwachsener war in der Nähe, der uns hätte zurückhalten können. Das Ufer genügte Peter nicht, er wollte auch noch auf den Bootssteg, um einen Stock ins Wasser zu werfen. Wieder versuchte ich, ihn davon abzuhalten, konnte mich aber natürlich gegen den älteren Jungen nicht durchsetzen. Ich blieb am Ufer stehen, er ging bis zum Ende des Stegs, warf – und fiel durch den Schwung dem Stock hinterher selbst ins Wasser. Schwimmen konnte er zwar nicht, doch wie ein Hund mit allen vieren paddelnd, rettete er sich ans Ufer. Und dann reagierten die Erwachsenen in einer Weise, die ich ungerecht fand: Ich wurde wegen meines Ungehorsams getadelt, nicht er, der Ältere. Er wurde mit einer Wärmflasche ins Bett gelegt und getröstet. Mir wurde nicht geglaubt. Vielleicht hatte Peter auch die Schuld auf mich geschoben. Stunden später kamen unsere Eltern von einem Besuch zurück, und mein Vater, wutentbrannt und wahrscheinlich in Panik bei dem Gedanken, dass unser Gast hätte ertrinken können, verprügelte mich mit der Reitpeitsche. Jeder, der etwas von Kinderpsychologie versteht, weiß, was für eine Demütigung diese Strafe, vollzogen vom Vater, für ein fünfjähriges Mädchen ist. Diesen Jungen, für den ich schuldlos verhauen worden war, sollte ich nun »heiraten«?! Schüchtern wie ich war, wagte ich nicht, den Erwachsenen den Spaß mit der Kinderhochzeit zu verderben. Peter musste eine zu große Jacke anziehen und einen zu großen schwarzen Hut aufsetzen. Mir wurde ein weißes Spitzentischtuch als Schleier mit einem Blätterkranz auf dem Kopf befestigt, Uwe trug die Schleppe. Ado, mit einem schwarzen Umhang, war der Pastor, der uns traute. Nach der Zeremonie wurde fotografiert: der Bräutigam lächelt verlegen, und die Braut guckt mürrisch, fast wütend.

Als Peter uns zum letzten Mal während des Krieges 1943 oder 1944 in Vahnerow besuchte, erzählte er von seinen Erlebnissen als Marineoffizier und fügte häufig, ob passend oder nicht, eine Floskel ein, die ich noch nie gehört hatte: »Da beißt keine Maus den Faden ab!« Sein eigener Lebensfaden war nicht mehr lang. Er wurde bei seinem nächsten Einsatz mit seinem U-Boot im Sommer 1944 versenkt. Auch der jüngere Bruder Uwe starb im Krieg als Matrose.

Einen anderen Jungen aus der Nachbarschaft hätte ich anstelle von Peter sofort geheiratet: Helmut Teschemacher. Er war wohl dreizehn oder vierzehn Jahre alt, groß, brünett, mit braunen Augen; ich fand ihn sehr schön. Er hat mich, ein fünfjähriges kleines Mädchen, natürlich nicht beachtet, als er mit seinen Eltern zu Besuch nach Trieglaff kam. Auch er ist im Krieg gefallen.

Um in die nächste große Stadt zu kommen, Kolberg mit über dreißigtausend Einwohnern, fuhren wir vom Batzwitzer Bahnhof mit dem Zug, denn ein Auto hatten wir in Trieglaff nicht. Das Batzwitzer Gut gehörte einem Vetter unseres Vaters, Baron Gerhard Senfft von Pilsach, genannt »der Baron«. Tante Gertrud, »Frau Baronin«, verhielt sich distanziert zu der nicht standesgemäßen jungen Frau in Trieglaff, unserer Mutter. Außer zu offiziellen Anlässen wie Diners, Geburtstagen, Beerdigungen oder Jagden besuchten sich die Erwachsenen wohl nie. Die drei Töchter waren so viel älter als wir, dass sie sich nicht für uns interessierten. Mir kamen sie immer sehr damenhaft, selbstbewusst und perfekt vor; ich bewunderte sie. Wenn ich mich nicht täusche, habe ich das Gutshaus in Batzwitz nur einmal betreten. Die französischen Kriegsgefangenen haben es nach dem Einmarsch der Russen im März 1945 niedergebrannt. Der Baron wurde von den Russen ermordet. Seine Frau erlag im Sommer in Vahnerow ihrem Krebsleiden.

Bis in die frühen Sechzigerjahre waren noch die alten Eisenbahnwaggons in Betrieb, bei denen die einzelnen Abteile nicht miteinander verbunden waren, sondern jedes Abteil zwei Einsteigetüren an den Seitenwänden hatte. Sie wurden seit den Zwanzigerjahren nur im Nahverkehr eingesetzt und hießen Abteil-Personenwagen. Wie in einer Postkutsche saßen sich die Reisenden gegenüber. Der Schaffner ging während der Fahrt auf einem schmalen Brett außen am Waggon entlang, wobei er sich an einem Handlauf festhielt, und öffnete eine Tür nach der anderen, um die Fahrkarten zu kontrollieren. Das war gefährlich wegen der dicht an den Gleisen stehenden Signalmasten.

Die Einzelabteile konnten für die Reisenden gefährlich sein, weil sie wie in einem Käfig eingesperrt waren. Ich fürchtete den Augenblick, in dem ich mit einem (männlichen) Reisenden allein im Abteil sitzen würde. Die Toiletten befanden sich an den beiden Waggonenden. Sie durften und konnten daher nur während des Aufenthalts des Zugs auf den Bahnhöfen benutzt werden. Ich habe sie nie aufsuchen müssen, weil ich nur kurze Strecken fuhr. Irgendwann sind diese Waggons aus dem Verkehr gezogen worden; seit Mitte der Dreißigerjahre bin ich nur noch in den Durchgangswagen gefahren.

Unsere Eltern hatten eine besondere emotionale Beziehung zu Kolberg, weil sie 1920 ihre Flitterwochen dort verbracht hatten. Immer wieder, nach schweren Krankheiten, fuhr unsere Mutter nach Kolberg, um sich an der Ostsee zu erholen. Im August 1933 schrieb sie an Inga: »(das) muß ich in Ruhe in K(olberg) tun, wenn ich meine Tage in der See und im Sande hinbringe.« Die Stadt war auch besonders hübsch. Sie hatte einen großartigen gotischen Backsteindom, eine breite Strandpromenade, weichen Sandstrand, eine lange Mole, einen viel gerühmten Kurpark und einen Hafen. Im März 1945 wurde sie so lange wie möglich gegen die russischen Truppen verteidigt, damit sich die vielen Flüchtlinge aus Pommern, West- und Ostpreußen im Hafen noch einschiffen konnten. Dabei wurde die Stadt weitgehend zerstört. An der Verteidigung waren auch französische Soldaten der SS-Division Charlemagne beteiligt, die in den letzten Kriegsmonaten in Greifenberg stationiert waren. Die französischen Soldaten schützten auch die an der Ostseeküste nach Westen ziehenden endlosen Flüchtlingstrecks vor den Angriffen der Russen.

In Kolberg gab es mehrere Sole- und Moorbäder und fünf Kinderkrankenhäuser. In eines wurde ich für einige Wochen verbannt, weil Sole- und Moorbäder den hartnäckigen Ausschlag an meinen Knie-, Hand- und Ellbogengelenken heilen sollten. Ich war damals vier Jahre alt. Im November 1938 schrieb ich aus Wieblingen an Inga: »Solange ich mich erinnern kann, habe ich Heimweh bis jetzt nur zweimal gehabt. Einmal in Greifenberg und einmal in Kolberg im Kinderheim.« Wann, wo und warum ich in Greifenberg Heimweh hatte, habe ich vergessen. Die Erinnerungen an das Kinderheim in Kolberg reduzieren sich auf das Bild eines großen Schlafraums, in dem es immer dämmrig war. An den Wänden standen viele weiße Gitterbetten, darunter weiße Nachttöpfe. Undeutliche Vorstellungen habe ich noch von den Wannen mit dunklem Wasser, in denen die Kinder baden mussten. Unsere Mutter konnte mich nur selten besuchen. Noch Jahrzehnte später erinnerte sich Christa von der Osten, eine entfernte Verwandte, daran, wie sie immer versucht hatte, mich zu trösten, wenn ich weinte. Sie war damals achtzehn und arbeitete als Praktikantin in dem Kinderheim.

Die Erinnerungen an die frühe Kindheit bestehen bei mir vor allem aus einzelnen Bildern, selten aus zusammenhängenden, erzählbaren Geschichten. Gespräche hat mein Gedächtnis kaum gespeichert. Ich misstraue auch Memoiren, in denen lange Dialoge aus der Kindheit aufgezeichnet sind.

Die Eisenbahnfahrt nach Hannover zu den Großeltern (1927), eigentlich ein aufregendes Erlebnis für ein Kind vom Lande, ist vollkommen gelöscht. Dabei war es eine lange Bahnfahrt, zuerst mit dem Personenzug, der auf jeder Station hielt, bis Stettin, dort musste man umsteigen in einen Eil- oder D-Zug nach Berlin. Weil die Reise in einem Tag nicht zu schaffen war, übernachteten wir hier im Mohrenhospiz am Gendarmenmarkt, in dem Mama immer wohnte, wenn sie in Berlin war. Das Zimmer war klein, die Betten standen nicht nebeneinander, sondern an den Seitenwänden. Aus dem Fenster konnte ich den Französischen Dom sehen. Vor Aufregung habe ich lange wach gelegen. Mich faszinierten das über Wände und Decke gleitende Scheinwerferlicht der vorbeifahrenden Autos und die fremden Geräusche der Großstadt. Zu Hause war es nachts dunkel und still.

Unsere Großmutter hat uns wohl jedes Jahr in Trieglaff besucht; fast jedes Mal musste sie ein neues Enkelkind bewundern. Ihr Mann hat sie vermutlich niemals begleitet. Er war ihr zweiter Mann, Dr. Schmidt, und Studienrat wie auch ihr erster Mann, Bernhard Louis Blank, der schon mit einundvierzig Jahren gestorben ist. Ein großes Fotoporträt hing in Vahnerow im Schlafzimmer der Eltern: ein gut aussehender Herr mit dicken dunklen Haaren und modischem Vollbart. Es hieß, die Ehe sei nicht glücklich gewesen. Das Paar hatte ja kaum Zeit gehabt, sich aneinander zu gewöhnen, es war nur vier Jahre verheiratet.

Großmutter war Engländerin, Maria Hume. Sie war nach Deutschland gekommen, um Musik zu studieren, sie wollte Pianistin werden. Stattdessen heiratete sie. Sie hatte zwei kleine Kinder, als sie Witwe wurde. Dass sie von dem berühmten englischen Philosophen des 18. Jahrhunderts, David Hume, abstammt, wurde zwar behauptet, jedoch aus Mangel an Urkunden nie bewiesen. In Urkunden des 19. Jahrhunderts sind ein Broker und ein Mühlenbesitzer dokumentiert.

Natürlich kam unsere Großmutter uns uralt vor, obwohl sie bei meiner Geburt erst dreiundfünfzig Jahre alt war. Sie trug meistens lange schwarze Kleider, hochgeschlossen, mit einem schmalen weißen Stehkragen. Die grauen Haare waren straff nach hinten gekämmt und in einem Knoten zusammengefasst.

In einer Hinsicht entsprach sie ganz dem Klischee einer »typischen Engländerin«: Sie hatte stets ein Strickzeug bei sich, und sobald sie saß, holte sie es aus einer Tasche und strickte. Kindermäntel, Pudelmützen, Schals, Handschuhe, Gamaschen, Schultertücher, Babyjäckchen und noch vieles mehr – aus bester englischer Wolle.

Unsere Mutter sagte, sie und ihr Bruder Paul, die Geschwister aus der ersten Ehe, seien sehr streng erzogen worden, ohne Zärtlichkeit und Wärme. Auch sehr sparsam, weil die Witwenrente klein war. Nach der zweiten Heirat war die wirtschaftliche Situation zwar besser, aber die Strenge blieb. Zu mir war Großmutti immer sehr freundlich. Ich liebte sie, weil ich spürte, dass ich ihr Liebling unter den Enkeln war. Sie starb 1930, kurz bevor ich acht Jahre alt wurde.

Viel erzählte unsere Mutter nicht aus ihrer Kindheit. Sie sagte, sie sei immer sehr gern zur Schule gegangen und eine besonders gute Schülerin gewesen. Als Achtjährige habe sie schon Ibsens Theaterstücke gelesen und schnell in der Schürzentasche versteckt, wenn sie die Schritte ihrer Mutter hörte. Zu Handarbeiten hatte Bärbchen, wie sie genannt wurde, kein Geschick. Ihr älterer, innig geliebter Bruder Paul fertigte die Stickereien an, die sie dann im Unterricht vorzeigte. Nähen hat sie nie gelernt und zeichnen konnte sie auch nicht.

Da sie so ungeschickt war, bewunderte sie später aufrichtig alle unsere Basteleien, die wir aus Holz, Pappe, Papier, Leder, Walnussschalen und anderen Materialien anfertigten und zu Geburtstagen und Weihnachten verschenkten.

Die Wohnung der Großeltern lag in der Innenstadt von Hannover, im Parterre eines Mehrfamilienhauses, und war deshalb recht dunkel, vor allem der Flur. Käthe, Mamas jüngste, zwanzig Jahre alte Halbschwester, lebte damals noch in der elterlichen Wohnung. Sie ging öfter mit mir in den Zoo. Auf den Schultern von meinem Patenonkel Fritz (zweiundzwanzig Jahre alt) sitzend, habe ich staunend dem langsamen Aufstieg eines großen Fesselballons zugesehen.

Die Großeltern hatten erwartet, es würde mir ein besonderes Vergnügen sein, mit der Straßenbahn zu fahren. Doch nach der ersten Fahrt habe ich mich geweigert, noch einmal in solch einen lauten, ratternden Wagen zu steigen. Ich wollte immer zu Fuß gehen und zwang die Erwachsenen somit zu langen Fußwanderungen.

Ich bin sehr häufig erkältet gewesen. Mama, die gerne übertrieb, behauptete sogar, ich hätte das erste halbe Jahr meines Lebens »ununterbrochen« gehustet. Außerdem waren die Mandeln immer wieder geschwollen und entzündet. Der Zustand muss sehr bedrohlich gewesen sein, sonst wäre ich nicht schon drei oder vier Wochen nach Vaters Tod in Stettin operiert worden. Die Hauptstadt Pommerns war achtzig Kilometer von Vahnerow entfernt, was bedeutete, dass niemand mich während meines Aufenthalts in der Klinik besuchen konnte.

Ich wurde dem Arzt und seiner Assistentin übergeben und musste mich auf einen hohen Stuhl setzen. Über mir brannte eine helle Lampe. Niemand erklärte mir, was mich erwartete. Ich war völlig ahnungslos. Die Betäubungsspritze in den Rachen tat scheußlich weh, aber ich war ja tapfer.

Nach einiger Zeit stellte mir der Arzt eine harmlose Frage. Als ich sie beantworten wollte, kamen nur unverständliche, gurgelnde Worte aus dem Mund, den ich kaum bewegen konnte. Ich war erschrocken. Doch der Arzt war zufrieden mit der Wirkung der Spritze, und die Schwester gab mir eine nierenförmige Schale, die ich unter mein Kinn halten sollte. Dann schnitt der Arzt – und das tat so entsetzlich weh, dass ich aufschrie. Während er die große blutige Mandel auf die Schale legte, sagte er zu seiner Assistentin: »Na, da hat die Betäubung wohl doch nicht gereicht!« Zu mir gewandt, meinte er: »Dann heilt die Wunde schneller und tut nicht lange weh«, schnitt die zweite Mandel heraus und legte sie auf die Schale. Der Anblick dieser blutigen Fleischstücke hat mich noch jahrelang verfolgt. Hätte mir irgendjemand gesagt, was mich erwartete, wäre ich vielleicht nicht so schockiert gewesen.

Jeder, dem die Mandeln herausgeschnitten oder gekappt worden sind, weiß, wie köstlich das Vanilleeis schmeckt, das einem als erste Speise ans Bett gebracht wird und das die Wunde sanft kühlt.

Mama holte mich in Stettin ab. Jahrzehnte später habe ich eine Dame getroffen, die uns gegenüber im Zugabteil gesessen hat. Sie erzählte, wie rührend der Anblick der hübschen jungen Mutter, noch in Witwenkleidung, und der blassen Tochter gewesen sei. Besonders beeindruckt hat sie meine Bescheidenheit: Auf die Frage meiner Mutter, was ich mir denn nun wünsche nach der Operation, bei der ich so tapfer gewesen sei, hätte ich leise geantwortet: »Buntstifte.«

Wir wohnten auf dem Land, atmeten saubere Luft, konnten in einem großen See baden, trotzdem fuhren wir im Sommer nach Deep an die Ostsee, denn Meeresluft war noch gesünder.

Deep, an beiden Seiten der Regamündung gelegen, war ein kleiner, beschaulicher Badeort. Es gab noch einige alte Fischerhäuser, außerdem Pensionen, Gastwirtschaften und das respektable Strandhotel Asmus über der Promenade. Die Mehrzahl der Häuser ist im März und April 1945 beim Einmarsch der Russen niedergebrannt.

Die Badegäste kamen vor allem aus dem Binnenland und Stettin. Auch einige Berliner Familien zogen die kleinen hinterpommerschen Küstendörfer, die nie den Titel »Bad« erhielten, den vornehmen Seebädern auf Usedom (den »Kaiserbädern«), Wollin und Rügen vor.

Viele Fischer in den Dörfern an der Küste vermieteten im Sommer ihre Häuser – schöne Fachwerkhäuser mit tief herunter gezogenen, riedgedeckten Dächern, sogenannte Niedersächsische Bauernhäuser. Mir gefiel besonders, dass die Giebelverzierungen Pferdeköpfe waren. Die Häuser waren geräumig und boten den Gästen mit Kindern und Personal genug Platz. Die Fischerfamilien drängten sich in den Sommermonaten in kleinen Räumen im Hinterhaus zusammen.

Später mieteten wir auch mehrere Zimmer mit Kochgelegenheit in einer kleinen Pension.

Vor der Abreise aus Trieglaff wurde ein Ackerwagen mit Bettzeug und Grundnahrungsmitteln beladen, damit diese in Deep, wo alles teurer war, nicht mehr gekauft werden mussten. Die Entfernung von ungefähr zweiunddreißig Kilometern schafften die tapferen Ackerpferde an einem Tag. Der Kutscher übernachtete im Ort und fuhr erst am nächsten Tag wieder zurück. Von Vahnerow wurden später keine Vorräte mehr nach Deep transportiert.

Wir Kinder reisten, begleitet von unserer Mutter und dem Kinderfräulein, mit der Bahn. Bis alles eingerichtet und organisiert war, blieb unsere Mutter, dann konnte sie sich in Trieglaff eine Weile von der Kinderschar erholen. Sie hielt sich nie lange in Deep auf. Auch die Kinder von benachbarten Gütern verbrachten die Ferien unter der Aufsicht ihrer Kinderfräulein. Die Väter ließen sich überhaupt nicht blicken, weil sie während der Erntezeit nicht verreisen konnten. Dagegen waren die Familien aus den Städten meistens komplett, wenn die Väter im Sommer Urlaub hatten.

In den ersten Jahren saßen wir Geschwister während der Zugfahrt aus Meer alle zusammen in einem Abteil. Später, wohl Mitte der Dreißigerjahre, distanzierte sich Ado von seinen schwatzenden, kichernden Geschwistern und setzte sich in ein anderes Abteil. Er gestand einmal, dass es ihm peinlich gewesen war, so viele Geschwister zu haben. Gerhard war es nicht peinlich, er blieb bei seinen Schwestern.

Die Wege vom Dorf Deep zum Strand waren nicht weit. Sie führten durch einen Kiefernwald, der angenehm würzig nach Harz duftete und dessen Boden mit einer dicken, federnden Nadelschicht gepolstert war.

Es war üblich, für die Ferienwochen einen Strandkorb zu mieten. Er stand, wie überall an den pommerschen (deutschen?) Küsten, nicht auf dem flachen Sand, sondern in einer Vertiefung. Alle Strandkörbe waren von einem Rundwall umgeben, der einen Eingang hatte. Der Wall sollte nicht nur einen Besitzanspruch dokumentieren, er war vor allem ein wichtiger Schutz gegen den ständigen Küstenwind. Wegen der Windverwehungen musste er fast täglich erneuert werden. Die Außenseite wurde mit Kieselsteinen und kleinen weißen Muscheln geschmückt. Man legte geometrische, florale oder zoologische Muster, Wappen oder Namen. Und natürlich wurde der Schmuck der »Burgen« verglichen und beurteilt. Unsere Dekorationen waren nie besonders kunstvoll.

An den schrägen Innenwänden der Wälle lagen wir, um zu lesen und um uns bräunen zu lassen. Wir wussten zwar, dass Sonnenstrahlen schädlich sind und unsere helle empfindliche Haut eher rötlich als braun wurde, aber nach den Ferien wollten wir nicht ganz blass in die Schule kommen. Unsere Mutter missbilligte das Sonnenbaden: »Das tun nur Städter.« Sie war stolz auf ihre weiße Haut, die sie, so gut es ging, vor der Sonne schützte. Wir blieben bis zum späten Nachmittag am Strand. Unser Picknick-Korb war mit Getränken, Obst und belegten Brötchen gefüllt, dazu aßen wir als besondere Delikatesse frisch geräucherte Flundern.

Außer den Vergnügungen, mit denen sich alle Kinder am Strand die Zeit vertrieben – Baden, Ballspielen, Lesen, Dösen, in den rasch wechselnden Wolkenformen Figuren erkennen, ab und zu auch Streiten –, wurden in dem kleinen Ort wenig Abwechslungen geboten. Aber wir vermissten auch nichts. Bei schönem Wetter – und in meiner Erinnerung war das Wetter meistens schön – versammelten sich abends viele Feriengäste auf der langen Mole, um die farbenprächtigen Sonnenuntergänge zu bewundern.

Niemals hätten wir gewagt, unser Kinderfräulein zu bitten, mit uns in das Strandhotel Asmus zu gehen, um dort Kuchen oder gar Eis mit Früchten und Sahne zu essen. Eis kauften wir nur bei dem Eisverkäufer, der seinen Wagen am Strand entlangschob. Ein Bällchen in einer Waffeltüte für fünf Pfennige. Deshalb war es ein ganz besonderes Ereignis, dass wir einmal von einem befreundeten Arzt zum Eisessen ins Hotel Asmus eingeladen wurden. Wäre dies keine außergewöhnliche Einladung gewesen, hätte ich sie in meinem Brief vom Sommer 1934 an Inga gar nicht erwähnt.

In diesen Ferien war Martha Schildhauer, von uns Schilling genannt, mit uns in Deep. Auf mehreren Gutshöfen hatte sie Erfahrungen mit Kindern gesammelt. Sie war wohl Ende vierzig, als sie 1932 als Kinderfräulein zu uns kam. Sie hatte keine Schwierigkeiten mit uns, und wir nicht mit ihr, weil wir sie von Anfang an gernhatten. Immer war sie freundlich und ausgeglichen. Ihrer Großzügigkeit verdankten wir es, dass wir sogar mit ihr ins Kino gehen durften. Die einzige Filmvorführung begann natürlich erst, wenn die Feriengäste Abendbrot gegessen hatten; vermutlich nicht vor halb neun Uhr, wahrscheinlich erst um neun Uhr. Ein eigenes Filmhaus gab es in Deep nicht; ein kleiner Saal des größten Gasthauses diente als Vorführraum. Angezeigt war *Fräulein Hoffmanns Erzählungen* mit der blonden Anny Ondra, der Frau des Boxers Max Schmeling, in der Hauptrolle. Es muss ein ganz harmloser Film gewesen sein, denn wir drei Kinder wurden problemlos eingelassen; außer mir, damals elf Jahre alt, der zehnjährige Gerhard und die neunjährige Baba. Mein knappes Urteil über den Film lautete: »Anny Ondra spielte sehr schön.« Spannender als der Film war für mich das Drumherum, denn der Saal, »ungefähr für 75 Menschen berechnet«, war zu klein. »Zuletzt, als kaum noch Platz war, brachten die Leute aus den Wohnzimmern des Gastwirts ein Sofa und einen Schemel. Alle Leute lachten sehr.« Ich wundere mich jetzt, dass es damals erlaubt war, Kinder zu einer so späten Filmvorstellung mitzunehmen. Heute wäre das nicht mehr möglich. Damals fand ich es toll, dass wir erst um »viertel zwölf« (= 23.15 Uhr) im Bett waren.

Unsere Mutter, die sich von einer schweren Krankheit in Kolberg erholte, besuchte uns manchmal. Sie hatte nichts gegen Kinobesuche einzuwenden, weil sie selbst ebenfalls sehr gerne ins Kino ging, wenn sie Gelegenheit dazu hatte. Am liebsten natürlich in Berlin.

Viele Ferienwochen, die sich mehr oder weniger ähnelten, haben wir bis Kriegsbeginn in Deep verbracht. Die Idylle wurde aber seit 1938 erheblich gestört durch die Schießübungen von Offizieren und Soldaten, die im Dorf stationiert waren und an den neuen Flugabwehrkanonen (Flak) ausgebildet wurden. Sie mussten auf die langen, roten wurstartigen Ballons schießen, die die Flugzeuge, über dem Meer fliegend, hinter sich herzogen. Wir beobachteten, wie die Schrapnells in der Luft zerplatzten, denn die wenigsten Ballons wurden getroffen. Eine Vorbereitung auf den Krieg, in dem ich den unangenehmen trockenen Knall der Abschüsse der Flakbatterien noch oft hören sollte. Zu den Offizieren, die dort ausgebildet wurden, gehörte Walter Wellershoff, mein späterer Schwiegervater!

SCHULZEIT VOR DEM DRITTEN REICH – GRUNDSCHULE

Anfang November 1927, einige Tage nach meinem fünften Geburtstag, fing für mich die Schulzeit an. Auch damals waren Kinder erst mit sechs Jahren schulpflichtig, und die Schuljahre begannen Ostern und nicht im Herbst. Aber ich wollte unbedingt lesen, schreiben und rechnen lernen, weil mein Bruder Ado, fast sechzehn Monate älter als ich, schon ein halbes Jahr lang Unterricht hatte. Und was er konnte, wollte ich auch können. Kein Schularzt hat meinen Gesundheitszustand geprüft, kein Schulpsychologe meine geistige Reife. Ich weiß nicht, welche im Schulamt zuständige Person meine Eltern um Erlaubnis gefragt haben, ob ich anderthalb Jahre vor meiner offiziellen Schulpflichtigkeit eingeschult werden durfte. Ich sollte ja nicht in die Dorfschule gehen – vielleicht hätte das wegen meines Alters Schwierigkeiten gemacht –, sondern Privatunterricht bei Frau Pastor Rohnert bekommen, so wie Ado. Vielleicht empfanden unsere Eltern die Dorfschule als nicht standesgemäß?

Natürlich hatte ich erwartet, mein erster Schultag würde ebenso gefeiert werden wie der des älteren Bruders Ado. Er hatte eine schöne Schultüte bekommen, er war von unserer Mutter zum Pfarrhaus begleitet worden. An Einzelheiten erinnere ich mich zwar nicht, ich weiß nur, dass es ein großer Tag war. Solch einen Ehrentag wünschte ich mir auch. Und was geschah mir zur Feier an meinem von mir erzwungenen, vielleicht auch abgetrotzten ersten Schultag? Nichts! Keine Schultüte – die gab es im Herbst vermutlich gar nicht zu kaufen. Keine Begleitung zum

Pfarrhaus, denn mein erster Unterricht begann nachmittags, vormittags wurde Ado unterrichtet. Mama hielt entweder Mittagsschlaf oder musste Mona stillen, das Kinderfräulein hatte sich um die zwei anderen Geschwister, Gerhard und Baba, zu kümmern. Mit dem neuen Ranzen auf dem Rücken wanderte ich also ganz allein den ziemlich weiten Weg durchs Dorf zum Pfarrhaus. Mir kam der Weg sehr lang vor. Ganz anders hatte ihn Ado empfunden. Er schrieb in seinem ersten Aufsatz mit dem Titel »Mein Schulweg«: »Wenn ich zur Schule gehe, sehe ich die Hühner scharren im Sand. Und dann bin ich auch bald da.« Ich war jedenfalls nicht »bald« da. Wir mussten erst über den Hof gehen, vorbei am Pferde- und Kutschenstall, an der Stellmacherei, dem Inspektorhaus, der großen Scheune, vorbei am Schulhaus, dann die Dorfstraße mit den Arbeiterhäusern entlang bis zum sogenannten Bauerndorf. Dort befanden sich die kleine neugotische Backsteinkirche der alt-lutherischen Gemeinde und das einstöckige Pfarrhaus, in dem wir unterrichtet wurden.

Das Wohnzimmer des Pfarrhauses war mein Klassenzimmer. Dicht beim Kachelofen standen ein kleiner Tisch und ein kleiner Stuhl. Das Schreiben auf der Schiefertafel mit dem harten Griffel war mühsam, das Kratzgeräusch des Griffels unangenehm. Irgendwelche Übungen, wie Schlangen- oder Zickzacklinien, um das Halten und Vorwärtsbewegen des Griffels zu üben, gab es nicht. Reihe um Reihe schrieb ich den jeweils neu gelernten Buchstaben in der sperrigen Sütterlin-Schrift auf die Tafel mit den dünnen roten Linien, bis die Buchstaben immer krakeliger wurden. Der kleine Schwamm war mit einem Band an der Tafel befestigt und schnell zur Hand, um die missglückten Buchstaben auszuwischen. Weil ich allein unterrichtet wurde, musste ich ständig aufpassen, musste jede Frage beantworten, konnte nie dösen. Das hatte den Vorteil, dass ich sehr schnell lesen, schreiben und rechnen lernte. Nach kurzer Zeit hatte ich Ado eingeholt, was mein Ziel war. Trotzdem wurden wir nicht zusammen unterrichtet, es sollte ein Abstand bleiben zwischen dem Erstgeborenen und seiner Schwester.

Als Weihnachten näher rückte, meinte Frau Pastor, ich müsse meiner Mutter etwas schenken, am besten eine kleine Handarbeit. Sie schlug vor, einen Topflappen zu häkeln, weil das ganz leicht sei. Sie besorgte dicke weiße Baumwolle, eine Häkelnadel und erklärte mir die Technik: Sie häkelte die ersten Reihen, dann sollte ich weitermachen. Es war schrecklich! Jede Reihe wurde kürzer als die vorhergehende, denn nie fand ich die Endmaschen, der Lappen wurde trapezförmig, und die Reihen mussten immer wieder aufgeribbelt werden. Ich weinte vor Verzweiflung. Meine Hände wurden feucht, und die weiße Wolle wurde allmählich grau. Irgendwann hatte Frau Pastor wohl eingesehen, dass sie einer gerade Fünfjährigen mit dicken ungeschickten Händen diese Arbeit nicht zumuten konnte. Ein missglückter, unbrauchbarer Topflappen war kein schönes Geschenk. Stattdessen sollte ich einige Texte aus der Fibel am Heiligen Abend aufsagen, was ich bestimmt nicht gern getan habe, weil ich schüchtern war und außerdem laut sprechen musste, denn Vater war schwerhörig und ermahnte mich ständig: »Sprich lauter!« Ich erinnere mich nur noch an den Text zum Buchstaben »t«: »Tante Toni höre mal tut tut tut!« »Theo, das ist zu laut, höre auf!« Dazu gehörte ein Bild mit Theo, der in seine Trompete bläst, vor ihm steht Tante Toni mit langem Kleid und Schürze, die sich die Ohren zuhält. Übrigens trugen alle Frauen auf den Bildern der Fibel lange Kleider und hatten Schürzen umgebunden, als ob sie ständig mit Hausarbeit beschäftigt seien. Die Haare waren straff nach hinten gebürstet und in einem dicken Knoten zusammengebunden. Sie ähnelten Frau Pastor, die auch lange Kleider in dezenten Farben trug, allerdings ohne die obligatorische Schürze, und auch ihre Frisur glich der von Tante Toni und den übrigen Fibelfrauen. Selbst in einer Fibel von 1961 waren die Frauen immer noch so bieder gekleidet wie in den Fibeln der Zwanziger- und Dreißigerjahre.

Im Winter stand Frau Pastor am grünen Kachelofen und wärmte sich Rücken und Hände. Manchmal legte sie einen Apfel ins Ofenrohr, den ich in der Pause als Bratapfel essen durfte. Besonders gut war der Kakao, den sie für mich kochte, denn er schmeckte süß und sahnig, nicht so wässerig wie zu Hause. Die Thaddensche Küche war bekannt für Sparsamkeit. Im Sommer bekam ich Obstsaft zu meinem Schulbrot, und ich durfte in der Pause nach dem langen Stillsitzen im Obst-und Gemüsegarten des Pfarrhauses herumlaufen und mir Himbeeren und Johannisbeeren pflücken, Stachelbeeren mochte ich nicht.

Wie war es möglich, dass ich ohne ein mit offiziellem Stempel versehenes Zeugnis von einem Schuljahr ins nächste versetzt wurde? Niemals kam ein beamteter Lehrer oder Schulrat, um mich zu prüfen. Frau Pastor war vermutlich eine examinierte Volksschullehrerin, zu der das Schulamt Vertrauen hatte.

Im Sommer 1930 zogen wir aufgrund der Erbschaftsteilung von Trieglaff nach Vahnerow um. Dort gab es eine kleine Ein-Raum-Schule, das heißt die Kinder vom ersten bis achten Schuljahr wurden in einem Raum unterrichtet, vom dicken Lehrer Koch. Ich hätte auch in diese Schule gehen können, doch mit meinem Vorauswissen wäre ich unter den Dorfkindern sicher unbeliebt gewesen. So blieb ich bei Frau Pastor. Leider habe ich deshalb nie richtigen Kontakt zu den Kindern im Dorf bekommen und, was ebenso nachteilig war, niemals Plattdeutsch gelernt. Und wenn man nicht dieselbe Sprache spricht wie die Leute, bleibt immer eine schwer zu überbrückende Distanz.

Zum Unterricht musste ich mich nun selbst fahren, noch nicht einmal acht Jahre alt. Unser Kutscher Willy Lüdtke hatte keine Zeit, mich nach Trieglaff zu bringen und wieder abzuholen. Ich hatte ja ein Pony, und einen Ponywagen gab es auch. Warum sollte das kleine Mädchen sich nicht selbst kutschieren? Willy spannte das Pony an, er übergab mir die Zügel, und ich fuhr los. Die Fahrt war ungefährlich. Fuhrwerke sind mir selten begegnet, Autos natürlich gar nicht. Die sandige Landstraße führte ein kurzes Stück durch den Wald, sonst waren Felder und Wiesen zu beiden Seiten. Beim Bauern neben dem Pfarrhaus stellte ich den Wagen ab und brachte das Pony in den Stall. Nach dem Unterricht spannte ich es wieder an, wobei mir auch der Bauer oder ein Knecht half.

Wenn ich genug Zeit hatte, habe ich in diesem Bauernhof dem altmodischen Dreschen zugesehen, bei dem mehrere Männer in einer Tenne mit langen Dreschflegeln in gleichmäßigem Takt auf die Ähren des Korns oder des Flachses schlugen, um die Körner von den Spelzen zu lösen. Die Gutsbetriebe verfügten schon lange über Dreschmaschinen, nur der Flachs wurde auch hier mit Flegeln bearbeitet. Die Bauern benutzten auch noch einen Göpel, mit dem das Viehfutter geschrotet wurde. Ich hatte Mitleid mit dem armen Pferd, das stundenlang im Kreis gehen musste, um das Räderwerk in Gang zu halten.

An einem schönen Sommertag gab es doch einen Unfall auf der Fahrt nach Trieglaff. Das Pony hatte einen langen Schwanz, den es im Sommer ständig brauchte, um die lästigen Fliegen und Bremsen auf seinem Fell zu verscheuchen. Es schlug deshalb oft mit dem Schwanz über die Zügel und klemmte diese dabei so fest ein, mal den rechten, mal den linken, dass ich nicht mehr richtig lenken konnte. Meistens gelang es mir, den Zügel vorsichtig unter dem Schwanz seitlich herauszuziehen. An diesem Tag aber, an dem Gerhard mit mir fuhr, riss ich ungeduldig den fest eingeklemmten Zügel so heftig nach rechts, dass das Pony im rechten Winkel abbog und den Wagen einen kleinen Abhang hinunterzog, wo er umkippte. Wir hatten uns beim Sturz nicht verletzt, aber Gerhard war in eine Pfütze gefallen. Weil ich beim Wagen bleiben musste, lief er nach Hause, um das Unglück zu melden. Es war ein ziemlich weiter Weg für einen sechsjährigen Jungen. Entrüstet – und lispelnd – soll er gerufen haben: »Maria hat mich in eine Pfütze gekippt!« Frau Pastor, die vergeblich auf uns gewartet hatte, wurde informiert, und Willy wurde auf dem Fahrrad losgeschickt, um den Schaden anzusehen und möglichst gleich zu beheben. Ich wartete lange auf Hilfe, schuldbewusst und unglücklich. Nur Pony war zufrieden, es brauchte den Wagen nicht zu ziehen, konnte Gras rupfen und unbehelligt mit dem langen Schwanz die Insekten verscheuchen. Der Schaden war gering, Willy konnte den leichten Wagen aufrichten und in die richtige Position bringen, sodass das Pony ihn langsam nach Hause ziehen konnte. Vielleicht durfte ich am nächsten Tag wieder nach Trieglaff fahren? Gerhard hat mich wohl nie wieder begleitet.

Wie ich im Winter bei Schnee und Schneetreiben, bitterer pommerscher Kälte und Glatteis zu Frau Pastor gekommen bin, das weiß ich nicht mehr. Ich wurde wohl gebracht und abgeholt. Einen Schlitten für das Pony gab es jedenfalls nicht.

Mit dem Beginn des vierten Schuljahres, im April 1931, kam ich zum ersten Mal in Greifenberg in eine öffentliche Schule: Fräulein Langbeins Höhere Mädchenschule, zu der auch vier Grundschulklassen gehörten. Eine Aufnahmeprüfung brauchte ich nicht zu machen; Fräulein Langbein vertraute dem Zeugnis, das Frau

Pastor mir ausgestellt hatte. Für die Höhere Mädchenschule musste, im Unterschied zur gebührenfreien staatlichen Stadtschule, Schulgeld bezahlt werden. Unter den Schülerinnen gab es daher keine Kinder ganz armer Eltern, keine Arbeiter-, keine Proletarierkinder. Der Schulwechsel bedeutete große Veränderungen für mich. Mit Ado, der das Friedrich-Wilhelm-Gymnasium besuchte, musste ich früher aufstehen als die Geschwister. Geweckt wurden wir um halb sieben Uhr entweder von einem Hausmädchen oder dem Kinderfräulein, auf keinen Fall von unserer Mutter, die selten vor halb neun Uhr zum Frühstück erschien. Nebeneinander an einem Ende des großen Esstisches sitzend, löffelten Ado und ich meistens schweigend aus Zinntellern, auf deren Rand unsere Namen graviert waren, den matschigen, leicht gesalzenen Porridge, der nach original englischem Rezept in Wasser gekocht war. Auf den heißen Brei gossen wir kalte Milch, und bevor wir anfingen zu essen, verzierten wir ihn mit dünnflüssigem Sirup: Wir malten Kringel oder Wellenlinien, oder wir versuchten unsere Namen zu schreiben. Meistens fuhr uns der Pferdeknecht Köpsel, manchmal auch Willy, mit einem leichten Einspänner zum Bahnhof nach Batzwitz. Prinzess hieß unsere auch mit ihren zwanzig Jahren immer noch elegante braune Trakehnerstute. Ein besonders liebenswertes Pferd, niemals launisch, immer zuverlässig und eifrig.

Im Winter, wenn der Schnee zu tief war, fuhren wir mit dem Schlitten. Es war stockfinster, wenn Köpsel vorfuhr. Im Schein der Lampe über dem Hauseingang stiegen wir in die dicken Fußsäcke aus Schafpelz, die einen Muff für die Hände hatten und fast bis zum Kinn hochgezogen werden konnten, wobei uns ein Hausmädchen half, das schließlich noch eine Pelzdecke über unsere Beine legte. Der Kutscher, in dickem Schafpelzmantel, saß hinter uns auf einem hohen Sitz, damit er bequem zwischen unseren Köpfen die Zügel bewegen konnte. Die Beleuchtung war spärlich, der Schein der beiden Karbidlaternen reichte nicht weit, genügte gerade, um den Weg mit seinen festgefrorenen Unebenheiten und tiefen Fahrspuren zu erkennen. Und im Licht der Laternen glänzte das Fell auf den sich auf und ab bewegenden Schenkeln der Pferde.

Auf dem kleinen Bahnhof in Batzwitz trafen sich alle Fahrschüler aus den umliegenden Dörfern, die auf das Gymnasium oder die Höhere Mädchenschule gingen: unsere zwei Cousinen Eleonore und Renate Senfft von Pilsach, die ganz nahe beim Bahnhof wohnten, aber immer erst im letzten Augenblick angerannt kamen, und unsere »Neffen« aus Trieglaff, Ernst-Dietrich und Leopold, die Kinder der Lehrer, Inspektoren und einiger Bauern, zwei, drei Jahre später auch Gerhard und Baba.

War das Wetter sehr schlecht, hielten wir uns bis zur Ankunft des Zuges in dem kleinen Warteraum des Bahnhofs auf – ein karger Raum mit zwei Tischen und Bänken, dem Fahrkartenschalter, neben dem der Fahrplan hing, und einem kleinen Kohleofen. Daneben war der Betriebsraum für den Bahnhofsvorsteher, Herrn Fleischfresser; man konnte ihn durch ein großes Fenster beobachten.

In Batzwitz hielten nur Bummel- und Güterzüge, die zwischen Stettin und Kolberg verkehrten, und außerdem unser Schülerzug, der morgens von Plathe nach Greifenberg fuhr und am frühen Nachmittag wieder zurück. Der Name ist etwas irreführend, denn jeder Reisende konnte ihn benutzen.

Die Schüler saßen, wenn möglich, nicht mit den Erwachsenen zusammen, sondern in eigenen Abteilen, um noch schnell die Hausaufgaben zu vergleichen und zu korrigieren oder Vergessenes abzuschreiben, denn nach zehn Minuten hielt der Zug bereits an der Endstation.

Nach der Schule standen entweder Willy oder Köpsel mit Kutsche oder Schlitten hinter dem Bahnhof, um uns abzuholen. Um halb drei waren wir zu Hause und konnten endlich mittagessen, wieder am hinteren Ende des Tisches sitzend. Um diese Zeit hielten unsere Eltern Mittagsruhe, und wir mussten ganz leise sein. Wenn die Mittagsruhe vorbei war, sahen wir sie zum ersten Mal am Tag.

Seltsam, wie wenige und ungenaue Erinnerungen ich an das Jahr in Fräulein Langbeins Schule habe. Es passierte wohl nie etwas Besonderes, ein Schultag war wie der andere. Ich war die einzige Neue im vierten Schuljahr, die meisten Schülerinnen waren schon von Schulbeginn an zusammen, außerdem wohnten fast alle in Greifenberg, kannten sich lange, trafen sich nachmittags. Die vielen Kinder verwirrten mich. Es dauerte einige Zeit, bis ich meine Schüchternheit überwand und Anschluss fand. Die Klassenlehrerin, Fräulein Martha Marx, ähnelte, wie Frau Pastor, den Frauen in der Fibel: glatt frisiert und zeitlos schlicht und unauffällig gekleidet. In meiner Erinnerung sind die Kleider immer grau oder dunkelblau. Lehrerinnen waren unverheiratet und hießen »Fräulein«. Frau Pastor Rohnert war die einzige verheiratete Lehrerin, von der ich jemals unterrichtet worden bin. Wenn eine Lehrerin heiratete und das Einkommen ihrer Familie durch den Mann gesichert war, schied sie meistens, jedenfalls nach 1933, aus dem Beruf aus (die sogenannte Zölibatsklausel für Beamtinnen). Frau Pastor Rohnert war weder Beamtin noch Angestellte, sondern Privatlehrerin.

Disziplinprobleme hatte Fräulein Marx mit uns bestimmt nicht. Obwohl sie nicht besonders streng war, musste sie sich niemals mit lauter Stimme durchsetzen. Autoritäre Strenge widersprach der fortschrittlichen Pädagogik der Höheren Mädchenschulen. Selbstverständlich waren körperliche Strafen verboten. Die Schülerinnen waren sehr brav und fleißig. Zum Geburtstag stellten wir unserer Lehrerin Blumen aufs Pult.

Mit dem Schulpensum hatte ich keine Schwierigkeiten, im Gegenteil, ich war durch meine frühe Einschulung im Wissen weit voraus; was die anderen neu lernten, war für mich Wiederholung. Ein Problem war es für alle Fahrschüler, die Zeit zwischen der letzten Unterrichtsstunde und der Rückfahrt des Schülerzuges (14 Uhr) zu überbrücken. Die Abfahrt richtete sich nach dem Ende der letzten, der sechsten Unterrichtsstunde der Gymnasiasten, der Unterricht im vierten Schuljahr jedoch dauerte nie so lange. Wo konnte ich mich eine oder gar zwei Stunden aufhalten? So etwas wie Schülerbetreuung in einem besonderen Aufenthaltsraum gab es in der Mädchenschule nicht. Und ich konnte mich, erst acht, dann neun Jahre alt, weder allein in ein Café am Marktplatz noch in den Warteraum des Bahnhofs setzen. Zunächst hat mich wohl Renate Riebe, die Tochter unseres Hausarztes, der auch Geburtshelfer war, mit zu sich nach Hause genommen. Sie hatte vier Schwestern – ein Mädchen mehr, das spielte keine Rolle. Die Familie von Dr. Riebe besaß an der Ostsee noch ein schönes Ferienhaus, doch an der Kleidung der Töchter wurde so extrem gespart, dass sie den Mitschülerinnen leidtaten. Sie trugen im Winter immer die gleichen gehäkelten blauen Kleider mit grauen Streifen am Rocksaum, die Jahr für Jahr um einen oder zwei Streifen – auch an den Ärmeln – verlängert wurden. Und weil die alte Wolle ausbleichte und die neue dunkler war, sahen wir deutlich die »Jahresringe«. Ich glaube, wir haben die vier Schwestern – darunter ein Zwillingspaar – bemitleidet, dass sie im Herbst mit den deutlich verlängerten Häkelkleidern in die Schule gehen mussten, während ärmere Mädchen neue Kleider bekommen hatten.

Bescheiden und einfach war ich allerdings auch gekleidet. Ich trug keine langen Strümpfe, die mit Gummibändern an einem Leibchen befestigt waren, wie die Stadtmädchen, sondern von unserer Mutter gestrickte Kniestrümpfe aus dicker schottischer Tweedwolle. Sie folgte hier einer englischen Tradition, denn die englischen Schüler, so erklärte sie uns, gingen auch im Winter mit nackten Knien zur Schule. Und englische Sitten waren für uns maßgebend. Wenn es sehr kalt war, zog ich eine dunkelblaue Trainingshose an zum Schutz der nackten Knie und Oberschenkel. Dass die Winter in England wesentlich milder waren als die in Hinterpommern, wurde uns verschwiegen.

Immerhin – für mich, die älteste Tochter, nähte die Hausschneiderin neue Kleider, die die jüngeren Schwestern erbten. Später wurden abgelegte Kleider meiner Mutter für mich halbwegs passend gemacht. Konfektion wurde im Kaufhaus Löwenberg gekauft, dem einzigen größeren Textilgeschäft in Greifenberg. Als vor dem Kaufhaus ein großes Schild stand mit der Aufschrift »Kauft nicht beim Juden« – das war im April 1933, kurz nach der Machtübernahme der Nazis – kümmerte sich unsere Mutter nicht darum, sie nahm mich an die Hand und ging mit mir in das Geschäft. Niemand hätte es gewagt, sie, die Frau Landrat, daran zu hindern.

Oft bemühen sich gerade die Außenseiter in einer Schulklasse um die Aufmerksamkeit und Gunst der schüchternen, unsicheren Neuen. Und eines Tages fragte mich ein sommersprossiges, rothaariges Mädchen, ob ich nicht zu ihr nach Hause kommen wolle. Wusste ich, dass sie Jüdin war? Ich glaube nicht. Sie hat bestimmt gemerkt, dass ich keine Vorurteile hatte und völlig arglos war. Juden waren mir weder in Trieglaff noch in Vahnerow begegnet, es gab sie für mich nur in den biblischen Geschichten, die uns im Religionsunterricht erzählt wurden. Ich glaube, die Mitschülerinnen hatten auch keine Vorurteile gegen jüdische Kinder. Juden waren nicht ungewöhnlich in der Kleinstadt. Ungewöhnlich dagegen waren Katholiken, besonders, wenn sie aus dem Rheinland stammten. In den vier Schuljahren, die ich auf dem Gymnasium war, hatte ich nur einen katholischen Mitschüler aus Köln, der immer ein Außenseiter blieb. Im Brockhaus von 1895 steht, dass Greifenberg 5490 Einwohner hatte, darunter 31 Katholiken und 95 Israeliten (nicht »Juden«). Das rothaarige Mädchen, das einen dunkelhaarigen Bruder hatte, war die Tochter von Louis Schulz, einem Altwarenhändler. Im Einwohnerbuch der Stadt Greifenberg für das Jahr 1936 ist er im Einwohnerverzeichnis noch aufgeführt, hinter dem Namen steht: »Mineralöle, Rohstoffe, tier. Art., Lumpen«. Im Straßen- und Häuserverzeichnis fehlt sein Name. War er nicht mehr Besitzer des Hauses, wurde er enteignet?

Es war ein altes Haus in der zum Fluss führenden Regastraße. Alles war hier klein, eng, finster, und Eingang, Treppenhaus, Hinterhof und die Zimmer rochen seltsam. Solch eine Wohnung hatte ich noch nie betreten. Die Hausfrau war überaus liebenswürdig und sicher auch geschmeichelt, dass ihre Tochter das adlige Mädchen vom Rittergut mitbrachte. Trotzdem fühlte ich mich fremd und unbehaglich, vor allem wegen der Dunkelheit in den mit dunklen Möbeln vollgestellten Zimmern. Ich bin wohl mehrmals bei der Familie gewesen, sonst wäre die Erinnerung ganz verblasst. Ich hatte auch keinen Grund abzusagen, wenn ich zum Mitkommen aufgefordert wurde, ich war ja dankbar dafür, irgendwo bleiben zu können.

Ob diese Familie die Nazi-Zeit überlebt hat, ob sie rechtzeitig auswandern konnte, weiß ich nicht. Ich habe aber erfahren, dass sich die meisten jüdischen Familien aus Greifenberg in Sicherheit bringen konnten. Die Familie Löwenberg, Besitzer des Kaufhauses, ist vor 1936 in die USA emigriert. Sie ist in dem genannten Einwohnerbuch nicht mehr verzeichnet. Verzeichnet ist noch der Mühlenbesitzer Hermann Loepert, dessen Kinder das Gymnasium besuchten. Der hübsche dunkelhaarige Junge war in meiner Klasse. Nach der Enteignung der Mühle wanderte die Familie ebenfalls in die USA aus. Ich war zu der Zeit nicht mehr auf dem Gymnasium.

Wie unaufgeklärt ich in der Abgeschiedenheit von Trieglaff und Vahnerow aufgewachsen bin, erfuhr ich zu meinem Schrecken eines Tages in der Adventszeit in der Schule, als sich die Mädchen darüber amüsierten, dass manche Eltern immer noch vom Weihnachtsmann und vom Osterhasen erzählten und annähmen, ihre Kinder glaubten solche Märchen. Und ich war bis dahin fest davon überzeugt, meine Eltern würden immer die Wahrheit sagen und ihre Kinder nie belügen. Sie hatten gerade noch vom Weihnachtsmann gesprochen, der uns bald Geschenke bringen würde. Am 6. Dezember war doch in jedem Jahr in Trieglaff der Weihnachtsmann gekommen (St. Nikolaus gab es in unserer protestantischen Gegend nicht): mit weißem Bart, langem Kapuzenmantel und dickem Sack auf dem Rücken stand er in der Küche. Er hielt eine Reisigrute in der Hand und befahl uns Kindern mit tiefer, drohender Stimme, unsere Sünden zu bekennen. Ich hatte ängstlich vor ihm gestanden und leise gebetet: »Lieber guter Weihnachtsmann, sieh mich nicht so böse an, stecke deine Rute ein, ich will auch immer ganz artig sein!« Sollte ich den Mitschülerinnen widersprechen? Meine Eltern konnten doch keine Lügner sein! Die Mädchen schienen ihrer Sache sehr sicher zu sein, und ich war meiner Sache gar nicht mehr sicher. Ich schämte mich – und ich war wütend auf meine Eltern, die Kinderfräulein und alle Erwachsenen zu Hause, die mich und meine Geschwister immer belogen hatten.

Dabei hatte ich sie schon vor Jahren beim Lügen ertappt: Ich hatte einmal, das war noch in Trieglaff, aus Versehen beobachtet, wie mein Vater, der auch immer vom Osterhasen erzählt hatte, selbst die bunten Zuckereier in die Voluten eines vergoldeten Bilderrahmens legte. Da war es vorbei mit meinem Glauben an den Osterhasen – aber seltsamerweise noch nicht an die Ehrlichkeit der Eltern. Übrigens habe ich damals beim Eiersuchen nicht in das mir bekannte Versteck gegriffen, sondern es sogar vermieden, zu dem Bilderrahmen überhaupt hinzusehen.

Auf Schulaufgaben brauchte ich nachmittags kaum noch Zeit zu verwenden, weil ich sie meistens schon mit meinen Greifenberger Freundinnen zusammen gemacht hatte. Gegenseitige Hilfsbereitschaft war ganz normal. Ich habe die Schreib- und Rechenhefte zu Hause auch nicht vorzeigen müssen. Unsere Mutter kümmerte sich nur um die Hausaufgaben der beiden Söhne, niemals um die der Töchter. Es war für sie selbstverständlich, dass wir weder Kontrolle noch Hilfe brauchten. Begründet wurde diese unterschiedliche Einschätzung der Töchter und Söhne nie.

Gegen Ende des vierten Schuljahres kam ein Zahnarzt in die Schule, um die Zähne der Schülerinnen zu kontrollieren. Er stand neben dem Pult, wir mussten zu ihm gehen, und er sah uns prüfend in den Mund. Dann machte er sich Notizen. Als die Untersuchung zu Ende war, fragte Fräulein Marx, wer denn die besten Zähne hätte. Da zeigte der Arzt auf mich und sagte: »Die kleine Dicke da!« Wurde diese Beleidigung dadurch aufgewogen, dass ich die besten Zähne hatte? Wäre ich lieber eine große Dünne mit den schlechtesten Zähnen gewesen? Wenn ich mir die wenigen Fotos von mir aus dieser Zeit ansehe, das Gesicht mit den Pausbacken, muss ich zugeben, der Arzt hatte recht – jedenfalls mit »dick«.

Nach den Osterferien 1932 kam ich in die Sexta (fünftes Schuljahr) des humanistischen Friedrich-Wilhelm-Gymnasiums. Mit mir nur noch zwei Schülerinnen, die anderen blieben bei Fräulein Langbein. Die übliche Aufnahmeprüfung brauchten wir drei nicht zu machen; unsere Abschlussnoten waren überzeugend. »Zugangsberechtigung zum Gymnasium« hatten Mädchen erst in der Weimarer Republik in den Zwanzigerjahren bekommen.

Zunächst war ich stolz darauf, eine Gymnasiastin zu sein, für jeden erkennbar an der Schülermütze, einer blauen, steifen Schirmmütze, deren gestreiftes Band mit jeder Klasse gewechselt wurde. Nach drei Jahren gab es eine neue Mütze in einem anderen Blauton. Der Schulwechsel war aber auch ein Schock für mich. Nicht wegen der zwanzig oder mehr Jungen, gegenüber sechs Mädchen – ich wuchs ja zwischen zwei Brüdern auf –, sondern wegen der strengen, humorlosen, Furcht einflößenden Lehrer, der sogenannten Pauker. Wie freundlich, geradezu gütig sind meine Frau Pastor und später Fräulein Marx immer gewesen.

Die zweisitzigen, fest verschraubten Pulte standen in drei Reihen nebeneinander, getrennt durch einen Gang, der breit genug war, dass zwei Schüler nebeneinander stehen konnten. Denn zur Begrüßung jeden Lehrers, der durch einen die Tür aufhaltenden Schüler angekündigt wurde, mussten wir stehen bleiben, bis wir zum »Hinsetzen!« aufgefordert wurden. Außerdem musste der Schüler, der gefragt wurde, erst neben sein Pult treten, bevor er antwortete – oder verlegen schwieg.

Am schrecklichsten war es für mich, dabei sein zu müssen und nicht weglaufen zu können, wenn die Jungen mit dem Rohrstock von einem sadistischen Lehrer verhauen wurden, obwohl körperliche Züchtigung auf Oberschulen verboten war. Ich habe mir das Prügeln nicht angesehen, sondern weggesehen, bis es vorbei war und der Junge mit zusammengebissenen Zähnen zu seinem Platz ging. Nie hat ein Junge geweint. Und wenn die Jungen vom Lehrer vor die Wahl gestellt wurden, ob sie für ihr Vergehen oder Versagen lieber eine Strafarbeit machen, nachsitzen oder Prügel beziehen wollten, entschieden sie sich für Prügel, denn »Schmerz vergeht« und ist bald vergessen.

Bei einem Schülertreffen – Jahrzehnte später – wurde erzählt, dass dem besonders brutalen Sport- und Musiklehrer einige Schüler in einer dunklen Straße aufgelauert und ihn so heftig geschlagen hätten, dass er am nächsten Tag mit geschwollenem Gesicht zum Unterricht kam. Er hat von da an nur noch Strafarbeiten vergeben oder Nachsitzen verordnet.

Es gab selbstverständlich auch Lehrer, die keine Pauker waren, sondern gute Pädagogen, die ohne körperliche Strafen die widerspenstigen Schüler disziplinieren konnten, weil sie respektiert wurden. Ich hatte es immer gut bei allen Kunsterziehern, denn bis zur Pubertät war ich überdurchschnittlich begabt im Malen, Zeichnen und Modellieren, dann ist dieses Talent leider verkommen, allmählich eingetrocknet, weil es nicht weiterentwickelt wurde.

Eines habe ich auf dem Gymnasium gelernt, aus Angst vor dem Grimm und höhnischen Spott der Lehrer und vor schlechten Zensuren: das Lernen. Und das war für die ganze Schulzeit nützlich.

Noch etwas habe ich vor allem beim Zusammensein mit den Jungen erfahren: Kameradschaftlichkeit und Hilfsbereitschaft.

Darauf konnte man sich bei ihnen immer verlassen, auch wenn sie manchmal rauh und derb waren. Außerdem gab es keine Herablassung gegenüber den schlechten Schülern, keine Cliquenbildung, kein Einschmeicheln bei Lehrern und kein »Mobbing«.

Wenn ein neuer Lehrer in die Klasse kam, nahm er sich die alphabetische Liste der Schüler, las die Namen vor, und der Genannte musste sich mit »Hier« melden und aufstehen. Alle Schüler warteten gespannt darauf, dass der Lehrer zum Buchstaben »T« kam. »Von Thadden, Ernst-Dietrich!« »Hier!« »Von Thadden, Leopold!« »Hier!« »Von Thadden, Maria!« »Hier!« Und bevor der Lehrer fragen konnte, wieso dreimal Thadden, riefen die Schüler und zeigten dabei auf mich, die ich verlegen errötete: »Das ist die Tante!« Sie wussten, jetzt konnten sie einen Teil der Unterrichtsstunde damit zubringen, dem verblüfften Lehrer die schwierigen Verwandtschaftsverhältnisse zu erklären, die er am Ende doch nicht verstand.

SCHULZEIT IM DRITTEN REICH – HUMANISTISCHES GYMNASIUM

Politik spielte in meinem Leben in der Schulzeit vor dem Dritten Reich und zu Beginn des Dritten Reichs keine Rolle. In Vahnerow haben wir Kinder »vom Schloss« von Parteikämpfen nichts mitbekommen. Vor der Reichspräsidentenwahl im März 1932, ich war noch im vierten Schuljahr, unterhielten sich einige Schülerinnen darüber, welche Partei ihre Eltern wohl wählen würden. Ich habe einfach behauptet, mein Vater würde Deutschnational wählen, obwohl ich ihn nie danach gefragt hatte, auch nicht genau wusste, ob es eine Partei dieses Namens gab. Deutsch und national klang überzeugend, das konnte nicht falsch sein, und den Namen Hindenburg hatte ich oft gehört.

Unser konservativer Vater fuhr in den Zwanzigerjahren aus treuer Anhänglichkeit zum Geburtstag des abgesetzten Kaisers Wilhelm II. nach Doorn in Holland, um ihm zu gratulieren. Die Herren kannten sich schon lange, die jüngste Schwester unseres Vaters, Hildegard, war von 1902 bis 1904 Erzieherin der Kaisertochter Victoria Luise. Auch sie hielt die Verbindung zum alten Kaiser aufrecht und gehörte zu den auserwählten Damen, die zu den Vorlesenachmittagen nach Doorn eingeladen wurden. Sie reiste zusammen mit ihrer älteren Schwester Marie; beide hatten sie Stickarbeiten mitgenommen, denn während der Exkaiser vorlas, durften die Damen nicht untätig sein, sie mussten handarbeiten. Stricknadeln hätten mit leisem Klappern gestört oder wären vielleicht klirrend zu Boden gefallen. Da Hildegard sehr ungeschickt war und gar nicht sticken konnte, stocherte sie nur in einem vorbereiteten Stickrahmen herum. In manchen Familien gab es Kinderkleidung, an der jahrelang während des Vorlesens gestickt wurde, die sogenannten Kaiserkleidchen oder -jäckchen.

Den Feldmarschall von Hindenburg, den großen Helden des Ersten Weltkrieges, verehrte unser Vater auch. Er ist 1919 in Trieglaff zu Besuch gewesen. Davon gibt es ein Gruppenfoto mit unseren fünf Halbgeschwistern, der kleinen Großmutter Marie (Witte) und Nachbarn. Einige Jahre später trug Hindenburg sich ins Gästebuch ein, zeichnete seinen charakteristischen Quadratschädel mit dem Hängebart neben den Text. Das Bild habe ich mir oft angesehen.

Es muss im Frühjahr 1932 gewesen sein, als ein Wahlplakat der kommunistischen Partei in Vahnerow auf dem Kuhstalltor klebte. Am nächsten Tag war es abgerissen. Von den Kommunisten hatte ich nur Übles gehört: dass sie den Besitzenden alles wegnehmen und den Adel ganz abschaffen wollten, dass sie die adligen und bürgerlichen Familien in Russland und im Baltikum entweder umgebracht oder vertrieben hatten. Für solch eine Partei hatte ich keine Sympathie. Viele baltische Familien waren nach der Russischen Revolution als Flüchtlinge nach Pommern gekommen. Nicht überall sind sie gastlich aufgenommen worden. Noch Mitte der Achtzigerjahre beklagte sich auf Teneriffa eine Baltin über den Geiz und die Unfreundlichkeit der Hinterpommern gegenüber den vertriebenen Balten.

Im Frühsommer, ich war gerade ins Gymnasium gekommen, erkrankte unser Vater schwer. Zur Pflege und zur Entlastung unserer überforderten Mutter kam zeitweise ein junger Arzt aus Berlin. Von der Bedrohlichkeit der Krankheit merkten wir Kinder wenig. Das Haus war groß. Das Krankenzimmer betraten wir nicht. Wir hielten uns in unseren Spielzimmern auf oder spielten im Garten. Waren wir zu laut, wurden wir streng zur Ruhe ermahnt. Wir haben immer fern von unserem Vater gelebt. Auch als er gesund war, sahen wir ihn selten. Sein Interesse an der »zweiten Serie« nahm mit wachsender Kinderschar nicht zu. Am 1. September 1932 starb er. Der Tote wurde in der Halle aufgebahrt, damit die Dorfbewohner von ihm Abschied nehmen konnten. Auf dem alten Friedhof in Trieglaff wurde er beerdigt. Von überallher aus benachbarten Dörfern und Kleinstädten waren Verwandte, Freunde, Honoratioren und Arbeiter mit ihren Familien gekommen. Der Friedhof war voll schwarz gekleideter Menschen. Eine Blaskapelle spielte, Fahnen wurden über dem offenen Grab gesenkt. Wir Kinder standen neben unserer tief verschleierten Mutter, an der die Trauergäste vorbeigingen, ihr die Hand reichten und etwas Unverständliches murmelten. Ich empfand wenig Trauer über den Verlust. So wie Udo von Alvensleben ihn charakterisiert hat, habe ich ihn nie kennengelernt: »Er war ein komplizierter, widerspruchsvoller Charakter, doch ein lebhaft schillernder Geist und glänzender Unterhalter. Die geistigen Interessen seiner Umgebung wusste er zu beleben …« Ich, die ich mich gerade mit den ersten Lektionen des Ludus Latinus abmühte, habe nur bewundert, dass er seine Abiturrede auf Lateinisch gehalten hat.

Von den Folgen des 30. Januars 1933, Hitlers Machtübernahme, haben wir zunächst nichts gemerkt, weder zu Hause noch in der Schule. Der Unterricht auf dem Gymnasium änderte sich nicht, dieselben Schulbücher wurden weiterhin benutzt (man kaufte sie beim Klassenwechsel den älteren Schülern ab), lateinische Vokabeln und Grammatik wurden gepaukt, Geschichtsdaten auswendig gelernt, in leere Landkarten mussten Städte, Flüsse, Gebirgszüge eingezeichnet werden. Kein Lehrer wurde aus politischen Gründen sofort entlassen. Die jüdischen Kinder wurden nicht anders behandelt als die arischen.

Neu war es, die Lehrer vor dem Unterricht statt mit »Guten Morgen« mit »Heil Hitler« zu begrüßen. Die Andachten in der Aula am Montagmorgen mit Bibeltexten und Kirchenliedern wurden weiterhin abgehalten. Ob sie mit »Heil Hitler« oder einer anderen Grußadresse an den Führer eingeleitet und/oder beendet wurden, habe ich vergessen.

Irgendwann wurde das Hissen der Hakenkreuzfahne auf dem Schulhof eingeführt, und anschließend wurden die beiden Nationalhymnen gesungen, denn nun hatten wir zwei Hymnen.

Als ich zum ersten Mal die neue Hymne hörte, »Die Fahne hoch, die Reihen fest geschlossen«, war ich schockiert. Das sollte die zweite Staatshymne sein? Diese tranige Melodie kannte ich doch schon lange von dem rührselig-kitschigen Schlager, den unsere Hausmädchen so gern beim Abwaschen gesungen hatten. Die Schnulze erzählte von dem traurigen Schicksal eines Mannes, der nach langer Abwesenheit auf dem Heimweg »zu seinem Weib und Kind« von Räubern überfallen wurde und um sein Leben bat. Wenn ich mich recht erinnere, wurde sein Flehen nicht erhört.

Nun also zuerst das »Deutschlandlied« mit der Melodie aus dem *Kaiser-Quartett* von Joseph Haydn und danach das »Küchenmädchen-Lied«. Eine geschmacklose Zusammenstellung, fand ich. Sobald es mir perfekt gelang, die Lippen so zu bewegen, dass keinem mein tonloses Singen auffiel, habe ich das Lied nie mehr mitgesungen.

Die Mädchen und Jungen in meiner Klasse erzählten schon

bald vom Jungvolk und von den Jungmädeln (den Jugendorganisationen der Nazis für die Zehn- bis Vierzehnjährigen), von gemeinsamen Unternehmungen wie Wandern, Zelten, Lagerfeuer, Heimabenden. Als in Trieglaff Anfang 1934 eine Jungmädelgruppe eingerichtet wurde, deren Führerin eine Bauerntochter war, wollte ich dabei sein. Am 30. April 1934 schrieb ich an Inga: »Ich habe auch eine Jungmädelschaft-Kluft bekommen. Heute Abend wird in Trieglaff ein großes Freudenfeuer gemacht. Ich glaube aber, es ist überall so. Ist bei euch morgen auch viel los? In Greifenberg ist erst ein Feuer und dann ein Umzug.«

Gemeint sind die Feiern zum 1. Mai, dem Tag der Arbeit. Alle Schüler der Greifenberger Schulen mussten zu einem großen Sportplatz gehen (oder im Gleichschritt marschieren?), viele schon in der Uniform der Hitler-Jugend, sich im Karree aufstellen und langweilige, über den Platz gebrüllte Reden anhören. Ein Mikrofon am Rednerpult gab es nicht. Zweimal habe ich an diesen Veranstaltungen teilgenommen, und wenn ich mich recht erinnere, war es jedes Mal eisig kalt, windig, regnerisch, einmal schneite es sogar – in Hinterpommern Anfang Mai nicht ungewöhnlich, und ich habe mit meinen Kniestrümpfen und nackten Oberschenkeln schrecklich gefroren.

Was hat sich unsere Mutter wohl gedacht, als ich sie gebeten habe, eine »Kluft«, also eine Art Uniform der Jungmädel für mich zu kaufen? Vermutlich hat sie die Anschaffung für überflüssig und für zu teuer gehalten, andererseits wollte sie mich nicht daran hindern, eine Erfahrung zu machen. Sicher hatte ich ihr davon erzählt, wie begeistert manche Greifenberger Mädchen von der neuen Jungmädelschaft schwärmten, von den vielen gemeinsamen Unternehmungen. Dass ich mit gefährlichem Nazi-Gedankengut von einem Bauernmädchen indoktriniert werden könnte, glaubte sie bestimmt nicht. Ich bekam also meine Jungmädelschaft-»Kluft«, meldete mich bei der Führerin in Trieglaff an und radelte eines Tages zu einem Heimabend. Was hatte ich erwartet? Was hatte ich mir von solch einem Heimabend versprochen? Undeutlich erinnere ich mich an gemeinsames Singen, an Vorlesen, an Dorfklatsch. Deutlich kann ich mich aber noch an mein Gefühl der Fremdheit erinnern. Ich spürte sofort, dass ich fehl am Platz war und bei den Bauern- und Arbeitertöchtern, von denen ich keine kannte, überhaupt nicht willkommen. Ich war eine Außenseiterin, »die vom Schloss«, die störte, Hochdeutsch sprach und deshalb nicht akzeptiert werden würde. Der eine Abend reichte mir, nie wieder fuhr ich zu den Jungmädeln. Die kurze braune Jacke, die zur Uniform gehörte, habe ich getragen, bis sie mir nicht mehr passte. Die weiße Bluse und den dunkelblauen Rock konnte ich ebenfalls noch gebrauchen. Das schwarze Halstuch und der geflochtene Lederknoten wurden weggelegt und allmählich vergessen.

Gezwungen wurde damals (1934/35) noch kein Mädchen, der Jugendorganisation beizutreten. Später wurde es fast obligatorisch, dem BDM (Bund Deutscher Mädel) anzugehören. Ich sage »fast«, denn es gelang immer einigen Oppositionellen, sich zu drücken. Zu diesen gehörte ich. Vor dem Abitur als Externe in Berlin wurde ich nicht danach gefragt, ob ich im BDM war. Auch als ich mich 1942 in Freiburg immatrikulierte, war meine Parteilosigkeit kein Problem. Erst die Briten interessierten sich nach dem Krieg für meine unpolitische Vergangenheit, als ich mich für das Wintersemester 1945/46 an der Universität Göttingen immatrikulieren wollte.

Der erste Parteigenosse der NSDAP, der nach Vahnerow kam, war Dr. Fink, ein junger Arzt, der unseren kranken Vater im Sommer 1932 gepflegt hatte und uns später noch besuchte. Er war der erste Mann, den ich in unserem Haus in der hässlichen braunen SA-Uniform sah. Ist es möglich, dass er damals den elfjährigen Ado mit nationalsozialistischen Wertvorstellungen infiziert hat? Ado trat früh dem Jungvolk bei, das für ihn mit den Zeltlagern, Lagerfeuern, Geländespielen, Aufmärschen mit Trommeln und Fanfaren attraktiver war als für mich das dürftige Angebot bei den Trieglaffer Jungmädeln.

In meinem Brief an Inga vom 19. Juli 1934 erzähle ich vom Strandleben in Deep, aber nichts von dem Ereignis, das damals Schlagzeilen machte: dem Röhm-Putsch und der Ermordung aller sogenannten Putschisten und Verräter. Unsere Mutter hatte am 3. Juli in einem Brief an Inga kurz »diese aufregenden politischen Dinge« erwähnt. Sie war verreist, und Maria (Mieze) von Wenckstern, deren Beruf es war, abwesende Hausfrauen zu vertreten, hatte erfahren, dass Ernst Röhm im Juni bei seinem Pommernbesuch auf dem Weg nach Kolberg in unserer Nähe mit seiner Kolonne vorbeifahren würde. Und sie war der Ansicht, wir müssten diesen bekannten Politiker sehen. Wir wanderten deshalb mit ihr ungefähr eine halbe Stunde zur Chaussee und stellten uns zu den wenigen Wartenden. Dann tauchten uniformierte Motorradfahrer auf, es folgte eine Kolonne offener Autos. In einem stand der Reichsminister in SA-Uniform und grüßte mit erhobenem rechten Arm, wobei er weder nach rechts noch nach links zum Volk blickte – und weg war er. Einige Tage später wurde er ermordet.

Das Ereignis wäre nicht erzählenswert, wenn nicht ausgerechnet Ernst Röhm der einzige Nazi-Führer gewesen wäre, den ich jemals gesehen habe. Nie wieder bin ich zu irgendeinem Ort gegangen, an dem ich eine der Nazi-Größen hätte sehen können.

Dabei hätte ich oft dazu Gelegenheit gehabt, als ich später in Berlin zur Schule ging.

Eine wichtige Hilfe, um mein Gedächtnis in Gang zu bringen, sind die wenigen Briefe, die ich an Inga geschrieben habe, zwei oder drei im Jahr. Am 9. November 1933 erzähle ich recht ausführlich von meiner Geburtstagsfeier und erwähne in einem Satz, dass »am Montag den 13. ein Film vom Hitlerjungen Quex kommt«. Dies war nicht der erste Film, den ich im Kino gesehen habe – das war *Das Flötenkonzert von Sanssouci* –, aber es war der erste Propagandafilm. Es handelte sich bei der Geschichte um einen Konflikt zwischen Vater und Sohn: Der Vater ist ein sympathischer aufrechter Arbeiter, ein echter Proletarier, der leider ein überzeugter Kommunist ist. Der Sohn ist begeistert von den Nationalsozialisten und will ein Hitlerjunge werden. Die eindrucksvollste Szene, die einzige, an die ich mich erinnern kann, ist die, in der der verzweifelte, fast weinende Vater den Sohn ohrfeigt und dabei die »Internationale« singt, die der Sohn mitsingen soll. Der Sohn war natürlich blond und hübsch; ein nicht so hübscher, sommersprossiger Straßenjunge, der Gegenspieler, war Kommunist. Der junge Quex wird schließlich ermordet, ein Märtyrer der neuen Bewegung. Dem Drehbuch lag eine historische Begebenheit zu Grunde.

Dies war der erste Propagandafilm der neuen Machthaber. Er wurde am 12. September 1933 in München uraufgeführt, zwei Monate später wurde er in Greifenberg gezeigt. Ein oft gesungenes Marschlied mit einer simplen, eingängigen Melodie hatte in diesem Film Premiere: »Unsere Fahne flattert uns voran, in die Zukunft ziehn wir Mann für Mann, wir marschieren für Hitler ...«

Den Film hätte ich längst vergessen, wie fast alle anderen

Filme, deren Titel ich in späteren Briefen an Inga nenne, hätte Heinrich George, der Vater von Götz George, die Rolle des Vaters nicht so überzeugend und ergreifend gespielt. Er war ein großartiger Schauspieler. Glücklicherweise brauchte ich über diesen Film keinen nacherzählenden Aufsatz zu schreiben. An dieser Aufgabe bin ich bei dem Historienfilm *Das Flötenkonzert von Sanssouci* vollkommen gescheitert, weil ich von der Handlung überhaupt nichts verstanden hatte. Von preußischer Geschichte hatte ich keine Ahnung, im Geschichtsunterricht der sechsten Klasse waren wir wohl gerade bei den Römern oder vielleicht auch schon bei den Karolingern angekommen. Vorbereitet wurden wir auf den Film nicht. Ich war einfach überwältigt von den »laufenden« Bildern, von den figurenreichen Szenen, der üppigen Ausstattung, den Sälen mit Spiegeln und Kerzenleuchtern, den Damen in Reifröcken, den Offizieren in betressten, ordengeschmückten Uniformen, dem Flöte spielenden König Friedrich II. Die Szenen waren zum Teil den Gemälden von Adolf Menzel nachgestellt. Zu Hause habe ich verzweifelt an meinem Pult gesessen, abwechselnd auf das aufgeschlagene Schulheft oder in den Park gesehen und nicht gewusst, was ich schreiben sollte. Irgendwas habe ich geschrieben, leere Seiten konnte ich nicht abgeben. Das dürftige Ergebnis wurde mit einem Ungenügend zensiert.

In der Unterstufe war ich eine mittelmäßige Schülerin, obwohl ich fleißig gelernt habe. Ich hätte bessere Zensuren haben können, wenn ich nicht so viel Angst vor den besonders strengen Lehrern gehabt hätte. Angst blockiert bekanntlich das Denkvermögen. Die Versetzungen waren allerdings nie gefährdet.

Viele Schüler genügten den Ansprüchen des humanistischen Gymnasiums nicht, viele hatten bis zum Abitur eine, manchmal auch zwei Klassen wiederholt. Wer dreimal sitzen blieb, musste die Schule verlassen. Ich hatte Mitschüler, die drei Jahre älter waren als ich.

In den Oster- und Sommerferien verdienten sich Studenten und Vikare, die noch keine Anstellung hatten, Geld damit, den lernschwachen oder faulen Söhnen der Gutsbesitzer – selten waren es Töchter – Nachhilfeunterricht zu geben. Besonders nötig war das in den Fächern Latein, Griechisch und Mathematik. Die jungen Männer wohnten einige Zeit in den Gutshäusern. In der Stadt übernahmen meistens ältere Schüler schon während der Schulzeit die Nachhilfe.

Achim von T., Student der Zoologie, kam zwei- oder dreimal als Lehrer zu uns nach Vahnerow. Wir kannten ihn schon von früheren Besuchen. Unsere Mutter hatte wohl keine Lust und auch keine Zeit mehr, mit Ado Mathematik und Latein zu pauken. Achims Vater, ein ehemaliger Marineoffizier, war Verwalter auf einem Nachbargut. Die Familie hatte viele Kinder, aber wenig Geld. Sie waren so arm, dass sie Margarine anstelle von Butter essen mussten, für uns der Inbegriff von Armut und Bescheidenheit, denn Margarine schmeckte damals abscheulich. Wirklich ein Grund, die arme Familie zu bemitleiden. Wir waren auch nicht wohlhabend, doch Margarine brauchten wir nicht aufs Brot zu streichen.

Die Brüder Ado und Gerhard schätzten Achim, weil er nicht nur gut unterrichtete, sondern auch mit ihnen spielte und bastelte. Baba und ich mochten ihn nicht. »Es ist gut, daß Achim am 1. (Mai 1934) wegfährt«, habe ich an Inga geschrieben. Der neunzehn Jahre alte Mann hatte etwas an sich, eine befremdliche, zärtliche Aufdringlichkeit, die wir ablehnten. Ich war von Anfang an so brüsk, dass er sich von mir fernhielt. Wir Schwestern verfassten auch ein Spottgedicht auf ihn wegen seines »Molestierens«, heute würde man »Knutschen« sagen. Unsere stets hilfsbereite, arglos-naive Mutter engagierte ihn noch oder lud ihn zum Besuch ein, als er von den Gutsnachbarn längst Hausverbot bekommen hatte wegen seiner pädophilen Neigungen. Vermutlich wusste sie gar nicht oder nur ungenau, was Pädophilie ist, und verurteilte deshalb die Herzlosigkeit der Nachbarn, die einen armen Studenten nicht unterstützten. An eine mögliche Gefährdung ihrer eigenen Kinder hat sie natürlich nie gedacht.

Die neue »Weltanschauung« machte sich in der Schule zuerst im Biologieunterricht bemerkbar, in der Vererbungslehre, die allerdings keine Erfindung der Nazis war, sondern von Gregor Mendel. Die Schüler mussten schon in den Zwanzigerjahren oder noch früher in ihren Schulheften zeichnen, wie runde und eckige Erbsen, rot und weiß blühende Blumen gekreuzt werden und wie die Ergebnisse in der ersten und den folgenden Generationen aussehen. Wir lernten in der achten Klasse auch einiges über dominante und rezessive, leichte und schwere Erbkrankheiten und dass man Familien mit schweren Erbkrankheiten von der Fortpflanzung ausschließen solle. Rassenkunde kam dazu mit einer großen farbigen Schautafel, auf der die Köpfe von Männern und Frauen aller Rassen dieser Erde dargestellt waren. Nun war der Unterricht wirklich tendenziös mit der Glorifizierung der indogermanischen Rassen, unter denen die nordische natürlich die beste war. Keiner der mir von Fotos bekannten Nazi-Führer entsprach auch nur annähernd diesem Ideal. Die fälsche (damals gebräuchlich für westfälische) Rasse wurde fast so gut bewertet wie die nordische, die anderen europäischen Rassen fielen dagegen ab, die schlechteste Note bekam die ostische Rasse, zu der zum Beispiel so »mindere« Völker wie Polen und Russen gehörten.

Eines Tages erschien ein Lehrer, er war nicht von unserem Gymnasium, um unsere Köpfe zu vermessen. Nacheinander mussten wir an das Pult treten, Höhe und Breite des Gesichts, Augenabstand, Schädelumfang wurden gemessen und die Maße in eine Liste eingetragen. Die Ergebnisse glichen fast einer Abwertung derjenigen Schüler, bei denen die charakteristischen Merkmale der slawischen Rasse dominierten, und das waren viele; in Pommern nicht verwunderlich, denn das Land war ursprünglich von Westslawen bewohnt, die sich allmählich mit den Siedlern aus dem Westen vermischt hatten. Ich erwartete meine Beurteilung etwas besorgt, denn die Thaddens waren Kaschuben, also Slawen, stammten aus dem Osten Pommerns (Pommerellen), außerdem hatte ich ein rundes Gesicht und breite Wangenknochen. Das Ergebnis fiel anders aus, als ich gedacht hatte: »nordisch mit fälischem Einschlag«. Damit war ich wohl zufrieden. Jüdische Kinder waren damals nicht mehr in meiner Klasse.

Am 19. Januar 1936 nenne ich in meiner Korrespondenz an Inga zum ersten Mal ein Aufsatzthema. »Wir haben in der Schule einen Aufsatz geschrieben, der hieß ›Luftschutz – eine deutsche Schicksalsfrage‹. Ich habe natürlich eine IV darin. Aber Mutti findet es nicht schlimm, daß ich hierüber nichts weiß.« Sie fand die Aufgabe bestimmt völlig abwegig. Woher sollte ich auch etwas darüber wissen? Diese Aufgabenstellung unterschied sich völlig von den üblichen Nacherzählungen, Textinterpretationen, Fantasieaufsätzen, dem »Mein schönster Ferientag« und »Wie ich einmal …« Ich hatte noch nie etwas von Luftschutz gehört, niemals war im Unterricht darüber gesprochen worden. Welches Fach wäre dafür infrage gekommen? Vermutlich ist ein Beamter eines

Schulministeriums in Stettin oder in Berlin beauftragt worden, sich zeitgemäße politische Themen für die höheren Schulen im ganzen Land auszudenken, Themen, die sich zum Beispiel mit der Bedeutung des Luftschutzes beschäftigten. Hermann Göring, Oberbefehlshaber der Luftwaffe, war dabei, eine schlagkräftige Luftwaffe aufzubauen. Wer dachte aber in der Provinz Anfang 1936 an Luftschutz? Wir waren doch ein friedliebendes Land, bereiteten uns auf die Olympiade in Berlin vor. Feindliche Flugzeuge über Greifenberg, vor deren Bomben wir uns in einem Luftschutzkeller schützen sollten? Absurd. Für mich war der Luftschutz keine Schicksalsfrage. Für die anderen Untertertianer bestimmt auch nicht.

»Ich habe nur ein einziges Buch zum Lesen bekommen«, habe ich Inga bedauernd nach meinem elften Geburtstag geschrieben. Meine eigenen Bücher hatte ich alle gelesen und die von Ado, die mich interessierten, wohl auch. Die Bücher in den Bücherschränken und Regalen, verteilt auf verschiedene Zimmer, waren für die Erwachsenen, nicht für uns Kinder. Eine richtige Bibliothek mit eingebauten Regalen bis unter die Zimmerdecke, wie sie Bismarcks in ihrem Schloss in Plathe hatten, gab es bei uns nicht, aber doch einen Raum, der »die Bibliothek« hieß, weil in ihm drei Bücherschränke standen, außerdem war ein weiteres Regal mit Zeitschriften in einen ehemaligen Durchgang eingebaut.

Nach Vaters Tod war unsere Mutter aus dem »Damenzimmer«, das sie uns Kindern überließ, ins »Herrenzimmer« gezogen. Hier stand der einzige Bücherschrank, der abgeschlossen war. Er enthielt keine verbotenen oder jugendgefährdenden Schriften, sondern Mamas Lieblingsbücher, auch viel englische Literatur. Sie lieh uns aber immer die Bücher, die wir gerne lesen wollten. Auf alle anderen hatten wir ungehinderten Zugriff. Sie machte uns keine Vorschriften. Sie war der Ansicht, dass Kinder ohnehin nur das ihrem Alter Entsprechende verstehen. Einmal habe ich sie gefragt, ob ich wohl *Die Heilige und ihr Narr* lesen solle, ob das zur Allgemeinbildung gehöre. Da sagte sie, mit fünfzehn Jahren sei ich zu alt dazu, das Buch müsse man mit zwölf lesen.

Sie selbst las sehr viel, im Sommer im Liegestuhl auf der Veranda liegend, bei schlechtem Wetter und im Winter während der Mittagsruhe auf der Chaiselongue in ihrem Zimmer. Hier saß sie abends auf dem Schaukelstuhl, das Strickzeug in der Hand, vor sich auf dem großen Tisch das Buch. Kam ich, um ihr Gute Nacht zu sagen, hielt sie mir die linke Wange zum Kuss entgegen, wobei sie kaum vom Buch aufsah – so erschien es mir jedenfalls – ich berührte die Wange vorsichtig, wünschte eine gute Nacht und zog mich schnell zurück. Das Gute-Nacht-Sagen war zwar Pflicht, aber auch eine störende Unterbrechung der Lektüre.

Als Beispiel für ihre Leselust erzählte unsere Mutter gern folgende Geschichte: War ein Roman sehr spannend, sodass sie nicht bis zur Mittagsruhe mit dem Weiterlesen warten konnte, legte sie das Buch am Vormittag zunächst unter die von ihr zu kontrollierenden Abrechnungen der Gutsverwaltung und begann pflichtbewusst mit der Arbeit. Nach einiger Zeit, wenn die Ungeduld unerträglich wurde, legte sie das Buch auf die Abrechnungen und las. Hörte sie Schritte in der Halle, die sich ihrer Tür näherten, schob sie das Buch schnell wieder unter die Buchhaltungsblätter. So wie sie als Kind die Ibsen-Dramen eilig in die Schürzentasche geschoben hatte, wenn sie ihre Mutter kommen hörte.

Doch selbst die spannendste Lektüre unterbrach sie – das erzählte sie lächelnd –, wenn sie wusste, dass sie eine Pralinenschachtel vor ihrer Gier auf Süßes im Sakristeischrank in ihrem Zimmer versteckt hatte. Das war ein Renaissanceschrank aus fast schwarzem Eichenholz mit schönen Schnitzereien. Auf den beiden Türen waren in Hochrelief zwei Szenen aus der Schöpfungsgeschichte mit Adam und Eva dargestellt, eine davon, wie Eva Adam den Apfel reicht. In dem Schrank, der für kirchliche, liturgische Geräte angefertigt worden war, wurden jetzt Zigarren, Likör- und Kognakflaschen aufbewahrt, und manchmal wurde auch eine verführerische Konfektschachtel »versteckt«, die ein Gast mitgebracht hatte. Der Selbstbetrug nützte allerdings nichts – in spätestens zwei Tagen war die Schachtel leer.

Ich glaube nicht, dass unsere Mutter jemals für sich allein Konfekt gekauft hat, auch nur selten Schokolade oder Bonbons für uns Kinder. Süßigkeiten waren Luxus, sie wurden nur zu besonderen Gelegenheiten an uns verteilt. Manchmal brachten Besucher uns eine Tafel Schokolade mit – eine Tafel für sechs Kinder. Das bedeutete: nicht einmal ein ganzer Riegel für jeden!

Die literarischen Interessen unserer Mutter waren erstaunlich weit gefächert. In den von 1931 bis 1936 an Inga gerichteten Briefen äußerte sie sich abwägend, kritisch oder enthusiastisch über die Bücher, die sie gerade las. Sie war sehr informiert und las viele der damals aktuellen, inzwischen fast oder ganz vergessenen Dichter, wie unter anderen Paul Alverdes, Karl B. von Mechow, Ruth Schaumann, Gertrud Baeumer, Ricarda Huch, sie schätzte Felix Timmermanns und Manfred Hausmann. Am meisten aber verehrte und bewunderte sie Ernst Wiechert. Oft klagte sie, dass sie kein Geld hatte, um sich dieses oder jenes Buch zu kaufen (weil zum Beispiel zwei Bügeleisen gekauft werden mussten), denn

Geld war in Vahnerow immer sehr knapp. Sie wollte sich auch mit Hans Prinzhorns *Persönlichkeitspsychologie, Nietzsche und das 20. Jahrhundert* und *Psychotherapie* befassen und fragte die fünfzehn Jahre jüngere Inga, deren Urteil ihr wichtig war, was sie von Ludwig Klages lesen solle. Schon zu Beginn des Nazi-Regimes bemerkte sie entrüstet, dass Bücher einiger Schriftsteller nicht mehr verkauft werden dürften, unter anderen nannte sie Klabund. Nach und nach kamen noch viele Schriftsteller auf den Index. Manchmal entlieh Inga die gewünschten Bücher aus einer Stadtbücherei in Hannover und schickte sie nach Vahnerow. Paketpost muss damals sehr billig gewesen sein.

Meine Lektürevorlieben wechselten während der Greifenberger Schulzeit. Ich las alles durcheinander, was ich bekommen konnte. Angeregt durch den damals noch dominierenden Bruder Ado interessierte ich mich für Bücher über den Ersten Weltkrieg, von dem der Diener Wilhelm uns oft erzählt hatte, besonders für die heroischen und tragischen Seeschlachten der kaiserlichen Marine. Biografien berühmter Männer und Frauen, Berichte über ferne Länder und Entdeckungen begeisterten mich. Waren die Bücher sehr aufregend, las ich bis in die Nacht mit der Taschenlampe unter der Bettdecke. Die typischen Mädchenbücher wie *Heidi* und *Nesthäkchen* fand ich eigentlich läppisch, ich las sie nur, um mitreden zu können. Abends habe ich oft, zwischen Monas und Attis Betten sitzend, den Schwestern vorgelesen. Das bescheidene Leben der *Familie Pfäffling* berührte uns sehr. Diese arme Familie musste im Winter in dem einzigen geheizten Zimmer unter einer Lampe sitzen, um Strom zu sparen. Und wir Geschwister zogen uns nach dem Abendessen meistens schnell in unsere Zimmer zurück, saßen selten alle zusammen, mit unserer Mutter schon gar nicht.

Detektivromane, die es in unseren Bücherschränken nicht gab, habe ich mir von Mitschülern ausgeliehen. Von den Mädchen bekam ich die aus dem *Greifenberger Kreisblatt* ausgeschnittenen und zusammengehefteten Fortsetzungsromane. Einen Titel habe ich behalten: »Alle Tage gibt's keinen Sonntag«, die Geschichte einer unglücklichen Liebe. Weil ich jünger und naiver war als die wesentlich weiter entwickelten Mitschülerinnen, berührte mich diese Liebesgeschichte bei Weitem nicht so wie die sentimentale und hoffnungslose Zuneigung Old Shatterhands zu der schönen Indianerin Nscho-tschi (oder war es umgekehrt?), die Karl May, damals mein Lieblingsautor, ersonnen hatte.

Die Trieglaffer Tradition der Leseabende mit vielen Gästen aus dem ganzen Kreis wurde in Vahnerow nach Vaters Tod nicht mehr fortgesetzt; es gab keinen Ersatz für den geselligen Hausherrn und begeisterten Vorleser. Oft sehr krank und innerlich gelähmt, hatte unsere Mutter sich fast ganz aus dem gesellschaftlichen Leben zurückgezogen. Die Freundin Ruth von der Ohe aus Berlin, die zusammen mit Vater gelesen hatte, besuchte uns fast jeden Sommer. Sie kam zum Ausruhen, um sich von pommerscher Sonne bräunen zu lassen, im Liegestuhl auf dem Rasen liegend, keinesfalls, um allein als Vorleserin aufzutreten.

Die Nachbarn der näheren Umgebung wurden erst wieder im Spätsommer 1934 zu einer ungewöhnlichen literarischen Darbietung eingeladen: der Deklamation von Dichtung durch den Rezitator Prof. Bruno Tuerschmann. Den Beruf des Rezitators, des Vortragskünstlers, gibt es immer noch, doch Mitte der Dreißigerjahre gab es vermutlich nur wenige Männer, die allein mit dieser Kunst Geld verdienten, im Hauptberuf waren sie wohl Sprechlehrer an Schauspielschulen. Bruno Tuerschmann war einer der vielen nicht ganz arischen Schützlinge unserer Mutter und ein langjähriger Freund der Pröpstin Hildegard. Sie kannte ihn schon seit zwanzig Jahren, »schon zu einer Zeit, wo seine Säle wegen Überfüllung geschlossen wurden« (25. 12. 1934, Mama an Inga). Er hatte keine Arbeit und kein Obdach. Als Halb- oder Vierteljude war es für ihn wohl schwer geworden, irgendwo und irgendwie Geld zu verdienen. Um ihn zu unterstützen, sollte dieser große Leseabend veranstaltet werden.

Die Gäste nahmen im Musikzimmer Platz. Prof. Tuerschmann, den ich als korpulent in Erinnerung habe, stellte sich neben den Flügel und deklamierte in einer – wie wir Kinder fanden – penetranten und übertriebenen Bühnensprache, das stark gerollte R belustigte uns besonders. Wir hatten keinen Sinn dafür, dass »das richtige Erfassen der Stileigentümlichkeiten, des Ideen-, Gefühls- und Stimmungsgehaltes des vorzutragenden Kunstwerks das Ziel des Vortragskünstlers« sein sollte. Am Flügel saß der schlanke Herr Kratz und begleitete mal fortissimo, mal pianissimo zunächst Goethes »Erlkönig« und darauf die Ballade »Lenore« von Gottfried August Bürger: »Lenore fuhr ums Morgenrot empor aus schweren Träumen. ›Bist untreu, Wilhelm oder tot? Wie lange willst du säumen?‹« Diese Ballade mit dreißig Versen war für den Professor nur ein kurzes Gedicht; er behauptete, die ganze *Ilias* von Homer auswendig zu können, und zwar auf Griechisch. Wer sollte das nachprüfen?

In Vahnerow konnte Prof. Tuerschmann sich mehrere Wochen im Sommer entspannen und verwöhnen lassen, Körbe voll Hallimaschpilze auf den Wiesen sammeln, die wir abends essen mussten, obwohl sie scheußlich schmeckten. Geld konnte er nicht verdienen. Deshalb organisierte der tüchtige Greifenberger Buchhändler Horst Leonhard auf Anregung unserer Mutter einen Vortragsabend in dem größten Gasthof der Stadt, der einen Saal mit Bühne für Veranstaltungen hatte. Hier konnte der Rezitator sein ganzes Temperament entfalten, brüllend oder flüsternd dramatisch agieren, wieder unterstützt von Karl Kratz am Klavier. Die vorgetragene Ballade hieß »Enoch Arden«. Das Publikum klatschte begeistert. Wahrscheinlich bewunderte es nicht nur die Rezitation, sondern auch die enorme Gedächtnisleistung und die effektvolle Klavierbegleitung.

Im Gedächtnis geblieben ist mir von der langen Geschichte nur die Gestalt einer jungen Frau, die, vom Sturm umbraust, am Strand steht und vergeblich nach ihrem verschollenen Mann, Enoch Arden, Ausschau hält, und die vage Erinnerung an ein dramatisches und rührendes Ende. Die Frau glaubt nicht mehr an seine Rückkehr und heiratet einen anderen Mann aus dem Dorf. Am Tag der Hochzeit kehrt Enoch Arden jedoch zurück und sieht aus der Ferne das junge Paar. Er verzichtet und verschwindet unerkannt. Autor dieser Romanze ist Edward Tennyson, vertont hat sie Richard Strauß im Jahre 1897.

Bruno Tuerschmann war ein kluger, unterhaltsamer und trotz aller Not witziger Mann, einer unserer liebsten Gäste. In diesem Sommer traf es sich, dass er gleichzeitig mit der Klavierlehrerin des Altenburger Stifts, Fräulein Hartung, in Vahnerow war. Sie kannten sich aus dem Stift, in dem Prof. Tuerschmann den Schülerinnen Unterricht in exaktem, ausdrucksvollem Sprechen gegeben hatte. Anders als der zu Scherzen aufgelegte kommunikative Vortragskünstler war Fräulein Hartung, ältlich, grauhaarig und buckelig, meistens mürrisch, wortkarg und introvertiert. Sie gehörte zu den aus Mitleid eingeladenen Gästen. Prof. Tuerschmann behandelte sie mit übertriebener, altmodischer Höflichkeit. Eines Morgens, am Frühstückstisch, begrüßte er sie mit einer tiefen Verbeugung und sagte: »Gnädiges Fräulein, heute Nacht hätte ich beinahe von Ihnen geträumt.« Dieser Satz, der das gnädige Fräulein tief beleidigte, wurde zum geflügelten Wort in unserer Familie. Von diesem Morgen bis zu ihrer Abreise sprachen die beiden Gäste nicht mehr miteinander, schweigend saßen sie sich bei den Mahlzeiten gegenüber, die verlegene, vergeblich um Versöhnung bemühte Hausfrau zwischen ihnen.

Ende Juni oder Anfang Juli 1936 wurde eine richtige Dichterlesung in demselben großen Saal in Greifenberg angekündigt. Es waren sehr viele Besucher gekommen, denn der eingeladene Dichter war einer der bekanntesten der Dreißigerjahre: Ernst Wiechert. Der rührige Buchhändler Leonhard hatte wieder die Organisation übernommen. Wiechert hätte die Einladung zu einer Lesung in einer hinterpommerschen Kleinstadt bestimmt nicht angenommen, wenn ihn unsere Mutter, die ihn kannte, bewunderte, seine Bücher liebte, mit ihm korrespondierte, nicht davon hätte überzeugen können, dass es sich lohnen würde, auf dem Weg von Oberbayern, wo er lebte, nach Ostpreußen, wo er geboren war, einen Abstecher in die Kleinstadt zu machen, verbunden mit einem Besuch in Vahnerow. Er kam, begleitet von seiner Frau, in einem von uns bestaunten Cabriolet.

Damals wurden Lesungen feierlicher und intimer inszeniert als heute: Etwas erhöht saß der Dichter in einem Polstersessel an einem niedrigen Tischchen, hinter ihm eine Stehlampe, deren mildes Licht auf seinen kahlen Schädel und auf sein Buch fiel. Der Saal war dunkel wie bei Theateraufführungen. Der Vorlesende konnte die Gesichter der Zuhörer nicht sehen, nicht durch kurzes Aufblicken kontrollieren, ob sie aufmerksam oder gelangweilt waren. Fragen und Diskussionen nach der Lesung waren nicht vorgesehen; die Kleinstädter hätten auch gar nicht den Mut gehabt, Fragen zu stellen. Bücher wurden nach der Veranstaltung nicht verkauft. Kunst und Kommerz sollten getrennt bleiben.

1938 wurde Ernst Wiechert wegen angeblicher »regimekritischer Äußerungen« verhaftet und für zwei Monate im Konzentrationslager Buchenwald inhaftiert. Die Freundschaft mit unserer Mutter zerbrach leider an der sinnlosen Eifersucht von Frau Wiechert.

Es gibt Fragen, die ich vor Jahrzehnten hätte stellen müssen, als sie noch von unserer Mutter beantwortet werden konnten. Doch damals kam es mir nicht in den Sinn, dass ich sie je stellen würde.

Zum Beispiel: Warum bin ich zunächst auf das altsprachliche Friedrich-Wilhelm-Gymnasium in Greifenberg geschickt worden, wenn es immer fest stand, dass ich nach der Untertertia (achte Klasse) diese Schule verlassen sollte, um im neusprachlichen Altenburger Stift mit der mittleren Reife zwei Jahre später die Schulzeit zu beenden? Das Abitur war anscheinend für mich nicht vorgesehen, obwohl ich keine schlechte Schülerin war. Ich selbst dachte über eine Zukunft nach der Schulzeit und über einen Beruf nicht nach. Ich hatte keine herausragende Begabung, die meine Interessenrichtung hätte bestimmen können. In keinem Schulfach war ich besonders gut, in keinem besonders schlecht. Ich vermute, meine Eltern haben zunächst nur gedacht: Ado geht aufs Gymnasium, also auch Maria, die beiden sind immer zusammen gewesen, später folgt dann Gerhard; für alle drei derselbe Schulweg.

Unter den vielen Internaten für »die höheren Stände«, vor allem für die Kinder der ost-und mitteldeutschen Gutsbesitzer, kam für mich nur das Freiadlige Magdalenenstift in Altenburg in Thüringen infrage. Hier ist Hildegard, die jüngste Schwester unseres Vaters, von 1908 bis 1932 Pröpstin gewesen, hier ist unsere jüngste Halbschwester Ehrengard (Eta) Ende des Ersten Weltkrieges Schülerin und unsere Mutter zur selben Zeit Lehrerin gewesen. Ich bin selbstverständlich niemals gefragt worden, ob ich mit diesem Schulwechsel einverstanden wäre. Ich hatte auch nichts dagegen einzuwenden, weil ich das Gymnasium und seine Lehrer nicht mochte, außerdem war ich neugierig auf das Neue. An Inga schrieb ich sogar, dass ich mich sehr freue. Und auf die Frage von Prof. Tuerschmann, der gerade in Vahnerow zu Besuch war, ob ich nicht Heimweh bekommen würde, antwortete ich nur: »Nein.«

Baba dagegen war sehr traurig, dass sie zwei Jahre später Fräulein Langbeins Höhere Mädchenschule verlassen musste, in der sie sehr gerne war. Rebelliert hat sie auch nicht; es hätte bei unserer Mutter nichts genützt.

Innerhalb von fünf Monaten sollte ich neben den täglichen Schularbeiten fürs Gymnasium also eine neue Sprache, Englisch, lernen. Unterricht gab es damals auch am Sonnabend, und über das Wochenende durften noch Hausaufgaben aufgegeben werden. Als Lehrerin war Sophie Breger, die Tochter eines benachbarten Gutsbesitzers, im Spätsommer 1935 zu uns gekommen. Sie war einundzwanzig Jahre alt, hatte in Stettin das Abitur gemacht; pädagogische Erfahrungen hatte sie nicht. Sie sollte zunächst Atti unterrichten. Wir haben sie liebevoll Phiechen genannt. Bis zu ihrem Tod standen wir mit ihr in Verbindung.

Ab November gab sie mir jeden Tag, außer an den Wochenenden, eine Stunde Englischunterricht. Ehrgeizig und fleißig wie ich war (und das Pauken hatte ich auf dem Gymnasium gelernt), habe ich es geschafft, in der zur Verfügung stehenden Zeit das verlangte Pensum in meinen Kopf zu pressen, es blieb sogar noch ein Monat übrig, um die Französischkenntnisse zu verbessern.

Im Einzelunterricht lernt man natürlich schneller als im Klassenverband, eine Erfahrung, die ich schon in den ersten drei

Schuljahren gemacht hatte, und Phiechen muss trotz ihrer Unerfahrenheit eine exzellente Lehrerin gewesen sein. Ich habe den Englischunterricht nie als Last empfunden; wahrscheinlich machte uns das gemeinsame Lernen Spaß. Allerdings war diese Leistung ohne Verzicht nicht möglich. Nachmittags, wenn die Geschwister spielten und mich aufforderten, mit ihnen zu spielen, gab ich ihnen immer dieselbe Antwort: »Ich habe keine Zeit, ich muss Englisch lernen!«

Die Weltanschauung der Nazis hat, wie ich schon erwähnt habe, zunächst den Unterricht im Gymnasium und den Lehrstoff kaum verändert. Kurzfristig ließen sich die alten Lehrbücher gar nicht durch neue ersetzen. Erst 1935/36 machte die Ideologie sich deutlicher bemerkbar mit dem Rassenidiotismus im Biologieunterricht, dem Aufsatz über die Bedeutung des Luftschutzes, und schließlich erwähne ich in einem Brief an Inga den Film: *Das Reichsheer 1933–35*, den unsere Schulklasse im März 1936 sah. Das war genau ein Jahr nach der Einführung der allgemeinen Wehrpflicht am 16. März 1935, die sogar unsere Mutter eine Woche später in einem Brief an Inga begrüßt hatte: »Das Erste, was einen seit Jahren freut, ist die allgemeine Wehrpflicht, nicht wahr?«

Die Thaddens waren keine Familie, in der das Militär eine wichtige Rolle spielte. Die Männer haben es zwar zu irgendwelchen Reserveoffiziersrängen gebracht, doch Berufsoffizier ist seit Beginn des 19. Jahrhunderts wohl keiner gewesen. Alle waren sie tüchtige Landwirte mit oder ohne Jurastudium. Aber sie waren natürlich gute Preußen und deutsch-national gesonnen, und zu einer selbstbewussten Nation gehört das Militär, so wie in anderen europäischen Ländern. Deshalb verstand es unsere Mutter, die in diese preußische Familie eingeheiratet hatte, auch nicht, dass Franzosen und Engländer sich so über die Wiedereinführung der allgemeinen Wehrpflicht entrüsteten.

Mich, knapp dreizehneinhalb Jahre alt, hat ein Film über das Reichsheer, der erstaunlicherweise von einem Mann auf dem Klavier musikalisch begleitet wurde, sehr beeindruckt. »Nur die Musik nicht. Immerzu wurde dasselbe gespielt, und so oft verspielte sich der Mann am Klavier.« Vieles, was neu war beim Reichsheer, wurde gezeigt: Tanks, Motorräder, Autos bei Geländefahrten, das Bauen von Pontonbrücken und anderes. Am meisten faszinierten mich die Zeitlupenaufnahmen von Pferden, die über Gräben springen müssen.

Dieser Brief vom 27. März 1936 endet mit dem Bekenntnis: »Alles ist überhaupt wundervoll. Überall in Greifenberg sind große Plakate, auf denen steht, daß man Hitler wählen soll. Ich finde das ganz selbstverständlich.« Es handelt sich hier um die Reichstagswahl am 29. März 1936. »Selbstverständlich« musste man Hitler wählen. Es war ja keine Wahl, bei der die Bürger auf einem Stimmzettel unter mehreren Parteien wählen konnten – außer der NSDAP gab es keine Parteien mehr –, sondern ein Plebiszit, bei dem nur Ja oder Nein angekreuzt werden konnte. Hitler bekam 99 Prozent Ja-Stimmen. In den Gemeinden Trieglaff und Batzwitz waren es sogar 100 Prozent, denn die Wahlamtsleiter hatten wenigstens in zwei Fällen aus den Nein-Stimmen Ja-Stimmen gemacht: bei Barbara von Thadden in Vahnerow und bei Elisabeth von Thadden in Trieglaff. Von unserer Mutter zur Rede gestellt, rechtfertigte sich der Verantwortliche in Batzwitz, der das Wahlgeheimnis missachtet hatte, damit, dass es einen schlechten Eindruck gemacht hätte, wenn seine Gemeinde keine 100 Prozent erreicht hätte. Eine ähnliche Entschuldigung hatte der Lehrer Kopelmann in Trieglaff, wie mir Rudolf von Thadden erzählte. Sicher gab es noch viele eigenmächtige Wahlfälschungen in allen Wahlämtern – wie später in der DDR üblich –, doch nur selten wurden sie so naiv von den Verantwortlichen zugegeben.

Die Schulzeit in Greifenberg war nun zu Ende. Ich erwartete »ein ganz gutes Zeugnis«, nur mit einer Vier in Mathematik. Der Klassenlehrer hatte mich schon darauf hingewiesen, dass er unter das Zeugnis schreiben würde: »Maria ist eine große Quatschtante.« Das war zum Glück nur eine Drohung, denn unter dem Zeugnis las ich zu meiner Erleichterung: »In körperlichem und geistigem Streben zeigte sie guten Eifer.« Erstaunlich ist die Anzahl der Sitzenbleiber, die beweist, wie hoch die Anforderungen waren und wie streng damals geurteilt wurde: Elf Schüler von ungefähr sechsundzwanzig aus meiner Klasse blieben sitzen, und sieben oder acht gingen ab, weil sie die Schule wechselten. Ich fand auch, dass das »eine ganze Masse« war.

Sogar Ados Versetzung war gefährdet. Und unsere besorgte Mutter, die sonst immer den Lehrern recht gegeben hatte, wenn wir meinten, Grund zur Klage zu haben, beschloss, »die Lehrer zu übertölpeln, dass er doch versetzt werden muss …!«, »… und so sind wir sehr zuversichtlich« (an Inga, 20.1.1936). Ein erstaunliches Bekenntnis.

Die Sachen für das Stift in Altenburg waren gepackt. Dazu gehörte außer langen grauen Strümpfen, schwarzen Halbschuhen und abscheulicher, antierotischer Makounterwäsche auch ein dunkelblauer Wollmantel, der für damalige Verhältnisse teuer war. Er kostete fünfundfünfzig Reichsmark, denn ich hatte keine Kindergröße mehr, sondern Damengröße. Ich muss also größer als 1,65 Meter gewesen sein.

Alle Kleidungsstücke, die ich einpackte, mussten mit gewebten Namens- und Nummernschildchen gekennzeichnet sein. Im

Stift hatten die Schülerinnen nicht nur einen Namen, sondern – ebenso wichtig – eine Nummer. Ich bekam die Nummer 13. Die Pröpstin Hildegard von Thadden soll angeordnet haben, dass alle mit ihr verwandten Mädchen diese Zahl, die angeblich eine Unglückszahl ist, nehmen mussten, weil abergläubische Eltern sie für ihre Töchter abgelehnt hatten. In manchen Jahren soll diese Zahl gar nicht vergeben worden sein.

Im Stift sah ich sofort, dass nur wenige Mädchen die vorgeschriebene hässliche Wäsche trugen, weil ihre Mütter ihnen normale weiße Dessous gekauft hatten. Ich schämte mich in meinen plumpen Hemden und Unterhosen. Meine Mutter wäre nie auf den Gedanken gekommen, die Vorschriften des Stifts zu ignorieren und etwas Hübsches für ihre Tochter zu besorgen.

Auf der ersten Reise nach Altenburg begleitete sie mich selbstverständlich. Wir übernachteten in Berlin, vermutlich wieder im Hospiz am Gendarmenmarkt, um für die Stifts-Aussteuer noch einige Sachen zu besorgen, die es in Greifenberg nicht gab. Was wir kauften, habe ich vergessen, doch unvergesslich und erstaunlich gegenwärtig ist mir der gewaltige Eindruck, den das noch nicht »arisierte« Kauf- bzw. Warenhaus Wertheim in der Leipziger Straße auf mich machte. Eine Vorstellung von der Größe eines Warenhauses hatte ich nicht; ich kannte nur die kleinen Einzelhandelsgeschäfte in Greifenberg und Plathe. Der Name Wertheim war uns Geschwistern längst vertraut, weil wir vor Weihnachten aus den Versandkatalogen immer Spielsachen für uns ausgesucht hatten.

Der Eindruck dieses riesigen Gebäudes war überwältigend für ein Mädchen aus Hinterpommern! Die Dimensionen der Räume, die breiten Treppenhäuser, die umlaufenden Galerien, die großen Kronleuchter, das üppige Warenangebot auf schweren Tischen, in Vitrinen, an langen Kleiderständern – ich war ganz benommen. Besonders faszinierte mich der Blick von einer der oberen Galerien in die Tiefe auf die ein und aus strömende, hin und her gehende Menschenmenge.

Ich wunderte mich, mit welcher Selbstverständlichkeit sich meine Mutter hier bewegte, die Waren prüfte, wieder weglegte, sich von einer freundlichen Verkäuferin etwas zeigen ließ und dann doch nicht kaufte, was mir wie eine Demütigung der eifrigen Verkäuferin vorkam.

An die Weiterfahrt nach Altenburg, die Ankunft im Stift, den Abschied von der Mutter, das Zurückgelassenwerden in der fremden Umgebung kann ich mich nicht erinnern. Wahrscheinlich war der Abschied freundlich und emotionslos, denn Mutter und Tochter scheuten starke Gefühlsäußerungen.

Ado und Maria (1924)

Baba, Gerhard, Ado, Maria (1928)

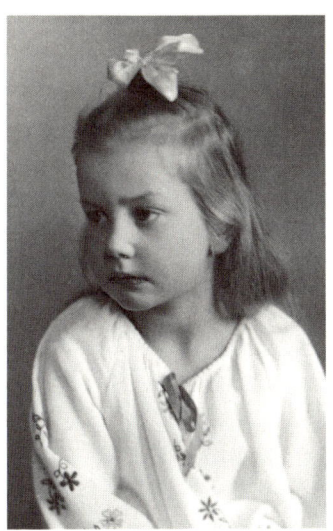

Maria (1928)

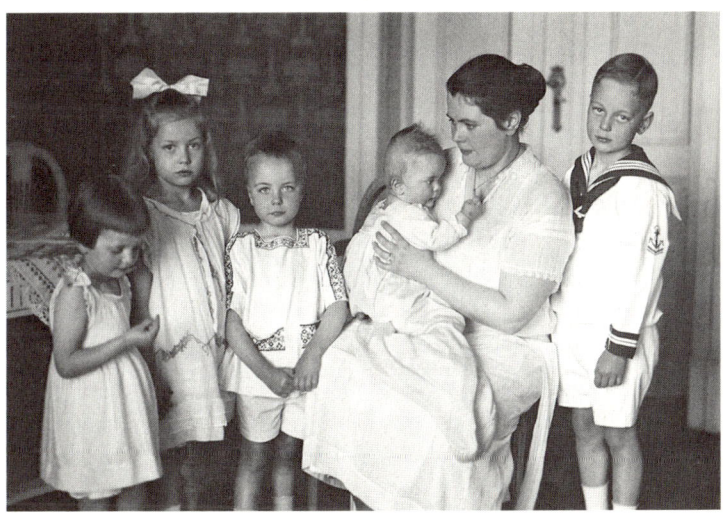

Barbara von Thadden mit Mona auf dem Schoß
(1928, stehend die vier älteren Kinder, von links: Baba, Maria, Gerhard, Ado)

Vahnerow (erbaut 1855), Westseite

Vahnerow, Ostseite

Die Halle in Vahnerow

Die Kinder vom Schloss
(1932, von links: Ado, Gerhard, Baba, Maria, Mona)

Intermezzo 1

In meiner kritischen Einstellung zu den Nazis, aus der sich allmählich eine kompromisslose Ablehnung entwickelte, bin ich vor allem von unserer Mutter beeinflusst worden, weshalb ich sie häufiger als sonst erwähnen muss. Ado, der wenig ältere Bruder, hat sich dem mütterlichen Einfluss früh entzogen. Wie kam es, dass unsere Mutter, auf einem Dorf in Hinterpommern lebend, so früh, wesentlich früher als die meisten Gutsnachbarn, das Gefährliche, Verlogene, Verbrecherische der neuen Machthaber erkannte? Presse und Rundfunk waren sofort gleichgeschaltet und kontrolliert. Schon bald nach Vaters Tod hatte sie die erzkonservative *Kreuzzeitung*, die Zeitung des preußischen Adels, die er immer gelesen hatte, abbestellt und die *Frankfurter Zeitung* abonniert. Sie betont in einem Brief an Inga (11.8.1933), dass sie »noch nie konservativ war – politisch«. Die *Frankfurter Zeitung* galt als liberal, als Hort eines getarnten Widerstandes gegen die Nazis. Die Leser lernten allmählich das Zwischen-den-Zeilen-Lesen und erfuhren dadurch manches, was in der gleichgeschalteten Presse, wozu auch das *Greifenberger Kreisblatt* gehörte, nicht stand. Natürlich gab es auch in Berlin im Propagandaministerium Leute, die zwischen den Zeilen lesen konnten und nach Gründen suchten, die Zeitung zu verbieten.

Erst im Krieg, 1943, wurde uns eines Tages ohne Vorankündigung anstelle der *Frankfurter* die Wochenzeitung *Das Reich* zugestellt. Unsere Mutter war entrüstet über diese Überrumpelung; sie wollte die Hauspostille des Propagandaministers Josef Goebbels, in der er die Leitartikel schrieb, auf keinen Fall haben und sofort abbestellen. Doch Dieter Bassermann, Privatgelehrter und seit 1939 Hauslehrer in Vahnerow, hielt sie davon ab mit dem überzeugenden Argument: »Man muss immer wissen, wie und was der Feind denkt.« Der Feind waren nicht die Alliierten, sondern die Nazis.

In den Dreißigerjahren brachten die Tanten aus England Zeitungen mit Informationen, die den Deutschen nicht zugänglich waren und ihnen verschwiegen wurden. Aber die Tanten besuchten uns selten. Und wir Kinder erfuhren nicht, was sie erzählten. Die Gefährlichkeit und Unberechenbarkeit der Politik der Nazis erkannten die britische Regierung und die britische Presse auch nicht sofort nach der Machtübernahme Hitlers.

Es waren zuerst die ungehemmte Diffamierung der Juden und ihre Benachteiligung in allen Berufen, die unsere liberale Mutter empörten. Wegen verschiedener schwerer Krankheiten, für die es weder in Greifenberg noch in Kolberg Spezialisten gab, wurde sie in Berlin von zwei jüdischen Ärzten behandelt, Dr. Brann und Dr. Freudenthal. Letzterer ist, als Atti an einer schweren Lungenentzündung erkrankte, die damals, als es noch kein Penizillin gab, lebensbedrohend war, sofort von Berlin im Auto gekommen und hat sie gerettet.

Anfang des Jahres 1935 musste unsere Mutter wegen einer sehr schweren Krankheit achteinhalb Wochen in einem Berliner Krankenhaus liegen. Sie nennt Dr. Brann den »guten Dr. Brann«, der ihr Mut macht, »wieder ganz jung und frisch« zu werden »nach all dem Entsetzlichen«. Vielleicht handelt es sich um die Thrombose mit anschließender Embolie, die oft erwähnt wurde?

Weil den jüdischen Ärzten spätestens 1935 die Betten für ihre Privatpatienten in städtischen Kliniken weggenommen worden waren, musste sie im nächsten Jahr in einer teuren Privatklinik liegen, worüber sie sich in einem Brief an Inga beklagte (7.5.1936):

Sie findet, der Staat habe kein Recht, sich ins Privatleben seiner Bürger einzumischen, ihnen Vorschriften zu machen bei der Wahl ihrer Ärzte und Krankenhäuser. Die Krankenkassen bezahlten keine Operationen von jüdischen Ärzten, und man fürchtete, dass ab dem 1. April 1936 auch nicht mehr privat von Juden operiert werden durfte. – Und später in diesem Brief bekennt sie, »dass wir ohne einen heiligen Zorn nicht mehr leben können«.

Im selben Brief schreibt sie, dass Dr. Freudenthal, dessen Namen sie durch ein i ersetzt, in die Tschechoslowakei fährt, um dort eine verschleppte Grippe in einem Sanatorium auszuheilen. »Er hat sich so überarbeitet, dass er 4 Wochen weg muss. Und muss ins Ausland fahren, um nicht schlecht behandelt zu werden, der nichts tut, als andern helfen. Na ja.« Dieses »Na ja« ist der knappe, aber eindeutige Kommentar.

Im Laufe des Jahres verstärkte sich der Druck auf die Juden, und Mama fordert: »Jeder von uns muß wohl helfen und trösten, wo er kann. Sonst bleibt uns nichts zu tun« (20.11.1935). Dann mahnt sie zur Vorsicht beim Briefeschreiben, denn sie glaubt nicht mehr, dass es noch ein Briefgeheimnis gibt. Sie erzählt Inga von ihrem Treffen mit Dr. Freudenthal in Berlin: »... man kommt her und fürchtet das Schlimmste, aber kein Gedanke reicht an die Wirklichkeit heran.« »... und die ungezählten Selbstmorde ... oh Inga. Zu ertragen ist es kaum.« Sie geht mit dem Arzt, »blaß und hoffnungslos«, und einem Bekannten abends ins Kino, weil es dort dunkel ist. Etwas später möchte sie wieder nach Berlin reisen, obwohl es ihr eigentlich zu anstrengend und zu teuer ist, um die Familie Meinhardt und »alle i's« (Juden) zu sehen.

Dr. Freudenthal starb nach schwerer Krankheit im Mai 1936 im Tessin, so blieben ihm »viel Gram und Not und Demütigung erspart«.

Seit Mitte der Dreißigerjahre verbrachte ein Berliner Geschwisterpaar, Klaus und Dori Meinhardt, die Sommerferien bei uns. Es waren Kinder aus dem Berliner Kindergarten, in dem Inga gearbeitet hatte. Klaus war so alt wie Mona und in sie verliebt, er hatte dicke rotblonde Locken; Dori war etwas jünger und hatte glatte weißblonde Haare. Es war ihnen nicht anzusehen, dass sie Halbjuden waren. Ob Herr Meinhardt, ein Pharmazievertreter, der als Jude vielleicht nur noch jüdische Kunden hatte, überhaupt noch arbeiten durfte, weiß ich nicht. Jedenfalls war die Existenz immer unsicher. Seine Frau verdiente Geld als Schneiderin, sie nähte auch Kleider für unsere Mutter. Die Eltern Meinhardt hätten zusammen mit ihren Kindern niemals Urlaub machen können, nicht nur aus finanziellen Gründen, sondern weil in den meisten (oder in allen?) Ferienorten »Juden unerwünscht« waren.

Während des Krieges wurden Meinhardts regelmäßig mit Lebensmitteln aus Vahnerow versorgt. In den sogenannten Mischehen standen dem jüdischen Partner noch weniger Lebensmittel zu als dem nichtjüdischen.

So trug der überall spürbare Antisemitismus allmählich zu meiner distanzierten Haltung gegenüber den Nazis bei, zumal ich nichts bemerkte, worin sich Juden von Nichtjuden unterschieden; ich verstand nicht, warum sie zu Volksschädlingen erklärt wurden. Geradezu abstoßend fand ich das Wochenblatt *Der Stürmer*, das in einem Schaukasten am Rande des Greifenberger Marktplatzes hing. Es war, obwohl schon 1923 gegründet, kein offizielles Blatt der nationalsozialistischen Presse, hatte aber hohe Auflagen. Ich habe mir verstohlen die widerlichen, diffamierenden Karikaturen »typisch jüdischer Untermenschen« mit großen gebogenen Nasen, abstehenden Ohren und dicken Lippen angesehen. Kein Jude, den ich kannte, hatte Ähnlichkeit mit diesen Typen. Gelesen habe ich die Zeitung nie. Es wäre peinlich gewesen, lesend vor dem Kasten gesehen zu werden.

In Köln lernte ich vor einigen Jahren den Frankfurter Galeristen von Sydow kennen, dessen Familie aus Zirkwitz im Kreis Greifenberg stammt. Im Gespräch sind wir auf das Thema Antisemitismus gekommen. Er behauptete: »Wir waren doch alle Antisemiten.« Wobei es unklar war, ob er mit »wir« die Pommern, den pommerschen Landadel oder den gesamten Adel meinte. Ich habe ihm aufgrund meiner Erfahrungen widersprochen – er hatte andere, leider realistischere Erfahrungen als ich.

Dass bei Thaddens immer viel gelesen wurde und unsere Mutter eine leidenschaftliche Leserin war, besonders interessiert an der zeitgenössischen Literatur, habe ich erwähnt. Die Bücher vieler von ihr geschätzter Schriftsteller, die in den Zwanzigerjahren bekannt geworden waren, verschwanden nach 1933 allmählich aus dem Sortiment. Die verfemten Schriftsteller emigrierten, erhielten Schreibverbot, ihre Bücher wurden nicht mehr verlegt. Einschränkungen auf diesem Gebiet erbosten Mama besonders; sie würden beweisen, dass jetzt Banausen an die Regierung gekommen seien. Die Zensur war allerdings nicht so rigoros und erfolgreich wie später in der DDR, denn findigen Buchhändlern gelang es noch lange, die gewünschten Bücher aufzutreiben. Vor uns Kindern wurde der Ärger über die bevormundende Kulturpolitik niemals verschwiegen.

Über Nachbarsfamilien äußerte sich unsere Mutter im Beisein von uns Kindern niemals abfällig oder kritisch. Sie verabscheute jeglichen Klatsch. Andere Familien, das wusste sie und missbilligte es, waren nicht so taktvoll, sie lästerten ungeniert und gerne über Verwandte und Bekannte. Die eigenen Kinder und Besuchskinder (wie ich) konnten ruhig zuhören. Obwohl bei uns nicht gelästert werden durfte, spürten wir, welche Familien mehr, welche weniger geschätzt waren. Zu Letzteren gehörten alle, die aus Überzeugung oder Opportunismus in die NS-Partei eingetreten waren und sogar das Parteiabzeichen am Revers trugen. Ausgenommen von unserer Verachtung waren Beamte und Angestellte, die wegen ihres Berufs Parteimitglieder werden mussten, wie zum Beispiel der mit uns befreundete Landrat Hans-Heinrich von Holstein, der Amtsnachfolger unseres Vaters in Greifenberg. Und natürlich nahmen wir es unserer geliebten Inga nicht übel, dass sie, um Leiterin eines staatlichen Kinderheims werden zu können, in die Partei eintreten musste.

Wir Kinder konnten immer mit den Kindern auch der Nazi-Familien in der Nachbarschaft Freundschaften schließen, sie zu Geburtstagen besuchen, bei ihnen übernachten, sie zum Übernachten nach Vahnerow einladen. Ich habe erst spät bemerkt, dass die Teschemachers in Alt-Sellin überzeugte Nazis und Parteigenossen waren, obwohl ich meine Freundin Annemarie, genannt Muckel, häufig besuchte. Unsere Mutter wusste es längst, sie schrieb an Inga (7.2.1936), dass »Frau T. mit den Wölfen heult oder gar selber einer ist«. Die Erwachsenen sahen wir nur bei den Mahlzeiten, worüber sie sich unterhielten, interessierte mich nicht. Mich faszinierte die große runde, drehbare Holzplatte auf dem Esstisch, auf der ein reichhaltiges Angebot an Aufschnitt, Käse, Salaten und Brotsorten stand, die jeder zu seinem Platz drehen konnte, um sich selbst zu bedienen. So etwas Modernes hatten wir zu Hause nicht. Die höfliche Frage, mit der ich vielleicht ein Gespräch der Erwachsenen hätte unterbrechen müssen, »Würden Sie mir bitte die Butter (oder anderes) reichen?«, blieb mir also erspart. Seltsam, welche Nebensächlichkeiten ich behalten habe. Muckel/Annemarie und eine ihrer Schwestern sind 1945 von den Russen verschleppt worden und irgendwann in einem sowjetischen Lager gestorben. Die Eltern wurden ermordet.

Vorsitzende des Landwirtschaftlichen Frauenvereins ist unsere Mutter schon in Trieglaff gewesen, in Vahnerow war sie es noch 1936; ein Amt, das ihr immer viel Freude gemacht hat. Sie ist ja auch gerne Lehrerin gewesen. Die ganz unpolitische Institution kümmerte sich um die Fortbildung der Landfrauen. Sie konnte deshalb nach 1933 zunächst unabhängig weiterbestehen, wurde nicht gleich aufgelöst und einer NS-Organisation einverleibt.

Was mag Mama in ihrem Vortrag »Nationalsozialismus und Hausfrauen« gesagt haben, den sie Ende Juli 1933 im Hausfrauenverein in Greifenberg gehalten hat? »War ganz gut«, schrieb sie an Inga. Was konnte sie, als Hitler gerade ein halbes Jahr an der Macht war, über den Nationalsozialismus, sein Programm, seine Ziele, seine Weltanschauung wissen? Ich bin sicher, sie hat nie wieder einen Vortrag zu diesem Thema gehalten.

Es lag im Interesse der neu gegründeten NS-Frauenschaft, viele Mitglieder zu gewinnen, besonders auch auf dem Land unter den Gutsfrauen, deren Beispiel dann andere Landfrauen folgen würden.

So dachten wohl die zwei Vertreterinnen der Greifenberger NS-Frauenschaft, die eines Tages nach Vahnerow geschickt wurden, um Frau von Thadden aufzufordern, der Frauenschaft beizutreten. Sie lehnte ab, schlug aber vor, eine Geldspende zu geben. Dieses Angebot wurde entrüstet zurückgewiesen, denn es ginge selbstverständlich nicht um Geld, sondern nur um die Gewinnung neuer überzeugter Mitglieder der Partei.

Wäre sie in die NS-Frauenschaft eingetreten, hätte sie fol-

gende Aufnahme-Erklärung unterschreiben müssen:»Ich bin deutsch-arischer Abstammung und frei von jüdischem oder farbigem Rasseeinschlag, gehöre keiner Freimaurerloge oder sonst einem Geheimbunde an und werde einem solchen während der Dauer meiner Zugehörigkeit zur NS-Frauenschaft nicht beitreten.«
Die Aufnahmegebühr betrug 0,50 RM (= Reichsmark), der monatlich vorauszuzahlende Beitrag mindestens 0,75 RM. Schwer zu sagen, wie viel Euro das entspricht.

Es dauerte nicht lange, da standen die beiden Frauen wieder an der Haustür und schämten sich nicht – vielleicht schämten sie sich doch? –, die abgelehnte Spende zu erbitten. Ich kann mir vorstellen, mit welch liebenswürdiger Verachtung ihnen der kleine Betrag überreicht wurde.

Wichtig für die Ablehnung des Nationalsozialismus war auch die traditionelle Bindung der Thadden-Familie an die protestantische Kirche, dazu gehörte die Überzeugung, dass die Gebote der Bibel über den Weltanschauungen und Gesetzen der Politiker stehen, vor allem die Gebote des Neuen Testaments. Außerdem gab es einige kategorische Imperative in unserer Erziehung, wie zum Beispiel Hilfsbereitschaft gegenüber Notleidenden, Toleranz, auch gegenüber Andersgläubigen (außer den Nazis!) und Zuverlässigkeit.

Wir, die Vahnerower Thaddens, waren nicht so fromm, dass wir regelmäßig sonntags den Gottesdienst in Batzwitz besuchten. Zur Trieglaffer Gemeinde gehörten wir nach dem Umzug nicht mehr. Wenn mich meine Erinnerung nicht täuscht, waren wir recht selten in der Batzwitzer Kirche. Zu Fuß war uns der Weg von etwa zwei Kilometern zu weit. Fahrrad fahren war auf dem zum größten Teil unbefestigten Sandweg schwierig und unangenehm. Ein Kutschwagen wurde nur an Feiertagen zur Verfügung gestellt und wenn Mama ausnahmsweise mit uns fuhr. In Batzwitz stand uns kein Patronatssitz auf der Empore mehr zu, dort saß – selten – die Familie Senfft von Pilsach. Wir saßen in den Bänken der Gemeinde: die Frauen auf der linken, die Männer auf der rechten Seite des Mittelgangs. Trotz des unregelmäßigen Kirchenbesuchs hielten wir uns selbstverständlich für gute Christen. Schlechte Christen – und von uns verachtet – waren die sogenannten Deutschen Christen, die sich den Nazis anbiederten und die Verschmelzung von Nationalsozialismus und Christentum propagierten, die im Grunde unvereinbar waren. Sie versuchten auch, die arische Abstammung Jesu nachzuweisen; denn er durfte kein Jude sein.

Morgenandachten mit allen Hausangestellten wurden einige Zeit nach Vaters Tod in Vahnerow wieder eingeführt. Der Gesang war dünn geworden, weil wir weniger Angestellte hatten als in Trieglaff und Männerstimmen fehlten.

Standesdünkel spielte auch eine Rolle bei meiner Beurteilung der Nazis, denn die meisten Parteigenossen waren in meinen Augen Kleinbürger. Waren sie Mitglieder der SA, trugen sie eine besonders hässliche Uniform, deren Farbe allgemein als »kackbraun« bezeichnet wurde. Äußerlichkeiten bestimmten in vieler Hinsicht meine Bewertung der neuen Machthaber. Da war keiner, der eine charismatische, mitreißende Ausstrahlung hatte. Die Gesichter, die ich aus Zeitungen und Wochenschauen kannte, gefielen mir nicht, ich fand sie grob, primitiv, kein »edel-vornehmes« war darunter. Die Stimmen, die ich im Radio und in den Wochenschauen hörte, waren hässlich, rauh, brüllend, ganz besonders die von Hitler. Und nicht ein Nazi-Politiker war ein Vertreter der angeblich so hoch gepriesenen nordischen, germanischen Rasse. Der kleine, hinkende Propagandaminister Goebbels wurde spöttisch als »Schrumpfgermane« bezeichnet. Seinen rheinischen Singsang-Tonfall mochte ich nicht.

Einige Kompromisse an die »neue Zeit« mussten natürlich gemacht werden, allein schon mit Rücksicht auf die Dorfbewohner und auf die schwer einzuschätzende Gesinnung der wechselnden Inspektoren, Eleven, Sekretärinnen und Dorfschullehrer. Es mussten also Hakenkreuzflaggen gekauft werden, für die Dorfschule und für das »Schloss«. Ich weiß nicht, ob wir in Trieglaff außer der schwarz-weiß-roten Fahne der Kaiserzeit auch eine schwarz-rot-goldene der Weimarer Republik hatten. Vermutlich nicht, denn sie passte nicht zu der monarchischen Gesinnung unseres Vaters. Es war üblich, an nationalen Feiertagen Fahnen an hohen Masten vor den öffentlichen Gebäuden des Dorfes und über der Eingangstür des Gutshauses zu hissen. Außer der Nationalfahne besaßen die Adelsfamilien noch eine weitere in den Farben des Wappens. Die der Thaddens war rot-weiß.

Bei uns wurde, solange es möglich war, nur eine schwarz-weiß-rote Fahne an einer langen Stange aus dem Bodenfenster über dem Portal entrollt. Schließlich aber musste doch eine Hakenkreuzfahne gekauft werden. Bäume und Büsche versperrten eine freie Sicht auf unser Haus, und deshalb hat es wohl niemand bemerkt, dass die neue Fahne (der »rote Lappen«) ein wenig kleiner war als die alte des Kaiserreichs.

Die Thadden-Familien in Trieglaff und Vahnerow waren schon früh als kritische Regimegegner in der unmittelbaren Nachbarschaft bekannt. Denunziert wurden sie von niemandem.

DAS MAGDALENENSTIFT IN ALTENBURG/ THÜRINGEN

Das Freiadlige Magdalenenstift in Altenburg, in das mich unsere Mutter im April 1936 brachte, liegt auf einem Hügel, der an der Nordwestseite steil abfällt, hoch über der Stadt. Um die Wende vom 17. zum 18. Jahrhundert war das als Witwensitz der Altenburger Herzogin vorgesehene Schloss als Internat hergerichtet worden. Es wurde, der wachsenden Zahl der Schülerinnen entsprechend, bis zum Beginn des 20. Jahrhunderts zu einem dreiflügeligen Bau mit einem großen Innenhof erweitert. An der vierten Seite, neben dem schmiedeeisernen Eingangstor, wurde um 1870 eine kleine neugotische Kirche gebaut.

Das Stift wurde seit 1932 von der Pröpstin Anna Nickisch von Rosenegk geleitet, einer Mathematik- und Physiklehrerin – eine schlanke, weißhaarige Dame, würdig und streng; meistens trug sie graue Kleider.

Man betritt das Haupthaus durch einen repräsentativen Eingang, ihm entspricht ein großzügiges Treppenhaus, das bis in die zweite Etage führt. Rechts und links vom Treppenhaus erstrecken sich an der Hofseite in allen Etagen breite Korridore, in die wenig Licht fällt.

»Das ist ja schlimmer als eine Kaserne«, sagte mein Mann, als ich ihm 1990, gleich nach der Wende, das Stift zeigte, das ein Altenheim der evangelischen Kirche geworden war. Ein Internat für adlige Mädchen hatte er sich freundlicher, nicht so karg vorgestellt.

Ich nehme an, dass die mir zugewiesene »Stiftsmutter«, Renate von Rheinbaben, eine ältere Schülerin, mit mir einen ersten Rundgang durch das Haus gemacht hat, um mir die wichtigsten Räume zu zeigen. Und bei diesem imaginären Rundgang werde ich von dem realen Stiftsalltag erzählen, was mir beim Blick in die Räume einfällt. Wenn ich überhaupt schon eine Vorstellung vom Stift hatte, dann nur eine geschönte durch die idealisierenden Fotos unseres Vetters Heini Löher, die er in den Zwanzigerjahren für Werbeprospekte aufgenommen hatte.

Der einzige »Schmuck« der beiden oberen Korridore waren hofseitig aufgestellte, olivgrün gestrichene Schränke, eher Spinde, auf deren schmalen Rand neben der Tür die bunten Familienwappen der jeweiligen Besitzerinnen geklebt waren. Erstaunlicherweise standen die wappengeschmückten Schränke noch 1990, dicht zusammengeschoben, im oberen Korridor.

Diese Schränke waren der einzige kümmerliche Privatbereich, der uns Schülerinnen zugestanden wurde, denn wir durften den oberen Teil mit einem bunten Stoff auskleiden und in zwei Fächer alles stellen, was uns besonders lieb war: Fotos von Eltern und Geschwistern, von Pferden und Hunden, vom Schloss oder schlichten Gutshaus, Ansichten vom Park, daneben Nippsachen, Steiff-Tiere, getrocknete Blumen, Schachteln mit Heimaterde und sonstiges, was an unser Zuhause erinnerte.

In den unteren, nicht verkleideten Fächern brachten wir Bücher und Hefte unter.

An jedem Schrank lehnte ein kleiner Klappstuhl. Nur am Wochenende – oder war es sogar nur am Sonntag? – durften wir das Stühlchen vor den geöffneten Schrank stellen, um sehnsüchtig, mehr oder weniger heimwehkrank, die kleinen Schätze zu betrachten. Der Anblick all der krummen Mädchenrücken oder

Mädchenpopos war so mitleiderregend, dass Frau von Studnitz, die ihre Tochter im Stift anmelden wollte, spontan entschied: Hierhin kommt meine Tochter nicht, das kann ich ihr nicht zumuten! Auf dem oberen Flur standen die gleichen, allerdings wappenlosen Schränke für unsere Wäsche. Die Ordnung in den beiden Schränken, die nicht abgeschlossen werden konnten, wurde manchmal von einer Lehrerin kontrolliert.

An der Nord- und Ostseite des Stifts waren die Klassenzimmer, Schlafsäle, Waschräume und Privaträume der Lehrerinnen aufgereiht.

Der erste Blick in den großen, kahlen Schlafsaal war bestimmt schockierend: ein weiß gekalkter, schmuckloser Raum mit zwölf oder dreizehn schwarzen Eisenbetten, auf denen weißes Bettzeug lag. In einer Ecke war ein Holzverschlag, das sogenannte Kabuff, abgeteilt, olivgrün gestrichen, mit undurchsichtigen Glasfenstern: der karge Schlafplatz für eine Lehrerin, deren Aufgabe es war, für Ruhe zu sorgen, den Mädchen das leise Schwatzen zu verbieten. Nachdem Frau Pröpstin, von Bett zu Bett schreitend, jedem Mädchen eine Gute Nacht gewünscht und diese mit »Gute Nacht, Frau Pröpstin« geantwortet hatten, sollte eigentlich absolute Ruhe herrschen. An dieses Gebot haben wir uns fast nie gehalten.

In Vahnerow hatte ich auch noch kein eigenes Zimmer. Ich schlief mit den Schwestern zusammen – jetzt musste ich zwischen lauter fremden Mädchen schlafen, die vielleicht schnarchten, schlafwandelten, miteinander kicherten und flüsterten oder vor Heimweh weinten. Alles kam vor – und ich habe mich an alles gewöhnt, wenn ich es überhaupt bemerkt habe, denn ich bin meistens schnell eingeschlafen. Manchmal wurde ich wach, wenn die Lehrerin in ihrem Holzverschlag das Licht anknipste.

Dann sah ich, wie sich ihre Silhouette vorsichtig hinter den Glasscheiben bewegte.

Die Waschräume neben den Schlafsälen waren so dürftig ausgestattet, dass sie ein altes Vorurteil bestätigten: Der Adel hält nicht viel von Hygiene, er wäscht sich selten. Und ich war es, dank unserer englischen Erziehung, gewöhnt, jeden Abend in ein warmes Bad zu steigen!

Jede Schülerin hatte einen vielleicht eineinhalb Quadratmeter großen Platz, auf dem ein Tischchen mit Schubfach für die Waschutensilien stand, darauf eine Blechschüssel, darunter eine ovale Fußwanne. Einen Schemel hatte man auch. Man konnte, wenn man sich wusch, graue, an Eisenstangen befestigte Vorhänge zuziehen, man tat es aber nicht (außer man hatte »seine Tage«), damit gegenseitige Kontrolle möglich war. Wenn sich ein schamhafter Neuling vor fremden Blicken schützen wollte, wurden die Vorhänge rücksichtslos von älteren Schülerinnen zur Seite gezogen. Gute Sportlerinnen benutzten die Stangen als Reck zum Turnen. Ordentliche Mädchen wickelten ihre feuchten Haarschleifen abends fest um die Stangen, damit sie morgens wieder glatt waren.

Eine Dusche gab es nicht. Wer mehr für seine Sauberkeit tun wollte, stellte sich in eine große Zinkwanne, die Plunsche, neben der Tür und übergoss sich aus einer Kanne mit warmem Wasser.

Ab und zu durften wir baden. Wie oft das war, darüber gehen die Meinungen jetzt, nach Jahrzehnten, auseinander: einige ehemalige Stiftskinder sagen, jede Woche, andere behaupten, nur einmal im Monat. Liegt die Wahrheit dazwischen?

Am Wochenende wechselten wir unsere Kleider. Die Internatskleidung wurde für die Dauer der Schulzeit zur Verfügung gestellt. Es war unbestritten die hässlichste Schuluniform aller Mädcheninternate der »höheren Stände«. Von Generation zu Generation wurden die Kleider, zu deren Schutz schwarze Schürzen umgebunden wurden, weitergegeben. Im Winter trugen wir alltags rot oder grün karierte Wollkleider, sonntags dunkelblaue. Wir waren nicht sicher, ob sie jemals gründlich gereinigt oder nur gelüftet wurden, bevor sie an die nächste Schülerin weitergegeben wurden. Immerhin wurden am Wochenende frische weiße Kragen angeknöpft. Die Sommerkleider waren freundlich: hellblau im Alltag, rosafarben am Sonntag; die Schürzen blieben aber schwarz. Baumwollstoffe konnten jedenfalls heiß und mit Seife gewaschen werden.

Selbst die Unterwäsche wurde nur einmal am Wochenende gewechselt. Jede Schülerin sammelte die Leibwäsche in einem Sack oder festen Koffer, die mit der Post nach Hause geschickt wurden. Die Mütter waren entsetzt über den Anblick (und den Geruch?), wenn sie diese Sendungen leerten.

Kam die saubere Wäsche zurück, kontrollierte die Hausdame Fräulein von Dewitz, ob eine Mutter nicht doch verbotene Süßigkeiten gut versteckt dazugelegt hatte. Nur Obst durfte uns geschickt werden. Bei welcher Gelegenheit die konfiszierten Süßigkeiten der Empfängerin später ausgehändigt wurden, weiß ich nicht, denn ich bekam niemals einen verbotenen Beipack.

Über dem Eingangsportal des Stifts hätte die Devise stehen können: »Lasst alle Eitelkeit fahren!«

Im evangelischen Freiadligen Magdalenenstift gab es nur die Mittelstufe, das heißt, die achten bis zehnten Klasse. Wer waren die Mädchen, die für zwei oder drei Jahre dorthin geschickt (oder verbannt) wurden? Die meisten stammten aus mittel- und ostdeutschen, einige auch aus west- und norddeutschen Familien, sie waren auf großen oder kleinen Gütern oder in großbürgerlichen Häusern in der Stadt aufgewachsen. Die Väter der Stadtkinder waren höhere Beamte, Diplomaten, Offiziere. Sie waren protestantisch-konservativ und oft auch bescheiden aufgewachsen, aber an viel Freiheit, mehr oder weniger Komfort und gutes Essen gewöhnt. Konservativ-protestantisch war die Erziehung im Stift auch (Katholikinnen wurden nicht aufgenommen) – Freiheit, Komfort und gutes Essen gab es jedoch nicht.

»Freiadlig«, also adligen Mädchen vorbehalten, war das Internat seit 1932 nicht mehr. Während der Weltwirtschaftskrise, in der es auch der Landwirtschaft sehr schlecht ging, nahm die Zahl der Schülerinnen so dramatisch ab, dass die Existenz des Stifts bedroht war. Die noch aus dem 18. Jahrhundert stammende Beschränkung auf adlig musste aufgegeben werden. Der Anteil der Mädchen aus bürgerlichen Familien nahm allerdings erstaunlich langsam zu. Zu meiner Zeit waren sie eine Minderheit unter den fünfundsiebzig Schülerinnen.

Standesbewusstsein hatten die meisten Mädchen: Sie waren überzeugt, einer besonderen sozialen Schicht anzugehören, nämlich dem Stand der Großgrundbesitzer, die ihren Besitz östlich und westlich der Elbe hatten, oder dem Stand der höheren preußischen Beamten und hohen Offiziere. Mit diesem Elitebewusstsein unterschieden sich die Altenburgerinnen aber nicht von den Schülerinnen und Schülern anderer traditionsbewusster Internate in Deutschland. Die enge Bindung an die evangelische Kirche war für uns selbstverständlich.

Einige Mädchen betonten zwar gerne die Vornehmheit ihrer jahrhundertealten gräflichen oder freiherrlichen Familien, doch hielt sich diese Angeberei in Grenzen, weil fast alle aus dem niederen Adel stammten. Nur ab und zu gab es auch eine Prinzessin. Bei der internen Rangordnung waren Schulleistungen und Charakter aber wichtiger als ein perfekter Stammbaum, und im Umgang miteinander spielte dieser überhaupt keine Rolle.

Von den Hausangestellten wurden wir unterschiedslos ohne Titel mit »Fräulein« und »Sie« angeredet, auch schon die Zwölfjährigen. Ich war also, auf Thüringisch ausgesprochen: »Fräul'n Datten«. Die Lehrerinnen sagten den Vornamen und Sie. Nur die Pröpstin hatte das Recht, uns zu duzen.

Während mir meine Stiftsmutter die verschiedenen Räume zeigte, erzählte sie mir vielleicht auch, was verboten war. Zum Beispiel durfte man den eigenen Schlafraum tagsüber nicht betreten, den Waschraum nur in Ausnahmefällen, einen anderen Schlaf- oder Waschraum niemals.

Ertragen konnten die Schülerinnen die rigorose und oft sinnlose Stiftsdisziplin nur, wenn sie die Verbote missachteten, wann immer es möglich war. Zum Beispiel, wenn die Lehrerinnen gemeinsame Abendveranstaltungen hatten, wurden fremde Waschräume gestürmt und die ahnungslosen Mädchen mit Wasser übergeschüttet. Oder wir schlichen in einen anderen Schlafsaal und versuchten ein Mädchen aus seinem Bett zu kippen, manchmal aus Spaß, manchmal als Strafe für ein Vergehen, eine gefährliche Strafe. Kissenschlachten waren dagegen ein harmloses und beliebtes Vergnügen. Selbst gebastelte Gespenster, Vogelscheuchen ähnlich, wurden aus einem Fenster der oberen Etage heruntergelassen und vor einem unteren Fenster hin und her geschwenkt.

Kein Verbot ohne Ausnahme, das galt auch für das Verbot, fremde Schlafsäle zu betreten. Wenn die Schülerinnen eines Schlafsaals etwas aufführen wollten, ein kleines, oft sogar selbst geschriebenes Theaterstück oder die szenische Darstellung einer Ballade, dann durften sie mit Erlaubnis der Pröpstin alle Mädchen und die Lehrerinnen zu der Aufführung einladen. Ein oder zwei aneinandergerückte Betten waren die Bühne; eng zusammengedrängt saß das Publikum auf den anderen Betten.

Ich erinnere mich nur noch an die dramatische Interpretation von Goethes Ballade »Der König in Thule«, in der die neben dem König stehende Buhle ihm »einen goldenen Becher gab«. Einige Ritter standen auf der weichen, schwankenden Matratzenbühne um das Liebespaar herum. Der am Ende vom König »in die Flut« geschleuderte goldene Becher war aus Blech und rollte scheppernd über den Fußboden.

Am ersten Advent war es uns auch erlaubt, in alle Schlafsäle zu gehen, um kleine in buntes Papier eingewickelte Geschenke auf die Betten unserer Freundinnen zu legen. »Manche haben beinahe das ganze Bett voll«, schrieb ich Inga; wie viel auf meinem Bett lag, verschwieg ich. Erst wenn alle Mädchen im Bett waren, wurden die Geschenke ausgepackt. Es waren ganz bescheidene Gaben: kleine Kerzenleuchter, Kalender, Bilderrähmchen, Kunstpostkarten. Wir hatten nur wenig Taschengeld und fertigten die meisten Geschenke selbst an. Eine Kostbarkeit waren »Inselbücher«, die damals achtzig Pfennige kosteten.

Das Ausbreiten der Geschenke auf den Betten war pädagogisch und psychologisch falsch und gefährlich – wie so vieles im Stift –, denn auf den ersten Blick konnte man beim Betreten eines Schlafsaals erkennen, welche Mädchen am beliebtesten oder am einflussreichsten waren. Wie peinlich für die armen Mädchen, auf deren Betten nur wenige Päckchen lagen!

Die Klassenzimmer unterschieden sich kaum von denen aller Schulen: Sie hatten fest montierte lange schmale Tische und Bänke, Tisch und Stuhl für die Lehrerin, Wandtafel, Kartenständer, Schrank. Während aber in vielen Schulen die Fenster zumindest im Parterre Milchglasscheiben hatten (wie im Greifenberger Gymnasium), damit die Schüler nicht nach draußen sehen konnten, hatten wir durch große Fenster einen herrlichen Blick auf das Schloss und einen weiten Himmel. Wenn wir im Herbst und Winter bis zum Einbruch der Dunkelheit über unseren Hausaufgaben im Klassenzimmer saßen, schauten wir verstohlen oder Nachdenklichkeit vortäuschend auf farbenprächtige Sonnenuntergänge.

Es gab vermutlich nur noch in wenigen Schulen eine so diskriminierende Sitzordnung wie im Stift: In der hintersten Reihe ganz links saßen die beiden Klassensprecherinnen, neben ihnen die besten Schülerinnen, vorne ganz rechts die schlechtesten Schülerinnen. Je nachdem wie die Zeugnisse ausfielen, änderte sich die Sitzordnung, einige Schülerinnen rutschten nach vorn, andere nach hinten. Die Bewertung nicht schulischer Qualitäten, wie Betragen, Fleiß, Ordnung (Kopfnoten), war in der Bewertung den Unterrichtsfächern fast gleichrangig und entscheidend für die Auswahl der Klassensprecherinnen.

Die Klassenzimmer durften wir nachmittags nur verlassen, wenn wir etwas auswendig lernen, fremdsprachliche Texte laut lesen oder uns gegenseitig Vokabeln abfragen wollten. Auch das im Deutschunterricht beliebte Lesen mit verteilten Rollen durften wir zu zweit einüben. Nachdem wir die Aufsicht führende Lehrerin um Erlaubnis gefragt hatten, konnten wir uns in eine Fensternische auf dem Korridor zurückziehen. Die Lernzeit war selbstverständlich begrenzt.

Hatte eine Schülerin nichts mehr zu tun oder keine Lust mehr zum Lernen, fragte sie, ob sie sich »beschäftigen« dürfe. Name und Uhrzeit wurden in einem Heft notiert. Nachdem die Schülerin leise das Wochenlied, ein protestantisches Kirchenlied, aufgesagt hatte, durfte sie nun in den großen ungemütlichen Saal mit schlechter Beleuchtung gehen. Die Möglichkeiten, sich zu beschäftigen, waren begrenzt: Lesen, Handarbeiten oder Basteln;

leise Unterhaltung war immerhin erlaubt. Briefe schreiben war während der Wochentage verboten.

Die wenigsten Mädchen nahmen das Sich-Beschäftigen in Anspruch, denn wer schnell mit den Hausaufgaben fertig war, konnte sicher sein, am nächsten Tag in allen Schulstunden besonders häufig geprüft zu werden. Wer das vermeiden wollte, vertrödelte drei oder mehr Stunden mit den Hausaufgaben. Wegen fehlender Alternativen blieb einem also nichts anderes übrig, als fleißig zu sein.

Jede Schülerin hatte ein Heft, in das die Lehrerinnen am Ende der Woche eine kleine Beurteilung des Wissensstandes und die aktuellen Benotungen eintrugen. So war man immer orientiert, ob man noch fleißiger sein musste, als man ohnehin, nolens volens, schon war. Die Klavierlehrerinnen schrieben ihre Zensuren ebenfalls in dieses Heft.

Ungewohnt und befremdlich war für mich die in allen Internaten selbstverständliche Nähe zu den Lehrerinnen, die im Stift wohnten. Im Gymnasium waren die Lehrer die Pauker, zu denen die Schüler Abstand hielten. Im Stift begegneten wir den Lehrerinnen, *teacher* genannt, allzu häufig außerhalb der Klassenzimmer: auf den Korridoren, an denen ihre Zimmer lagen, bei den Mahlzeiten, bei den Morgen- und Abendandachten.

Um den persönlichen Kontakt zu pflegen, sollte jede Klassenlehrerin ihre Klasse ab und zu in ihr kleines Wohnzimmer einladen (ihr Bett stand ja im Kabuff in einem der Schlafsäle). Wenn es zu wenige Sitzgelegenheiten gab, saßen die meisten Mädchen auf dem Fußboden. Die Lehrerin las etwas vor, oder wir unterhielten uns mit ihr, dabei durften wir Handarbeiten machen, zeichnen oder aus Plastilin Figuren kneten. Ein Mädchen knetete dauernd Madonnen mit und ohne Jesuskind auf dem Arm.

Wäre es nicht Pflicht gewesen, hätte ich mich niemals bei den *teachern* – das Wort wurde mit deutschen Endungen dekliniert – zu einem Gespräch »angesagt«, wie es hieß. Das sollte ein Vertrauensverhältnis herstellen, an dem ich gar nicht interessiert war. Bei gutem Wetter ging man spazieren, dabei brauchte man nicht ständig zu sprechen. Saß man aber im Zimmer, dann wurden lange Gesprächspausen unangenehm und peinlich. Ich war bestimmt eine ganz schlechte Gesprächspartnerin, distanziert und wortkarg, und jede Lehrerin war erleichtert, wenn ich mich verabschiedete und die Tür hinter mir schloss.

Ich hatte nicht erwartet, dass ich bald zu den besten Schülerinnen gehören und nach dem ersten Zeugnis in der hintersten Reihe (links!) sitzen würde, weil ich im Gymnasium nie mehr als guten Durchschnitt erreicht hatte. Auch Mama hatte nicht damit gerechnet, denn nach ihrem Besuch im Stift im Herbst 1936, bei dem sie mit der Pröpstin und den Lehrerinnen gesprochen hatte, bemerkte sie in einem Brief an Inga (erstaunt oder stolz?): »Maria gilt als sehr intelligent.«

Der »große Saal« war ein Mehrzweckraum: Hier standen Tische und Stühle, hier durften wir uns beschäftigen: lesen, handarbeiten, basteln und am Sonntag Briefe schreiben. Auch in zwei Schulfächern wurden wir hier unterrichtet, in Handarbeit und Musik, denn hier standen Nähmaschinen und ein Konzertflügel. Im Saal versammelten sich Lehrerinnen und Schülerinnen, manchmal mit den Hausangestellten zu Festen und Feiern, musikalischen Darbietungen und dem gemeinsamen Anhören politischer Übertragungen aus dem einzigen Radio.

Nachdem wir dreizehn- oder vierzehnjährigen Mädchen, angeleitet von einer Handarbeitslehrerin, gelernt hatten, gleichmäßig mit den Füßen die Maschine anzutreiben und gerade Nähte zu nähen, mussten wir uns schon bald an einfache Kleidungsstücke wagen. Jedenfalls wurde uns zugetraut, Kinderkleider für die NSV (Nationalsozialistische Volkswohlfahrt) zuzuschneiden und zu nähen. Ich war nicht sicher, ob ich es schaffen würde, und schrieb an Inga: »Ich glaube, ich werde alles zerschneiden, und die Nähte werden schief und krumm.« Vielleicht hat sich doch ein kleines Mädchen über das Kleid aus kariertem Stoff gefreut.

Musikunterricht gab Jutta von Kuhlberg, genannt Ku (nach ihrer Paraphe), eine geniale, mitreißende, von allen Schülerinnen geliebte und bewunderte Lehrerin, die einzige Lehrerin im Stift, an die ich eine freundliche Erinnerung habe. Sie leitete die drei Stiftschöre: den großen, den mittleren, den kleinen. Zu den neun ausgewählten Sängerinnen im kleinen Chor gehörte ich. Jutta von Kuhlberg studierte die Lieder lange und sorgfältig ein und spielte die Begleitung am Flügel. Es waren anspruchsvolle Kompositionen, die wir bei verschiedenen Gelegenheiten vor dem versammelten Stiftspublikum sangen, von Bach und Schubert, Beethoven und Brahms, Mozart, Hugo Wolf und anderen. Es wurde überhaupt viel gesungen: ein Morgenlied vor dem Schulunterricht, ein Abendlied vor dem Schlafengehen, bei Geburtstagen und ganz besonders oft in der Adventszeit.

Auf jeden Besuch eines Konzerts oder einer Oper in der Stadt wurden wir von Ku gründlich vorbereitet. Sie erklärte die Strukturen der Werke und spielte uns die wichtigsten Themen vor, damit wir lernen sollten, nicht nur mit dem Gefühl, sondern auch mit dem Verstand Musik zu hören.

Viele der verschrobenen Zeremonien im Stift hatten sicher eine lange Tradition, zum Beispiel die feierliche Verteilung der Zeugnisse durch die Pröpstin. Dafür wurde der Saal umgeräumt. Die Tische wurden zur Seite geschoben, die Stühle in Reihen aufgestellt, davor ein Teppich mit Rosenmuster ausgebreitet. Die Rosen waren hellrosa. Die Pröpstin rief eine Schülerin nach der anderen auf, diese ging nach vorn, stellte sich auf eine bestimmte Rose (Neulinge mussten das vorher üben), nahm das Zeugnis mit einem tiefen Knicks in Empfang, machte einige Schritte rückwärts, bevor sie sich umwandte und zu ihrem Platz ging, denn der Pröpstin durfte man nicht sofort den Rücken zukehren.

In der Adventszeit wurde eine weitläufige Krippenanlage im Saal vor dem Weihnachtsbaum aufgebaut. Jeden Tag, bis zu den Weihnachtsferien, wurde ein neuer Stern an einen Zweig gehängt und eine Kerze angezündet.

Zu den antiquierten Zeremonien gehörte die Krankmeldung bei der Pröpstin vor Beginn des Schulunterrichts. Wer aus irgendeinem Grund – Erkältung, verstauchtem Fuß, Zahnschmerzen, Menstruation und anderem – nicht am Sport oder am obligatorischen Spaziergang teilnehmen konnte, hatte dies der Pröpstin zu melden, und zwar eine Woche auf Französisch, eine Woche auf Englisch. Nachdem man das Zimmer der Pröpstin betreten und seinen tiefen Knicks (sein *compliment,* französisch ausgesprochen) gemacht hatte, sagte man dann entweder: »*I beg your pardon, Lady Prioress, I cannot go out*«, oder »*I have caught a cold ...*« oder: »*Pardon, Madame, je ne peux pas sortir*« oder »*Je suis enrhumée ...*« Die dürftige Zweisprachigkeit war ein Überbleibsel aus der Zeit vor dem Ersten Weltkrieg, als im Stift bei den Mahlzeiten wöchentlich abwechselnd Englisch oder Französisch gesprochen werden musste. Für die Mädchen vom Land und »von Stand« war das damals kein Problem, weil die meisten von französischen und/oder englischen Gouvernanten erzogen und unterrichtet worden waren, bevor sie ins Stift geschickt wurden. Hatte man seinen Spruch gesagt und wieder einen Knicks gemacht, durfte man rückwärts gehend, hinter sich nach der Türklinke tastend, das Zimmer verlassen.

Der Pröpstin mussten alle Schülerinnen die Bücher zur Prüfung vorlegen, die sie aus den Ferien mitgebracht oder zum Geburtstag geschenkt bekommen hatten. Die Pröpstin entschied, ob die Lektüre geeignet für junge Mädchen war. Mir hatte unsere Mutter den gerade (1937) veröffentlichten historischen Roman von Jochen Klepper *Der Vater* mitgegeben, weil ich mich für preußische Geschichte interessierte und das dicke Buch im Stift lesen wollte. Obwohl es sich um einen historischen Roman über Friedrich Wilhelm I. von Preußen, den »Soldatenkönig«, handelte, wurde es mir abgenommen. Begründet hat die Pröpstin ihre unverständliche Entscheidung nicht. Mich hat geärgert, dass sie ihr Urteil über das meiner Mutter stellte. Am Ende des Quartals bekam ich das Buch, mit einem Stempel versehen, zurück.

Das Radio, ein kleiner Volksempfänger, der im Saal auf einem Wandbrett stand, wurde zu meiner Zeit nur angeschaltet, wenn alle Lehrerinnen und Schülerinnen wichtige Reden von Hitler und/oder Goebbels hören mussten.

Meine Bemerkungen zum 30. Januar 1937 in einem am selben Tag geschriebenen Brief an Inga sind knapp, unkritisch und ohne Kommentar. Abfällige Bemerkungen hätte ich nicht schreiben dürfen, denn alle Briefe, die nicht an die Eltern gerichtet waren, wurden unverschlossen eingesammelt und der Pröpstin zur Kontrolle gegeben.

»Wir haben heute die Rede von Propagandaminister Dr. Goebbels gehört. Er sprach zur gesamten deutschen Jugend. Nur sehr kurz sprach er. (…) Heute nachmittag müssen wir drei Stunden lang Hitlers Reichstagsrede anhören. Zum Glück dürfen wir Handarbeiten machen. Da schaffe ich wenigstens was an meinem

Pullover. Ich weiß gar nicht, wie ich so lange sitzen soll. Lieber möchte ich drei Stunden stehen als sitzen. Ich bin gespannt, was Hitler alles sagen wird.«

Drei Stunden lang hat bestimmt niemand der heiser bellenden Stimme aus dem Radio zugehört. Immerhin durfte das Unangenehme (Anhören von Reden) mit dem Nützlichen (Handarbeiten) verbunden werden, so waren die drei Stunden keine verlorene Zeit. In dem ungemütlichen Aufenthaltsraum waren die Fenster so hoch über der dunklen Vertäfelung angebracht, dass nicht einmal ein Blick nach draußen eine kleine Abwechslung bieten konnte. Da war nur Himmel zu sehen, der Ende Januar früh dunkel wurde.

Der Brief, den ich ein Jahr später an Inga geschrieben habe, klingt ganz anders. Ich hatte ihn meinem verschlossenen »Elternbrief« beigelegt, was streng verboten war, weil die Pröpstin meinen kritischen Bericht nicht lesen sollte. Darin bitte ich Inga auch, in ihrem nächsten Brief nicht auf meinen einzugehen.

»Heute ist der 30. Januar. Im Saal geht das Radio und Goebbels spricht – zu wem? Hier im Stift zu den 4 Wänden. Um 11.30 spricht der Führer, da werden wohl einige zuhören. Viele wohl auch nicht. Ich glaube, es gibt selten eine so reaktionäre Schule wie das Stift. Gestern hat die Pröpstin eine kurze Feier gehalten. Sie hat ihre Rede abgelesen, und dann hat sie uns aus *Bismarck gründet das Reich* über den 18. Januar und aus Goebbels Tagebuch über den 30. Januar vorgelesen. Es war ergreifend. Zum Schluß wurden die Nationalhymnen gesungen. Beim Deutschlandlied singen alle mit, die singen können, aber bei dem anderen singen längst nicht alle mit.«

Das Wort »reaktionär« war nicht abwertend gemeint. In meinem Verständnis hatte reaktionär dieselbe Bedeutung wie konservativ, war also eine positive Kennzeichnung der politischen Einstellung der Schülerinnen, jedenfalls der meisten, die aus konservativen, protestantischen Elternhäusern kamen und nun »Die Fahne hoch, die Reihen fest geschlossen« nicht mitsangen. Wahrscheinlich bewegten sie die Lippen, um nicht aufzufallen.

Ich habe zwar geschrieben »Um 11.30 spricht der Führer«, aber er hat gar nicht gesprochen, er hatte seine Rede schon am 27. Januar absagen lassen. Waren die Pröpstin und die Lehrerinnen darüber nicht informiert, lasen sie keine Zeitungen, hörten sie kein Radio, waren sie so weltfremd? Sollte Goebbels in seiner Rede allerdings darauf hingewiesen haben, dass Hitler nicht spricht, und auch die Gründe für die kurzfristige Absage erwähnt haben, dann habe ich es nicht gehört (»hier hört ihm niemand zu«), denn ich war ja mit meiner Korrespondenz beschäftigt. Eine Korrektur der Fehlinformation hielt ich am Ende meines Briefes nicht für nötig. (Siehe dazu: Ian Kershaw, *Hitler, 1936–1945*, Stuttgart 2000, S. 99 f.)

Die Pröpstin hatte die Erinnerung an die Gründung des Kaiserreiches am 18. Januar 1871 in Versailles mit der Gründung des Dritten Reiches zu verbinden versucht; denn im Stift wurde dem Kaiserhaus immer noch die Treue gehalten. Zu seinem Geburtstag wurde Wilhelm II. im holländischen Exil jedes Jahr eine Grußkarte geschickt.

Nachdem wir die Rede gehört hatten, gingen wir zum Gottesdienst in die Stiftskirche.

»Thron und Altar« – eine gottgewollte Verbindung, obwohl auf dem Thron nun ein zweifelhafter Emporkömmling saß (ein »bohmischer Gefreiter«, wie Hindenburg ihn abfällig genannt hatte), dem viele Konservative misstrauten. Hitler, der Kirchenfeind, konnte uns nicht daran hindern, nach dem Anhören, bzw. Nichtanhören politischer Reden, in die Kirche zu gehen, vor den

Altar zu treten und in unsere Fürbitte die Obrigkeit, auch die ungeliebte, einzuschließen.

Den Rundgang durch das Stiftsgebäude beende ich erst einmal mit einem Blick in den Speisesaal, der schmucklos und kahl war wie ein klösterliches Refektorium und dem kärglichen Essen entsprach, das wir bekamen. Drei lange Tische für fünfundsiebzig Schülerinnen, an einer Schmalseite saß eine Lehrerin, manchmal auch die Pröpstin. Für die anderen Lehrerinnen, die beiden alten Stiftsdamen – zwei Schwestern von Friesen – und mögliche Gäste war ein Tisch auf einem etwas erhöhten Podest, dem »Olymp«, gedeckt.

Das Essen war miserabel und schmeckte niemals; ob aus Sparsamkeit oder aus sinnenfeindlicher Pädagogik, weiß ich nicht. Es wurde vom immer freundlichen Diener Lory mit weißen Handschuhen vornehm serviert, allerdings nicht in Porzellan-, sondern in Blechschüsseln. Neben dem Teller lagen unser eigenes mit der Stiftsnummer graviertes Besteck und die mit Namen gezeichnete Serviettentasche mit der eigenen Serviette. Durch langes Kochen hatten die Speisen ihren Nährwert weitgehend verloren, und wir Teenager waren deshalb immer hungrig. Standen wir abends vor dem Tischgebet hinter unseren Stühlen, suchten wir uns manchmal mit den Augen schon das größte Stück, zum Beispiel eines der auf einer Platte liegenden Rosinenbrötchen aus und grabschten danach, sobald wir saßen.

Wie dürftig die Ernährung in der Friedenszeit war, erfuhren die Stiftskinder, die zu Beginn des Krieges die Einführung der Lebensmittelkarten erlebten. Das Essen wurde sofort besser, denn nun musste alles gekauft werden, was jedem Deutschen zustand, und das war viel mehr, als was im Frieden gekauft wurde, als die Lebensmittel noch nicht rationiert waren.

Damit jede Schülerin einmal neben der Lehrerin bzw. der Pröpstin sitzen durfte oder musste, rutschte sie wöchentlich einen Platz weiter. Ich habe die erzwungenen Tischgespräche als mühsam, peinlich und verkrampft in Erinnerung. Ich war froh, wenn die Woche zu Ende war und ich einen Platz weiterrutschen und mich vom Tischende entfernen konnte. Eine gepflegte Konversation mit Erwachsenen hatte ich nie gelernt, weil wir zu Hause bei Tisch schweigen mussten. Wir Kinder durften nur sprechen, wenn wir gefragt wurden, und wir wurden selten gefragt.

Die scheußlichsten Gerichte hatten drastisch-abfällige Namen, die von Generation zu Generation weitergegeben wurden. Ich kann mir vorstellen, dass viele Speisen erst mit dem Amtsantritt von Hildegard von Thadden auf den Speiseplan kamen, denn in Trieglaff war immer spartanisch-einfach gegessen worden.

War die bescheidene Mahlzeit mit einem Dankgebet beendet, stellte sich die Pröpstin, den Korb mit der zu verteilenden Post schon in der Hand, neben die Tür, und alle, auch die Lehrerinnen, defilierten an ihr vorbei und dankten mit einem tiefen Hofknicks, bei dem man sich elegant auf der Schwelle drehte. Neulinge konnten diesen schwierigen Knicks auf der Schwelle üben, damit sie bei der Drehung nicht das Gleichgewicht verloren. Der Knicks mit Drehung im Vorbeigehen hieß *compliment*; elegant sah er niemals aus. Huldvoll lächelnd nickte die Pröpstin jeder knicksenden Lehrerin zu, aber nicht den Schülerinnen. Wer seinen Hofknicks zu flüchtig und nicht korrekt machte, musste ihn wiederholen.

Die Zeremonie der Postverteilung fand im Winter und bei schlechtem Wetter auf dem Flur vor dem Speisesaal statt, im Sommer im hinteren Teil des Gartens. Sie war für uns der Höhepunkt des Tages, denn Briefe waren die einzige Verbindung mit der Außenwelt. Wir schrieben an den Wochenenden eifrig Briefe und warteten ungeduldig auf Antworten. Diese konnten nur solche Mitteilungen enthalten, die die Pröpstin lesen durfte. Die Briefe der Eltern unterlagen dem Postgeheimnis. Die Pröpstin stellte sich mit ihrem Korb in die Mitte eines kleinen Platzes vor das Gartenhäuschen mit dem seltsamen Namen Karnickelgruft. Die Empfängerinnen wurden aufgerufen und nahmen die freundlich überreichten Briefe mit dem üblichen Knicks entgegen. Die Enttäuschung war groß, wenn man keine Post bekommen hatte.

Ich habe wohl nie wieder so viele Briefe geschrieben wie im Stift, in der Hoffnung, ebenso viele Antworten zu bekommen. Was ich jede Woche nach Hause geschrieben habe, ist verloren. Seit meiner Internatszeit habe ich mich mit meiner Mutter lieber schriftlich als mündlich unterhalten. Gespräche mit ihr waren immer schwierig.

Um vier Uhr nachmittags läutete das Schulglöckchen, das Zeichen zum Beginn einer kurzen Vesperpause. Die Türen der Klassenzimmer wurden aufgerissen, und heraus stürzten die schon wieder hungrigen Mädchen auf den Korridor und rannten zu einem langen Tisch, auf dem große Tabletts standen mit drei verschiedenen Sorten von Brotschnitten: Einige wenige waren mit Butter (meistens etwas ranzig) oder mit Butter und Marmelade bestrichen, die meisten nur mit billiger roter Marmelade, die, weil schon Stunden vorher aufgestrichen, das Brot total durchweicht hatte. Nur den Schnellsten gelang es, eine von den begehrten gebutterten, also noch nicht durchweichten Scheiben zu ergattern, die Mehrheit musste die widerlichen weichen Schnitten essen. Zum Trinken gab es Malzkaffee mit Milch. Welchen Sinn diese tückische Ungerechtigkeit hatte, die nur den in der Nähe der Türen sitzenden und sportlichen Mädchen zugute kam, haben wir nie zu fragen gewagt. Ein Gebet wurde vor und nach dieser Zwischenmahlzeit, die im Stehen eingenommen wurde, nicht gesprochen.

Zum Stift gehörten nicht nur die drei großen, den Hof umschließenden Gebäude, eine kleine Kirche und das Pfarrhaus, sondern auch ein sehr schön angelegter, von einer hohen Mauer eingefasster Garten. Dass wir ihn nur zu festgesetzten Zeiten betreten durften, entsprach der strengen Hausordnung. Morgens machten wir vor dem Frühstück auf einem Kiesweg im Gemüsegarten einen ungefähr zehnminütigen Dauerlauf. Wer unpässlich war, genoss es, diese Zeit noch im Bett liegen zu können. Im Sommer durften wir nach dem Mittagessen, bevor die Post verteilt wurde, ein wenig im Garten herumspazieren.

Die Schülerinnen aller drei Klassen mussten nach der Postverteilung spazieren gehen, begleitet von einer Lehrerin. Der Weg führte gewöhnlich durch die Randbezirke der Stadt, die nicht dicht besiedelt waren. Dort wohnten aber noch genug Kinder und Jugendliche, die hinter uns herliefen und uns verspotteten mit »Die Waisenkinder (oder die Stiftsgänse) kommen« und anderen Beleidigungen. Mit unseren dunkelblauen Mänteln, blauen Baskenmützen, grauen Strümpfen und schwarzen Schuhen sahen wir im Herbst und Winter wirklich bedauernswert aus. Viel erfreulicher war unser Anblick auch im Sommer nicht, wenn wir die hellblauen Kleider trugen. Niemand, der nicht wusste, woher wir kamen, wäre auf den Gedanken gekommen, dass es sich um Mädchen »der höheren Stände« handeln könnte.

Wir gingen ordentlich in Reih und Glied, zwei Mädchen nebeneinander. Ich fand diese Spaziergänge, genannt Spaz, grässlich.

Nur an Sonntagen und bei gutem Wetter, wenn wir unsere rosa Kleider mit den schwarzen Schürzen angezogen hatten, durften wir lange und unbeaufsichtigt den Garten genießen. Dort konnte man sich endlich allein oder mit einer Freundin in einem stillen Winkel auf eine Bank setzen; sonst war man von früh bis spät von vielen Mädchen umgeben.

Wir lebten im Stift auf dem Hügel über der Stadt wie auf einer Insel, aber nicht auf einer Insel der Seligen, sondern auf einer Insel der Aus- bzw. Eingesperrten. Wir lasen keine Zeitungen, hörten nur im Radio ab und zu eine Rede, gingen nicht ins Kino, wo wir Wochenschauen hätten sehen können. Manchmal nahmen wir an politischen Veranstaltungen in der Stadt teil. Eine oder zwei Schülerinnen, die als politisch interessiert galten, waren beauftragt, wichtige Artikel zu aktuellen Ereignissen aus einer Zeitung auszuschneiden und am Schwarzen Brett mit Reißzwecken zu befestigen. Selten stand jemand lesend davor.

Noch kümmerten sich die NS-Behörden der Stadt allerdings wenig um die vom konservativen Protestantismus geprägten Erziehungsprinzipien im Stift, obwohl gerade die konfessionellen Schulen und Internate von Anfang an aufmerksam und misstrauisch von den Nazis beobachtet wurden und Thüringen als eines der linientreuesten »braunen« Länder galt. Alle den beiden großen Kirchen nahestehenden Institutionen galten als Hort der Reaktion, der politischen Unbotmäßigkeit. Ziel der Nazi-Regierung war es, sie nach und nach zu schließen. Es hing auch vom Geschick der Schul- bzw. Internatsleitung ab, wie lange die relative Selbstständigkeit bewahrt werden konnte. Pröpstin von Nickisch war wohl besonders diplomatisch im Umgang mit den NS-Bürokraten.

Als ich ins Stift kam, waren nur wenige Schülerinnen im BDM

(Bund Deutscher Mädel). 1936 war es noch nicht Pflicht, dieser Organisation anzugehören, deren flächendeckender Aufbau in den dünn besiedelten Ostprovinzen schwierig war. Oft fehlten motivierte und fähige Führerinnen. Auf dem Land war es lange verhältnismäßig leicht, sich mit einem ärztlichen Attest dem Beitritt zu einer der Jugendorganisationen zu entziehen.

Die wenigen Stiftskinder, die im BDM waren, kamen aus Städten, von stadtnahen Gütern oder aus dem »polnischen Korridor« (Westpreußen), wo es unter den Auslandsdeutschen besonders viele Hitler-Anhänger gab.

In meiner Klasse mit sechsundzwanzig Schülerinnen waren fünf oder sechs im BDM, und sie wurden allgemein als Sonderlinge angesehen, jedenfalls in politischer Hinsicht. Wir brauchten uns in ihrer Gegenwart aber nicht in Acht zu nehmen, wenn wir uns kritisch über die Nazis äußerten. Sie gehörten nicht zu den fanatischen Anhängerinnen, sie waren naive Idealisten, die fest davon überzeugt waren, der Führer wisse von all den Missständen nichts, die nur die miesen kleinen Parteigenossen zu verantworten hätten. Eine meiner besten Freundinnen, Waltraut von Metzsch, war eine dieser gutgläubigen Verehrerinnen des großen Führers. Das wunderte mich zwar, störte mich aber nicht.

Die BDM-Mädchen hatten immerhin ein Privileg, um das wir, die Verweigerinnen, sie beneideten: Sie durften ohne die Begleitung eines Erwachsenen das Stift verlassen, um »zum Dienst« in die Stadt zu gehen. Sonst war es den Schülerinnen der achten und neunten Klasse nur erlaubt, in Begleitung einer Angestellten des Stifts zum Beispiel einen Arzt aufzusuchen.

Erst in der zehnten Klasse durften wir zu zweit für eine Stunde in die Stadt, um kleine Einkäufe zu machen, vor allem Geburtstags- oder Weihnachtsgeschenke. Niemals hätten wir gewagt, uns bei dieser Gelegenheit in ein Café zu setzen, was nicht erlaubt war. In unseren stadtbekannten und verspotteten Internatskleidern wären wir sofort erkannt und mitleidig belächelt worden.

Im Stiftsgebäude wurde nicht mit »Heil Hitler« und erhobenem Arm gegrüßt. Allen Besuchern, denen man im Haus oder auf dem Hof begegnete, sagte man »Guten Tag«. Die Lehrerinnen wären befremdet gewesen, hätten wir sie bei einer zufälligen Begegnung in der Stadt mit »Deutschem Gruß« gegrüßt. In Greifenberg hingegen wären wir gerügt worden, hätten wir es nicht getan.

An den großen Feiern der Nationalsozialisten, wenn sie öffentlich begangen wurden, mussten alle Lehrerinnen und Schülerinnen teilnehmen.

Einige Tage nach meiner Ankunft in Altenburg wurde Hitlers Geburtstag (20. April) auf einem Anger gefeiert, und zwar mit erstaunlich großem militärischen Aufwand, wie ich Inga in meinem ersten Brief (26. 4. 1936) wortkarg berichtete: Reichswehrsoldaten marschierten auf, Kanonen wurden aufgefahren, Flugzeuge überflogen das Gelände. Anscheinend nahm auch Kavallerie an der Veranstaltung teil, denn ich erwähnte (erstaunt? enttäuscht?), dass nur »ein einziger Schimmel da war«.

Ein Jahr zuvor war die allgemeine Wehrpflicht eingeführt worden, und das Militär durfte sich wieder präsentieren. Das gefiel mir bestimmt. Die Wiederaufrüstung war allgemein begrüßt worden, sogar von unserer Mutter. Nicht alle Maßnahmen der Nazis wurden in den ersten Jahren nach ihrer Machtübernahme von den Oppositionellen abgelehnt.

Ich komme noch einmal auf die beiden Briefe zurück, die ich am 30. Januar 1937 und 1938 an Inga geschrieben habe. In dem ersten erwähne ich ganz knapp die Reden, weil ich noch von anderen Erlebnissen erzählen wollte und mit vierzehn Jahren auch nicht gerne lange Briefe geschrieben habe. Ein Jahr später äußere ich mich so distanziert-kritisch über diese Veranstaltung und die Reaktion der Schülerinnen, dass ich zu Recht vermutete, die Pröpstin würde meinen Brief beanstanden und ihn zurückhalten. Ich muss in dem Jahr Erfahrungen gemacht haben und Menschen begegnet sein, die meine eher emotionale als rationale ablehnende Haltung gegenüber dem Nazi-Regime bestärkt haben.

Da war zunächst der von allen verehrte, noch recht junge, asketisch aussehende Pastor Zimmermann, genannt Pasting. Dass er der 1934 gegründeten Bekennenden Kirche angehörte, wussten wir wahrscheinlich nicht. Seine Kritik an der Kirchenfeindlichkeit der Regierung hat er nur verschlüsselt und vorsichtig geäußert, es waren ja auch Mitglieder des BDM unter den Schülerinnen. Wir waren hellhörig genug, um ihn zu verstehen. Er gab einen vorzüglichen Konfirmandenunterricht, in dem er uns zu Diskussionen anregte, wenn er mit uns Bibeltexte interpretierte. Dadurch unterschieden sich die Konfirmanden- von den Schulstunden, in denen vor allem Wissen abgefragt wurde. Viele Psalmen, Texte aus dem Neuen Testament und Kirchenlieder lernten wir ohne Murren auswendig, um Pasting zu gefallen.

Martin Luther hat von einem Pastor gefordert, dass er gut reden und singen kann, sonst sei er für diesen Beruf nicht geeignet. Pasting konnte beides, mit kräftiger, wohltönender Stimme sang er die ganze Liturgie. Wenn er in der Agneskirche den Sonntagsdienst hielt, war die Kirche voller Leute, die seine Predigt hören wollten – und vielleicht auch seinen schönen, den ganzen Kirchenraum füllenden Gesang. In der Stadtkirche saßen wir Stiftskinder immer getrennt von der Gemeinde auf der Empore vor der Orgel.

Maria und ihr Pony (1933)

Mona, Inga Meyer, Maria, Baba (1934)

Dorfstraße in Vahnerow

Die typischen Feuerholzstapel

Ado beim Billardspiel
(1935)

Maria mit einem von
Hellas Welpen (1938)

Inga (Mitte) im Kreis »ihrer« Kinder
(1938, von rechts: Phiechen, Maria, Ado, Atti, Mona, Baba;
im Vordergrund: Hella, der pommersche Hütehund)

Ostseebad Deep, Strandhotel

Ferien in Deep
(1938, 1. Reihe: Mona, Klaus Meinhardt, Atti, Dori Meinhardt;
2. Reihe: Marie-Luise von Neff, Maria, Martha Schildhauer)

Dass ich mit meiner Skepsis gegenüber den Nazis durchaus keine Einzelgängerin im Stift war, sondern so dachte wie die meisten Schülerinnen, habe ich Inga ganz offen geschrieben. Zwischen den beiden Nationalfeiertagen, dem 30. Januar 1937 und dem 30. Januar 1938, fand das Ereignis statt, das mich entscheidend geprägt und allmählich zu einer Verweigerin gegenüber dem Nazi-Regime gemacht hat. Es war die Begegnung mit dem damals bekanntesten, wegen seiner Unerschrockenheit berühmten Berliner Pastor Martin Niemöller. Ich lernte ihn jedoch nicht in Altenburg, sondern in Greifenberg kennen. Unser Halbbruder Reinold, ebenfalls Mitglied der Bekennenden Kirche, war mit ihm befreundet und hat ihn wohl, als er in seiner Dahlemer Kirche nicht mehr predigen durfte und Vorträge haltend durch die Lande reiste, nach Greifenberg eingeladen. Das war 1937, kurz vor meiner Konfirmation, als ich in den Osterferien zu Hause war.

Die große Marienkirche, ein schöner gotischer Backsteinbau, war voller Menschen, unter ihnen sicher auch Spitzel. Worüber Niemöller gesprochen hat, weiß ich nicht mehr, doch den Mann im Talar auf der Kanzel glaube ich noch vor mir zu sehen. Ich war so beeindruckt von ihm, dass er mich endgültig davon überzeugt hatte, dass von den Nazis nichts Gutes, sondern nur Übles zu erwarten war. Er und Reinold wurden im Sommer 1937 von der Gestapo verhaftet. Noch ein Grund mehr, die Nazis abzulehnen. Reinold wurde bald wieder entlassen. Niemöller kam ins KZ Dachau, aus dem er erst 1945 von den Amerikanern befreit werden konnte.

Schließlich wurde im letzten Schuljahr in Altenburg noch ein Geistlicher wichtig für mich: Pastor Werner. Ihm war wegen seiner offen regimekritischen Predigten das Pfarramt in Cosma bei

Altenburg entzogen worden. Die Pröpstin ermöglichte ihm, im Stift durch Kunstgeschichtsunterricht, den es im Lehrplan nicht gab, etwas Geld zu verdienen. Pastor Werner zeigte uns, den mit naturalistisch-konventionellem Kunstgeschmack aufgewachsenen Mädchen aber nicht die klassischen Werke der italienischen Renaissance, der niederländischen und deutschen Maler, sondern die verpönten Bilder der deutschen Expressionisten, die gerade in der berühmten Ausstellung »Entartete Kunst« in München zu sehen waren. Und er bemühte sich, uns das Besondere, Schöne und Ausdrucksvolle dieser Bilder mit blauen Pferden, roten Kühen, gelben Katzen und perspektivisch verzerrten bunten Landschaften zu erschließen. Er hatte Kunstbücher und Postkarten, die er unter das Epidiaskop schob. Farbdias gab es nicht. Als Kontrast und Beispiele für schlechte Kunst zeigte er die ebenfalls in München im Haus der Deutschen Kunst (abgekürzt: HaDeDeuKu) ausgestellten Gemälde, die offizielle Nazi-Kunst. Ich erinnere mich nur noch an ein Führerbild: Hitler als Schwanenritter sitzt in silberner Rüstung mit hochgeklapptem Visier auf einem Rappen, er hält eine Hakenkreuzfahne und blickt finster entschlossen in die Ferne. Daneben auf die Wand projiziert, um uns den künstlerischen Qualitätsunterschied zu veranschaulichen, *Der Turm der blauen Pferde* von Franz Marc. Diese Kunstgeschichtsstunden faszinierten mich so, dass ich sie nie vergessen habe, wie sonst das meiste vom täglichen Schulunterricht. Kunstgeschichte zu studieren kam mir aber nicht in den Sinn. An eine Zukunft mit Beruf dachte ich immer noch nicht.

Wir hatten zwar drei Chöre im Stift, aber nicht einmal ein kleines Kammertrio oder -quartett kam zustande, denn nur ein Mädchen spielte zu meiner Zeit Geige. Viele mussten Klavierunterricht nehmen – wie für höhere Töchter üblich –, auch wenn die musikalische Begabung dürftig war.

Zwei Klavierlehrerinnen unterrichteten im Stift. Die eine, deren Namen ich vergessen habe, war beliebt, die andere, Fräulein Hartung, war unbeliebt, sogar verhasst und wurde gleichzeitig bemitleidet. Sie wohnte in Leipzig, kam ein- oder zweimal wöchentlich nach Altenburg. Klein, mit dünnen grauen Haaren, mit großer Nase und strengen Augen, vornüber gebeugt und buckelig, sah sie aus wie eine Hexe aus *Grimms Märchen*. Sie war eine schlechte Pädagogin, ungeduldig, zynisch und boshaft bei denen, die sie nicht mochte, die sie für unbegabt hielt, von denen sie gefürchtet wurde. Bei den wenigen, die sie mochte, verband sie ihre hohen Anforderungen mit Nachsicht und Geduld, und ganz selten sprach sie ein Lob aus. Zu den Bevorzugten gehörte ich, nicht weil ich eine besonders talentierte Pianistin war, sondern weil sie mit unserer Mutter befreundet war seit gemeinsamer Stiftszeit 1917/18. Ich kannte sie von ihren Besuchen in Vahnerow und musste sie mit »Tante« anreden. Das vermied ich vor den Mitschülerinnen, weil es mir peinlich war, diese sonderbare Person zu duzen. Gelernt habe ich viel bei ihr. Ich habe fleißig geübt auf dem alten Hammerklavier, das keine Pedale hatte. Wegen meines unterentwickelten Taktgefühls musste meistens das Metronom angestellt werden.

Immer war das buckelige Fräulein Hartung ärmlich gekleidet, obwohl sie aus einer wohlhabenden Arztfamilie stammte. Winter für Winter trug sie einen schäbigen Mantel, einen grauen Schal, graue Strickmütze und Handschuhe. Aus Mitleid strickten und häkelten Generationen von Stiftskindern für sie wollene Wintergarnituren in verschiedenen Farben, die, in Schmuckpapier eingewickelt, vor Weihnachten überreicht und dankbar entgegengenommen wurden.

Ging man im Stift durch den unteren Korridor an den Wirtschaftsräumen vorbei, kam man zur Turnhalle, die auch ein Mehrzweckraum war.

Von dem normalen Turnunterricht weiß ich überhaupt nichts mehr, wahrscheinlich mochte ich ihn ebenso wenig wie in Greifenberg und habe die Erinnerung gelöscht.

Eine besondere Variante – im Stundenplan für Mädchenoberschulen nicht vorgesehen – war die rhythmisch-tänzerische Gymnastik, die sogenannte Huppestunde. Wera Jurenew, eine russische Emigrantin aus Sankt Petersburg, von uns liebevoll Tante Ju genannt, bemühte sich redlich, uns Backfischen (Teenagern), Eleganz und Anmut, gefällige Bewegungen des ganzen Körpers beizubringen. Leichtfüßig schwebte sie dahin, wenn sie uns die Übungen vormachte, umflattert von einem dünnen hellen Gewand mit weiten Ärmeln. Hatte sie uns gezeigt, was wir machen sollten, setzte sie sich ans Klavier. Wir hatten nichts annähernd Hübsches anzuziehen. Wir besaßen nur unsere langweiligen weißen Trikothemden und kurze schwarze Satinhosen. Darin konnten wir niemals anmutig und elegant aussehen. Ich mochte diese Huppestunden, obwohl ich nicht talentiert war für tänzerische Gymnastik.

Sogar richtiger Tanzunterricht wurde in der Turnhalle gegeben; denn nach der Schulzeit, die für die meisten Mädchen mit der mittleren Reife endete, sollten sie in die Gesellschaft eingeführt werden, um – hoffentlich – recht bald einen Ehemann kennenzulernen. Kleine und große Hausbälle waren schon immer eine günstige Gelegenheit, um Beziehungen anzuknüpfen.

Doch eine normale Tanzstunde, zu der auch Jungen aus der Stadt als Tänzer hätten kommen müssen, gab es in unserem keuschen Internat nicht. Nur Brüder durften ihre Schwestern besuchen. Immerhin kam ein Tanzlehrer aus der Stadt ins Stift; er brachte seine Frau mit, um mit ihr die Schritte vorzuführen. Es konnten also nur Mädchen mit Mädchen tanzen, dabei ständig die Rollen als »Dame« und »Herr« wechselnd. Trotz ihrer Harmlosigkeit galt die Tanzstunde als ein so weltliches Vergnügen, dass es sich für die Konfirmandinnen eigentlich nicht schickte, daran teilzunehmen. Verboten war ihnen die Teilnahme nicht. Nur wenige widersetzten sich dem Konformitätsdruck und lernten außer Gesangbuchversen auch noch Walzer, Tango und Foxtrott. Für mich war der Konfirmandenunterricht auch eine Ausrede, denn ich misstraute meinem Gefühl für Rhythmus und wollte mich nicht blamieren.

Schülerinnen, die schauspielerisch begabt waren und gern Theater spielten, hatten im Stift oft Gelegenheit, in einem Theaterstück mitzuspielen. In der Turnhalle war eine Bühne installiert, einfache transportable Kulissen waren vorhanden und eine große Auswahl an Kostümen, die sich über Jahrzehnte angesammelt hatten. Meistens wurden kleine Stücke bekannter Autoren aufgeführt oder szenisch umgesetzte Erzählungen und Novellen. Die Pröpstin von Thadden hat mit Vorliebe Erzählungen von C. F. Meyer für die Bühne bearbeitet und die Dialoge geschrieben; auch von Lehrerinnen und Schülerinnen verfasste Singspiele kamen auf die Bühne. Gelegenheiten zu Theateraufführungen gab es mehrmals im Jahr: zum Geburtstag der Pröpstin (Szenen aus dem *Sommernachtstraum*), zum Abschied der Schülerinnen, die das Stift verließen, zu Gedenktagen berühmter Dichter.

Meine erste Rolle bekam ich im Frühjahr 1937 in dem Stück »Jung-Roland«, einer Bühnenbearbeitung des mittelalterlichen Rolandlieds durch die Pröpstin von Thadden. Ich war die Mutter von Jung-Roland, einem Neffen Karls des Großen. Als würdige Fürstin trug ich ein graues Kleid, ein graues Tuch verdeckte die Haare. An Inga schrieb ich, dass ich viel zu lernen hätte. Ich brauchte kaum zu agieren. Ich sollte vor allem meinem Sohn Roland, der, schon zum Kampf gegen die bösen Ungläubigen (Muslime) bereit, mit gegürtetem Schwert vor mir stand, gute Ratschläge erteilen.

Auch für die nächste Rolle, die mir anvertraut wurde, brauchte ich keine schauspielerische Begabung: Ich war Maria in dem Krippenspiel, das immer in der Adventszeit in der Stiftskirche aufgeführt wurde. Ein reines Singspiel ohne gesprochene Texte, in dem Hirten, Männer, Frauen, Kinder, Engel und Seelen nach und nach mit Kerzen in den Händen singend auftraten und sich vor dem Altar um die Heilige Familie gruppierten. Ich saß auf einem Schemel, schaukelte sanft eine Wiege (in der vermutlich eine Puppe lag) und sang, manchmal allein, manchmal im Wechsel mit Josef. Im Alter entsprach ich ungefähr der biblischen Maria, die fünfzehn oder sechzehn Jahre alt gewesen sein soll bei der Geburt ihres göttlichen Sohnes. Wieder trug ich ein mütterlich weites Kleid mit Kopftuch, diesmal in rot und blau.

Singen konnte ich ganz gut, deshalb war ich von der Musiklehrerin, die die Regie führte, ausgewählt worden. Weil ich aber, wie oft im Winter, leicht erkältet war, fürchtete ich, wegen Heiserkeit keine klare Stimme zu haben. Glücklicherweise konnte ich doch singen; trotz des Lampenfiebers und der Aufregung wollte ich meine Rolle unbedingt behalten und nicht an ein anderes Mädchen abgeben.

Für alle Mädchen, die die Adventszeit im Stift noch nicht erlebt hatten, war der Beginn ein streng gehütetes Geheimnis. Die Pröpstin war wie immer durch die Schlafsäle gegangen und hatte wie immer jedem eine Gute Nacht gewünscht. Ich schlief schnell ein. In meinen Tiefschlaf drang leiser Gesang, der, während ich langsam erwachte, allmählich lauter wurde. Dann öffnete sich die Tür, und herein traten engelgleiche Gestalten, neun oder zehn Mädchen in langen weißen Gewändern, die offenen Haare mit einem goldenen Stirnband zusammengehalten, jede trug eine große weiße Kerze. Sie sangen dreistimmig ein wenig bekanntes Adventslied »Die Blumen sind verblüht im Tal …« Die Sängerinnen schritten, angeführt von Fräulein von Kuhlberg, feierlich durch den Raum, während alle Mädchen andächtig staunend in den Betten saßen. Dann verklang der Gesang, wenn die Engel den nächsten Schlafraum betraten und sich schließlich über den Korridor entfernten.

So begann die Adventszeit, in der Tannengrün in den Klassenzimmern und den Gemeinschaftsräumen angebracht und viel gesungen wurde und in der wir fleißig Geschenke bastelten. Höhepunkt der Adventszeit war immer das Krippenspiel. In meinem letzten Stiftsjahr freuten sich alle Stiftskinder besonders auf das Krippenspiel, weil es im Jahr zuvor wegen Krankheit ausgefallen war. Aber dieses Mal wurden die Schülerinnen durch die Glocke im oberen Flur zusammengerufen, die Pröpstin trat aus ihrem Zimmer und verkündete mit strenger und trauriger Miene: Das Krippenspiel muss ausfallen. Es gibt Diebinnen unter euch! Von den zweimal abgezählten Kuchenstücken fehlen sechs Stück. Wer sie genommen hat, soll sich sofort melden. Bedrücktes Schweigen und misstrauische Blicke. Wer war es? Wenn die Sünderinnen sich nicht bald melden, müssen eben alle bestraft werden.

Zu den Strafen, die aufgezählt wurden, gehörte: Die Kerzen am Weihnachtsbaum im Saal dürfen nicht mehr angezündet werden; die Tannenzweige in den Klassenzimmern müssen abgehängt und was es sonst noch an Adventsschmuck gab, muss entfernt werden.

Nach und nach meldeten sich die reuigen Sünderinnen, die Adventszeit war gerettet, das Krippenspiel konnte aufgeführt werden – und ich durfte singen.

Kollektivstrafen wurden im Stift immer angedroht und oft verhängt, wenn sich die Missetäterin oder auch mehrere, wie beim Kuchenklau, nicht meldeten. Manche Vergehen, meistens aus Hunger oder plötzlicher Gier begangen, wurden niemals aufgeklärt. Da konnte die Pröpstin noch so betrübt und enttäuscht über so viel Unmoral sein, an Ehre und Gewissen, Rücksicht auf die unschuldig bestraften Mitschülerinnen appellieren – das Schweigen blieb. Keine Mitwisserin hätte etwas verraten. Individuelle Strafen wurden natürlich auch verhängt. Eine schwere Strafe war das Ausgehverbot am Wochenende, denn Besuche bei Bekannten und Verwandten in Altenburg und Umgebung, auf die sich jede Schülerin schon lange vorher freute, waren die Lichtblicke in unserem einförmigen Internatsleben. Es war bitter und peinlich, die Einladung absagen zu müssen. Ich besuchte in Altenburg mehrmals die mit unserer Mutter befreundete Arztfamilie Reuter, genoss die wohnliche Atmosphäre, Ausflüge im Auto in den Thüringer Wald und köstliches Essen. Die höchste Strafe, den Rausschmiss aus dem Stift, empfanden die davon betroffenen Schülerinnen manchmal als Befreiung von einem unerträglichen Joch.

Im ersten Jahr war ich nicht gerne im Stift, aber so unglücklich wie Baba war ich nicht, denn ich kam von einer Schule, die ich nicht mochte, und außerdem waren in meiner Klasse viele nette Mädchen. Bei den seit Jahrzehnten regelmäßig stattfindenden großen und kleinen Treffen alter Stiftskinder war meine ehemalige Klasse immer noch am zahlreichsten vertreten.

Nach einem Jahr hatte ich mich ganz gut eingelebt im Internatsalltag, mich mit der antiquierten Pädagogik abgefunden und gelernt, wie die anderen auch, die schrulligsten Verbote zu missachten. Die *teacher* mussten mich trotz meines »fast an Eigensinn grenzenden festen Willens« akzeptieren, weil ich eine gute Schülerin war. Ich hatte manchmal den Eindruck, sie ärgerten sich darüber …

Im letzten Schuljahr konnten wir davon profitieren, dass Altenburg in Thüringen – dem »grünen Herzen Deutschlands« – inmitten einer reichen Kulturlandschaft liegt, die wir kennenlernen sollten. Es wurde im Stift immer großer Wert darauf gelegt, die Allgemeinbildung der Mädchen über das vorgeschriebene Schulpensum hinaus zu fördern: durch Theater-, Opern- und Konzertbesuche, Führungen durch Museen, Fahrten zu historisch und kunsthistorisch interessanten Burgen, Kirchen und Ruinen. Bei einem Ausflug nach Wechselburg in Sachsen hielt ich mein erstes kunstgeschichtliches Referat: über die spätromanische Triumphkreuz-Gruppe in der Kirche. Ich wurde für meinen Vortrag gelobt, doch an ein Kunstgeschichtsstudium dachte ich immer noch nicht.

Die schönsten Exkursionen führten uns nach Weimar und Naumburg. Auf diese Orte und ihre Sehenswürdigkeiten wurden wir ganz besonders gründlich vorbereitet. Wir waren vertraut mit den Biografien von Goethe, Schiller, Herder und den anderen Berühmtheiten der Klassik. Wir hatten Goethes *Dichtung und Wahrheit* teilweise gelesen, wir kannten das schwierige Verhältnis zwischen Goethe und Frau von Stein. Mir war feierlich zumute, als wir im Haus am Frauenplan die breite Treppe mit den flachen Stufen langsam hinaufstiegen. Dass Christiane Vulpius in die hinteren Zimmer verbannt war, fand ich ganz in Ordnung; sie war eben eine nicht standesgemäße Kleinbürgerin.

Von dem nur acht Kilometer von Weimar entfernten Konzentrationslager Buchenwald wussten wir nichts. Unsere Lehrerinnen wahrscheinlich auch nicht. Meine Freundin Marie-Luise von Bernstorff, genannt Wiwi, und ich lasen an der Wand einer öffentlichen Toilette in Weimar in großen Buchstaben geschrieben: »Hitler wird uns erretten!« Darunter schrieben wir mit Bleistift, also ziemlich klein: »Nein, er wird uns verderben!« – ein prophetischer Satz im Herbst 1937. Dann verließen wir das Häuschen ganz schnell.

Im Naumburger Dom standen wir endlich vor den berühmten Stifterfiguren, die wir von vielen Abbildungen kannten. Das Idealbild einer vornehmen Frau war für mich die Fürstin Uta mit dem hochgezogenen Mantelkragen, die sinnend in die Ferne blickt. In meinem Schrank im Stift hatte ich eine Fotografie ihres Kopfes aufgestellt. Die Originale, auf die ich mich gefreut hatte, enttäuschten mich, weil sie unerwartet hoch auf ihren Sockeln standen und kleiner waren, als ich sie mir vorgestellt hatte. Sie aus der Nähe zu betrachten, von Angesicht zu Angesicht, wie ich gehofft hatte, war nicht möglich. Mit einem Fernrohr wäre ich den bewunderten Plastiken näher gekommen.

Die Fahrt nach Naumburg war die letzte große Exkursion in meiner Stiftszeit. Dann mussten wir uns auf die Abschlussprüfung vorbereiten.

Als ich im April 1938 nach der staatlichen Prüfung im Karolinum mit einem guten Zeugnis das Stift verließ, war ich angefüllt mit klassischer Bildung, hatte solide Kenntnisse in den geisteswissenschaftlichen, ausreichende in den naturwissenschaftlichen Fächern, sogar ein Gut in Mathematik, ein solides, ausbaufähiges Fundament in Englisch und Französisch, christlich-konservative

Wertvorstellungen und viele Lieder im Kopf. Irgendeine besondere Begabung hatte sich nicht gezeigt, die zeichnerische war sogar verkümmert. Auf das Leben außerhalb der Stiftsmauern waren wir nicht vorbereitet worden. Einige Mädchen wollten weiter zur Schule gehen und das Abitur machen, die anderen wussten eigentlich nicht, wie es nun weitergehen sollte.

Vor dem endgültigen Abschied wurden wir noch einmal daran erinnert, dass sich alle ehemaligen Stiftskinder duzen, ganz gleich, wie groß der Altersunterschied ist. Diese Tradition bewährt sich immer noch bei den kleinen und großen Treffen.

Ob wir am letzten Tag, wie zum Ferienbeginn üblich, morgens um halb vier aufstanden, um den ersten Zug über Leipzig nach Berlin zu erreichen? Es war ein weiter Weg zu Fuß vom Stift durch die ganze Stadt bis zum Bahnhof, im Winter in Finsternis und Kälte, im Sommer im frühen Morgenlicht. Die Koffer wurden zum Bahnhof transportiert. Zum letzten Mal begleitete uns eine Lehrerin bis zum Anhalter Bahnhof in Berlin und übergab uns dort den wartenden Angehörigen.

Intermezzo 2

Solange ich nach Altenburg fuhr, bin ich in Berlin immer vom Stettiner zum Anhalter Bahnhof von einer älteren Freundin unserer Familie begleitet worden. Die lange U-Bahn-Fahrt in der Großstadt wurde mir, dem Mädchen vom Dorf, nicht zugemutet. Am Anhalter Bahnhof, damals noch ein wilhelminischer Prachtbau, trafen allmählich andere Stiftskinder ein. Von einer Lehrerin betreut, reisten wir dann weiter nach Altenburg.

Ich glaube, zu Ferienbeginn wurden die in Nord- und Ostdeutschland wohnenden Mädchen von derselben Lehrerin vom Anhalter zum Stettiner Bahnhof gebracht, falls sie nicht abgeholt wurden. Bis Stettin blieben die Pommern und Westpreußen im D-Zug zusammen; dann trennten sich die Wege. Ich stieg in den Bummelzug Richtung Kolberg.

Jetzt, nach dem Ende meiner Stiftszeit, erwartete mich meine Mutter zum ersten Mal am Anhalter Bahnhof. Sie hatte ohnehin vor, sich mit mir in Berlin zu treffen, weil ich neu eingekleidet werden sollte, meinen Kinderkleidern war ich entwachsen. Sie selbst ließ sich seit einiger Zeit elegante Kleider von Frau Moses, der Frau des befreundeten Arztes Dr. Hermann Moses, anfertigen. Ein Kleid aus grünem Spitzenstoff lag zur Anprobe bereit.

Ein weiterer Grund für diesen Berlin-Besuch war die prekäre Situation der jüdischen Freunde, um die sich unsere Mutter große Sorgen machte. Ihre finanzielle Lage war 1938 immer schwieriger geworden, weil jüdische Ärzte kaum noch praktizieren durften. Bis zum 1. Oktober 1938 mussten sie ihre Praxis auflösen.

Mama hat bei dieser Gelegenheit auch mit Dr. Moses und Dr. Brann besprochen, ob und wie sie ihnen und ihren Frauen bei der geplanten Emigration in die USA helfen könnte. Weil das deutsche medizinische Staatsexamen dort nicht anerkannt wurde, wollte Dr. Moses versuchen, zunächst als Porträtfotograf für sich und seine Frau eine Existenzgrundlage zu schaffen. Zum Üben brauchte er – außer seiner Frau – geduldige Modelle. Mama hat mich wohl spontan angeboten, als er ihr von diesem Problem erzählte. Er hätte kaum gewagt, sie zu fragen, zumal er mich noch nie gesehen hatte.

Ich mochte zwar nicht gerne fotografiert werden – auf den meisten Fotos sehe ich deshalb abweisend und mürrisch aus –, aber weil ich helfen und nicht enttäuschen wollte, willigte ich ein.

Vom ersten Augenblick an war mir Dr. Moses sympathisch, mehr sogar, er war der erste Mann, der mir wirklich gefiel. Er war freundlich, nicht herablassend, und ich fand, dass er sehr gut aussah, ich fand ihn wirklich schön! Keine Ahnung, wie alt er war. Vielleicht Ende dreißig oder Anfang vierzig? Solch einen netten Vater hätte ich gerne gehabt. Und er, der keine Kinder hatte, hegte wohl ein väterliches Gefühl für mich. Jahrzehnte später, nach dem Tod unserer Mutter 1972, schrieb er in seinem Beileidsbrief an Mona nach Südafrika:»Eigentlich habe ich nur ein lebendiges Erinnerungsbild an Maria, die ich sehr geliebt habe (*she was near to my heart*).«

Ich musste mich in einen Sessel setzen, Frau Moses drapierte mir ein schwarzes Tuch um Hals und Schultern, und dann wurde ich stundenlang, so kam es mir jedenfalls vor, fotografiert, wobei es mir unter dem hellen Licht der großen Lampen allmählich unerträglich heiß wurde. Die Mappe mit den Fotos nahm Dr. Moses mit nach New York, schickte sie aber später an unsere

Mutter, als er hörte, dass sie ihre nicht mehr besaß. Nach ihrem Tod bekam ich die Bilder: ein fünfzehnjähriges Mädchen mit einem dünnen geflochtenen Haarkranz um den Kopf, den ich nie leiden konnte, ein zartes, kindliches Gesicht, meistens ernst blickend, manchmal scheu lächelnd.

Im Oktober 1938 flog unsere Mutter nach England, um das von ihrer Mutter geerbte kleine Vermögen den beiden jüdischen Ehepaaren als Bürgschaft zur Verfügung zu stellen. Ohne diese Bürgschaft hätten sie nicht in die USA einreisen dürfen. Die Auslandsvermögen unterstanden der Aufsicht der Deutschen Bank in Berlin, die die Bürgschaft erst genehmigen musste. Es gehörte schon Mut dazu, diese Genehmigung überhaupt zu beantragen, denn sie hätte ihr Auslandsvermögen den Juden gar nicht schenken dürfen. An Zivilcourage hat es ihr niemals gefehlt. Sie hat immer betont, Rücksicht auf die eigene Familie sei kein Grund, Hilfe zu verweigern. Diese oft geäußerte Entschuldigung vieler Deutscher für unterlassene Hilfe ließ sie nicht gelten, sie fand sie sogar unmoralisch.

Mitte November, eine Woche nach der »Reichskristallnacht«, konnten beide Ehepaare ausreisen und ein neues Leben in Sicherheit beginnen. Dr. Moses durfte nach einiger Zeit wieder als Arzt in New York arbeiten.

In Berlin war unsere Mutter immer heiter, animiert und unternehmungslustig, sie liebte die Großstadt, und sie plante damals schon (sie war erst zweiundvierzig Jahre alt), im Alter nach Berlin zu ziehen. Wir gingen zusammen ins Kino und sahen einen französischen Film von einem berühmten Regisseur. Sie hatte mich geschickt hineingeschmuggelt, obwohl der Film erst »ab 18 Jahre« war, weil sie ihn selbst unbedingt sehen wollte.

Zum ersten Mal war ich in einem russischen Restaurant, in dem alle Kellner russische Kittel trugen und mit hartem Akzent deutsch sprachen. Sie servierten uns natürlich Borschtsch und süße Quarkspeise. Wahrscheinlich spielten sie auch russische Musik auf der Balalaika. Es gab damals noch sehr viele russische Emigranten in Berlin.

Eine Vorstellung davon, wie meine Zukunft nach der mittleren Reife aussehen könnte, hatte ich nicht. Ich konnte mit meinem Abschlusszeugnis zufrieden sein, aber ich hatte keine herausragende Begabung, die mich in eine bestimmte Richtung gewiesen hätte.

Es gab in den Dreißigerjahren nur wenige attraktive Frauenberufe. Von vielen anspruchsvollen Berufen waren Frauen ausgeschlossen. Berufstätigkeit von Frauen galt beim Landadel auch nicht als standesgemäß. Die einzige Zukunftsperspektive der jungen Mädchen war: Heiraten, möglichst einen Gutsbesitzer oder Beamten, und Kinder bekommen, möglichst viele. Geldverdienen war Sache des Mannes. Ich kannte nur eine Studentin in unserer Vahnerower Nachbarschaft – unsere Cousine Eleonore von Senfft; sie studierte Medizin.

Im Greifenberger Einwohnermeldebuch von 1936 habe ich nachgesehen, welche Berufe Frauen in einer Kleinstadt ausüben konnten. Der qualifizierteste Beruf war Lehrerin, wozu nicht unbedingt ein Hochschulstudium erforderlich war. Unter den Akademikern, Juristen, Apotheker, Ärzte, Zahnärzte, Tierärzte u. a., fand ich nicht eine Frau. Ihnen waren die niederen handwerklichen und kaufmännischen Tätigkeiten vorbehalten: Verkäuferin, Schneiderin, Putzmacherin, Sparkassenangestellte, außerdem pflegerische Berufe wie Krankenschwester, Hebamme u. a. Auch einige selbstständige Geschäftsfrauen werden genannt. Es war jedenfalls kein Beruf darunter, der für mich infrage gekommen wäre. Aber auch ohne Zukunftsplanung war ich erst einmal glücklich, für längere Zeit in Vahnerow zu sein. Noch drei Geschwister waren zu Hause: Gerhard und Mona, die in Greifenberg aufs Gymnasium gingen, und Atti, die zu Hause unterrichtet wurde. Ado war in der Baltenschule auf der Insel Wollin. Baba war gleich nach mir ins Stift gekommen, wo die Lehrerinnen ihre Abneigung gegen mich leider auf sie übertrugen.

Besonders erzählenswerte Ereignisse gab es auf dem Dorf nicht. Ein halbes Jahr lang habe ich Inga nicht einen Brief geschrieben.

Zu kleineren Arbeiten im Haus und im Garten wurde ich bestimmt angehalten, denn Herumsitzen durften wir nicht – es sei denn wir lasen. Es gab immer etwas zu nähen, plätten, stricken und stopfen für die Töchter. Manchmal musste ich den Hausmädchen beim täglichen Saubermachen der immer sauberen Zimmer helfen. Dabei habe ich Gedichte und Balladen auswendig gelernt.

Auch bei der »großen Wäsche« durfte ich helfen, nicht als Waschfrau, sondern als Zählassistentin. Die schmutzige Wäsche wurde drei Wochen lang in zwei riesigen Holzkisten in einer Bodenkammer gesammelt, getrennt nach Weiß- und Buntwäsche. Gezählt wurde vor dem Waschen. Die Hausfrau schrieb die Stückzahl in ein Heft, und dann, wenn die Wäschestücke geplättet und gemangelt auf dem Billardtisch ausgebreitet waren, wurde ihre Zahl mit den Eintragungen im Heft verglichen. Niemals fehlte ein Stück. In zwei großen alten Schränken, einer war ein Frankfurter Kehlenschrank, wurde die Wäsche sorgfältig gestapelt.

Ein ehrenvoller Vertrauensbeweis war es für mich, dass ich Blumen pflücken und in Vasen einstellen durfte. Eine Aufgabe, die Mama mir gerne übertragen hat, weil sie sich nicht bücken mochte. Die Pflege und das Schneiden der Rosen im Park behielt sie sich vor. Blattläuse streifte sie mit der bloßen Hand ab, was mich geekelt hätte.

Im Gemüsegarten waren die Wege von schmalen Beeten eingefasst, in die unser Gärtner Paul Buth eine Vielzahl von Blumen pflanzte, die vom Frühjahr bis zum Herbst blühten. So konnten während dieser Zeit in allen Zimmern bunte Sträuße auf den Tischen stehen.

Die beiden Nutzgärten waren wichtig für das Haushaltsbudget. Sobald das erste Frühlingsgemüse im Gewächshaus und in den Mistbeeten reif war, belud Paul Buth einen kleinen Ackerwagen und fuhr so lange zum Wochenmarkt nach Greifenberg, bis er im Frühherbst nichts mehr zu verkaufen hatte. Er war stolz darauf, immer die ersten Treibhausgurken in seinem Angebot zu haben. Zur Ernte der Beerenfrüchte wurden zusätzlich Frauen aus dem Dorf engagiert, und auch wir Schwestern halfen beim Pflücken von Johannis-, Stachel- und Himbeeren; dafür gab es aber kein extra Taschengeld. Für Arbeit, die uns Spaß machte, erwarteten wir auch keinen Lohn.

Johannisbeeren gediehen so gut im pommerschen Klima, dass fünfhundert Gramm auf dem Markt für fünf Pfennige verkauft werden mussten. Die Sauerkirschen blieben in manchen Jahren sogar an den Bäumen hängen, weil sich das Pflücken wegen des niedrigen Verkaufspreises nicht lohnte.

Die Einnahmen aus unserem Obst- und Gemüseanbau waren wichtig, weil mit ihnen und der Witwenpension die laufenden Kosten unseres Haushalts bezahlt wurden. Aus der Gutskasse wurde dafür kein Geld genommen.

Es kann in diesem oder einem anderen Jahr gewesen sein, da fielen im Frühsommer die Maikäfer über die pommerschen Laubwälder her, die gerade im ersten zarten Grün leuchteten. In kurzer Zeit waren vor allem die Eichen bis auf die Blattgerippe kahl gefressen. Man hörte das Knabbern und Knistern der Käfer, der Kot rieselte unaufhörlich von oben herab. Alle Kinder im Dorf halfen, die heruntergeschüttelten Käfer in Eimern einzusammeln. Zunächst wurden sie den Hühnern und Schweinen zum Fraß vorgeworfen, bis diese sie nicht mehr mochten. Dann wurden sie in den Eimern mit kochendem Wasser überbrüht und tot oder halbtot in tiefen Löchern vergraben.

Schokoladenmaikäfer in allen Größen waren uns willkommen, als Tischdekoration zu Pfingsten auf dem Esstisch sahen sie auch hübsch aus. Einzelne lebendige Maikäfer fanden wir niedlich – doch mit dieser Masse verfressener Schädlinge hatten wir kein Mitleid.

Im Sommer hatten wir immer Besuch, und wir konnten den Gästen vier liebevoll eingerichtete Zimmer anbieten. In keinem fehlte ein kleiner Schreibtisch mit Schreibgarnitur. Die Gäste sollten sich gerne in ihren Zimmern aufhalten, »Rundumbetreuung« konnten und wollten wir ihnen nicht bieten. Fließendes Wasser gab es nicht in den Zimmern, nur Toilettentische mit Porzellangeschirr. Den Gästen stand aber ein eigenes Bad zur Verfügung. Das »Fürstenzimmer«, aus Schlaf- und Wohnzimmer bestehend, hatte ganz besonders hübsche Möbel und einen von uns Kindern bewunderten reich verzierten venezianischen Spiegel. Es war nach dem Reichskanzler Fürst Bismarck benannt, weil er hier übernachtet hat. Er war mit Gerhard von Thadden, dem Bruder unseres Großvaters und Besitzer von Vahnerow, befreundet.

Stiftsfreundinnen besuchten mich in diesem Sommer, und ich besuchte sie. Sie waren ebenso wie wir Kinder an das beschauliche Leben auf dem Land gewöhnt, erwarteten keine besonderen Unternehmungen und langweilten sich nie. Wenn Obst und Gemüse für den Wintervorrat eingeweckt werden mussten, saßen wir Schwestern mit unseren Gästen auf der Terrasse, zerkleinerten Möhren, palten Erbsen, zogen Fäden von den Bohnen (fadenlose Bohnen gab es noch nicht), entfernten Stiele und Blüten von den Stachelbeeren, streiften Johannisbeeren ab. Es war selbstverständlich, dass auch erwachsene Gäste, wenn sie weiblich waren, bei diesen Arbeiten halfen.

Auf der Terrasse, zu der eine breite Freitreppe führte, hielten wir uns im Sommer gerne auf, wenn es unsere ruhebedürftige Mutter nicht störte. Sie lag lesend oder Briefe schreibend auf einem großen Liegestuhl, vor dem Sonnenlicht durch eine Markise geschützt. Wir saßen etwas entfernt um einen Tisch herum, ebenfalls lesend.

War die Hausfrau verreist, diente uns die zur Veranda aufsteigende Freitreppe mit ihrem breiten Absatz auf halber Höhe als Bühne. Wir improvisierten Theaterstücke, an deren Inhalt ich mich nicht mehr erinnere. Baba, längst größer als ich, übernahm die Männerrollen. Wenn ich mich nicht irre, haben die Brüder niemals an unseren Laienspielen teilgenommen. Hintergrundmusik kam aus einem alten Grammofon, Kompositionen der deutschen Klassiker, auch Chansons aus den Zwanzigerjahren. Aus einer Truhe nahmen wir uns aus der Mode gekommene elegante Damenkleider, mit denen wir uns kostümieren durften.

Die schönsten Erinnerungen haben Mona und ich an Sommerabende auf der Terrasse, wenn die Sonne hinter dem Wald (dem Sellin) unterging, der Himmel sich allmählich rosa, orange, hellviolett färbte, der Nebel über der Wiese aufstieg, die Vögel nicht mehr sangen. Es war wie bei Matthias Claudius: »Der Wald steht schwarz und schweiget, und aus den Wiesen steiget der weiße Nebel wunderbar.« Wenn Herr Kratz, der Pianist, an solch einem lauen Abend zu Besuch bei uns war, dann setzte er sich im dunklen Musikzimmer an den Flügel und spielte *Impromptus* von Schubert, *Lieder ohne Worte* von Mendelssohn oder die *Kinderszenen* von Schumann. Das Abendlicht, die Dämmerung, die romantische Klaviermusik, Karaffen mit Johannisbeersaft und Wasser und Gläser auf den Tischen – eine der poetischsten Erinnerungen an Vahnerow. Und noch immer versetzen mich einige dieser Klavierstücke, sobald ich die ersten Takte höre, auf die Terrasse in Vahnerow.

Die romantische Stimmung konnte allerdings jäh gestört werden, wenn einer unserer unmusikalischen Hunde kläglich-verzweifelt anfing zu jaulen. Dann kapitulierte Herr Kratz und kam heraus, um mit uns das letzte Abendlicht zu genießen.

Sommergäste waren die Söhne unserer Halbschwester Eta Schramm, Jost, Gottfried (Götz) und Gebhard, manchmal auch die Söhne von Anza Braune, Georg und Henning. Wir Geschwister waren ihre fast gleichaltrigen »Tanten« und »Onkel« und unsere Mutter ihre jugendliche Großmutter, die Tante Barbara genannt wurde. Wir mochten uns gern, kamen gut miteinander aus; Götz hatte die fantasievollsten und witzigsten Spielideen. Haben wir uns gewundert, dass die Jungen nie bei ihren Vettern in Trieglaff eingeladen waren und ihre Mütter auch nicht? Haben wir nach einer Erklärung gesucht, oder waren wir überzeugt, dass es bei uns eben netter war? Den Grund (wenn er denn stimmt, oder vielleicht war es auch nur ein Gerücht) erfuhren wir später: Anza hatte bürgerlich geheiratet und war außerdem geschieden, was in den Augen der moralischen Verwandten auch die Söhne diskreditierte; Schramms waren zwar eine vornehme Hamburger Familie, aber auch bürgerlich, nicht einmal der Professorentitel des Vaters konnte diesen Makel ausgleichen.

Meine liebste Stiftsfreundin war damals Freda Seidler, genannt Frettchen, ein kleines hübsches Mädchen mit griechischem Profil und dicken braunen Zöpfen; überaus lieb, bescheiden und hilfsbereit und eine Leseratte. Sie war die Tochter ganz unterschiedlicher Eltern: der Vater untersetzt, grauhaarig, Kavalier alter Schule, viel älter als seine große, sportliche, schwarzhaarige Frau.

Was mich bei meinem ersten Besuch in Buslar bei Seidlers besonders beeindruckte, war nicht der überall im Haus sichtbare Wohlstand, sondern dass das Ehepaar kein gemeinsames Schlafzimmer hatte mit den traditionellen wuchtigen Ehebetten. Ich hatte geglaubt, nur Fürstlichkeiten hätten getrennte Schlafgemächer, manchmal sogar in verschiedenen Flügeln des Schlosses. Dieses Abweichen von der bürgerlichen Norm bei Seidlers hielt ich für fortschrittlich, nachahmenswert und mutig, auch gegenüber den Angestellten.

Frau Seidler kam im Auto mit Chauffeur nach Vahnerow, um ihre Tochter abzuholen. Wieder habe ich ein deutliches Bild vor mir: Frau Seidler, gertenschlank, die schwarzen Haare in einem tiefen Nackenknoten zusammengefasst, trug ein helles Sommerkostüm, dazu helle hochhackige schmale Pumps. Und sie war geschminkt!

Unsere Mutter stand daneben in dem selbst gewebten, plumpen blauen Trachtenkleid mit Puffärmelbluse, das für ihre Figur besonders unvorteilhaft war, umwickelte Beine wegen der Thrombose, breite Gesundheitsschuhe wegen der schlechten Füße. War mir der Anblick peinlich, schämte ich mich wegen des bäuerlichen Aussehens meiner Mutter? Sah Frettchen die Diskrepanz? Sie mochte unsere Mutter wegen ihrer Warmherzigkeit, sie bewunderte ihre schönen grünen Augen mit den dichten Wimpern. Mit meiner Mutter brauchte sie sich nicht zu vergleichen wie mit ihrer eigenen, deren kühle Eleganz sie doch nie erreichen würde. Ich wollte mal so schlank sein wie Frau Seidler, so hübsche Beine haben und niemals dick werden.

Während dieser stillen Tage in Vahnerow musste über meine weitere Ausbildung nachgedacht und ein Beschluss gefasst werden. Mit der mittleren Reife konnte ich nur mittlere Berufe erlernen, und reif war ich mit fünfzehn Jahren überhaupt noch nicht. Die Entscheidung wurde mir wieder von oben abgenommen. Es wurde für mich beschlossen, dass ich ein Jahr lang die Frauenschule in Wieblingen bei Heidelberg besuchen sollte. Elisabeth hatte meiner Mutter angeboten, mich in ihr Internat aufzunehmen. Voraussetzung für diesen Entschluss war, dass die beiden Frauen sich versöhnt hatten. Es waren fast achtzehn Jahre vergangen, seit Elisabeth Trieglaff verlassen musste. So schnell wie möglich war sie damals nach Berlin gezogen, um dort eine Kurzausbildung zur staatlich anerkannten Wohlfahrtspflegerin zu machen. Nach verschiedenen Weiterbildungen, unter anderem im Internat Schloss Salem, hatte sie 1927 das Evangelische Landerziehungsheim für Mädchen Schloss Wieblingen gegründet und zu einem anerkannten Internat mit Schulklassen und einer Frauenschule aufgebaut. In der Frauenschule, in der auch konventionelle Schulfächer unterrichtet wurden, könnte ich vielleicht Perspektiven für eine berufliche Zukunft bekommen. Hauswirtschaft hatte mich zwar noch nie interessiert, aber das Interesse könnte geweckt werden.

Frettchen hatte auch noch keine Berufspläne. Der Vorschlag, mit mir zusammen nach Wieblingen zu gehen, wurde freudig angenommen. Zu zweit würde uns das Einleben in der neuen Umgebung nicht schwerfallen, und von Stettin aus konnten wir zusammen die weite Strecke bis Heidelberg fahren.

Elisabeth kannte ich nur flüchtig. Bei ihren seltenen Besuchen in Vahnerow richtete sie kaum ein Wort an ihre kleinen Halbgeschwister; mir kam sie immer streng und kühl vor. Wenn sie in Trieglaff ihren Bruder Reinold besuchte, kam sie wohl mehr aus Pflichtgefühl als aus Neigung zu uns, weil ihr Verhältnis zu unserer Mutter, ihrer Stiefmutter, sehr distanziert war. Als kleines Kind hatte ich sie mit Tante angeredet, mit Knicks und Handkuss begrüßt, wie alle Halbschwestern. Wie sollte ich mich jetzt verhalten, wie sollte ich sie anreden, als sie vor mir stand, um mich in Augenschein zu nehmen? Sie war zweiunddreißig Jahre älter als ich, für mich eine Respektsperson – nicht meine Schwester.

Später verstand ich, dass ich »die Brücke« war, auf der die beiden Frauen sich entgegengingen. Nachdem das Experiment mit mir geglückt war, wurde auch Baba nach Wieblingen geschickt. Sie besuchte die reguläre Schule und blieb zwei Jahre, bis das Internat von den Nazi-Behörden geschlossen wurde.

In diesen Jahren entwickelte sich zwischen unserer Mutter und Elisabeth eine echte Freundschaft, die sich bis zu Elisabeths Hinrichtung (1944) noch vertiefte.

WIEBLINGEN – EIN JAHR IN DER FRAUENSCHULE

Das Verhältnis zwischen der Schwester, der Schulleiterin, und der Schwester, der Schülerin, war zunächst schwierig, auch weil wir uns kaum kannten. Elisabeth stand mir nicht näher als die Lehrerinnen. Sie wollte mich genau so behandeln wie alle Schülerinnen, und ich wollte auf keinen Fall eine Vorzugsbehandlung. Die Mitschülerinnen waren zuerst noch vorsichtig und misstrauisch, merkten jedoch bald, dass es überhaupt keine geschwisterliche Vertrautheit zwischen der großen und der kleinen Schwester gab. Sie wunderten sich sogar über die korrekte Gleichbehandlung.
Zu einer geschwisterlichen Nähe kam es nur während der Italienreise im Frühjahr 1939. Da rief Elisabeth mich jeden Morgen in ihr Hotelzimmer, damit ich das bis zur Taille reichende Mieder auf dem Rücken zusammenschnürte. »Fester, fester!«, befahl sie, wenn ich zu zaghaft an den Bändern zog. In Wieblingen war die Zofe für die Schnürung zuständig.

Ich fand das Internatsleben im Vergleich zu dem, was ich im Altenburger Stift gewohnt war, äußerst liberal. Da war als Erstes die Kleidung: Wir trugen keine Uniform, sondern einfarbige Kleider, deren Schnitte und Farben wir auswählen konnten. In dem großen Park konnten wir uns ungefragt aufhalten. Es gab versteckte Winkel, in denen heimlich Zigaretten geraucht wurden. Dort habe ich meine erste Zigarette probiert, die natürlich nicht schmeckte.
Drei oder vier Mädchen wohnten zusammen in einem Zimmer, jede hatte ihren eigenen kleinen Schreibtisch. An allen Bet-

ten waren Metallgestelle angebracht, an denen im Sommer Moskitonetze befestigt wurden wegen der Mückenplage. Hatte es eine Mücke doch geschafft, unter das Netz zu kommen, war man ihr in der Nacht ziemlich hilflos ausgeliefert. Die Ufer des nahen Neckars waren noch nicht trockengelegt, sondern sumpfig mit dickem Schilfbewuchs, ein ideales Habitat für Stechmücken.

Ohne den Diener Walther Staege hätte der Internatsalltag nicht funktioniert. Elisabeth hatte ihn als achtzehnjährigen aus Trieglaff mitgebracht. Von seiner pommerschen Herkunft merkte man nichts mehr, er sprach reinstes Badisch. Er war der Mann für alles, ein echtes Faktotum, er wusste immer Rat, er hörte zu und tröstete, er konnte fast alles reparieren, was kaputtgegangen war. Als ich ihm vorgestellt wurde, begrüßte er mich wie eine alte Bekannte: »Sie habe ich schon gekannt, als Sie noch im Werden waren!« (Da muss er vierzehn Jahre alt gewesen sein). Bei einem Treffen ehemaliger Schülerinnen Anfang der Fünfzigerjahre erinnerte er sich sofort an mein Gesicht: »Eine Thadden erkenne ich immer wieder.«

Das Internat bestand damals aus dem Schloss, einer Kapelle und zwei kleineren Häusern, die an einem Hof mit großen alten Bäumen lagen, und einem etwas zurückgesetzten Wirtschaftsgebäude. Wir waren also viel unterwegs von einem Haus zu anderen, je nachdem, wo der Unterricht stattfand. Von Anfang an fühlte ich mich hier wohl. Mir gefiel alles, sogar das Essen schmeckte. Denn Elisabeth, obwohl eine spartanisch erzogene Thadden, legte großen Wert auf schmackhafte und gesunde Gerichte. »Kinder, esst die Vitamine!«, rief sie mit ihrer durchdringenden Stimme, wenn sie sah, dass nicht alle Salat- und Gemüseschüsseln geleert waren. Viele Speisen, die serviert wurden, waren von den Schülerinnen der Frauenschule (also auch von mir) gekocht, gebraten und gebacken worden, überwacht und geprüft von der Köchin.

Die Schülerinnen kamen aus einer ähnlichen, aber nicht so homogenen sozialen Schicht wie die Altenburgerinnen: Großgrundbesitzer, höhere Beamten, Diplomaten, Akademiker, auch Industrielle und Banker schickten ihre Töchter in das renommierte Internat. Mehrheitlich stammten sie aus dem west- und süddeutschen Raum. Zugehörigkeit zu einer der beiden christlichen Konfessionen war Voraussetzung für die Aufnahme ins Internat, und der Gottesdienst am Sonntag, entweder in Heidelberg oder in der alten Kapelle im Park, war so selbstverständlich wie Schulunterricht. Zu meiner Zeit wohnten sogar zwei persische Prinzessinnen im Internat.

Die Einstellung der Schülerinnen, die sich überhaupt um Politik kümmerten, zum NS-Regime war wie im Stift: ablehnend, kritisch. Nur wenige Mädchen waren im BDM. Noch konnten Meinungen frei geäußert werden, ohne Angst vor Denunziantinnen. Im Krieg änderte sich die Situation radikal, wie es Baba erlebt hat.

Im Internat waren die sechs regulären Schulklassen, die vom fünften bis zehnten Schuljahr führten, wichtiger als die Frauenschule, denn nur sie sicherten dem Internat die wirtschaftliche Basis, seit immer mehr Externe und Tagesschülerinnen aus Heidelberg kamen. Wer in Wieblingen wohnen und das Abitur machen wollte, fuhr nach Mannheim auf ein Gymnasium.

Für die einjährige Frauenschule hatten sich wohl die meisten Mädchen zur eigenen Orientierung und möglichen Anregung zu einer Berufswahl entschieden, oder die Eltern hatten für sie entschieden – wie bei mir.

Elisabeth war eine Frau, die sich immer für Politik interessiert hatte, und sie wollte das Interesse für das Zeitgeschehen bei ihren Schülerinnen wecken und fördern. In der Frauenschule unterrichtete sie ein Fach, das nicht im Lehrplan stand: Zeitgeschichte. Ein reguläres Fach hätte sie nicht unterrichten dürfen, weil sie nie ein Examen gemacht hatte. Sie wählte besonders wichtige Artikel aus einer Tageszeitung aus und wollte mit uns die aktuellen Ereignisse besprechen. Meistens monologisierte sie. Die Schülerinnen der Frauenschule, sechzehn bis siebzehn Jahre alt, zeichneten sich nicht gerade durch Intelligenz und geistige Regsamkeit aus.

Die wichtigsten Ereignisse im Herbst 1938 waren die Sudetenkrise und die Annektierung des Sudetenlandes. Kritisiert wurde die fragwürdige Annexionspolitik Hitlers in diesem Unterricht selbstverständlich nicht.

Und dann wurden wir alle am 9. November 1938 aufgeschreckt durch die Nachrichten, die aus Heidelberg von den Pogromen gegen die Juden zu uns ins Internat drangen. Davon schrieb ich einige Tage später ganz empört an Inga.

»Die letzten Ereignisse in Paris [= Ermordung von Ernst vom Rath, eines Angestellten der Deutschen Botschaft durch einen Juden] waren doch schrecklich + ihre Folgen noch viel schlimmer. Eigentlich soll man nicht darüber schreiben, aber es hat mich so tief erschüttert, daß ich einfach das Bedürfnis habe, darüber zu schreiben. In Greifswald [wo Inga arbeitete] wird es wohl auch so gewesen sein. In Heidelberg + Mannheim sind die Synagogen gesprengt oder verbrannt. Die jüdischen Friedhöfe völlig zerstört, die Läden geplündert, kostbare Bilder + Möbel auf die Straße geschmissen, Lebensmittel + Fleisch alles auf die Straße, die Juden aus den Zimmern geprügelt, + wenn sie auf der Straße waren stürzte sich der Pöbel (verzeih den Ausdruck, aber ein anderes Wort paßt nicht) auf die Armen und mißhandelte sie. Der Höhepunkt von allem, finde ich, daß Männer vor den Synagogen + Häusern standen mit Sammelbüchsen. Wer sich die zerstörten Häuser ansehen wollte, mußte 10 Pfennig bezahlen!

Nie habe ich geglaubt, daß es so etwas geben kann! Man fragt sich unwillkürlich, in welchem Jahrhundert leben wir eigentlich? Sind es denn Deutsche, die solche Greueltaten machen? Ich habe nicht gedacht, daß es solche Folgen haben kann, wenn das Volk aufgehetzt wird. Ich finde es so schrecklich, daß sie die Synagogen + Friedhöfe zerstört haben. Die religiösen Dinge eines Volkes, auch wenn es noch so gehaßt ist, sollen einem unantastbar sein. – Genug davon. Es wird wohl überall das Gleiche gewesen sein + Du wirst es ja ebenso miterlebt haben.«

Mein Brief ist eine Resonanz darauf, was uns von Augenzeugen aus Heidelberg berichtet worden war – in Wieblingen hat es keine Pogrome gegeben – und wie Elisabeth darauf reagiert hat. Sie hat mit ihrer Empörung nicht zurückgehalten, denn meine Freundin Ursula von Finckenstein (genannt Fink) erinnerte sich, dass sie gesagt hatte, von heute an schäme sie sich, eine Deutsche zu sein.

Wahrscheinlich hing es mit dem seit dem 9. November offener gezeigten Antisemitismus zusammen, dass die persischen Prinzessinnen, Aziz und Hamush, Verwandte des damaligen Schah, auf der Straße wegen ihres orientalischen Aussehens als Jüdinnen angepöbelt wurden. Sie waren entrüstet, wollten sich bei einer Parteidienststelle beschweren, denn Perser sind keine Semiten, außerdem waren die persische und die deutsche Regierung befreundet.

Diesen Brief an Inga schrieb ich nicht im stillen Zimmer an meinem Schreibtisch, sondern im Gartensaal des Schlosses, der auch für den Musikunterricht genutzt wurde, umgeben von schwatzenden Mädchen. Wir warteten ungeduldig auf den Gesangslehrer, der mit einigen Schülerinnen ein kleines Singspiel einstudieren sollte, »Die Prinzessin und der Schweinehirt« nach dem Märchen von Andersen. Geplant war eine öffentliche Aufführung in einem Wieblinger Gasthof. Das Eintrittsgeld sollte dem WHW (Winterhilfswerk) zugute kommen.

Als mir die weibliche Hauptrolle übertragen wurde, war ich überrascht. In der Rolle als Opernsängerin hatte ich mich noch nie gesehen. »Unglücklicherweise muß ich die Prinzessin sein«, klage ich. Hat mich der Gesangslehrer wegen meiner hellen Singstimme oder wegen meines Aussehens unter den Kandidatinnen ausgewählt? Die Stimme war sicher wichtiger als das Aussehen, das durch geschicktes Schminken korrigiert werden konnte. Endlich traf der Gesangslehrer ein, setzte sich an den Flügel und begann mit der Probe. Diesen Flügel hatte der jüdische Professor von Waldberg, den Elisabeth gut kannte, vorsorglich dem Internat zur Verfügung gestellt. Ahnte er etwas von dem bevorstehenden Pogrom? Hatte sein ehemaliger Doktorand, der Propagandaminister Goebbels, ihm eine Warnung zukommen lassen? Jedenfalls wurden die Proben für das Singspiel auf einem Instrument begleitet, das einem Juden gehörte.

Zur Premiere trug ich ein langes hellblaues Kleid. Eine Friseuse hatte eine üppige Frisur aus meinen dünnen Haaren und künstlichen Locken auf meinem Kopf aufgetürmt. Am besten gefielen mir die langen Korkenzieherlocken, die ich gerne behalten hätte. Trotz des großen Lampenfiebers vor der Aufführung habe ich wohl ganz passabel gespielt und gesungen. Besser gesungen als gespielt, denn ich war zu gehemmt, um eine gute Schauspielerin zu sein. Der Gesangslehrer war jedenfalls zufrieden, und ich war froh, als die Veranstaltung vorbei war und keine Wiederholung angesetzt wurde.

Ich teilte in Wieblingen das Zimmer mit Heidi Bruhns, Tochter eines Kunsthistorikers, und Beatrix (genannt Bea) von Bismarck, Urenkelin des Reichskanzlers; ein hübsches, intelligentes und sehr selbstbewusstes Mädchen. Sie begeisterte sich für moderne amerikanische Filme, die sie in Berlin gesehen hatte, für amerikanische Musik, die zwar als »Niggermusik« diffamiert, aber nicht verboten war. Bea besaß ein kleines Radio, mit dem sie ausländische Sender empfangen konnte. Offiziell war den Schülerinnen der Besitz eines Radios im Internat nicht erlaubt, und offiziell gab es dieses Radio gar nicht. Elisabeth hatte aber ein Faible für Bea und war ihr gegenüber sehr nachsichtig. Diese Vorzugsbehandlung haben die Mitschülerinnen erstaunlicherweise akzeptiert.

Ich habe von diesem Privileg profitiert, denn ich lernte eine mir bis dahin unbekannte Musik kennen, die mich sofort faszinierte. Für uns drei Mädchen war das Anhören amerikanischer Songs auch eine Art geheimer – sehr naiver und harmloser – Opposition und Distanzierung vom propagierten Kunstgeschmack mit deutschen Schlagern und Volksmusik. Die eingängigen Melodien mit ihren flotten Rhythmen und simplen, auch sentimentalen Texten summten und sangen wir leise mit. War die Musik trotzdem auf dem Flur zu hören, klopfte die neben uns wohnende Lehrerin warnend an die Tür.

Im März 1939, als die deutschen Truppen in die Tschechoslowakei einmarschiert waren, kam der besorgte Vater einer englischen Mitschülerin herbeigeeilt, um seine Tochter abzuholen und sie in Sicherheit zu bringen. Elisabeth, die mich manchmal schwesterlich ins Vertrauen zog, erzählte mir, er fürchte, dass ein Krieg unmittelbar bevorstände.

Alle spürten, dass die politische Lage beunruhigender und bedrohlicher wurde. Hohe militärische und außenpolitische Berater, mit denen einige Schülerinnen verwandt waren, wurden entlassen. Informationen sickerten durch, die von den Zeitungen nicht veröffentlicht wurden. Wir sprachen häufiger über Politik, meistens beunruhigt und kritisch. Davon drang aber nichts nach außen, weil es nur wenige externe Schülerinnen gab. In Gegenwart der Lehrerinnen hielten wir uns mit unseren Meinungen zurück, auch um sie nicht in Verlegenheit zu bringen.

Die politische Zukunft sah also ziemlich unheilvoll und düster aus, für meine eigene Zukunft hatte ich aber endlich eine Perspektive gewonnen. Nicht das im Schulprospekt anvisierte Ziel, nach einer Abschlussprüfung »den täglichen Pflichten des häuslichen Lebens gewachsen zu sein und eine bezahlte Haustochterstelle ausfüllen zu können«, sondern ein ganz anderes Ziel: das Abitur.

In der Frauenschule hatten wir neben dem theoretischen und praktischen Unterricht in allen hauswirtschaftlichen Fächern auch normalen Schulunterricht, zwar ohne Naturwissenschaften, aber ganz besonders guten Sprachunterricht, der von einer Engländerin und einer Französisch-Schweizerin gegeben wurde. Beide bemühten sich, die Schülerinnen auch mal zum Sprechen zu bringen, weg vom einförmigen Lesen und Übersetzen. Das Sprachenlernen machte mir natürlich viel mehr Spaß, auch wegen der guten Zensuren, die ich bekam, als Bügeln, Fensterputzen, Bettwäsche flicken, Kuchenteig rühren, bis einem der Arm weh tat. Küchenmaschinen zur Arbeitserleichterung gab es noch nicht. Nur im Garten habe ich gerne gearbeitet. Gärtnerin wollte ich trotzdem nicht werden.

Für die Frauenschülerinnen hatte Elisabeth zwei zusätzliche Fachkräfte engagiert: eine Ärztin für Biologie und Hygiene, die uns die Funktionen des weiblichen Körpers mit der Sachlichkeit eines Ingenieurs erklärte, und einen jungen Dozenten der Kunstgeschichte der Heidelberger Universität, Dr. Rudolph, dessen Vornamen ich vergessen habe. Sein Spezialgebiet waren die Früh- und Hochrenaissance. Im Hinblick auf die geplante Italienreise im Frühjahr 1939 bereitete er uns auf diese Kunstepoche vor. Er gab uns dazu Hausaufgaben auf, Bildbeschreibungen und Interpretationen. Seine Vorliebe für die italienische Kunst, vor allem für Michelangelo und Raffael, habe ich uneingeschränkt übernommen. Ihm fiel auf, dass Ursula von Finckenstein und ich die aufmerksamsten und engagiertesten Schülerinnen waren.

Hier muss ich etwas über meine Freundin Fink sagen. Sie war eher nach Wieblingen gekommen als ich, jedenfalls nahm sie mich, den Neuling, entschlossen an die Hand und führte mich in die fremde Welt ein. Sie war spontan und schlagfertig, witzig, vielseitig interessiert, aber keine Intellektuelle; sie liebte pointierte Formulierungen und hatte das Auftreten eines jungen Mädchens aus alter vornehmer gräflicher Familie. Natürlich war sie gegen die Nazis. Ich erinnere mich, dass sie einmal in unser Dreier-Zimmer kam: Sie hatte sich ein Kopftuch umgebunden und bedeckte ihre Augen mit einem schmalen Zeitungsausschnitt mit Hitlers Augen, um den Führer zu verspotten. Sie wusste, dass wir an dieser Verhöhnung Gefallen fanden.

Fink und ich waren also die eifrigsten Schülerinnen im Kunstgeschichtsunterricht. Wir wurden für Dr. Rudolph die wichtigsten Ansprechpartnerinnen in der Klasse.

Hätte ich diesen Dozenten so verehrt, wenn ich gewusst hätte, was ich später erfuhr, als er schon im Krieg gefallen war, dass er ein Parteimitglied und überzeugter Nazi war? Vermutlich wäre ich misstrauisch gewesen, weil Nazis in meinem Weltbild nun mal nicht sympathisch sein konnten (durften). Der Unterricht war sachlich, nur am Thema, der Kunst, orientiert, für deren Schönheit und Bedeutung er den Schülerinnen die Augen öffnen wollte. Mit mäßigem Erfolg, wie er fand.

Ende März fuhren wir nach Italien, dem Land, das Elisabeth liebte, so wie es ihre Mutter Ehrengard von Gerlach geliebt hatte.

Sie wollte es uns zeigen, bevor es zu spät war. Die Organisation dieser Reise bis Sizilien für ungefähr zwanzig Schülerinnen und einige erwachsene Begleiter, darunter Dr. Rudolph, war eine Meisterleistung. Wie es Elisabeth in einer Zeit strengster Devisenbewirtschaftung geschafft hat, mehr als die erlaubten vierzig Reichsmark pro Tag und Person bewilligt zu bekommen, hat sie nicht verraten. Mir jedenfalls nicht. Durch ihre Beziehungen nach Berlin, wurde geflüstert.

Wir reisten mit der Bahn, in der dritten Klasse, nicht in einem Liegewagen, wir schliefen im Sitzen auf Holzbänken. Einige Mädchen, zu denen ich auch gehörte, zogen es vor, in den Gepäcknetzen zu schlafen, die mit Jacken und Mänteln gepolstert wurden. Den ersten längeren Aufenthalt hatten wir auf einem kleinen Bahnhof in der Schweiz. Wir konnten auf den Bahnsteig gehen und die hohen verschneiten Berge in der Morgendämmerung bestaunen. Für mich ein überwältigender Eindruck. Durch einen langen, allmählich in die Tiefe führenden Serpentinentunnel fuhren wir in den italienischen Frühling.

Neapel war die erste Station, von dort sollten wir mit dem Nachtschiff nach Sizilien übersetzen. Ich war so müde von der anstrengenden Bahnfahrt, dass ich kaum Erinnerungen an die Stadt habe, nur: dichter Autoverkehr in den engen Straßen, etwas verkommene Paläste an einem breiten Boulevard, Lärm und bettelnde Kinder. »*Moneta, moneta!*« schreiend liefen sie neben uns her, streckten ihre Hände aus, zupften uns am Ärmel. Bettler gab es im ordentlichen Deutschland nicht mehr, bettelnde Kinder schon gar nicht – die Zigeuner waren längst verschwunden –, und wir hatten sowieso kein Geld für Almosen.

Erst abends, als wir auf einer Anhöhe oberhalb des Hafens über die Bucht auf den Vesuv schauten, der ein wenig rauchte, gefiel mir Neapel, aber nicht so, dass ich nach diesem Anblick sterben wollte. Warum Goethe ausgerufen hat: »Neapel sehen – und dann sterben«, das konnte ich nicht verstehen.

Mit dem Nachtschiff fuhren wir auf etwas unruhigem Meer nach Palermo, damit wir ohne Zeitverlust morgens sofort mit dem Besichtigungsprogramm beginnen konnten, nachdem wir unser Gepäck ins Hotel gebracht hatten. Ich war von allem begeistert, was ich sah, ob es nun historisch oder kunsthistorisch wichtige Gebäude waren, wie die Capella palatina und der Dom mit den funkelnden Mosaiken, oder Parkanlagen und Kreuzgänge, eine Oase der Stille mit Apfelsinen- und Zitronenbäumen und blühenden Rosen. Palermo war die Residenzstadt des Stauferkaisers Friedrich II., den ich wegen seiner Fortschrittlichkeit und Papstfeindschaft verehrte. Seine Grausamkeit und Tücke sind uns im Geschichtsunterricht verschwiegen worden.

Sizilien war damals noch nicht überlaufen von Touristengruppen, und so war eine Schar meist blonder junger Mädchen natürlich eine Sensation in einer kleinen Stadt wie Agrigent (Girgenti). Wir waren dorthin gefahren, um die Ruinen griechischer Tempel zu betrachten. Unser Besuch hatte sich herumgesprochen, und als wir zu unserem Hotel zurückkamen, hatte sich auf dem Platz davor eine Menge meist junger Männer versammelt, um die deutschen Mädchen zu sehen. Was sie uns zuriefen, verstanden wir nicht. Einige von uns, die ein Zimmer mit Balkon hatten, traten heraus und winkten fröhlich von oben.

Es muss, als wir in Sizilien waren, ein bedeutendes politisches Ereignis gegeben haben, zu dem Hitler sich in einer vom Rundfunk übertragenen Rede äußerte. Es kann die besonders aggressive Rede gewesen sein, die er am 1. April 1939 in Wilhelmshaven gehalten hat. An welchem Ort, in welchem Hotel wir Radio hören konnten und diese Rede anhören mussten, habe ich vergessen. Aber den markanten Spottvers, in einer von Fink und mir in

Reimen verfassten und auf Klopapier geschriebenen langen Reisechronik, habe ich nicht vergessen: »Über weite Ätherwellen hört man Hitlers heisres Bellen!«

Nachdem wir genug griechische Tempel, römische Amphitheater, mittelalterliche Paläste, verlassene und verfallende Dörfer und kahle Berge gesehen hatten, stiegen wir in Syrakus noch hinab in eine finstere frühchristliche Katakombe, so groß, dass wir uns ohne Führung verirrt hätten. Ein Mädchen behauptete, sie habe sich von den in den Nischen herumliegenden Knöchelchen einige als Souvenir eingesteckt.

Ich sehe noch die riesige, hohe Felsspalte vor mir, die dem Tyrannen Dionysios II. als Gefängnis diente, weil ihm die ungewöhnliche Akustik erlaubte, selbst das Flüstern der Gefangenen zu belauschen. Zur Demonstration dieser einzigartigen Akustik spannte der Fremdenführer einen Regenschirm auf, und das klang so, als ob heftiger Regen auf ein Blechdach prasselte. Darauf fanden Fink und ich keinen Reim. Weil dieser Ort »Das Ohr des Dionysios« hieß, dichteten wir für unsere Reisechronik: »Im Ohre des Dionysus hört man donnernd jeden Kuss.«

Eigentlich sollten wir uns von dem umfangreichen Bildungsprogramm zwei Tage in Taormina erholen und entspannen. Elisabeth war mehrmals dort gewesen, sie schwärmte von der Schönheit dieses sehr beliebten Ferienortes. Plötzlich jedoch wurde das Wetter schlecht, es wurde trüb und regnerisch, sodass Elisabeth kurz entschlossen den Reiseplan änderte und verkündete: Dann sehen wir uns stattdessen Rom an. Wahrscheinlich haben ihr römische Freunde geholfen, so kurzfristig ein Hotel zu finden, in dem unsere große Reisegruppe untergebracht werden konnte.

»*We made Rome in 36 hours.*« Bei strahlendem Frühlingswetter eilten wir von einer Sehenswürdigkeit zur anderen. Ich hatte die recht naive Vorstellung, die Römer würden mit ihren antiken Monumenten respektvoll umgehen. Keineswegs: Frauen saßen im Trümmerfeld des Forums auf Säulenstümpfen und Kapitellen und schwatzten und strickten, Kinder spielten zwischen den Steinblöcken, und überall wilde Katzen, Katzen, Katzen. Die Reste des römischen Erbes wurden nicht nur besichtigt, sondern auch benutzt. Mittlerweile wandern schon lange nur noch Touristen durch das Forum; inzwischen ist es sogar eingezäunt.

Damals jedoch war alles anders. Wir gingen staunend über den weiten ovalen Platz von Bernini auf den Petersdom zu. Der Platz war bis auf vereinzelte Menschengruppen leer. Keine Stuhlreihen, keine Absperrungen, keine Reisebusse, keine langen Warteschlangen vor den Eingangsportalen.

Mein Urteil über diesen Prachtbau der katholischen Kirche war wohl zwiespältig. Ich war beeindruckt von der Größe des Innenraums und der üppigen Ausstattung. Weil Michelangelo den Bau entworfen hatte, musste er ein Meisterwerk der Renaissance-Architektur sein, das ich nicht kritisieren durfte. Andererseits musste ich als überzeugte Protestantin in der Nachfolge Luthers Vorbehalte haben gegen diese ganz unchristliche, pompöse Zurschaustellung von Macht.

Von der Plattform schauten wir über die Stadt bis zu den Albaner Bergen. Dieser Weitblick genügte mir und einigen anderen Mädchen nicht, wir wollten bis zur Laterne der Kuppel aufsteigen, um in die päpstlichen Gärten und Höfe zu sehen, in denen vielleicht der Papst wandelte. Ich wollte vor allem durch die Glasfenster der Laterne auf das Dach des Tabernakels von Bernini genau unter der Vierung schauen, um eine Vorstellung von der Raumhöhe des Doms zu bekommen. Das große Tabernakel war ganz klein geworden.

Genau sechzig Jahre später, als ich 1999 in Rom war, habe ich wieder auf dem schmalen Umgang der Laterne gestanden, diesmal als einzige alte Dame unter lauter Jugendlichen. Endstation unserer Bildungsreise war Florenz. Dass mich der *David* von Michelangelo so begeistert hat, kann ich mir nur psychologisch erklären. Ich glaube, mir gefiel vor allem der jugendlich-trotzige Gesichtsausdruck. Geradezu enthusiastisch habe ich in einem Brief an Inga meinen Eindruck beschrieben Wir ließen kein Werk von Michelangelo aus und besichtigten zum Schluss noch eines seiner Florentiner Hauptwerke: die Medici-Kapelle mit den Marmorgrabmalen von Giuliano und Lorenzo, deren künstlerische Bedeutung Dr. Rudolph den inzwischen von so viel Kunst schon recht erschöpften Mädchen zu erklären versuchte. Nach seinem Vortrag nahm er mich beiseite, zeigte auf die Mädchen und sagte (sinngemäß): »Sehen Sie sich diese dummen Gesichter an, die verstehen nichts, die haben nichts begriffen – und das sind nun die Töchter der deutschen Oberschicht!« Ich war ganz verwirrt über diese unerwartete Vertraulichkeit, auf die ich keine Antwort wusste. Aber er erwartete vermutlich auch keine Antwort. Er wollte nur seinem Ärger und seiner Enttäuschung Luft machen.

Auf der Rückfahrt nach Heidelberg unterbrachen wir die Reise in Mailand. Ob wir dort umsteigen mussten und noch den berühmten Dom besichtigen sollten? Ich erinnere mich nur an die Volksmassen, die die riesige Bahnhofshalle füllten, um jubelnd die Besetzung Albaniens durch italienische Truppen zu feiern. Die Konfrontation mit dieser begeisterten Menschenmenge und dem ohrenbetäubenden Geschrei erschreckte uns alle. Die Besichtigung des Doms wurde aufgegeben, auf dem Weg dorthin hätten wir uns in der Menge verloren. Warum der Besitz von Albanien für die Italiener so wichtig war, dass sie fast überschnappten, verstanden wir nicht.

Die Italienfahrt war der Höhepunkt, wenn auch noch nicht das Ende meiner Zeit in Wieblingen.

Im Laufe des Jahres waren wir Schwestern uns allmählich nähergekommen. Ich durfte Elisabeth begleiten, wenn sie zum Nachmittagstee bei ihrer Freundin Hertha von Reichenau oder bei Gräfin Schwerin eingeladen war. Ich wurde Ricarda Huch vorgestellt, der ehrwürdigen berühmten Dichterin, die zu einem kurzen Besuch nach Wieblingen gekommen war. Sie richtete einige Fragen an mich, dann durfte ich mich, nach Knicks und Handkuss, wieder entfernen.

Vorgestellt wurde ich auch Wilhelm Furtwängler, dem damals berühmtesten Dirigenten, Chef der Berliner Philharmoniker, nach einem Konzert, in dem er außer Beethoven auch eine eigene Komposition dirigierte. Elisabeth nahm mich nach dem langen Applaus mit nach vorn zum Podium. Kannte sie ihn, wusste er, wer sie war? Er verbeugte sich jedenfalls tief mit einem Handkuss. Ich, daneben stehend, reichte ihm auch die Hand; doch bevor ich den anerzogenen Knicks machen konnte, hatte er schon einen zarten Kuss auf meine Hand gehaucht. Der erste Handkuss meines Lebens von Furtwängler! Ich war mehr verwirrt als geschmeichelt.

Die Abschlussprüfung in Theorie und Praxis der Haushaltsführung war so leicht, dass alle Schülerinnen der Frauenschulklasse sie bestehen konnten. Meine schlechteste Note bekam ich im Fach Ordnung: »ausreichend«. Das Zeugnis galt nur als ein »genügender Nachweis einer ausreichenden hauswirtschaftlichen Vorbildung«, der zum Eintritt in eine soziale Frauenschule oder ein Kindergärtnerinnenseminar berechtigte. Keine Perspektiven für mich. Die guten Leistungen in den sogenannten kulturkundlichen Fächern – »sehr gut« in Geschichte und Kunstgeschichte, was ich Dr. Rudolph verdankte –, ermutigten mich, das Abitur zu machen, um studieren zu können.

Im Juni hatte ich noch die Hoffnung, im September für einen Monat nach England reisen zu können, zu Verwandten und Freunden unserer Mutter. »Ich würde ja schrecklich gerne hinfahren«, schrieb ich an Inga; dabei den Gedanken an den drohenden Krieg verdrängend, der meinen Plan zunichtemachen könnte. Ich sollte die Verwandten kennenlernen, mir nach drei Internatsjahren feine englische Sitten aneignen, eine junge Dame werden und meine Englischkenntnisse verbessern.

Im Hinblick auf diese Reise sollte meine Garderobe vervollständigt werden. Erstaunlicherweise wurden viele Kleider für uns von einer Schneiderin genäht, obwohl wir wenig Geld hatten. War der Preisunterschied zur Konfektion nur unerheblich? Was auch immer der Grund war, ich fuhr mehrmals nach Gollnow zu einer freundlichen, rundlichen Schneiderin. Ich brachte die Stoffe mit, wir suchten aus Modeheften die Schnitte aus. Ich bekam sogar zwei hellblaue Abendkleider, weil Engländerinnen zum Dinner Abendkleider trugen.

In Gollnow, einer Kleinstadt an der Bahnstrecke nach Stettin, wohnte Frau Mimi Dreiss, die Witwe eines längst verstorbenen Majors. Offiziell ließ sie sich Frau Major anreden, nicht Frau Majorin, wir nannten sie Tante Mimi. Eine unserer zahlreichen Nenntanten; echte Tanten hatten wir nur wenige. Tante Mimi hatte feuerrote lockige Haare und ein sommersprossiges Gesicht. Sie lebte in einer Vier-Zimmer-Wohnung in einem Siedlungshaus der Zwanzigerjahre, vollgestellt mit zu großen Möbeln ihrer Aussteuer aus Wilhelminischer Zeit: mit grünem Samt gepolsterte, mit Troddeln umrandete, geschweifte Sitzmöbel, ein polier-

ter Tisch auf wuchtigem Balusterfuß, Schränke mit geschnitztem Zierrat, volle Vitrinen und – meine deutlichste Erinnerung: auf einem niedrigen Tisch eine große Stehlampe mit meergrünem Seidenschirm; um den Lampenfuß, an ihn geschmiegt, drei tanzende meergrüne Grazien mit dünnen, die Figur umschmeichelnden wehenden Gewändern aus Milchglas oder Fritte. Echter Fin-de-siècle-Kitsch, der meinem Teenagergeschmack entsprach.
Die Hauptperson in der Wohnung war nicht Tante Mimi, sondern die Foxterrierhündin Pussika. Verwöhnt, kläffend, unerzogen und überfüttert. Sie schlief entweder bei Frauchen im Bett oder im verwaisten Ehebett.
Ein Zimmer war immer vermietet, meistens an einen jungen Mann, der vorübergehend in der Kleinstadt zu tun hatte. Ich muss wohl zehn oder elf Jahre alt gewesen sein, als Tante Mimi uns ihren Untermieter vorstellte und mich neckisch nach Art alter Tanten fragte: »Möchtest du diesen netten Herrn später nicht heiraten?« Meine kurze Antwort: »Einen Kahlkopf will ich nicht!« Der Mann hatte eine Stirnglatze.

Mein Glaube an die Realisierbarkeit der Englandreise schwand täglich dahin, denn ein Krieg gegen Polen wurde immer wahrscheinlicher. Zu den wenigen Nachbarn, mit denen unsere Mutter ganz offen über die politische Lage sprechen konnte, gehörten Bismarcks in Plathe. Mit Gräfin Hilda von Bismarck verband sie eine herzliche und zugleich distanzierte Freundschaft. Nach einem Teebesuch bei Bismarcks kam sie sehr bedrückt zurück, denn der realistische und immer pessimistische Graf hatte sie davon überzeugen können, dass der Krieg unausweichlich sei, weil Hitler ihn unbedingt wolle. Das war wohl eine Woche vor dem Einfall der deutschen Truppen in Polen.
Der Traum von der Englandreise war ausgeträumt.

Intermezzo 3

Nach dem Krieg habe ich den Deutschen nicht glauben wollen, die behaupteten, von den Konzentrationslagern, den KZs, nichts oder wenn doch, dann nur Ungenaues, vage Gerüchte, gehört zu haben. Schon vor dem Krieg wurde in Vahnerow hinter vorgehaltener Hand von einem Mann, einem Kommunisten aus einem Nachbardorf, erzählt. Es hieß, er sei aus einem KZ entlassen worden, aber wegen der schlimmen Haftbedingungen habe man ihn zum Schweigen verpflichtet.

Natürlich erfuhren wir, dass Ernst Wiechert wegen seiner regimekritischen,»zersetzenden« Äußerungen in einem KZ (es war Buchenwald) zwei Monate lang eingesperrt war. Dass die KZs nicht nur Straflager für »Arbeitsscheue« waren, wie behauptet wurde, sondern vor allem für politische Gegner, wussten wir auch, spätestens seit der Verhaftung von Martin Niemöller 1937.

Ein großer Schock für das ganze Dorf war es, als der einzige, etwas schwachsinnige Sohn Karl der Familie Vogt eines Tages unter irgendeinem Vorwand abgeholt und wohl in die Provinzial-Heilanstalt in Treptow gebracht wurde, von der er nie wieder zurückkam. Er war als »unwertes Leben« ermordet worden, ein Opfer des Euthanasieprogramms, das seit Herbst 1939 von den Nazis offen propagiert wurde. Ein Gesetz wurde es allerdings nie. Die Eltern der Opfer bekamen eine Benachrichtigung über eine erlogene Todesursache.

Karl war ein freundlicher, fleißiger Mann, den jeder gern hatte.

Stundenlang saß er neben der Scheune auf einem Hocker, hackte Holz in handliche Scheite, die er kunstvoll zu Rundtürmen mit flachen Kegeldächern aufschichtete. Niemand konnte das so gut wie er. Jeden Morgen kam er schon früh ins Schloss. Dann putzte er die Schuhe auf der Bodentreppe, wohin wir Kinder sie gestellt hatten. Die Hausfrau und Feriengäste stellten ihre Schuhe vor die Zimmertüren, wie es damals auch in Hotels üblich war. Wir hörten Karls leise schlurfenden Schritt, wenn er die Schuhe abholte und wieder zurückbrachte. Bevor eine Cremedose leer war, meldete er sich bei der Hausfrau: »J'nä Frau, die jelbe (oder schwarze) Schuhkrem jeht zu Neije.«

Alle Leute im Dorf trauerten, als die Todesnachricht kam. Keiner glaubte an einen natürlichen Tod, denn der junge Mann war robust und ganz gesund, als er abgeholt wurde. Die Eltern haben den Tod des Sohnes nie verwunden.

Zu Beginn des Krieges am 1. September 1939 hielt Hitler im Reichstag eine Rede, in der er den Überfall auf Polen rechtfertigte. Wir hörten uns in Vahnerow im sogenannten Damenzimmer, in dem das Radio stand, die Rede an. Sie endete damit, dass er sagte, er wolle nichts anderes sein als der erste Soldat des Deutschen Reiches. Und er werde ihn (den Soldatenrock) »nur ausziehen nach dem Sieg oder – ich werde dieses Ende nicht überleben«.

Ich war empört, ich fand es unverantwortlich und feige, dass der Führer sein Volk vor einer möglichen Niederlage im Stich lassen und seinem Schicksal überlassen wollte.

Von Anfang an, auch später unbeirrt durch die Erfolge an vielen Fronten, war ich davon überzeugt, dass die Deutschen den Krieg verlieren würden, verlieren müssten, weil sie ihn ohne Grund angefangen hatten. Glaubte ich ganz naiv mit meinen sechzehn, siebzehn Jahren an so etwas wie eine höhere Gerechtigkeit? Dass nicht sein kann, was nicht sein darf? Verbrecher dürfen nicht siegen?! Welche Folgen ein verlorener Krieg haben würde, konnte ich mir nicht vorstellen.

Begeisterung für diesen Krieg, dessen Notwendigkeit kaum jemand einsah, trotz Hitlers rechtfertigender Reden, war nicht zu spüren, im Gegenteil, die Stimmung war überall bedrückt. Die jungen Männer wurden eingezogen, die Ackerpferde mussten abgegeben werden, worüber unsere Pferdeknechte sehr traurig waren, denn jeder hatte ein ganz persönliches Verhältnis zu »seinen« Pferden. Benzin wurde rationiert, und unser Auto blieb in der Garage, bis es eines Tages abgeholt wurde. Schwarze Papierrouleaus wurden für die vielen großen und kleinen Fenster angeschafft, damit abends kein Lichtschein nach draußen dringen konnte.

Gerüchte über die in Polen während des kurzes Krieges und der anschließenden Besetzung des Landes verübten Grausamkeiten sickerten durch. Glaubwürdig hat Ado, der als Arbeitsdienstmann in Polen eingesetzt war, davon berichtet. Zu Weihnachten bekam er Urlaub. Was er uns alles erzählte, von »Franktireur-Erschießungen« und »Greueltaten der SS«, und wie er es uns völlig kritiklos erzählte, das entsetzte uns Geschwister und am meisten unsere Mutter. In einem langen Brief an Inga schüttete ich ihr mein Herz aus und wehklagte über den »verlorenen Sohn«. Unsere Mutter, die sonst so mutig war, hatte mich gebeten, mit Ado zu sprechen. Sie traute sich nicht, dem Sohn die Meinung zu sagen. Ich hatte dagegen keine Hemmungen, ihm zu widersprechen, was ich immer getan habe, wenn es um Politik ging. Ich war sogar stolz darauf, dass es etwas geholfen und der Bruder mir nichts übel genommen hatte; jedenfalls bildete ich mir das ein.

DER ERSTE KRIEGSWINTER

Zum ersten Mal seit 1936 verbrachte ich nicht nur die Schulferien in Vahnerow, sondern ein halbes Jahr, um mich auf die Rückkehr in die Schule vorzubereiten. Mama war sofort mit meinem Plan, das Abitur zu machen, einverstanden gewesen. Auch gegen meine Absicht, Geschichte und Kunstgeschichte zu studieren, nachdem ich von Dr. Rudolph dazu ermutigt worden war, hatte sie nichts einzuwenden. Im Gegenteil, ihre Cousine Muriel Clayton, die sie sehr schätzte, war Kustodin im British Museum in London. So weit, hoffte sie wohl, könnte ich es auch einmal in einem deutschen Museum bringen. Welch ein Irrtum!

Ich hatte mir vorgenommen, das ganze Pensum, das ich in der Mittelstufe gelernt hatte, für mich zu wiederholen, nach einem von mir selbst entworfenen Stundenplan. Ich hatte also für ein Schuljahr jeweils zwei Monate Zeit. Wie ich das geschafft habe, wie ich mich derartig konsequent habe disziplinieren können, kann ich kaum noch verstehen. Oft war ich fast am Ende meiner Kräfte, ich hatte Kopfschmerzen, war überreizt, schlief zu wenig, wenn ich bis halb zwölf Uhr nachts noch gearbeitet hatte.

Um zu zeigen, dass ich in der Frauenschule etwas gelernt hatte, durfte ich einige Male ausgefallene Gerichte zubereiten, die unsere Köchin Elsbeth Hess, genannt Mamsell, nicht kannte.

Gerhard und Mona fuhren zunächst noch nach Greifenberg zur Schule. Baba musste im Altenburger Stift bleiben, obwohl sie dort unglücklich war. Gut meinende Freunde hatten versucht, unsere Mutter zu überreden, sie in eine andere Schule zu schicken. Das kam überhaupt nicht in Betracht: Ihre Tochter, eine Nichte der alten verehrten Pröpstin Hildegard, musste durchhalten. In den Weihnachtsferien hat Baba mir bei langen Spaziergängen durch die verschneite Landschaft von ihren Kümmernissen erzählt. Erst nach der mittleren Reife, im Frühjahr 1940, war sie erlöst.

Über unsere pubertären und sonstigen Probleme konnten wir mit unserer Mutter niemals sprechen. Vertrautheit oder gar Vertraulichkeit mochte sie nicht. Es wäre ihr recht gewesen, sagte sie einmal, wenn wir sie nach französischer Sitte mit Sie angeredet hätten. Unsere Vertraute in allen Lebenslagen war immer noch Inga, der wir Schwestern viele Briefe schrieben, die sie nur selten beantwortete, aber sorgfältig aufbewahrte.

Ganz ohne Unterstützung habe ich mich nicht auf die gymnasiale Oberstufe vorbereitet. Seit Anfang des Krieges hatten wir nämlich in Vahnerow einen Hauslehrer, Dieter Bassermann, engagiert für Atti, die nach Mamas Ansicht zu zart war für eine öffentliche Schule, und ihre bei uns wohnende Freundin Frances von Strachwitz; außerdem für Mona und ihre Freundin Armgard von Blanckenburg aus dem Nachbardorf Zimmerhausen, die beide nach Kriegsbeginn, als Benzin rationiert wurde, nicht mehr im Privatauto nach Greifenberg gefahren werden durften. Eine andere Transportmöglichkeit gab es nicht. Sie mussten deshalb vom Gymnasium genommen werden.

Dieter Bassermann war kein Schullehrer, sondern ein »Privatgelehrter«, wie er sich nannte. Studiert hatte er wohl nicht, jedenfalls hatte er keinen akademischen Titel. Unsere Mutter hatte ihn durch ihre Beschäftigung mit Rainer Maria Rilke als anerkannten Rilke-Forscher kennengelernt und mit ihm korrespondiert.

Er war ein stattlicher, schwarzhaariger Mittfünfziger mit großen braunen Augen. Er ging am Stock, weil er infolge eines Unfalls ein steifes Bein hatte. Das Knie hätte operiert werden können. Doch da man als Invalide rücksichtsvoller behandelt wird, erklärte er, habe er auf die Operation verzichtet.

Als der Krieg begann, fühlte er sich in Freiburg, nahe der Westfront, von feindlichen Bomben bedroht. Er nahm also das Angebot unserer Mutter, als Hauslehrer nach Vahnerow zu kommen, ohne Zögern an. Obwohl kein examinierter Pädagoge, war er überzeugt, die geisteswissenschaftlichen Fächer unterrichten zu können. Von Naturwissenschaften hatte er wenig oder keine Ahnung. Englischunterricht sollte ich nicht nur Atti, sondern auch Mona und Armgard geben. Die beiden hatten auf dem Gymnasium mit Latein angefangen, mussten aber schon auf den Englischunterricht im Altenburger Stift vorbereitet werden.

Ich hatte auf meinem Wieblinger Zeugnis die Note »sehr gut« in Englisch bekommen, und deshalb traute man mir das Unterrichten zu. Ich blieb in Übung in Hinblick auf meine Rückkehr zur Schule, und das Unterrichten machte mir Spaß. Unsere Mutter, examinierte Englischlehrerin, hatte wohl keine Lust, diese Sprache, die sie fließend sprach, Anfängerinnen beizubringen.

Herr Bassermann konnte also ohne Existenzsorgen, mit einem regelmäßigen Einkommen, sein angefangenes Buch über Rilke in Ruhe zu Ende schreiben.

Für unsere Mutter war er ein überragender Gelehrter, ein immer anregender, vielseitig gebildeter Gesprächspartner, der ihre politischen Ansichten teilte, den sie bewunderte und verwöhnte. Sie empfand es fast als eine Ehre, dass er ihrer Einladung gefolgt und aus dem Kulturland Baden in das geistige Ödland Hinterpommern gekommen war.

Für uns halbwüchsige Kinder war er der Hauslehrer, ein Angestellter, der zwar mittellos, aber selbstbewusst Privilegien beanspruchte, die ihm aus unserer Sicht nicht zustanden. Er ließ sich das Essen in seinem Zimmer servieren, wenn er keine Lust hatte, am allgemeinen Mittag- oder Abendessen teilzunehmen. Er schichtete die Wurstscheiben auf sein Brot, während wir sie sparsam nebeneinanderlegen mussten, was wir natürlich missbilligend registrierten. Er schämte sich nicht, vom Hausmädchen morgens den gefüllten Nachttopf ausleeren zu lassen, obwohl sein Badezimmer nur einige Schritte entfernt war. Den Spott der Hausangestellten hörte er ja nicht. Schon bald maßte er sich an, unsere Erziehung zu kritisieren. Da wir aber in einem Matriarchat aufgewachsen waren – unser Vater hatte sich kaum um uns gekümmert –, lehnten wir von Anfang an jeglichen Versuch einer Einmischung in unsere Erziehung und Gewohnheiten ab. Kritik an uns bedeutete Kritik an unserer Mutter, und die war keinem Eindringling erlaubt, vor allem keinem Mann! Wir bildeten eine geschlossene Front der Ablehnung, die zu durchbrechen ihm nie gelang. Unsere Mutter hat bestimmt darunter gelitten, denn sie profitierte täglich von der Gegenwart dieses intelligenten Mannes.

Mir bot Dieter Bassermann an, mich in einigen Fächern, die er gut beherrschte, zu unterrichten: Das waren deutsche Literatur, Französisch und Latein. Ich erinnere mich gerne an den Lateinunterricht, der ausgezeichnet war, kein Vergleich mit dem öden Unterricht der Studienräte im Greifenberger Gymnasium. Jetzt erst lernte ich, die verschachtelten Sätze der römischen Autoren allmählich zu überblicken und »vom Blatt« zu übersetzen. Die gemeinsame Lektüre der Schriften Ciceros, besonders der Briefe an seine Tochter Tullia, machte mir so viel Spaß, dass ich darüber fast den Altmännermief und den Tabakgestank in dem selten gelüfteten Zimmer vergaß, aber nur fast. Denn ich war froh, wenn ich das überhitzte Zimmer verlassen und frische Luft einatmen konnte, die Bassermann offensichtlich niemals vermisste.

Endlich erlebte ich wieder die ganze Advents- und Weihnachtszeit in Vahnerow. Jahrelang war ich erst zu Beginn der Weihnachtsferien nach Hause gekommen. Jetzt war ich nicht mehr das Kind, das von den Vorbereitungen des Festes nichts merken durfte, sondern das junge Mädchen, das dabei helfen durfte. Das fing an mit der Auswahl der Geschenke für die Hausangestellten, die Waschfrauen, das Kutscher- und das Gärtnerehepaar. Frau Ruppel, die Vertreterin eines großen Stettiner Kaufhauses, war wie üblich mit einem Katalog und mit Mustern gekommen. Noch gab es keine gravierenden Beschränkungen in ihrem Angebot. Es wurden Heimtextilien, warme Wäsche, Schürzen und anderes bestellt. Die Menge der Geschenke und ihr Preis standen in einem bestimmten Verhältnis zum Jahresverdienst. Dazu kamen Naturalien: Verschiedenes aus der Räucherkammer, Honig- und Napfkuchen aus der Hausbäckerei, außerdem Bargeld.

Dann wurden viele Pakete gepackt für die in der Stadt lebenden Freunde und Verwandten. Sie enthielten Würste, Schinken, gebratenes Geflügel, Weihnachtsgebäck und von der Hausfrau hergestelltes Konfekt, ihr besonderer Stolz, und selbstverständlich auch Bücher. Alles wurde sorgfältig in buntes Weihnachtspapier eingewickelt und mit kleinen Schildchen versehen. Unsere Mutter liebte es Geschenke zu machen. Bis an ihr Lebensende war sie eine geniale Schenkerin – wenn es das Wort gibt.

Am 23. Dezember wurden die Geschenke für die Angestellten abends auf den Billardtisch gelegt und mit einem Laken bedeckt. Am Heiligen Abend versammelten wir uns alle in der Halle, gingen dann die Treppe hinauf ins Billardzimmer, denn zuerst wurden die Angestellten beschert. Die Gutsherrin geleitete jeden an seinen Platz und sagte etwas Erläuterndes zu den Geschenken.

Darauf gingen wir hinunter ins Musikzimmer, wo der bis zur Decke reichende Weihnachtsbaum mit den brennenden Kerzen und unsere Gabentische standen. Wir Kinder, oft noch ein oder zwei Besucher, stellten uns neben den Flügel, die Angestellten blieben neben der weit geöffneten Glastür stehen. Und während wir kräftig sangen – es war ja ein großer Chor – und die Hausfrau die Weihnachtsgeschichte vorlas, blickten wir verstohlen zu unseren Tischen, zu denen wir nach dem offiziellen Teil der Feier der Reihe nach geführt wurden: die Jüngsten zuerst, zuletzt die Besucher.

Schließlich wurden alle aufgefordert, die von unserer Mutter allein aufgebaute Krippenlandschaft zu bewundern, zu bestaunen und wortreich zu loben, denn nie versäumte sie es, vorsorglich darauf hinzuweisen, dass ihr der Krippenaufbau diesmal leider, leider bei Weitem nicht so gut gelungen sei wie im Jahr zuvor.

Völlig unvorbereitet sagte mir Mama am Abend des 4. Januar 1940, Gräfin Bismarck habe angerufen, ihre Tochter Hilmie von Heyl säße mit ihren fünf Kindern und einem kranken Mann ohne Hilfe da und brauche sofort jemanden zur Unterstützung. »Morgen fährst du nach Worms!«, wurde mir befohlen. Diese Überrumpelung war schlimm, nicht nur, weil ich keine Lust hatte, Kinder zu hüten, sondern weil ich eine Woche lang meine Vorbereitungen für die Schule unterbrechen musste. Immer hatte ich das beunruhigende Gefühl, das selbst gesetzte Ziel nicht rechtzeitig erreichen zu können. Widerspruch war natürlich zwecklos. Die lange Reise mit den seit Kriegsbeginn unregelmäßig und oft verspätet fahrenden Zügen schreckte mich auch, obwohl ich das Bahnfahren gewohnt war.

Irgendwie habe ich die Woche mit den Kindern, die ich laut, schlecht erzogen und verwöhnt fand, überstanden.

Es gefiel mir aber sehr, dass ich für Hilmie eine erwachsene, kompetente Gesprächspartnerin war. Beim Abendessen, während das Essen auf den Tellern kalt wurde, und später, nachdem die Kinder ins Bett gebracht waren, führten wir die Gespräche fort. Der nur selten in Erscheinung tretende, angeblich kranke Ehemann war wortkarg und muffelig, arrogant zu seiner ihn demütig anbetenden Frau. Ich mochte ihn nicht. Er war ein überzeugter NS-Parteigenosse. Seine Frau auch, was mich wunderte, weil ihre Eltern Gegner der Nazis waren – vielleicht aus Solidarität mit dem Ehemann.

Um die Rückreise von Worms nach Batzwitz in einem Tag zu schaffen, musste ich sehr früh aufstehen und im Dunkeln zum Bahnhof gehen. Ein Frühstück mit Thermosflasche war im Esszimmer für mich bereitgestellt. Niemand war da, der mich hätte begleiten können. Die Villa der Heyls lag am Stadtrand, der Weg war weit, der Koffer schwer, weil ich mir Schulbücher eingepackt hatte. Wahrscheinlich war der Mond noch nicht untergegangen, ganz dunkel war es nicht. Ich ging in der Mitte der Straße auf der Fahrbahn, möglichst weit entfernt von den Häusern, in deren finsteren Eingängen sich jemand hätte verstecken können. Ich hörte nur meine Schritte auf dem Pflaster allzu laut in der Stille. Bei jedem Geräusch zuckte ich zusammen, fürchtete, aus einer Seitenstraße würde plötzlich ein Mann auf mich zukommen. Wegen der strengen Verdunkelung drang kein Lichtstrahl aus den Fenstern. Die Stadt war wie ausgestorben, bis zum Bahnhof bin ich keinem Menschen begegnet. So ungern ich Kindermädchen gewesen war, rückblickend hatte ich das Gefühl, eine gute Tat getan zu haben und nützlich gewesen zu sein.

Zur Vorbereitung auf die Oberstufe war nach Dieter Bassermanns Meinung eine gründliche Kenntnis der klassischen deutschen Literatur erforderlich. Er las gerne vor, weil er sich für einen guten Vorleser hielt, und so regte er an, ein- oder zweimal in der Woche nach dem Abendessen in größerem Kreis zu lesen. Zu diesem gehörten die Kinder, die noch oder wieder oder vorübergehend zu Hause waren und auch gelegentliche Gäste. Vorlesen war ja eine alte Thaddensche Tradition. Alle versammelten sich im Herrenzimmer um den großen Eichentisch.

Uns langweilten die Texte der deutschen Klassiker, die zur Allgemeinbildung gehörten, vor allem Goethes Prosa, die ich für mich allein nur ungern gelesen hätte. Kritik an *Wilhelm Meister* oder an den Erzählungen hätten wir nie zu äußern gewagt, Goethe durfte nur verehrt und bewundert, niemals kritisiert werden. Als ich einmal zu einem Problem meine abweichende Meinung geäußert hatte, wurde ich von Bassermann zurechtgewiesen: »In Ihrem Alter hat man überhaupt noch keine eigene Meinung zu haben!«

Uns missfiel auch die Art des Vortrags in dem für unsere pommerschen Ohren hässlichen Badener Dialekt.

Die Zuhörerinnen mussten sich während der Lesung mit einer Handarbeit beschäftigen, entweder stopfen, stricken oder sticken, wie es schon im 18. Jahrhundert und noch beim Exkaiser Wilhelm II. in Doorn üblich war: Ein Mann liest vor, und die Damen haben eine Nadelarbeit in den Händen. Um nicht untätig dabeizusitzen, versuchte Gerhard Strümpfe zu stopfen.

An diesem Eichentisch saßen auch unsere Mutter und Herr Kratz, nachdem er den noch zu Hause lebenden Töchtern Klavierunterricht gegeben hatte. Wenn abends kein Zug mehr nach Greifenberg fuhr, übernachtete er bei uns. Die Hausfrau saß wie üblich auf ihrem Schaukelstuhl, Herr Kratz ihr gegenüber auf dem mit dunkelrot gemustertem Samt bezogenen Sofa unter dem Bild mit dem »Röhrenden Hirsch«, das schon in Trieglaff in Vaters Zimmer hing. Die große Lampe mit einem orangefarbenen Seidenschirm war tief heruntergezogen. Zunächst hatten sie wohl nur Patiencen gelegt, dann ist einer auf den Gedanken gekommen, dass man auch etwas Intellektuelleres tun könnte, zum Beispiel eine neue Sprache lernen. Aus Opposition gegen das NS-Regime mit seinem Antisemitismus sollte es eine von den Nazis verachtete Sprache sein: Das war Hebräisch. Beide hatten sich immer über die dumme Behauptung geärgert, eine Schrift, die keine Vokalzeichen habe, müsse vieldeutig, also verlogen, also typisch jüdisch sein. Die Lehrmeisterin der Schüler war Frau Prof. Gross, die Frau eines Greifenberger Studienrats. Sie hatte selbst keinen akademischen Titel, wurde aber, wie damals üblich, mit dem Titel ihres Mannes angeredet. Sie unterrichtete zunächst Herrn Kratz in Greifenberg, und dieser gab sein Wissen an unsere Mutter weiter. Gemeinsam machten sie dann die Hausaufgaben, die Frau Gross korrigierte. Mama liebte die schöne Quadratschrift, sie schrieb die Buchstaben sehr sorgfältig und zeigte mir stolz ihre Hefte. Sie war überhaupt begeistert, dass sie es in »ihrem Alter« (Mitte vierzig!) noch schaffte, eine ungewöhnliche Sprache zu lernen. Nach dem Krieg hat sie den Hebräischunterricht leider nicht wieder aufgenommen. Sie hatte keine Kraft mehr dazu und keinen Mitschüler. Herr Kratz hatte beim Einmarsch der Russen in Greifenberg im März 1945 Selbstmord begangen.

Bald nach Ende des Polenkrieges kamen die ersten polnischen Kriegsgefangenen nach Vahnerow. Sicher musste bei irgendeiner Dienststelle ein Antrag auf Zuteilung einer bestimmten Anzahl von Gefangenen gestellt werden, die sich nach der Betriebsgröße richtete. Nachdem die deutschen Männer zur Wehrmacht eingezogen worden waren, wurden dringend Arbeitskräfte in der Landwirtschaft gebraucht.

Die Gutsherrin sorgte dafür, dass die Schnitterkaserne für die Gefangenen in Ordnung gebracht wurde: frisch gefüllte Strohsäcke, Bettzeug, Handtücher, Geschirr und so weiter. Sie kümmerte sich um die Lebensmittelzuteilung, achtete darauf, dass die Männer genügend Gemüse bekamen. Zur Aufbewahrung der großen Fett- und Fleischzuteilungen wurde extra ein Kühlschrank angeschafft und bei uns im Haus in der Anrichte aufgestellt. Das Fleisch stammte nicht von geschlachteten, sondern von gestorbenen Tieren. Ich sehe unsere Mutter noch in der Anrichte sitzen, auf dem Tisch eine große Waage, auf der sie die täglichen Rationen abwog. »Es muss alles seine Ordnung haben«, wie sie zu sagen pflegte.

Ihre Verantwortung für die Kriegsgefangenen, die Polen, Franzosen, Russen und später die Zwangsarbeiter aus der Ukraine hat sie immer sehr ernst genommen. Wenn sie um Hilfe gerufen wurde, ging sie mit einer großen Ledertasche ins Dorf zur Schnitterkaserne, versorgte die Kranken, verteilte Medikamente, verband Verletzungen, legte Salbeiblätter auf Eiterbeulen (Furunkel), unter denen die Männer oft litten. Ihrer Umsicht verdankten es zwei ukrainische Frauen, dass sie ihre Babys behalten und verstecken konnten. Eigentlich hätten die Kinder, die sie nicht bekommen durften, sofort nach der Geburt bei einer NS-Dienststelle abgegeben werden müssen, was den Tod bedeutet hätte. Kein Dorfbewohner hat die jungen Mütter verraten. Die Ukrainer blieben bis Kriegsende in Vahnerow. Und da sie recht schnell Deutsch lernten, wurden sie in die Dorfgemeinschaft aufgenommen, soweit es möglich war unter den Augen unseres argwöhnischen und unsympathischen NS-Inspektors.

Beim Einmarsch der russischen Truppen Anfang März 1945 haben sich die Ukrainer schützend vor unsere Mutter, Baba und das Hauspersonal gestellt. Den unbeliebten Inspektor gaben sie sofort »zum Abschuss frei«.

Nach einem halben Jahr fleißigen Lernens in einer Zeit, in der man vom Krieg noch kaum etwas merkte, jedenfalls nicht in Hinterpommern, freute ich mich im Frühjahr 1940 auf die Rückkehr in die Schule. Es war die sechste seit dem ersten Schuljahr.

IN BERLIN – BIS ZUM ABITUR

Berlin. Warum nicht Stettin, die Hauptstadt von Pommern? Dort gab es auch Schulen, bei denen ich hätte angemeldet werden können. Viele Schülerinnen, die in Greifenberg kein neusprachliches Abitur machen konnten, gingen auf eine Oberschule in Stettin. Diese Stadt war für uns eigentlich nur ein Umsteigebahnhof, um nach Berlin weiterzufahren. Sie galt – bei uns – als hässlich, provinziell und kulturlos. Ob dieses Urteil stimmte, habe ich niemals überprüft.

Berlin – das war auch ein Abenteuer, auf das ich mich freute, die Großstadt und die Möglichkeit, endlich ein von mir selbstbestimmtes Leben zu führen, nach drei Jahren Internatsleben und acht stillen Monaten in Vahnerow, ausgefüllt mit Lernen und langweiligen Hausarbeiten. »Es ist so herrlich«, habe ich in meinem ersten Brief an Inga (20. April) geschrieben, »so ein unabhängiges Leben zu führen + völlige Freiheit zu haben! … Am Anfang hatte ich so viel freie Zeit, daß ich kaum wußte, wohin mit ihr. Ich bummelte herum, sah mir Läden an + versuchte Berlin kennenzulernen. … Hier brauche ich auf niemand Rücksicht zu nehmen, ich habe nur mich selbst, niemand bittet mich um etwas …« Ich war ja entschlossen, fleißig zu sein, aber die Freizeit wollte ich auch nutzen, um ins Kino oder Theater zu gehen, ein Konzert zu hören, mich mit Leuten zu treffen.

Berlin war auch noch aus einem anderen, nicht ästhetischen, sondern praktischen Grund Stettin vorzuziehen: Wir hatten Freunde in der Stadt, die sich um mich kümmern konnten, wenn ich Rat und Hilfe brauchte. In Stettin kannten wir niemanden. Ich sollte noch nicht allein bei einer Zimmervermieterin wohnen wie eine Studentin, dazu war ich zu jung, sondern wohlbehütet in einer Pension. Uns war die Pension von Bülow empfohlen worden. Sie lag günstig in der Nachodstraße in Wilmersdorf, in der vierten oder fünften Etage eines Vielfamilienhauses aus der Gründerzeit, nicht weit entfernt von der Schule, und sie bot Vollpension an. Der Name der Leiterin, Frau von Bülow, bürgte für Qualität: Die dort wohnenden jungen Damen kamen aus »guten« Familien, wenigstens ein Drittel war adlig. Ich war die einzige Schülerin, die anderen Bewohnerinnen befanden sich in beruflicher Ausbildung oder waren Sekretärinnen mit Fremdsprachenkenntnissen, die meisten im Auswärtigen Amt. Sie waren elegant gekleidet, schminkten sich, hatten Freunde, mit denen sie ausgingen, und Liebeskummer und schwärmten für besonders erfolgreiche Jagdflieger. Mich behandelten sie mit freundlicher Fürsorglichkeit.

Als ich die Tür zu meinem Zimmer öffnete, in dem ich ein Jahr wohnen sollte, sah ich zu meiner Enttäuschung, dass das Fenster zum Hinterhof ging, ich blickte auf eine hohe Hauswand mit ebenso vielen Etagen wie in unserem Haus. Nur ein kleiner Himmelsausschnitt war zu sehen. Die Sonne würde also niemals in mein Zimmer scheinen. Ich beugte mich aus dem Fenster: tief unten im Hof wuchsen einige immergrüne Pflanzen, die wenig Sonnenlicht brauchen, und ein kümmerliches, noch kahles Birkenbäumchen. Das war wenig Natur für ein Mädchen vom Land. Der Blick aus diesem Fenster konnte mich jedenfalls nicht von den Schularbeiten ablenken. Dafür gab es ganz andere Ablenkungen, mit denen ich nicht gerechnet hatte: heftige Familienstreitigkeiten bei offenen Fenstern, laute Radiomusik und die Übungen einer Sängerin, die große Mühe hatte, einen bestimmten Ton zu erreichen und immer wieder ansetzte, um über die schwierige

Stelle hinwegzukommen. Ich wartete ungeduldig darauf, dass sie es schaffen würde, erst dann konnte ich mich wieder auf meine Schularbeiten konzentrieren.

Als ich zum ersten Mal nach dem Krieg nach Berlin kam, war das Eckhaus in der Nachodstraße verschwunden. Die Trümmer des zerbombten Hauses waren längst beseitigt, auf dem Platz parkten einige Autos. Beim nächsten Besuch standen dort Holzbuden, und schließlich war wieder ein Mehrfamilienhaus auf das Grundstück gebaut worden.

Berlin galt im Frühjahr 1940 als sichere Stadt. Dänemark und Norwegen waren überraschend schnell von deutschen Truppen besetzt worden, an der Westfront war es im April noch ruhig. Niemand dachte an Bombenangriffe alliierter Flugzeuge auf die Reichshauptstadt. Hermann Göring hatte selbstsicher verkündet: »Wenn ein einziges englisches Flugzeug unsere Luftabwehr durchbrechen kann, wenn eine einzige Bombe auf Berlin fällt, dann will ich Meier heißen.« Es dauerte noch einige Monate, dann hieß er »Meier«, nicht nur hinter vorgehaltener Hand.

Weil ich die gymnasiale Oberstufe in einem, statt in drei Jahren schaffen wollte, konnte ich in keine öffentliche Schule gehen, sondern nur in eine Abituraufbauschule, auch Abendschule oder Presse genannt. Diese Schulen boten im Allgemeinen nur Abendkurse an für Berufstätige. In der Höheren Privatschule von Direktor Bride gab es aber auch Vormittagsunterricht für Interessenten, die aus unterschiedlichen Gründen nicht mehr auf eine staatliche Schule gehen wollten oder durften und tagsüber nicht Geld verdienen mussten. Für diesen Vormittagskurs, die Abitur-Vorbereitungsklasse, war ich angemeldet.

Vergeblich hatte ich versucht, meine Freundin Fink (Ursula von Finckenstein) zu überreden, mit mir in Berlin das Abitur zu machen. Fink interessierte und begeisterte sich zwar für alle geisteswissenschaftlichen Fächer, aber die Vorstellung, noch einmal konzentriert lernen zu müssen, Klassenarbeiten zu schreiben, sich mit den ungeliebten Naturwissenschaften zu beschäftigen, eine Prüfung abzulegen, war ihr ein Gräuel. Nicht lernend, nur genießend wollte sie sich mit den »freien Künsten« beschäftigen. Sie war ein Mensch ohne Ehrgeiz. Auch später im Beruf hat sie nie das Bedürfnis gehabt, Karriere zu machen; eine untergeordnete Tätigkeit im Präsidium des Roten Kreuzes genügte ihr vollkommen.

Erwartungsvoll ging ich zu Direktor Brides Schule, die in einem Eckhaus in der Rankestraße, Nähe Kurfürstendamm, untergebracht war. Auch dieses Haus wurde im Krieg total zerstört. Alle oder fast alle siebzehn Schülerinnen und vier Schüler waren in der gleichen Situation wie ich: nämlich niemanden zu kennen. Wie sollte man sich da entscheiden, neben wem man sitzen wollte? Ein anderes Problem war die Uneinheitlichkeit der Klasse: Die jüngste Schülerin war sechzehn Jahre alt, der älteste Schüler sechsunddreißig. Es gab Schüler mit mehrjähriger Berufserfahrung, Krankenschwestern, die noch Medizin studieren wollten, zwei oder drei Halbjuden, die keine öffentliche Schule besuchen durften, dazu zwei Außenseiterinnen: eine Tochter des Zigarettenfabrikanten Reemtsma, die manchmal im Firmenflugzeug von Hamburg nach Berlin gebracht wurde, und Bettina von Ribbentrop, Tochter des Außenministers. Sie saßen nebeneinander in der Schulbank. Vielleicht kannten sie sich schon.

Ich fiel unter den Großstädterinnen durch meine schlichten Kleider und besonders durch meine altmodische Frisur, den geflochtenen Haarkranz, als Mädchen vom Lande auf. Ich kam mir wie eine Landpomeranze unter den Mitschülerinnen vor, die nur der aktuellen Mode entsprechende Kleider trugen. Im ersten

Kriegsjahr war das Angebot in den Textilgeschäften noch ausreichend, trotz der den Verkauf einschränkenden Kleiderkarten. Am nettesten war die jüngste Schülerin, ein hübsches, großes, schwarzhaariges Mädchen mit hellblauen Augen, die mich gleich aufforderte, mich neben sie zu setzen. Sie hieß Renate Kroner und war Halbjüdin. Meistens habe ich meine Freundschaften ganz spontan geschlossen und auf den ersten Blick die richtige Wahl getroffen. Die Vorkenntnisse der Schüler in dieser heterogenen Klasse waren sehr unterschiedlich. Das erschwerte den Unterricht, andererseits war das Unterrichten angenehm für die Lehrer, weil alle Schüler fleißig und diszipliniert waren, nur bestrebt, so bald wie möglich zum Abitur zugelassen zu werden. Eine zeitliche Begrenzung der Schulzeit gab es wohl nicht, jeder Schüler konnte sich zu einem Prüfungstermin anmelden (Herbst oder Frühjahr), wenn er und die Lehrer überzeugt waren, er beherrsche den Stoff aller Fächer. Externe Schüler wurden nämlich besonders streng von einer staatlichen Prüfungskommission in einer staatlichen Oberschule schriftlich und mündlich geprüft, von Lehrern, die sie noch nie gesehen hatten.

Zu meiner großen Erleichterung merke ich bald, dass ich mich im Winter in Vahnerow genügend auf die Schule vorbereitet hatte, in den geisteswissenschaftlichen und sprachlichen Fächern konnte ich glänzen. Bei den Naturwissenschaften musste ich mich anstrengen, in Mathematik war ich nicht begabt genug, um den Stoff von drei Jahren in einem knappen Jahr zu bewältigen. Renate Kroner, die in Mathematik auch Probleme hatte, aber viel weniger als ich, fragte mich, als die Defizite zu offensichtlich waren, ob ich mit ihr zusammen bei einem jüdischen Mathematiklehrer Unterricht nehmen wolle. Er hatte als Jude seine Stelle an einem Gymnasium verloren, bekam wenig Geld und musste unbedingt etwas verdienen. Natürlich war ich sofort bereit, einen armen Juden zu unterstützen. Wir sind mal morgens, mal abends zum Unterricht gegangen. Ich kann mich noch an ein kleines Zimmer am Ende eines Flurs erinnern, in dem es ziemlich dunkel war. In der Mitte stand ein Tisch, über dem Tisch die übliche Zuglampe mit Fransenschirm. Der Lehrer saß auf dem Sofa, Renate und ich saßen auf Stühlen ihm gegenüber. Der Unterricht war ausgezeichnet. Noch nie waren mir mathematische Aufgaben so verständlich erklärt worden, kein Lehrer hatte mich bis dahin für Mathematik interessieren können, er konnte es. Ich bekam durch ihn auch etwas Selbstvertrauen, ich resignierte nicht mehr so schnell, wenn ich mit einer Aufgabe nicht zurechtkam, sondern brütete und grübelte in meinem kleinen Zimmer so lange, bis ich die Lösung hatte. Fand ich sie auch nach langem Nachdenken nicht, rief ich Renate Kroner an, und gemeinsam versuchten wir am Telefon zu einem Ergebnis zu kommen. Das Telefon der Mieterinnen konnte ich so lange benutzen, wie ich wollte, weil außer mir nachmittags niemand in der Pension war.

Was für ein Schicksal hat der kluge, immer bedrückt wirkende Lehrer wohl gehabt? Kam er in ein KZ? Wurde er ermordet? Konnte er in seinem Hinterzimmer überleben? Nach dem Ende des Nachhilfeunterrichts habe ich nichts mehr von ihm gehört. Ich verließ Berlin lange vor der verhängnisvollen Wannsee-Konferenz (1942).

Es war kein Problem, die Wochentage in Berlin zu verbringen, sie waren ausgefüllt mit Unterricht und Schularbeiten, selbst am Sonnabend hatten wir Unterricht. Aber an Sonntagen und an Feiertagen, was konnte ich da machen?
Zum Beispiel konnte ich nach Madlitz fahren, das ich schon

kannte, und Fink besuchen. Die Fahrt mit der Bahn bis Fürstenwalde war nicht weit; dort wurden die Gäste mit der Kutsche abgeholt. Die Grafen Finckenstein wohnten in einem schlichten Barockschloss aus dem 18. Jahrhundert. Mich hatten schon bei früheren Besuchen die schönen antiken Möbel, die Porträts würdiger Ahnen und die kostbaren Porzellan-Services beeindruckt. Noch eindrucksvoller als das Schloss war der weitläufige, im englischen Stil angelegte Park, in dem schon die Dichter der Romantik, Brentano, Tieck, Arnim und andere, gelustwandelt sind. Auf einer kleinen Anhöhe stand ein weißes Rundtempelchen mit schlanken Säulen.

Der Lebensstil der Familie war einerseits gräflich vornehm, Fink wurde von den Angestellten mit Comtesse angeredet und der Einfachheit halber ihre Freundinnen auch. Nach dem Mittagessen bedankte man sich bei der Gräfin mit Handkuss für das Essen. Graf Finckenstein lebte schon lange nicht mehr. Andererseits war der Umgang miteinander und mit allen Hausangestellten lockerer als bei uns in Vahnerow. Ich empfand die Atmosphäre als ungezwungen heiter. Der würdige Diener griff ungeniert, während er das Servieren unterbrach, erläuternd, korrigierend und widersprechend in Tischgespräche ein.

Die Tage vergingen wie überall auf dem Land: Wir wanderten durch den Park und durch den Wald, fuhren mit der Kutsche durch die flache, sandige märkische Landschaft, machten Besuche auf Nachbargütern. Wollte ich allein sein, zog ich mich in mein Zimmer zurück oder suchte mir einen stillen Platz im Park zum Lesen. Nach jedem Besuch fuhr ich beschwingt zurück nach Berlin.

Ich musste immer sparsam sein, mein Taschengeld war knapp. Monatlich hatte ich zwanzig Reichsmark zur Verfügung, für den

Anfang hatte ich noch dreißig Reichsmark extra bekommen. Die Schulbücher waren teuer, antiquarisch konnte ich keine kaufen. Trotzdem reichte das Geld, um ins Theater, ins Konzert, in die Oper oder ins Kino zu gehen, immer auf einen billigen Platz. Im Kino gab es damals keine Einheitspreise, die vorderen Plätze waren am billigsten. Platzanweiserinnen, in der Hand eine Taschenlampe, führten die Besucher zu den Reihen. Amerikanische Filme wurden 1940 noch gezeigt, weil die USA neutral waren.

Zum achtzehnten Geburtstag erhielt ich ein großzügiges Geschenk: zehn Reitstunden. Ich meldete mich in einer Reithalle an. Der Reitlehrer, ein ehemaliger Kavallerieoffizier, war anspruchsvoll und streng. Deshalb war ich vorsichtig, als er mich vor der ersten Unterrichtsstunde fragte, ob ich schon geritten wäre, und log, ich hätte ab und zu auf einem Ackergaul gesessen. Beim Aufsteigen wurde mir geholfen. Dann gab der Lehrer die Kommandos, das Pferd und ich – in dieser Reihenfolge – gehorchten. Beim Traben verlor ich bald die ungewohnten Steigbügel, ich blieb aber fest im Sattel. Nach dem Probritt sagte der Lehrer, ich hätte mindestens dreihundertmal auf einem Reitpferd, nicht auf einem Ackergaul gesessen, sonst wäre ich längst heruntergefallen. Ein Beweis, dass Willy Lüdtke wirklich ein guter Lehrer gewesen war – auch ohne professionelle Ausbildung.

Die berühmten Museen, auf die ich mich gefreut hatte, waren geschlossen. Es gab nur Ausstellungen mit Werken zeitgenössischer Künstler. »Nun bin ich hier in Berlin und alle Museen sind geschlossen, oder es sind nur Ausstellungen von modernen Künstlern«, schrieb ich Inga.

Ich war also dankbar, dass Renate Kroner mich schon bald zu sich nach Hause einlud, denn außer ihr kannte ich kein gleichaltriges Mädchen in Berlin.

Die Familie bewohnte in Zehlendorf ein hübsches Haus, zu

dem ein Gärtchen gehörte. Dr. Kroner, der Arzt, durfte wohl nur noch jüdische Patienten behandeln. Über dieses unangenehme Thema wurde allerdings niemals in meiner Gegenwart gesprochen, obwohl Renate meine politische Einstellung kannte. Denn sonst hätte sie mich gar nicht eingeladen, sie hätte sich nicht einmal mit mir befreundet. Von den zunehmenden Repressalien, Einschränkungen, Behinderungen für den jüdischen Partner in einer sogenannten Mischehe hörte und sah ich kaum etwas. Kroners sprachen in meiner Gegenwart niemals darüber. Sie hatten wohl nichtjüdische Verwandte, von denen sie unterstützt wurden. Sie waren immer gastfrei und gesellig, typische Berliner. Oft waren Freunde da, wenn ich sie besuchte. Hörten Renate und ich Musik, Radio oder Schallplatten, dann vor allem amerikanische. Renate schwärmte für alles Angelsächsisch-Amerikanische. Nach dem Krieg heiratete sie einen Amerikaner und zog in die USA. Sie tanzte und flirtete gerne, nahm mich auch mit zu Tanzfesten, zu denen sie eingeladen war. Neben ihr, der flotten Großstädterin, kam ich mir gehemmt und linkisch vor, wusste nicht, wie man mit jungen Männern umgeht, und war deshalb keine Konkurrentin für sie.

Zukunftspläne für die Zeit nach dem Abitur hatte sie nicht, konnte sie nicht haben, weil sie als Halbjüdin von den meisten anspruchsvollen Berufen ausgeschlossen war. Zum Hochschulstudium waren Halbjuden gar nicht zugelassen. Bedrückte sie die Ausgrenzung, die sie als besonders ungerecht empfinden musste, weil sie eine der besten Schülerinnen in unserer Klasse war? Sie ließ es sich nicht anmerken.

Der Schulalltag bei Direktor Bride war so unspektakulär und problemlos, dass ich mich heute trotz intensiven Nachdenkens an kein besonderes Ereignis, nicht an einen Lehrer – außer den Direktor – erinnern kann.

Interessant war nur, was ich sonst erlebte, welchen Menschen ich begegnete, die in Berlin lebten, hier Station machten auf der Durchreise oder für einige Tage blieben. Reisende von Norden nach Süden, von Osten nach Westen mussten in Berlin mit seinen vielen Kopfbahnhöfen umsteigen. Viele Besucher kamen nach Berlin, weil die kulturellen Angebote in der Reichshauptstadt immer noch attraktiv und vielseitig waren.

In der Nähe der Pension von Bülow wohnte die Schwägerin unseres Vaters, Lena von Woedtke. Sie hatte viele Jahre lang mit ihrer Tochter in Dubrovnik (Ragusa) an der jugoslawischen Adriaküste ein kleines Hotel geführt und war in vorgerücktem Alter – damals ungefähr siebzig Jahre alt – nach Berlin gezogen. In der Pension war alles altmodisch: die dunklen Möbel mit Schnitzereien im Stil der Gründerzeit, die mit Samt bezogenen Sessel, die schweren Fenstervorhänge mit Schabraken, die Orientteppiche und die alten bis uralten vornehmen Damen; Herren habe ich nie gesehen. Sie trugen schwarze Kleider, schwarze Seiden- oder Samtbändchen waren um faltige Hälse gelegt, teurer Familienschmuck glänzte an Fingern, Hälsen und Ohren. Am meisten beeindruckte mich eine russische Prinzessin, die nach der Revolution nach Berlin geflohen war, aber immer noch mit hartem Akzent Deutsch sprach. Sie muss die Anfänge der modernen russischen Kunst, des Konstruktivismus und Suprematismus, und die Collagen der Zwanzigerjahre gekannt haben, denn sie beschäftigte sich gerne damit, aus verschiedenen Materialien fantasievolle Collagen herzustellen, im Stil von Schwitters und anderen Künstlern.

Zu Beginn jeden Monats wurden von der Pensionsleitung die Lebensmittelkarten eingesammelt, um für die Mahlzeiten einkaufen zu können. Die Karten hatten je nach Produkt – Fleisch-

und Wurstwaren, Brot und Mehl, Milch und Käse, Fette und so weiter – verschiedene Farben. Eines Tages fehlte die orangefarbene Zuteilungskarte der Prinzessin. Lange wurde nach ihr gesucht, denn die Prinzessin konnte sich nicht erinnern, wo sie geblieben war, bis ihr einfiel, dass sie sie, in unterschiedliche Stücke zerschnitten, für eine Collage verwendet hatte, weil gerade dieses Orange, auf der Fläche verteilt, dem Bild ganz besondere Akzente gab.

Um eine Ersatzkarte zu bekommen, wurde das Kunstwerk einer Amtsperson vorgelegt, die so viel Sinn für Humor oder für Kunst hatte, dass ausnahmsweise eine neue Lebensmittelkarte ausgestellt wurde.

Ruth von der Ohe, Mamas beste Freundin, die Schauspielerin, die in Trieglaff an den Leseabenden mitgewirkt hatte, wohnte auch in Berlin. Wenn sie im Sommer zu uns nach Vahnerow kam, brachte sie mit ihrem Temperament immer Leben ins Haus und heiterte ihre reservierte, auf Contenance bedachte Freundin auf. Die beiden lachten und amüsierten sich dann wie junge Mädchen. Ruth war eine auffallend schöne Frau, schlank und sportlich, brünett und schwarzhaarig. Um ihren südländischen Typ zu konservieren, legte sie sich auf den Rasen in die Sonne, während unsere Mutter die helle Haut unter einer Markise auf der Terrasse vor schädlichen UV-Strahlen schützte.

So unorganisiert und leichtsinnig wie sie war, hatte Ruth Schwierigkeiten, sich die Lebensmittelrationen vernünftig einzuteilen, und am Ende jeden Monats war alles knapp bei ihr, obwohl die Zuteilungen noch reichlich waren. Deshalb bat sie mich, als sie mich einmal zum Essen einlud, ich möchte doch irgendetwas mitbringen. Ich brachte Nudeln mit. Ruth war aber so gierig oder ausgehungert, dass sie die vorgeschriebene Kochzeit nicht abwarten konnte. Sie nahm eine Probe und behauptete, die Nudeln seien gar und verteilte sie auf die Teller. Sie waren noch längst nicht al dente gekocht, sondern höchstens halb gar. Ohne Butter, ohne Sauce, ohne geriebenen Käse, sogar ohne Salz war es ein abscheuliches Essen. Schade um die Nudeln, dachte ich.

Die Pfingstferien waren kurz, eine Fahrt nach Vahnerow lohnte sich nicht. In den Sommerferien war ich natürlich zu Hause. Außer Ado, dem Soldaten, waren alle Geschwister da.

Je älter wir wurden, desto weniger stritten wir uns und desto lieber waren wir zusammen. Das Haus war so groß, dass sich jeder, der allein sein wollte, zurückziehen konnte. Wer noch mehr Stille suchte, ging in den Wald. Mit Gerhard war ich oft im Wald. Wir haben Pirschgänge angelegt, damit die Jäger unbemerkt zu den Hochsitzen gehen konnten. Abends haben wir manchmal auf einem Hochsitz gesessen, um die aus dem Wald tretenden Rehe zu beobachten, nicht um einen Rehbock zu schießen. Einen Jagdschein für eine große Flinte hatte der damals Sechzehnjährige noch nicht. Er besaß ein Gewehr, mit dem er Kaninchen, Wildtauben, Krähen und Elstern schießen konnte. Seine Jagdleidenschaft war für einen Jungen auf dem Land nicht ungewöhnlich, alle Waldbesitzer waren Jäger. Fremd ist mir heute sein Hass auf die niedlichen Eichhörnchen. Er verfolgte sie, weil sie die Nester der Singvögel plünderten und deren Bestand gefährdeten. Ständiger Begleiter bei allen Unternehmungen war der Jagdhund Treff. Ich habe gerne auf Zielscheiben und Blechdosen geschossen. Nur einmal habe ich ein Gewehr auf eine Krähe oder Taube gerichtet; als ich abdrückte, war es nicht entsichert. Einen Vogel im Flug hätte ich ohnehin nicht getroffen. Die an einen Baum genagelte Postkarte mit einem Foto von Hitler war dagegen ein nicht zu verfehlendes und lohnendes Ziel.

Jedes Jahr im Sommer kam der Vetter unseres Vaters, Karl Witte, Oberstleutnant a. D., zur Jagd, um »seinen« Rehbock zu schießen. Wir mochten den freundlichen alten Herrn mit der leisen, heiseren Stimme, die wir dem lauten Kommandieren auf Kasernenhöfen zuschrieben und heimlich imitierten. Der Grund für die Heiserkeit war aber eine Entzündung der Stimmbänder. Ich habe ihn manchmal auf seinen abendlichen Pirschfahrten begleitet. Willy kutschierte den leichten Jagdwagen. Onkel Karl und ich saßen im Fond. Wir hielten in der Nähe der Plätze, an denen die Rehe gewöhnlich den Wald verließen, um auf der Wiese zu äsen. Unser Standort wurde immer so gewählt, dass sie keine Witterung von uns bekamen. Wir saßen im Wagen und warteten geduldig. Sprechen war verboten, Flüstern erlaubt, solange noch kein Wild zu sehen war. Onkel Karl suchte den Waldrand mit dem Fernglas ab. Willy mit seinen scharfen Augen sah die Rehe manchmal zuerst und zeigte mit der Peitsche in die Richtung. Eine ständige Plage für Pferde und Menschen waren die Mücken und Bremsen, die ich nicht mit einem kräftigen Schlag, sondern nur lautlos töten durfte, wenn sie sich auf meine Arme und Beine setzten. Alles, was die Rehe hätten hören können, musste vermieden werden. Sehr oft entdeckten sie uns rechtzeitig und brachten sich mit großen Sprüngen in Sicherheit. Es waren viele Pirschfahrten nötig, um den einen Rehbock zu erlegen.

Onkel Karl nahm das Gehörn als Trophäe mit nach Doberan; das Wildbret behielten wir. Doch das Gehirn, der Bregen, wurde gebraten auf Toast gelegt und dem Jäger zum Frühstück serviert.

Im Winter habe ich in Vahnerow an den Treibjagden als Treiberin teilgenommen, das war selbstverständlich, obwohl ich diese Art der Niederwildjagd schrecklich fand, weil so viele Jäger der Hasen Tod waren. Wahrscheinlich galt es als zimperlich, nicht mitzumachen. Die festgesetzte Strecke wurde vorher kontrolliert, der »Kessel« abgeschritten und festgelegt. Entweder gingen die Treiber, laut rufend und mit Stöcken an Baumstämme schlagend, auf die versteckten Schützen zu, oder Schützen und Treiber bildeten einen großen, sich allmählich verengenden Kreis. Die Kaninchen und Hasen, die durch die Treiberkette fliehen, die Fasanen und Rebhühner, die sie überfliegen konnten, durften nicht mehr geschossen werden. Ich habe mich gefreut, wenn möglichst vielen Tieren die Flucht gelang.

Auf seltsam barocke Weise wurden bei uns die Fasanenhähne angerichtet: Kopf, Flügel und die langen Schwanzfedern wurden so um den gebratenen, portionierten Körper gelegt und gesteckt, dass der Fasan auf der Porzellanplatte zu liegen schien; nur die Füße fehlten. Die Hausfrau legte zunächst die Flügel auf den Plattenrand, dann wurde die Platte herumgereicht; übrig blieb das Gerippe zwischen dem schönen Kopf und den steilen Schwanzfedern.

In einem Brief vom 9. Juli 1940 an Inga wunderte ich mich zunächst, dass Mama sich gar nicht für meine ersten Erlebnisse in Berlin interessiert, über eine Woche nicht ein persönliches Wort an mich gerichtet hatte. Dann habe ich sie aber sofort damit entschuldigt, dass sie ja so viel mit den Jungen unserer Hündin Hella zu tun hat und deshalb kaum noch an etwas anderes denken kann. Seit Mitte der Dreißigerjahre hatten wir einen Zwinger für Pommersche Hütehunde, für deren Aufzucht, mit Stammbaum, wir eine Lizenz hatten: weiße langhaarige Hunde, etwas kleiner und zierlicher als Schäferhunde. Hella produzierte jedes Jahr ein halbes Dutzend oder mehr niedliche pummelige Junge. Die Hunde wurden bald wichtiger als die Kinder, wie wir fanden, was die zahllosen Fotos beweisen, die von jedem Wurf gemacht wurden.

Außer in diesen Fotos hat die hübsche Rasse den Krieg leider nicht überlebt. Unsere letzte Hündin haben die Russen 1945 mitgenommen. Vergeblich hatte Baba versucht, sie daran zu hindern. Die Welpen wurden von den Käufern entweder bei uns abgeholt, oder sie wurden ihnen gebracht. Einmal, das kann im Herbst 1940 gewesen sein, vielleicht auch später, brachte ich einen Hund in den Warthegau, ein Gebiet, das im Laufe der letzten zweihundert Jahre mal zu Deutschland, mal zu Polen gehört hat. 1939, nach ihrer Niederlage gegen die Übermacht der Deutschen, war es den Polen wieder abgenommen worden. Vielen deutschen Familien aus dem Baltikum (Lettland, Estland), die ihren Grundbesitz ab Oktober 1939 hatten verlassen müssen, weil die Länder wieder russisch geworden waren, wurden im sogenannten Warthegau Güter zugewiesen, deren polnische Besitzer verjagt worden waren. Zu den umgesiedelten Balten gehörte Marie-Luise von Neff (verh. Frese), die kurzzeitig Gutssekretärin in Vahnerow gewesen war. Ihr brachte ich einen kleinen Pommerschen Hütehund. Sie erzählte mir, die Polen seien so schnell und brutal aus ihren Häusern getrieben worden, dass sie kaum etwas von ihrem Habe hätten mitnehmen können, sogar das Essen habe noch auf dem Tisch gestanden. Die aus ihren Schlössern vertriebenen Polen waren oft Standesgenossen, mit denen die Balten vor dem Krieg freundschaftlich verkehrt hatten. Ab Ende 1944 mussten die Balten wieder ihr Habe zusammenpacken und vor den Russen weiter nach Westen fliehen.

Der Familie von Neff hatten in Estland ein großer Landbesitz, ein prächtiges Schloss und ein weitläufiger Park gehört. Dafür wurde Frau von Neff-Frese mit einem Hof, einem bescheidenen Bauernhaus mit Gärtchen und Ententümpel entschädigt. Andere Balten waren großzügiger versorgt worden. Wir besuchten Nachbarn in einem Schlösschen, die so gastfrei zu leben versuchten, wie sie es gewohnt waren. Ein langer Tisch war in der Halle gedeckt, geladene und ungeladene Gäste kamen und gingen. Wer konnte, brachte etwas zum Essen mit und stellte es auf den Tisch, wer nichts hatte, durfte sich auch bedienen. Man konnte der Hausfrau anstelle von Naturalien auch einige Lebensmittelmarken geben. Alle gestanden, niemals mit den Lebensmittelzuteilungen auszukommen; das schien sie aber nicht weiter zu beunruhigen. Wer nichts mehr hatte, lud sich eben beim Nachbarn ein.

Ich blieb einige Tage bei Frau von Neff-Frese und fuhr dann zurück, reichlich mit Proviant für die lange Reise versehen. In Posen (heute Poznan) musste ich umsteigen. Ich stand in der Bahnhofshalle, als vorsichtig und zögernd ein Mann auf mich zukam, den ich sofort als Polen erkannte. Er fragte mich leise, ob ich ihm wohl etwas zu essen geben könne, er habe Hunger. Sofort griff ich in meine Reisetasche, um ihm meine belegten Brote zu schenken. Worauf er erschrocken flüsterte, während er sich ängstlich umsah: »Nein, nicht hier, nicht hier!« und sich zum Ausgang wandte. Ich folgte ihm und konnte ihm in einer Ecke unbeobachtet alle meine Reisebrote zustecken. Mitleid mit Polen war natürlich verboten und konnte bestraft werden. Ich war glücklich, dass ich dem Mann hatte helfen können, wenigstens für einen Tag. Ich konnte meinen Hunger bis zur Rückkehr nach Vahnerow aushalten, denn dort würde ich ein reichliches Abendessen bekommen.

Endlich wieder in Berlin. Die übersichtlichen Fahrpläne der Berliner Verkehrsbetriebe mit vielen Buslinien, U- und S-Bahnen machten es mir leicht, mich schnell in der großen Stadt zurechtzufinden. Ich fuhr auch abends so lange sorglos mit der U-Bahn, bis die Fahrgäste vor einem U-Bahnmörder gewarnt wurden, dessen Opfer allein fahrende Frauen waren. Von da an prüfte ich vor jeder Haltestelle, wie viele Leute aussteigen wollten und wie viele sitzen blieben. Waren nur noch zwei oder drei in meinem Waggon, sprang ich schnell hinaus und lief zum nächsten, in dem ich mehr Fahrgäste sah. So verhielten sich die meisten, vor allem natürlich die Frauen.

Es machte mir nichts aus, erst am späten Abend in die Pension zurückzukehren, obwohl die Stadt verdunkelt war; die wenigen Autos fuhren mit abgedunkelten Scheinwerfern. Aus den Häusern durfte kein Licht dringen, die Fenster waren mit schwarzen Rouleaus abgedichtet, die Straßenlaternen ausgeschaltet. Vor Kriminellen brauchte ich mich in den Stadtteilen, in denen ich mich bewegte, also den »bürgerlichen« des Westens, nicht zu fürchten; in andere Bezirke fuhr ich nicht. Die Menschen, die noch unterwegs waren, hatten sich Phosphorbroschen ans Revers gesteckt, die als hellgrüne Punkte schwach in der Dunkelheit leuchteten. Bei dem geringen Autoverkehr waren die Schritte der Fußgänger schon von Weitem zu hören. Selbst bei Neumond sah man die Umrisse entgegenkommender Passanten so rechtzeitig, dass man ausweichen konnte.

Faszinierend fand ich es immer, bei Vollmond den breiten Kurfürstendamm entlangzugehen, wenn das fahle Licht auf der Straße glänzte und die Silhouetten der Laubbäume sich vor dem Nachthimmel abhoben.

Fliegerangriffe der Briten brauchten die Berliner zunächst nicht zu befürchten. Der Feldzug im Westen, der am 10. Mai 1940 begonnen hatte, war so unerwartet schnell und siegreich beendet, dass die meisten Deutschen erwarteten, der Krieg könne nun bald zu Ende sein. Ich war auch nach der Kapitulation Frankreichs überzeugt, wir würden den von Hitler angezettelten Krieg schließlich doch verlieren. Die Mieterinnen bei Frau von Bülow waren schockiert über meinen Pessimismus, den ich unvorsichtig offen in den allgemeinen Jubel hinein äußerte.

Einer der ersten Gefallenen im Frankreichfeldzug aus unserer pommerschen Nachbarschaft war Fritz von Bismarck aus Plathe. Erst als seine Mutter mir »zum Andenken an Fritz« eine goldene Kette mit einem zarten, mit Edelsteinen besetzten Anhänger schenkte, ahnte ich, dass sie vielleicht gehofft hatte, ich könnte ihre Schwiegertochter werden. Sie kannte mich schon lange, sie mochte mich, ich hatte ihre Enkelkinder betreut, wir hatten zusammen, am Teetisch sitzend, Shakespeare-Dramen gelesen, sie den englischen, ich den deutschen Text. Kurz vor Ausbruch des Krieges, als Mama und ich nachmittags bei Bismarcks eingeladen waren, ermunterte die Gräfin ihren Sohn und mich zu einem Spaziergang durch den Park. Ich hatte den sehr großen, wohl sechsundzwanzig oder siebenundzwanzig Jahre alten Jura-Assessor gerade noch mit einem leichten Knicks begrüßt, so wie ich es gelernt hatte, was ihm außerordentlich peinlich war. Dass ich ihn siezte, fand er auch unpassend. Es war sicher für uns beide unbefriedigend. Ich war viel zu jung für Fritz, hatte drei Internatsjahre hinter mir, hatte noch nie mit einem Mann dieses Alters gesprochen und war entsprechend unbeholfen. Es blieb bei dieser einen Begegnung; vor seinem frühen Tod in Frankreich habe ich Fritz nicht wieder gesehen. Die Kette mit dem Anhänger besitze ich noch.

Seit Anfang August verschärften die Deutschen den Luftkrieg gegen England, bombardierten zahlreiche Städte, worauf die Engländer zunächst nicht reagierten. Dann brachte die Nacht vom 25. August 1940 »für die Berliner eine recht geräuschvolle Überraschung«. Ungefähr vierzig Bombenflugzeuge konnten Berlin erreichen. »Drei Straßenzüge im Wilhelmstraßenviertel, dem Regierungsviertel, wurden getroffen, nur wenige Meter von Hitlers Schlafzimmer entfernt schlugen Bomben ein. Rund 20 Menschen wurden getötet.« »Die Engländer kamen mehrere Nächte hintereinander, ohne daß die Flak oder die Nachtjäger auch nur eine einzige Maschine abgeschossen hätten.« (Raymond Cartier, *Der Zweite Weltkrieg*, München 1967, S. 211). Hermann Göring war jetzt zu »Meier« geworden.

Die Berliner, die sich sicher geglaubt hatten, waren schockiert, aber auch neugierig, und viele fuhren zur Wilhelmstraße, um sich die Sensation, die Bombenschäden, anzusehen. In der Schule wurde das Ereignis aufgeregt diskutiert. Zum ersten Mal hörte man das Heulen der Alarmsirenen; sie bedeuteten die Aufforderung, den nächsten Luftschutzkeller aufzusuchen. Das war für mich der Keller in der Nachodstraße, in dem wir am 29. August 1940 sogar fast drei Stunden lang sitzen mussten, bis endlich Entwarnung gegeben wurde.

Die Sirenensignale hatten die Deutschen schon einige Jahre vor dem Krieg lernen müssen: den penetranten an- und abschwellenden Ton, der den Anflug der feindlichen Flugzeuge ankündigte, und den lang gezogenen Heulton, der das Ende des Alarms bedeutete, die Entwarnung. Vorwarnungen wurden immer im Radio bekannt gegeben, wie: »Feindliche Flugzeuge im Anflug auf …« Allmählich gewöhnte ich mich an die in den folgenden Wochen seltenen nächtlichen Alarme, an das unangenehme trockene Knallen der Flak. Knapp drei Monate nach dem ersten großen Angriff beendete ich eilig, aber unaufgeregt, einen Brief an Inga (29. November): »Eben heult die Sirene. Seit Langem wieder einmal Alarm + es ist erst 9 Uhr! Vorläufig gehe ich nicht in den Keller, solange es nicht ordentlich schießt.« Ich habe mich damals noch nicht an die Vorschrift gehalten, beim ersten Alarm sofort den Luftschutzraum aufzusuchen. Später war ich nicht mehr so leichtsinnig.

Einige der an öffentlichen Schulen obligatorischen Fächer wurden in der Schule von Direktor Bride nicht unterrichtet, weil sie im Abitur keine Prüfungsfächer waren: Musik, Kunsterziehung, Religion und Sport. Vermisst habe ich nur den Sportunterricht, weil es mir in der Großstadt an Bewegungsmöglichkeiten fehlte. Irgendwann hat mich jemand darauf aufmerksam gemacht – vielleicht bin ich auch selbst darauf gekommen –, dass das große, für die Olympischen Spiele 1936 gebaute Stadion allen Bürgern offenstand. Dort gab es viele Sportanlagen, ich hätte Weit- und Hochsprung, Kurz- und Langstreckenlauf für mich trainieren können. Aber allein, ohne anspornende Konkurrenz, war das langweilig. Ich entschied mich für das Schwimmen.

An einem besonders warmen Sommertag wollte ich mich nach dem Baden noch auf einer großen Dachterrasse hinter der Damengarderobe in die Sonne legen. Ich öffnete die Tür und sah zu meiner Verblüffung fast nur nackte junge Frauen auf den Liegestühlen. In den Internaten war uns Schülerinnen das Geniertsein schnell abgewöhnt worden; wir kannten uns ja. Dass sich aber erwachsene Frauen, die sich fremd sind, ganz selbstverständlich unbekleidet in die Sonne legen, zum Schutz vor Sonnenbrand einen Bademantel oder ein Frottiertuch griffbereit, das hatte ich nicht erwartet. Gehörte ich zu den wenigen, die ihre Badeanzüge nicht ausgezogen hatten, oder habe ich mich der Mehrheit angepasst?

Die zwei Außenseiterinnen in meiner Schulklasse habe ich schon erwähnt: Bettina von Ribbentrop und die Reemtsma-Tochter, deren Vornamen ich vergessen habe. Ich nenne sie H., vielleicht hieß sie Helga. Mit keiner hatte ich außerhalb des Schulunterrichts Kontakt. H. Reemtsma war zurückhaltend, fast schüchtern. Es schien ihr peinlich zu sein, aus einer reichen Familie zu stammen.

Zu meiner Überraschung fragte sie mich eines Tages, ob ich ihr nicht Gesellschaft leisten könne, wenn sie von Leo von König gemalt würde, einem damals recht bekannten Maler, der »einfühlsame, vom Impressionismus beeinflusste Porträts« schuf. Es ist nicht ungewöhnlich, sondern normal, dass das Modell Unterhaltung braucht, damit die Mimik nicht erschlafft oder maskenhaft wird, während der Maler sich auf seine Arbeit konzentriert. Ich wunderte mich nur, dass sie mich und nicht Bettina um diesen Freundschaftsdienst gebeten hatte. Vielleicht wollte Leo von König, der kein Sympathisant der Nazis war, die Tochter des Außenministers nicht in seinem Atelier haben.

Undeutlich sehe ich das mit Bildern vollgestellte Atelier vor mir: H. Reemtsma saß etwas erhöht in diffusem Oberlicht auf einem Sessel, ich in ihrer Nähe auf einem Stuhl, der Maler auf einem Hocker hinter der Staffelei. Gelang es mir jemals, das schüchterne Mädchen aus seiner Reserve zu locken und mit ihr ein Gespräch zu führen? Ich war »unterhaltlich kein Matador« (Gottfried Benn), hatte keine Ahnung, wofür sie sich interessierte. Als ich sie zwei Jahre später in Freiburg an der Universität wieder traf und nach dem Bild fragte, sagte sie, dem Maler habe es nicht gefallen, er habe es vernichtet.

Beeinträchtigt war das Leben in Berlin durch die noch seltenen nächtlichen Luftangriffe der Briten nicht. Das kulturelle Angebot war erstaunlich groß.

»Das Leben ist so interessant und abwechslungsreich, und zur Schule gehe ich wirklich gerne«, schrieb ich in dem schon zitierten Brief Ende November an Inga. Rückblickend wundere ich mich, wie oft ich im Theater, in der Oper und Operette und in der Philharmonie gewesen bin. Seit meine Stiftsfreundin Marie-Luise (Wiwi) von Bernstorff in Berlin war, um hier als Sozialfürsorgerin ausgebildet zu werden, hatte ich jemanden, der dieselben kulturellen Interessen hatte wie ich. »Es ist viel netter, man geht zu zweit ins Theater oder sieht sich gemeinsam Ausstellungen an. In der Pension ist niemand, der sich für klassische Theaterstücke interessiert« (an Inga). Wiwi und ich bestaunten in der Komischen Oper den holländischen Schauspieler und Sänger Johannes Heesters, wie er in weißem Frack, mit weißem Zylinder, einen Spazierstock schwingend, singend über die Bühne tanzte, der Star in der Operette *Die lustige Witwe*.

Entweder gab es Ermäßigung für Schüler- oder die Eintrittskarten waren hoch subventioniert und nicht teuer. Filme sah ich mir meistens allein am Nachmittag an, die Karten waren dann noch billiger als abends, nur sechzig oder achtzig Pfennige. Nie wieder bin ich so oft ins Kino gegangen wie im Krieg. Die meisten Filme waren unpolitisch und harmlos; weltanschaulich tendenziöse oder antisemitische Filme habe ich mir nicht angesehen.

Noch eine Stiftsfreundin, Waltraud von Metzsch, traf ich in Berlin, wo sie Tante und Onkel besuchte. Eigentlich nichts Ungewöhnliches und nicht erwähnenswert, wenn mich Waltraud nicht in das Geheimnis ihres von der Tante geduldeten »Liebesverhältnisses« mit dem fünfzig Jahre älteren Onkel eingeweiht und von der weichen Zärtlichkeit eines alten Mannes geschwärmt hätte. Das war mir, die ich Vorurteile gegen alte Männer hatte, gänzlich fremd und unverständlich.

Nach den Weihnachtsferien in Vahnerow war es vorbei mit dem abwechslungsreichen, vergnüglichen Leben; ich habe nur noch für die Schule gearbeitet und mich intensiv auf das Abitur vorbereitet. In diesen Wochen habe ich nur einen eiligen, nichtssagenden Brief an Inga geschrieben.

Aufgrund der Beurteilungen unseres Direktors Bride und seiner Lehrer wurden einige aus meiner Klasse, bei Weitem nicht alle, zur Abiturprüfung angemeldet. In meiner vom Direktor unterschriebenen Beurteilung vom 5. Januar 1941 heißt es unter anderem: »Sie ist von durchaus einwandfreiem Charakter und einer für ihre Jugend seltenen Ausgeglichenheit. Ihr zielbewusstes Streben und ihre Gewissenhaftigkeit verdienen besondere Anerkennung. Die Gesamtleistung ist gut, ihre Prüfungsreife zweifellos.« So eine fabelhafte Beurteilung habe ich nie wieder bekommen.

Ob man irgendeiner NS-Organisation angehörte oder nicht, spielte für die Zulassung keine Rolle. Offensichtlich brauchte ich aber ein polizeiliches Führungszeugnis, das mir bestätigte, dass über mich »in den polizeilichen Listen eine Strafe nicht verzeichnet ist«. Und irgendwann brauchte ich einen neuen Personalausweis mit den obligatorischen Daumenabdrücken. Die freundlichen Polizeibeamten und/oder -beamtinnen erkundigten sich nach meinen Berufsplänen. Kunstgeschichte und Archäologie? Das fanden sie total abwegig. Sie schlugen mir als Alternative Kriminalbeamtin vor, das sei doch ein interessanter, vielseitiger Beruf. Und mit dem Abitur hätte ich außerdem noch gute Aufstiegschancen. Kriminalbeamtin bei den Nazis, vielleicht sogar bei »der Sitte«? So sah ich meine Zukunft nicht.

Am 10. März 1941 betrat ich mit vielen anderen Schülern der verschiedenen Abituraufbauschulen bzw. Abendgymnasien das Schulgebäude der Sachsenwaldschule, Oberschule für Mädchen in Berlin-Steglitz. Die Studienrätinnen und Studienräte kannten uns nicht, sie konnten daher frühere Schulleistungen bei der Beurteilung der Prüflinge nicht berücksichtigen. Schriftlich wurden wir in vier, mündlich in neun Fächern geprüft, das heißt in allen wissenschaftlichen Fächern. Das war die anspruchsvollste Prüfung meines Lebens, und ich war entsprechend aufgeregt.

Zunächst wurden wir feierlich begrüßt, zur Ehrlichkeit ermahnt und dann in einen großen Raum geführt, in dem fünf oder sechs Bankreihen in weitem Abstand aufgestellt waren. In jeder Bankreihe saßen wohl vier Schüler so weit voneinander entfernt, dass sie nicht schummeln konnten. In Englisch und Französisch mussten wir Geschichten nacherzählen, die uns zweimal vorgelesen worden waren. Als ich mit meinem englischen Text schnell fertig war, schob mir eine Nachbarin ihre Arbeit zu, was nicht nur sie, sondern auch mich gefährdete. Trotzdem nahm ich die Blätter, um sie zu korrigieren. Was das Mädchen geschrieben hatte, war miserabel, diesen Text konnte ich nicht verbessern. Ich schrieb also einen neuen, den ich ihr unbemerkt zurückreichte. Sie hatte noch genug Zeit zum Abschreiben. Meine riskante Hilfe war ganz umsonst; das Mädchen bestand das Abitur nicht.

Von den drei zur Wahl gestellten Themen für den deutschen Aufsatz wählte ich »Die Macht der Rede«. Vielleicht sollten wir über Hitler und Goebbels schreiben, die größten Redner aller Zeiten? Da ich aber mit Demosthenes angefangen hatte (was wusste ich überhaupt von ihm?), war ich über Martin Luther gerade erst bis zu Bismarck gekommen, als die Prüfungsblätter abgegeben werden mussten. Für ein »genügend« haben meine vermutlich peinlich naiven Ausführungen immerhin gereicht.

Eine unerwartete Einladung bekam ich nach dem schriftlichen Abitur: Bettina von Ribbentrop lud mich zu einem Tanztee ein; das Wort »Party« war damals nicht üblich. Bettina war ein freundliches, mäßig begabtes Mädchen. Sie hatte die Schule schon vor dem Abitur verlassen, weil sie es nicht bestanden hätte, und ein

»Nichtbestanden« wäre für sie und ihre Familie und für die Prüfer peinlich gewesen. Die Einladung verwirrte mich, denn ich war nicht mit Bettina befreundet. Wahrscheinlich hatte sie mich wegen meines altadligen Namens eingeladen. Natürlich war ich neugierig zu sehen, wie die Familie des Außenministers im zweiten Kriegsjahr lebte. Ich war unschlüssig, ob ich meiner Neugier oder meiner Abneigung gegen diese Nazis nachgeben sollte. Als mir jedoch jemand erzählte, man müsse die Hausfrau anstatt mit Handkuss mit erhobenem Arm und »Heil Hitler« begrüßen, wusste ich sofort: Dahin gehe ich nicht! Ich sagte ab mit der Begründung, ich müsse mich auf die mündliche Prüfung vorbereiten und hätte deshalb leider keine Zeit.

Später habe ich meinen jugendlichen Rigorismus etwas bedauert, obwohl ich ihn verstanden habe. Es wäre doch interessant gewesen, einen Einblick zu bekommen, wie die Familie des Außenministers lebte.

Gut drei Wochen nach dem schriftlichen Abitur fanden sich die zum mündlichen Examen zugelassenen Schüler wieder in der Sachsenwaldschule ein. Mit den in den Naturwissenschaften gestellten Aufgaben, die schriftlich zu lösen waren, begaben wir uns zur Vorbereitung in einen beaufsichtigten Raum. Mir fällt ein – was ich ganz vergessen hatte –, dass ich meine Mathematikaufgaben mit einer Schülerin getauscht habe. Sie kam mit ihren Aufgaben nicht zurecht und ich nicht mit meinen. Wir fragten die Lehrerin, ob wir wohl tauschen dürften. Sie war damit einverstanden, und wir konnten unsere Aufgaben richtig lösen.

Nach einer angemessenen Zeit wurden wir in den uns schon vertrauten Saal gerufen. Dort saßen an den langen Tischen die Lehrer und noch ein Protokoll führender Beisitzer den Schülern gegenüber. Sobald ein Fach geprüft war, stand man auf und ging zum nächsten Lehrer. Stühlerücken, leise Schritte, Flüstern, Sprechen, es war eine dauernde Unruhe in dem Raum.

Vor der Deutschprüfung hatte jeder Schüler zwei Schriftsteller angeben müssen, über die er sprechen wollte: einen klassischen und einen zeitgenössischen. Es fiel mir schwer, unter den lebenden Autoren einen auszusuchen, in dessen Roman die herrschende Ideologie keine oder nur eine geringe Rolle spielte. Renommierte, aber mehr oder weniger oppositionelle Dichter wie Ernst Wiechert, Manfred Hausmann, Ricarda Huch oder Hermann Hesse hätte ich nicht vorschlagen dürfen. Irgendwie bin ich auf den inzwischen längst vergessenen Hermann Stehr gestoßen und seinen Roman *Der Heiligenhof*. Ein langweiliger, aber unpolitischer, in Schlesien spielender Bauernroman. Begeisternd kann mein Referat nicht gewesen sein, denn es wurde nur mit »genügend« bewertet.

Das Prüfungsergebnis, Bestanden oder Nichtbestanden, konnten wir uns eine Woche später abholen. Bei den Prüfungen externer Schüler fielen immer fünfzig bis sechzig Prozent durch. Mein Zeugnis trägt das Datum vom 3. April 1941.

Zu einer Abiturfeier – mit wem auch? – blieb mir gar keine Zeit. Ich musste mein Zimmer in der Pension räumen, meine Kleider, Bücher und sonstige Habseligkeiten nach Hause schicken und einen Koffer für die nächste Station packen: das Arbeitsdienstlager. Außer dem Kleid, das ich anhatte, brauchte ich nur Unterwäsche und Schuhe, keine weitere Garderobe; ein halbes Jahr lang würde ich eine Uniform tragen müssen. Einige Bücher habe ich mir bestimmt auch mitgenommen. Ohne eine Vorstellung davon, wie das Leben in einem Lager mit Mädchen aus ganz unterschiedlichen sozialen Schichten wohl sein würde, verließ ich am 6. April 1941 Berlin.

DER REICHSARBEITSDIENST

»In Deutschland entstand 1926 aus der Jugend- und Volksbildungsbewegung eine an pädagogischen Maßstäben ausgerichtete Arbeitslagerbewegung. Sie war in einer Zeit bedrohlich wachsender Jugendarbeitslosigkeit nach 1930 das Vorbild des von der Regierung H. Brüning 1931 geschaffenen Freiwilligen Arbeitsdienstes. Nach der nat.-soz. Machtübernahme wurde 1935 der Reichsarbeitsdienst (RAD) geschaffen als Organisation zur Durchführung der für alle Deutschen beiderlei Geschlechts zwischen 18 und 25 Jahren eingeführten halbjährigen Arbeitsdienstpflicht (für Frauen erst nach Kriegsbeginn praktiziert), (die Männer) zunächst nur zur Bodenkultivierung eingesetzt (Frauen meistens in der Land- und Hauswirtschaft) ...« (*Brockhaus*, 19. Aufl. 1987)

Abgesehen davon, dass ich gar keine Möglichkeit hatte, mich vor dem Reichsarbeitsdienst zu drücken, ohne dessen Ableistung ich nicht zum Studium zugelassen worden wäre, hatte ich auch nichts gegen diese Institution einzuwenden, die keine Erfindung der Nazis war und von der viele junge Frauen begeistert waren. Vor körperlicher Arbeit auf einem Bauernhof scheute ich mich nicht.

In der deutschen Landwirtschaft waren seit Mitte der Dreißigerjahre bei dem großen Mangel an Arbeitskräften und der allgemeinen Rückständigkeit der Mechanisierung die billigen jungen Frauen und Männer eine willkommene Hilfe. Die polnischen Saisonarbeiter reichten längst nicht mehr aus. Zu Ernteeinsätzen, auch zum Einsammeln schädlicher Kartoffelkäfer, wurden oft Schüler und Schülerinnen herangezogen.

Bei der Musterung in Berlin wurde ich ausdrücklich darauf hingewiesen, wie wichtig und lehrreich es gerade für Abiturientinnen sei, mit Mädchen aus Real- und Volksschulen, die zum Teil schon als kleine Angestellte, Lehrlinge und Arbeiterinnen Berufserfahrungen hatten, zusammenzuleben, also echte »Volksgemeinschaft« kennenzulernen.

»Vietz a. d. Ostbahn«, so hieß der Ort, zu dem ich fuhr, um mich als Arbeitsmaid zu melden. Vietz – der Name klang geradezu abschreckend dürftig. Immerhin hielt der D-Zug nach Ostpreußen auf dem kleinen Bahnhof, ich brauchte nicht mit einem Bummelzug zu reisen. Zu Fuß bin ich mit meinem leichten Gepäck zum Lager gegangen; den Weg konnte mir jeder Einwohner beschreiben: ganz am Ende der Stadt, am Waldrand. Das Städtchen, in Ostbrandenburg östlich der Oder gelegen (jetzt Polen), war ein so typisch brandenburgisch-preußisch schlichter Marktflecken mit lang gestrecktem Marktplatz, geraden Straßen und meist eineinhalb- bis zweistöckigen Häusern, dass mir keine deutlichen Erinnerungen geblieben sind.

Das Lager war für den männlichen RAD gebaut worden, nüchtern-maskulin sah es aus. An drei Seiten eines großen Platzes standen ein roter Ziegelbau für die Verwaltung, für die Zimmer der Führerinnen, für Küche, Ess- und Tagungsraum; davon etwas abgerückt vier oder fünf dunkelbraune Holzbaracken für die »Maiden« und am Rand eine eigene Klobaracke. Einige Bäume hatte man nach der Rodung des Geländes für den Lagerbau auf dem Platz stehen gelassen. Zur Straßenseite begrenzte eine hohe Mauer das Areal. Alles war geradlinig, fantasielos, langweilig – nur nicht der verwilderte Obstgarten hinter den Baracken.

Nach der Anmeldung im Büro wurde ich einer Kameradschaft

zugeteilt und in eine Baracke geführt. Sie hatte zwei durch einen kleinen Vorraum getrennte Stuben, die dürftig möbliert waren: doppelstöckige Betten mit Strohsäcken und blau karierter Bettwäsche, schmale Spinde, ein Tisch und einige Hocker. Das war alles. Kahle Wände, kein Bild, nicht einmal Adolf Hitler blickte mit finsterer Miene auf die Maiden.

Nachdem mir ein Bett und ein Spind zugewiesen waren, sollte ich eingekleidet, uniformiert werden. In der Kleiderkammer wurden mir die hässlich lehmfarbenen Uniformteile zur Anprobe gegeben. Nichts passte ganz richtig, denn die Auswahl war klein, weil ich wegen des späten Abiturs als Letzte angekommen war. Die Kostümröcke waren entweder zu kurz oder zu lang, bei den Jacken und Blusen waren die Ärmel zu kurz. Das kornblumenblaue Sommerkleid passte einigermaßen. Kleine Korrekturen waren noch möglich. Als Kopfbedeckungen gab es einen dunkelbraunen Filzhut zu Kostüm und Mantel und ein rotes Kopftuch zum Sommerkleid.

Problematisch wurde es beim Mantel, denn keiner passte mir. Schließlich fand sich noch ein vergessener Mantel eines sehr großen, kräftigen Arbeitsdienstmannes. Er reichte mir fast bis zu den Knöcheln, die Ärmel bedeckten meine Hände, außerdem war er viel zu weit. Ich sollte die Überlängen kürzen, was ich aus Trotz nie getan habe, ich mochte Uniformen nicht. Den dicken Stoff hätte ich ohne eine schwere Nähmaschine, die nicht vorhanden war, gar nicht bearbeiten können. Die Mädchen haben zuerst gelacht über mein groteskes Aussehen, dann fanden sie es witzig. Auch die Führerinnen akzeptierten mich schließlich in diesem Männermantel, weil sie mir keinen anderen anbieten konnten.

In den Kameradschaften sollten die sozialen Schichten gemischt sein; die wenigen Abiturientinnen, es waren wohl nur sechs, wurden gerecht auf die Stuben verteilt. Die meisten Mädchen stammten aus der Lausitz, aus Städten wie Cottbus, Guben, Forst, viele kannten sich aus gemeinsamer Schulzeit oder vom Arbeitsplatz. Ich kannte niemanden. Daher fühlte ich mich in der ungewohnten Gesellschaft sehr fremd, und in meinem ersten Brief an Inga, sechs Wochen nach Beginn der RAD-Zeit geschrieben, gestand ich, dass ich Heimweh hatte und mich verlassen fühlte, weil es kein Mädchen gab, mit dem ich richtig sprechen konnte. »Furchtbar laut + albern sind die Mädchen hier, so gewöhnlich, wie ich es nur bei unseren Dorfkindern + Berliner Straßengören gewöhnt bin«, entrüstete ich mich in snobistischer Überheblichkeit, fügte dann aber hinzu, dass es vielleicht ganz gut ist, »wenn man auch einmal so etwas kennenlernt«.

Die Mädchen aus der »Unterschicht« waren natürlich in jeder Hinsicht aufgeklärt, erzählten gern derbe, schlüpfrige Witze, die ich nie ganz verstand, prahlten mit ihren Männerfreundschaften und sexuellen Erfahrungen. Einige waren schon verlobt. Einen auffälligen, von mir so nicht erwarteten Unterschied im Verhalten der Mädchen merkte ich bald: Die mit der besseren Schulbildung waren hilfsbereiter, kameradschaftlicher und auch zur Übernahme freiwilliger Aufgaben eher bereit als die Mädchen, die Volksschulen besucht hatten. Sie verstanden es fast immer, sich um zusätzliche Arbeiten zu drücken, nach dem bekannten Motto: »Wer die Arbeit kennt und danach rennt und sich nicht drückt, der ist verrückt.«

Schon bald habe ich mich mit dem nettesten Mädchen angefreundet: Ruth Leest, mit der ich bis zu ihrem Tod im April 2002 freundschaftlich verbunden geblieben bin. Sie hätte mir, wenn ich früher mit diesem Bericht begonnen hätte, helfen können, Erinnerungslücken zu schließen. Sie hatte ein phänomenales Gedächtnis, besonders für groteske Situationen.

Der Tag begann um sechs Uhr bei jedem Wetter – außer bei Schneetreiben oder strömendem Regen – mit einem Dauerlauf barfuß im taufrischen Gras. Dieses morgendliche Training sollte besonders gut für den Kreislauf sein und uns abhärten gegen Erkältungen. Die Führerinnen liefen fröhlich voraus, wir müden Mädchen missmutig hinterher.

Nach dem Frühstück stellten wir uns auf dem Appellplatz auf zum Hissen der Hakenkreuzfahne. Ein Mädchen zog die Fahne hoch, dann wurde von einer Führerin oder von einer Maid ein markiger Spruch aufgesagt, als Losung für den Tag. Ich habe nur noch einen behalten: »Was du auch tust, um reiner, reifer, freier zu werden, du tust es für dein Volk!« Zum Abschluss sangen wir »Die Fahne hoch, die Reihen fest geschlossen, SA marschiert ...« oder andere forsche Lieder, von denen es viele gab. Gesungen wurde auf jeden Fall.

Wie viele Führerinnen waren im Lager? Mindestens eine Lagerführerin und zwei Unterführerinnen. Die Lagerführerin war eine sympathische Frau, impulsiv, begeisterungsfähig, warmherzig und gar nicht autoritär. Sie erinnerte mich an Inga, und deshalb mochte ich sie. Neben ihr waren die Unterführerinnen so unbedeutend, dass ich sie vergessen habe.

Nach dem Appell fing der Dienst an. In dem Dienstplan wechselten vier oder mehr Wochen im Lager mit Küchen- und Hausarbeit und vier Wochen auf einem Bauernhof ab. Lag der Hof weit entfernt vom Lager, fuhren wir mit dem Fahrrad zur Arbeit.

Ich hatte Glück mit meiner ersten Stelle auf einem mittelgroßen Bauernhof, weil die Familie sehr sympathisch war. Vorgestellt hatte ich mich nur mit Maria, um die Bauern nicht mit meinem adligen Namen zu erschrecken. Am ersten Tag wurde ich gleich in den Kuh- oder Schweinestall geschickt, um dem polnischen Kriegsgefangenen beim Ausmisten zu helfen und die vollen Schubkarren im Hof auf dem Misthaufen auszukippen. Eine ungewohnt anstrengende Arbeit für mich. Am nächsten Tag hatte die Bäuerin das Namensschild in meinem Mantel entdeckt, und von nun an fragte sie immer vorsichtig, ob ich die Arbeit (Plätten, Fensterputzen, Kartoffeln schälen, Wäsche waschen und anderes) wohl schon mal gemacht hätte und ob mir die Arbeit auch nicht zu viel wäre.»Ich sagte natürlich immer Nein, auch wenn meine Arme von den schweren Kartoffelkörben ganz ermattet waren oder meine Knie vom langen Sitzen in der Kartoffelmiete ganz wehtaten«. (an Inga).

Mitte Mai wurden die Kartoffeln in die Erde gebracht. Wahrscheinlich gab es auf dem Hof eine Pflanzlochmaschine, die den Boden vorbereitete. Eine Legemaschine besaßen die Bauern jedenfalls nicht, denn die Bäuerin, der Pole und ich füllten die Körbe mit Saatkartoffeln und legten diese einzeln in die vorbereiteten kleinen Gruben. Obwohl ich meinen Korb nur zur Hälfte füllte, hing er schwer an meinem linken Arm. Nicht immer traf ich die kleine Grube, die Kartoffeln rollten daneben, ich musste sie aufheben und dann genauer zielen, und so blieb ich weiter und weiter zurück. Wenn der Pole bemerkte, dass ich den Anschluss längst verloren hatte, legte er auch in meine Reihe Kartoffeln, damit wir drei gleichzeitig am Ende des Feldes ankamen.

Es war den Arbeitsmaiden verboten, mit den Kriegsgefangenen, den polnischen »Untermenschen«, zusammen eine Mahlzeit am Esstisch einzunehmen. Bestimmt ist es uns von einer Führerin eingeschärft worden. Entweder hatte ich nicht zugehört, oder es war mir egal. Jedenfalls sagte es mir die Bäuerin und fügte hinzu, der Pole äße immer mit der Familie, weil er ja auch mit ihnen arbeite. Wenn ich das nicht wolle, dann würde er allein in der

Küche essen. Ich hatte nichts dagegen. Auf allen Bauernhöfen saßen die Kriegsgefangenen mit der Familie am Tisch, das bestätigten auch die anderen Arbeitsmaiden. Sie wurden mal freundlich, mal streng behandelt, wie zuvor die Knechte, die zur Wehrmacht eingezogen worden waren.

Die junge Bäuerin unterhielt sich gerne, aber der Pole war ein wortkarger Esser, sein Deutsch reichte gerade für die nötigste Verständigung. Er verehrte und bewunderte mich. Das war mir oft peinlich, wenn er, im Türrahmen stehend, mir unverwandt bei irgendeiner häuslichen Arbeit zuschaute, weil er gerade nichts zu tun hatte. Ich tat so, als bemerkte ich es nicht.

Am Wochenende steckte mir die Bäuerin immer zehn Mark in die Manteltasche. Sie wusste, wie wenig Geld wir Mädchen für acht Arbeitsstunden bekamen, nämlich zwanzig Pfennige am Tag. Der größte Teil des Lohns musste an den RAD bezahlt werden.

Außendienst auf einem Bauernhof und Innendienst im Lager wechselten normalerweise im Vier-Wochen-Rhythmus ab. Besonders unangenehm fand ich den Küchendienst. Für die siebzig bis achtzig oder mehr Esserinnen wurde in großen Kesseln gekocht. Man stand stundenlang in Dampf und Dunst und Gerüchen, die sich in Kleidern und Haaren festsetzten. Ich kann mich an kein besonderes Gericht erinnern, obwohl ich sogar sechs Wochen lang Küchenchef gewesen bin. Wenn wir uns zum Essen an die langen Tische setzten, nachdem wir uns die Hände gereicht und Guten Hunger gewünscht hatten, war mir der Appetit längst vergangen, und ich aß gerade so viel wie unbedingt nötig, um nicht abzumagern.

Der Innen- bzw. Stubendienst konnte ganz gemütlich sein, wenn man sich die Reinigungsarbeiten in den Baracken vernünftig einteilte und nicht bummelte. Ich hatte immer ein Buch bei mir, und sobald ich mich vor Kontrollen sicher fühlte, setzte ich mich hin und las. Näherten sich Schritte, nahm ich Besen, Schrubber oder Staubtuch zur Hand und täuschte großen Eifer vor. Die Hauptsache war, rechtzeitig mit der Arbeit fertig zu sein. Außer beim Stubendienst hatte man nie Zeit zum ungestörten Lesen; immer war man von lauten Mädchen umgeben.

Auch auf dem letzten Bauernhof, dem ich zugeteilt wurde, war ich im September wieder mit Kartoffeln beschäftigt, dieses Mal mit der Ernte. Der Hof lag so weit vom Lager entfernt, dass ich ihn nur mit dem Fahrrad erreichen konnte. Ausnahmsweise musste ich statt der üblichen vier Wochen sieben Wochen bei dieser Familie bleiben: Bauer, Bäuerin, ein Sohn und ein schwachsinniger Knecht. Alle waren zunächst wortkarg, mürrisch und bedrückt, denn der älteste Sohn war gerade in Russland gefallen. Deshalb war der zweite Sohn, jetzt der Erbe des Hofs, vom Wehrdienst befreit worden. Stumm, die Köpfe tief über die Teller gebeugt, saßen die Leute am Tisch. Der Knecht stopfte immer so viel in sich hinein, als ob er tagelang hätte hungern müssen, egal, ob fette Kartoffelpuffer oder ein Dutzend und mehr große Pellkartoffeln.

Der Bauer fragte mich einmal, was ich denn werden wolle. Ich sagte, ich wolle Kunstgeschichte studieren und dann vielleicht in einem Museum arbeiten. Das fand er total abwegig; er meinte, ich müsse »Gutsedelfrau« werden, das passe zu mir.

Zu Hause hatte ich ja gelernt, alles zu essen, was auf den Tisch kam, und im Altenburger Stift habe ich die scheußlichsten Gerichte essen müssen; bei den Bauern habe ich mich sogar an Quark mit Leinöl gewöhnt. Diese Spezialität steht heute noch in ländlichen Gasthöfen im östlichen Brandenburg, besonders in der Lausitz, auf der Speisekarte.

Die Landschaft des Warthebruchs, soweit ich sie kennengelernt habe, fand ich langweilig, flach, streng und eintönig, durchzogen von Entwässerungsgräben – fast baumlos, bis auf die Straßenbäume. Kein Vergleich mit der abwechslungsreichen hinterpommerschen Landschaft, nach der ich mich sehnte.

September war die Zeit der Kartoffelernte, und ich musste wieder aufs Feld. Ich sehe noch die langen Reihen des Kartoffelfeldes vor mir, ich habe eine vierzinkige kurze Hacke, packe das Kraut mit der linken Hand und versuche mit der Hacke die Pflanze aus der Erde herauszureißen, die Knollen von den Wurzeln zu lösen. Dann werfe ich sie in den immer schwerer werdenden Korb, den ich in eine große Kiepe leere. Nach dem langen Bücken konnte ich kaum noch aufrecht stehen. Arbeitete ich mit der Bäuerin zusammen, beeilte ich mich sehr, und trotzdem war sie immer viel schneller als ich. Und kein freundlicher Pole war hier, um mir zu helfen. War ich allein, konnte ich mich zwischendurch auch mal auf einen zusammengefalteten Sack setzen und ausruhen. Niemand kontrollierte mich. »Es ist ja das letzte Mal in meinem Leben, daß ich Kartoffeln buddeln muß«, schrieb ich an Inga – eine Prophezeiung, die in Erfüllung gegangen ist.

Südlich von Vietz erstreckt sich das Warthebruch, ein fünfzig Kilometer langes und zehn bis zwölf Kilometer breites Gebiet, in das wir niemals gekommen sind, obwohl es nicht weit entfernt war und mit dem Fahrrad leicht zu erreichen gewesen wäre. Zu solchen Extratouren hatten wir keine Zeit. Das Bruch war nach den Plänen Friedrichs II. von Preußen (des Großen) und seiner Fachleute seit 1765 urbar gemacht worden. Die schwierigen Entwässerungsarbeiten gingen im 19. Jahrhundert weiter und konnten erst 1929 wirklich beendet werden.

Die ersten Siedler waren nach dem Willen des Königs nur »Ausländer«, das heißt nichtpreußische Deutsche, vor allem aus Sachsen, Mecklenburg, Württemberg, der Pfalz; die meisten Siedler waren Deutsche aus Polen. Ihre Aufgabe war nicht nur, das Überschwemmungsgebiet trockenzulegen, sondern auch zu »peuplieren«, denn Menschen waren knapp in Preußen.

Sie nannten ihre kleinen Dörfer nach Städten ihrer Heimat: Dresden, Stuttgart, Neu-Soest und andere, gaben ihnen ländliche Namen wie Entenwerder oder Kranichhorst.

Diese Namengebungen waren verständlich. Aber woher kamen all die fremdländischen, »überseeischen« Ortsnamen, über die wir uns wunderten, weil sie überhaupt nicht in diese langweilige Landschaft passten? Zum Beispiel Namen nordamerikanischer Städte: Charlestown, Philadelphia, Yorkstown, New York und andere. Asiatische wie Sumatra und Ceylon oder mittelmeerische: Malta, Korsika und Kreta?

Warum hieß die Station einer Lokalbahn Klein-Amerika?

Eine Erklärung, die uns im Arbeitsdienst gegeben worden war, schien so abwegig und unhistorisch, dass ich es endlich genau wissen wollte. Ich fand die wohl richtige Erklärung in dem Buch von Otto Kaplick, *Das Warthebruch. Eine deutsche Kulturlandschaft im Osten* (1956). Der Autor meint, die Namen seien ein Spiegelbild der Zeit. Damals erkämpften die Kolonien in Nordamerika ihre Unabhängigkeit von England. Diesen Kampf verfolgten die Deutschen, besonders die Preußen, mit großer Sympathie. Man feierte die Amerikaner als Vorkämpfer einer freien Welt. Und als Ausdruck ihrer Verbundenheit mit den amerikanischen Kämpfern für die Freiheit – unter denen viele, teils von ihren Landesherren verkaufte, teils freiwillige Deutsche waren –, gaben die Kolonisten, die sich als Pioniere fühlten, ihren entlegenen kleinen Siedlungen Namen von Städten aus der Neuen Welt, von Städten, an denen Entscheidungsschlachten stattgefunden hatten, wie Saratoga und Yorktown. Durch die Kolonialkämpfe zwischen Engländern und Holländern waren Namen wie Ceylon, Sumatra, Jamaika und Havanna bekannt. »Dass sie auch zur Benennung von Warthebruchkolonien verwandt wurden, ist wohl einmal auf eine gewisse Vorliebe für das Seltsame, Fremde, Exotische zurückzuführen, andererseits auch mit einer gutmütigen Selbstironie zu erklären, mit der sich die ersten Siedler in der Weite und Verlorenheit des Bruchs scherzhaft spottend trösteten«, vermutet Otto Kaplick.

Schade, dass ich niemals Gelegenheit hatte, vor dem Ortsschild eines bescheidenen brandenburgischen Dorfes zu stehen und den Namen Florida oder gar New York zu lesen.

Die Polen haben nach dem Krieg nicht nur die deutschen, sondern auch die exotischen Ortsnamen durch polnische ersetzt.

Nationalsozialistische Weltanschauung sollte uns in regelmäßigen Schulungsabenden nahegebracht werden. Kein Mädchen interessierte sich für diese belehrenden Vorträge, die manchmal von eingeladenen Parteigenossen gehalten wurden. Müde von der Arbeit auf den Bauernhöfen, versuchte jede in einer der hinteren Stuhlreihen des Tagungsraums einen Platz zu ergattern, um dösen oder gar ein wenig einnicken zu können. Unsere Lagerführerin forderte uns zu freier Meinungsäußerung auf mit dem Hinweis, sie habe Freundinnen, die durchaus nicht mit allem einverstanden seien, was die Partei täte. Wir könnten ganz offen diskutieren. Niemand ging auf diesen Vorschlag ein.

Außerhalb des Tagungsraums hatte ich jedoch nur wenig Hemmungen, meine Kritik an den Nazis zu äußern. Freundin Ruth Leest hat mich oft ermahnt, vorsichtiger zu sein, ich würde mich um Kopf und Kragen reden.

Auf unsere wichtigste Rolle als zukünftige Mütter, die dem Führer ein Kind schenken sollten, wurden wir in mehreren Unterrichtsstunden vorbereitet, wahrscheinlich von einer Hebamme oder Säuglingsschwester. Ich war sehr schockiert von allem, was ich da erfuhr, ich mochte es gar nicht, dass »die Entbindung mit allem drum und dran durchgekaut wurde. Allein vom Anhören ist mir ganz schlecht und angst und bange geworden bei dem Gedanken, einmal dasselbe überstehen zu müssen«, schrieb ich Inga. Mit einer großen Käthe-Kruse-Babypuppe übten wir schon mal das Wickeln und Ankleiden, Handgriffe, die ich aber längst vergessen hatte, als unsere älteste Tochter geboren wurde.

Mit straff nach hinten gekämmten, in einem Nackenknoten zusammengefassten Haaren war ich in den Arbeitsdienst gekommen. Den Haarkranz hatte ich schon am Ende der Berliner Schulzeit abgeschafft. Der Knoten war auch keine Verbesserung meines Aussehens, außerdem unmodisch. Kein Mädchen hatte solch eine unvorteilhafte Frisur. Sie hatten kurze glatte, natürlich gelockte oder dauergewellte Haare. Ich wollte nicht wieder wegen meiner altmodischen Frisur belächelt werden. Also ging ich bald zum Friseur, ließ mir die Haare abschneiden, eine Dauerwelle machen und eine damals modische Innenrolle legen. Die strenge Mutter war weit weg, sie konnte mir nichts verbieten. Ich war froh, endlich diese Emanzipation von den lästigen mütterlichen Bevormundungen geschafft zu haben. Mit meinem geringen Wochenlohn und den Zuwendungen der Bäuerin konnte ich den Friseur bezahlen. Leider mussten die Haare nun jeden Abend auf Lockenwickler gedreht werden, damit die Rolle über Nacht nicht zerstört wurde. Das Schlafen mit den Metallröllchen auf dem harten Kopfkissen war sehr gewöhnungsbedürftig.

Pfingsten bekamen wir drei Tage Urlaub, für mich zu wenig, um nach Hause zu fahren, die Reise mit mehrmaligem Umsteigen war zu umständlich. Deshalb nahmen Mama und ich die Einladung von »Onkel« Martin Braune (mein Halbschwager, Anzas Mann) gerne an, ihn auf seinem Bauernhof in Jägersfelde an der Oder zu besuchen. Er lebte seit Langem mit Ursel, einer viel jüngeren Frau, in »wilder Ehe«, wie es damals hieß; denn Anza war zu einer Scheidung noch nicht bereit. Großzügig und unkonventionell setzte sich unsere Mutter über alle moralischen Vorurteile der Verwandtschaft hinweg und akzeptierte diese Beziehung. Es ging ihr auch darum, in Verbindung mit den drei Söhnen zu bleiben. Sie waren ihre Stiefenkel, die uns in Vahnerow besuchten.

Ursel war tüchtig, scheute sich vor keiner Arbeit, die ideale Frau für einen Bauernhof. Ihr Mann behandelte sie wie einen Matrosen, dem er laut seine Befehle zurief. Und sie eilte, um sie auszuführen. Ein Partnerschaftsmodell, das zwar funktionierte, mir aber missfiel. Niemals wollte ich es mir gefallen lassen, von einem Mann so herumkommandiert und angebrüllt zu werden – wenn ich einmal heiraten sollte.

Henning, Marinesoldat, der zweite Sohn von Anza und Martin, hatte über Pfingsten Urlaub. Ich freute mich auf das Wiedersehen, ahnte nicht, dass es das letzte sein würde. Drei Jahre später wurde das U-Boot, mit dem er auf dem Atlantik unterwegs war, versenkt. Der älteste Sohn, Georg, ging als Kommandant eines Schnellbootes 1944 im Ärmelkanal unter. Der dritte Sohn war Epileptiker, er studierte nach dem Krieg in Göttingen, Anfang der Fünfzigerjahre starb er. Nur die Tochter Evelia überlebte die Mutter.

Das Kriegsgeschehen war während der ersten Wochen im Arbeitsdienst nur am Rande mal ein Gesprächsthema. Die wichtigsten

Ereignisse wurden uns an den Schulungsabenden aus einer Zeitung vorgelesen. Der Krieg auf dem Balkan war weit weg und kaum begonnen – Anfang Juni 1941 schon beendet. Ado erlebte ganz allein einen herrlichen Sonnenaufgang auf der Akropolis in Athen, auf einem Marmorblock oder einer Säulentrommel sitzend. Noch Jahrzehnte später schwärmte er von den klassischen Tempelruinen, dem Blick über die Stadt, dem rosigen Sonnenaufgang und der Stille.

Und dann am 22. Juni 1941 das allgemeine Entsetzen über den Beginn des völlig unerwarteten Krieges gegen Russland. Viele Mädchen weinten, waren ratlos, fragten nach dem Sinn dieses Angriffs, verstanden nicht, was wir denn noch in Russland wollten, wir hätten doch schon ganz Europa besetzt, mehr brauchten wir wirklich nicht. Und sie äußerten mit ungewöhnlicher Offenheit die Befürchtung, dass unsere Truppen die Eroberung und Unterwerfung des riesigen Landes nicht schaffen könnten.

Sogar Goebbels bemerkte den Unmut des Volkes und notierte in sein Tagebuch, »im Volk eine leicht deprimierte Stimmung«.

Der schnelle Vormarsch der deutschen Truppen musste bald mit hohen Verlusten bezahlt werden. Junge Männer aus unserer Verwandtschaft und Vahnerower Nachbarschaft, Brüder von Freundinnen, Mitschüler vom Greifenberger Gymnasium starben oder wurden verwundet.

Ich bekam eine Todesanzeige, über die ich erschrak, die aber auch ein mich bedrückendes Problem löste. Der Gefallene war Günter Br. Ich hatte ihn, seine Eltern und Geschwister 1938 in den Sommerferien in Deep kennengelernt, also zwischen Altenburger Stift und Wicblingen. Die ganze Familie war sehr sympathisch und gastfrei, sie wohnte in Berlin. Die Fahrten nach Wieblingen habe ich manchmal unterbrochen, um bei Br. zu übernachten. Dann bin ich mit den Brüdern ausgegangen, ins Kino oder zum

Tanztee. Mit meinem Haarkranz und dem hellblauen Wieblinger Sonntagskleidchen muss ich zwischen der Berliner Jugend recht seltsam ausgesehen haben. Als ich in Berlin zur Schule ging, war Günter schon Soldat. Obwohl er gar nicht mein Typ war, schrieben wir uns ab und zu, wahrscheinlich recht langweilige Briefe. Günters letzter Brief lag noch unbeantwortet in meinem Spind. Der Inhalt hatte mich so erstaunt, fast empört, dass mir noch keine passende Antwort eingefallen war. Günter hatte mir (sinngemäß) mitgeteilt, er habe die Frau seines Lebens kennengelernt, die Frau, die er später heiraten wolle. Wir beide sollten trotzdem weiterhin gute Freunde bleiben, so oder ähnlich schrieb er. An meine Reaktion erinnere ich mich deutlich: Was hat der sich denn eingebildet? Hat der etwa geglaubt, ich liebe ihn? Ist mir doch ganz egal, wen er heiraten will. Was soll ich bloß antworten, ohne ihn zu beleidigen? Es gab in unserem Lager keinen Platz, an dem ich ungestört hätte nachdenken und schreiben können. So blieb der Brief lange unbeantwortet. Günters Tod in Russland löste das Problem für mich. Ich war sowohl erleichtert, dass ich noch keine taktlose oder gar arrogante Antwort abgeschickt hatte, als auch beschämt über meine Reaktion auf diesen Tod.

Eines Tages wurde uns mitgeteilt, wir müssten Seidenraupen züchten, weil der Bedarf an Rohseide im Krieg sehr groß sei, vor allem für die Herstellung von Fallschirmen. Aus dem Orient und Ostasien konnte kaum noch Seide importiert werden. Die bescheidene heimische Produktion in Süddeutschland und Österreich reichte bei Weitem nicht aus, und auch die engagierten Hobbyzüchter (wie zum Beispiel Graf Bismarck in Plathe) konnten wenig dazu beitragen, dem Mangel abzuhelfen.

Ich habe lange geglaubt, auf so eine absurde Idee könne nur unsere realitätsferne Führerin verfallen sein. Inzwischen weiß ich, dass es eine von einem Ministerium erlassene Anordnung gab, landesweit, sogar in Schulen, Seidenraupen zu züchten; auch in den Dorfschulen von Trieglaff und dem benachbarten Kardemin. Die Schüler mussten die Maulbeerblätter, die einzige Nahrung der Raupen, herbeischaffen, wobei es zu grenzüberschreitenden Raubzügen kam.

In unserem Lager wurden in einem ungenutzten Raum einer Baracke einige Tische dicht aneinandergeschoben, Blätter der in der Umgebung reichlich wachsenden Maulbeerbüsche gleichmäßig darauf ausgestreut und die von irgendwoher angelieferten Eier auf dieser Unterlage verteilt. Bald schlüpften aus den Eiern kleine Raupen, die sehr gefräßig waren, schnell wuchsen, fingerdick und hässlich wurden. Die Versorgung der Tiere war wohl freiwillig. Einige Mädchen hatten sich gemeldet, ich auch.

Wahrscheinlich war der Eiersendung eine Broschüre beigelegt worden mit Anweisungen für die artgerechte Versorgung der empfindlichen Tiere – uns wurde sie jedenfalls nicht zur Information gegeben. So war alles falsch von Anfang an: Die Raumtemperatur war nie gleichbleibend, die Frischluftzufuhr mangelhaft, die Fütterung unpünktlich, der Platz auf den Tischen nicht ausreichend, die unappetitliche Säuberung ganz ungenügend. Je mehr Arbeit die Raupen machten, je stinkender ihre Exkremente wurden, als Kot und Blattreste täglich entfernt und frische Blätter ausgelegt werden mussten, desto weniger waren die Mädchen bereit, etwas für die kriegswichtige Seidenproduktion zu tun – außer mir: nicht wegen der Fallschirmseide, sondern aus Mitleid mit den hässlichen nackten Tierchen. Bis zum Einspinnen der Raupen und bis zur Bildung von Kokons ist es natürlich bei dieser dilettantischen Versorgung niemals gekommen. Alle Raupen starben vorzeitig und wurden weggeworfen.

Wenn ich an die sechs Monate im Arbeitsdienst denke, erinnere ich mich nur an einzelne Episoden, niemals an größere Zusammenhänge, ich sehe verschiedene Bilder, selten mal Bruchstücke eines zerrissenen Films. Die Tage, die Wochen waren zu monoton, als dass sie sich dem Gedächtnis einprägen konnten. Fast nur Ungewöhnliches, was nicht im Dienstplan vorgesehen war, habe ich behalten.

Wir waren schon einige Wochen im Lager, die Führerinnen hatten ihre Maiden kennengelernt, kannten oberflächlich ihre Charaktere und besonderen Qualitäten. Ich galt als hilfsbereit und kultiviert und war die einzige Adlige. So schien ich für eine ehrenvolle Aufgabe außerhalb des Dienstes qualifiziert zu sein, nämlich den Esstisch für unsere Führerinnen und die von ihnen eingeladenen Offiziere in einem Extrazimmer hübsch zu decken. Man setzte voraus, ich wisse, wie man Teller, Bestecke, Gläser und Servietten vorschriftsmäßig anordnet, wenn eine Mahlzeit mit mehreren Gängen und verschiedenen Getränken angeboten wird. Wussten die Führerinnen es wirklich nicht? Als ich alles richtig arrangiert hatte, wurde ich gefragt, ob ich außerdem noch servieren könne (Schüsseln von links anreichen, Getränke von rechts einschenken und so weiter)? Da habe ich mich geweigert. Nein, junge Offiziere würde ich nicht beim Essen bedienen. Meine Ablehnung wurde akzeptiert.

Die Arbeitsdienstzeit war am 30. September 1941 zu Ende, der Dienst für das kriegführende Vaterland sollte aber noch nicht vorbei sein. Arbeitskräfte wurden überall dringend gebraucht, und deshalb war im Laufe des Sommers in irgendeinem Amt beschlossen worden, einen ebenfalls sechsmonatigen Kriegshilfsdienst (KHD) anzuhängen. Alle Mädchen im Lager waren natürlich enttäuscht, sie hatten sich auf die Rückkehr ins Elternhaus, auf ihren Beruf, ihre Berufsausbildung oder ein Studium gefreut. Nun wurden sie wieder fremdbestimmt, konnten sich den Arbeitsplatz nicht aussuchen. Mir blieb der KHD erspart, weil es unserer Mutter gelungen war, mich davon zu befreien. Sie konnte ein überzeugendes Attest über ihren schlechten Gesundheitszustand vorlegen und mich als Hilfe anfordern. Unterstützung einer kranken, schonungsbedürftigen Gutsfrau und vielfachen Mutter, ausgezeichnet mit dem Silbernen Mutterkreuz, wurde als Grund anerkannt. Ich war glücklich.

Vor dem allgemeinen Aufbruch hatten sich alle Mädchen Zivilkleider schicken lassen. Wie groß war der Schrecken bei den meisten, als sie bei der Anprobe feststellen mussten, dass kaum noch ein Kleidungsstück passte: die Reißverschlüsse der Röcke ließen sich nicht mehr hochziehen, die Blusen und Kostümjacken nicht zuknöpfen, die Pullover spannten wie Wurstpellen über den üppig gewordenen Busen. Allgemeine Verzweiflung: »So kann man doch nicht im Zug nach Hause fahren!« Die Mäntel konnten gerade noch die Peinlichkeiten verhüllen.

Viele Mädchen hatten eben bedenkenlos bei den Bauern oder im Lager zu viel von den schweren, aufschwemmenden Mahlzeiten in sich hineingestopft und nicht an die Folgen gedacht. Ich hatte dieses Problem nicht, weil ich nie viel gegessen habe, weder bei den Bauern noch im Lager, am wenigsten in den Wochen meines Küchendienstes. So dünn wie ich angekommen war, reiste ich wieder ab.

Intermezzo 4

Nun war ich also nach zwei Jahren wieder in Vahnerow, diesmal zur Unterstützung der von verschiedenen Leiden geplagten Mutter, zeitweise als ihre Vertretung, wenn sie verreist oder zur Kur in Bad Wiessee war. Sechs Monate, an die ich nur wenige Erinnerungen habe, weil in Hinterpommern auf dem Dorf, fern von allen Fronten, nichts Aufregendes passierte.

Mona und Atti, die jüngsten Schwestern, waren noch zu Hause, ihnen sollte ich, wie schon einmal, Englischunterricht geben; Mona musste immer noch auf den Wechsel zum Altenburger Stift vorbereitet werden. Gerhard war in Berlin im Internat, Baba ging noch in Wieblingen zur Schule. Ado kam in der Wiener Universitätsklinik, betreut von dem Neurochirurgen Prof. Schönbaur, allmählich wieder auf die Beine.

Und immer noch war Dieter Bassermann da als Hauslehrer und Privatgelehrter. Er schrieb weiter an seinem Rilke-Buch, an dessen Entstehen unsere Mutter als wichtigste Gesprächspartnerin und erste Leserin intensiv Anteil nahm. Er hätte sich wie der Hausherr fühlen können, wenn er von uns Geschwistern endlich akzeptiert worden wäre. Doch je länger er bei uns wohnte, je mehr Rechte er sich »anmaßte«, desto rigoroser wurde er von uns abgelehnt. Sein nicht nachlassendes Werben um unsere Sympathie war vergeblich.

Außer dem Englischunterricht gab es für mich keine intellektuellen Aufgaben; auf das Studium der Kunstgeschichte und Archäologie konnte ich mich nicht vorbereiten. Auf jeden Fall habe ich viel gelesen. Was sollten wir an den langen Abenden, an denen wir Schwestern zusammen im Damenzimmer saßen, sonst machen? Handarbeiten und natürlich stricken, möglichst mit einem Buch vor der Nase, wenn das Muster nicht zu kompliziert war. Das Radioprogramm war meistens uninteressant, es gab nur einen Sender. Wir hörten die Nachrichten, bestimmt keine politischen Reden – die Verlautbarungen aus dem Propagandaministerium von Goebbels hießen »Klumpfüßchens Märchenstunde« –, Wehrmachtsberichte und die Sondermeldungen, die seit Beginn des Russlandfeldzuges mit den ersten schmetternden Takten aus *Les Préludes* von Franz Liszt angekündigt wurden und jede laufende Sendung unterbrachen. Wenn wir lasen oder uns unterhielten, dudelte nicht selten leise Schlagermusik im Hintergrund.

Waren in den Ferien genügend, mindestens vier Geschwister zu Hause, setzen wir uns zusammen und spielten manchmal Schreib- und Ratespiele, auf höherem intellektuellen Niveau als zwei Jahre zuvor.

Wenn ich am späten Abend die Hündin Adda nach draußen ließ, damit sie sich vor der Nacht noch in die Büsche schlagen konnte, ging ich einige Schritte in den Park, um mir den Sternenhimmel anzusehen und die Sternbilder zu suchen, die ich kannte. Hinter mir das große Haus mit den dunklen Fenstern, hinter denen die Verdunklungsrouleaus aus schwarzem Papier heruntergelassen waren. Bevor ich zu Bett ging, kontrollierte ich zur Sicherheit, ob Fenster und Türen im Erdgeschoss geschlossen waren.

Der Russlandfeldzug war nicht, wie im Sommer vollmundig von Hitler angekündigt, nach wenigen Wochen mit der Unterwerfung der sowjetischen Armeen siegreich beendet worden, sondern im eiskalten Winter in Schnee und Schlamm vor Moskau stecken geblieben. Viel zu spät wurde das Volk aufgerufen, für die frierenden Soldaten Winterkleidung zu spenden. Was wirklich an der Front gebraucht wurde, war nicht genau angegeben, und so häuften sich an den Sammelstellen vor allem frontuntaugliche Kleidungsstücke von Männern und Frauen: Mäntel, Jacken, Westen, Handschuhe, Stiefel und anderes aus Wolle und Fellen aller Art, die zum größten Teil liegen blieben und später an Ausgebombte in den Großstädten verteilt wurden. Wenn ich mich nicht irre, gab Mama eine Schafpelzdecke ab und einen ihrer Pelzmäntel. Die Familien im Dorf besaßen nichts Überflüssiges, schon gar keine Rauchwaren; ihre warme Kleidung brauchten sie selbst im Winter.

Ich bemühte mich, eine tüchtige Haustochter zu sein, aber es war schwer, unsere Mutter zufriedenzustellen, weil sie allzu perfektionistisch war, wie ich fand. Sie kritisierte viel und lobte selten, wenn es um die täglichen Arbeiten ging. Allerdings sparte sie, in Handarbeiten ungeschickt, nie mit Lob und ehrlicher Bewunderung, wenn ich ein selbst genähtes Kleidungsstück oder einen kunstvoll bestickten Pullover vorführte.

Eine selbstverständliche, aber unangenehme Pflicht einer Gutsfrau wurde mir manchmal übertragen, nämlich die Teilnahme an der Beerdigung einer unserer Leute im Winter. Ich brauchte nicht mit den Trauernden hinter dem Leiterwagen, auf dem der Sarg stand, zu gehen, sondern fuhr in der Kutsche die zwei Kilometer nach Batzwitz, aber ich musste nach dem Gottesdienst in der ungeheizten Kirche auf dem Friedhof im Schneegestöber oder im eiskalten Ostwind, der um die Kirche pfiff, bis zum Ende der Zeremonie ausharren. Total durchgefroren fuhr ich nach Hause. Verständlich, dass unsere Mutter, die sich leicht erkältete, Beerdigungen im Winter vermied.

Im dritten Kriegswinter unterschieden sich unsere Weihnachtsvorbereitungen, bei denen ich von Jahr zu Jahr mehr helfen durfte, kaum von denen des ersten Kriegswinters. Wir hatten immer noch genügend Vorräte, um die Freunde in den Städten mit zusätzlichen Lebensmitteln zu beschenken, die für sie rationiert waren. Für ihre Spezialität, die selbst gemachten Pralinen, konnte unsere Mutter noch immer die nötigen Zutaten beschaffen. Perfekt geformt waren sie nicht, sie schmeckten aber köstlich.

Der größte Vertrauensbeweis, fast wie ein Ritterschlag, war ihre Bitte, ihr beim Aufbau der Weihnachtskrippe zu helfen, weil sie nicht mehr auf dem Fußboden knien konnte und das Bücken sie zu sehr anstrengte. Die Schwestern waren über meinen Zugang zum Allerheiligsten empört, denn die Krippe sollte für alle bis zum Heiligen Abend eine Überraschung bleiben.

Es ging nicht nur darum, die Kisten für den Unterbau aufeinanderzustapeln, sondern auch die gebirgige Landschaft mitzugestalten. Die Kisten wurden mit Moosplatten bedeckt, Baumrinden, Steine und Bäumchen aus Fichtenzweigen belebten das Gebirge, ein Wasserfall aus Lametta ergoss sich in einen Spiegelscherbenteich. War die Landschaft fertig, wurden die Figuren und Tiere gruppiert, als ob sie sich auf die Krippe mit der Heiligen Familie zubewegten oder dort schon angekommen waren. Kerzen erleuchteten die Szenerie. Und wer wurde gelobt für die wieder einmal so besonders gut gelungene Krippenlandschaft?

Jedes Jahr prophezeite unsere Mutter, dass es diesmal bestimmt viel weniger Geschenke geben würde als im Jahr zuvor, doch niemals waren es weniger, immer häuften sich die Geschenke auf unseren Tischen. Vor allem Bücher. Die Buchhandlung Buchholz in Berlin schickte in der Adventszeit ein großes Paket zur Ansicht mit Neuerscheinungen, Neuauflagen und Büchern, die nur an ganz vertraute Kunden »unter dem Ladentisch« verkauft wurden.

Silvester: Zum festlichen Abendessen gab es »Karpfen blau« aus dem eigenen Karpfenteich und zum Nachtisch Plumpudding, nach englischem Rezept. Mit Alkohol übergossen, sollte er brennend serviert werden, doch das gelang nur selten. Nach dem Essen versammelte sich die Familie mit den Hausangestellten im Weihnachtszimmer, wir sangen Paul Gerhards Lied aus dem Dreißigjährigen Krieg: »Nun lasst uns gehn und treten mit Singen und mit Beten zum Herrn, der unserm Leben bis hierher Kraft gegeben …« und »Schleuß zu die Jammerpforten und lass an allen Orten auf so viel Blutvergießen die Freudenströme fließen« – eine Bitte, die sich noch lange nicht erfüllten sollte. Kurz vor Mitternacht, die Hausangestellten hatten sich längst zurückgezogen, traf sich die Familie noch einmal vor dem Weihnachtsbaum. Die schon weit heruntergebrannten Kerzen wurden wieder angezündet, und jeder wählte eine Kerze, von der er meinte, sie würde am längsten brennen, und wünschte sich heimlich etwas. Wessen Kerze am längsten brannte, dessen Wunsch würde im nächsten Jahr in Erfüllung gehen, hofften wir. Haben wir uns alle ein Ende des Krieges gewünscht, oder dachte sich jeder lieber einen ganz persönlichen Wunsch aus? Wünschte ich mir einen erfolgreichen Beginn meines Studiums?

Ado, der zu Weihnachten noch nicht reisefähig gewesen war, sagte sich Ende Februar kurzfristig zu einem dreiwöchigen Urlaub an. Hatte er sich telefonisch gemeldet, oder hatte er einen Brief geschrieben? Eigentlich war die Reichspost nach wie vor pünktlich und schnell; Briefe waren auch bei großen Entfernungen innerhalb Deutschlands kaum länger unterwegs als heute.

Unsere Poststation war das sechs Kilometer entfernte Plathe. Alle Landbriefträger waren für mehrere Dörfer zuständig. Im Sommer fuhren sie mit dem Fahrrad, im Winter mussten sie die ungefähr zwölf Kilometer lange Strecke durch Schnee und Matsch zu Fuß gehen. Eine dicke wetterfeste Ledertasche reichte für sämtliche Sendungen, von denen die meisten an die Gutsbesitzer, ihre Verwaltungen, den Pastor und den Lehrer gerichtet waren. Die Landarbeiter erhielten kaum Briefe, erst mit Kriegsbeginn wurden es ein paar mehr, wenn die Männer Feldpostbriefe schickten. Unerwünschte Reklamesendungen, Prospekte, Kataloge, die heute die Briefkästen füllen, gab es nicht. Der Briefträger brachte nicht nur die Post, er nahm auch die zu versendenden Briefe mit nach Plathe zum Postamt.

Die Ankunft des Postboten war natürlich unregelmäßig; im Sommer, wenn die Straßen trocken waren, kam er mit dem Fahrrad schnell voran, im Frühjahr und im Herbst, wenn er nur auf den befestigten Straßen radeln konnte, dauerte es länger. Im Winter, wenn er zu Fuß gehen musste, war er am längsten unterwegs, dann traf er manchmal erst bei Dunkelheit ein, auch weil er sich unterwegs aufwärmen und mit einem Schnaps stärken musste. Postkarten pflegte er zu lesen. Einmal rief er unserer Mutter, die ihn ungeduldig erwartete, fröhlich zu: »J'nä Frauken, Ihr Sohn hat jeschrieben, es jeht ihm jut!«, und schwenkte dabei die Postkarte.

Also, Ado hatte sich angesagt, und wir Schwestern waren so glücklich über den ersten Besuch des Bruders nach anderthalb Jahren, dass wir sofort in den Wald eilten, um Fichtenzweige zu schneiden. Zur feierlichen Begrüßung wollten wir das hohe Eingangsportal mit einer Girlande schmücken. Gerhard bekam sogar einige Tage schulfrei und reiste aus Berlin an.

Nach Ados Abreise schrieb ich an Inga: »Mit Ado war es sehr sehr nett« und stelle dann – anerkennend und zufrieden mit dem Bruder – fest, dass er sich enorm zu seinem Vorteil verändert hat, »er ist längst nicht mehr so oberflächlich + er hat auch wieder zivilisierte Manieren angenommen. Wegen unseres sibirischen Klimas hatte er leider viel mehr Schmerzen als in Wien«.

Unter den Briefen, die Ado 1942/43 an seine Wiener Freundin Renate von Mauthner geschrieben hat und die nach ihrem Tod an seine Tochter Ulrike geschickt wurden, fand ich eine an Frau von Mauthner gerichtete Postkarte, die meinen Brief an Inga bestätigt und ergänzt:

»Vahnerow, 3. März 1942 ... nach einer guten Reise, die sich nur in der 1. Klasse abspielte, bin ich glücklich hier einpassiert. Die Familie hegt und pflegt mich wie eine seltene tropische Blume, was mir allerdings nicht unangenehm ist ... Leider hat sich mein Körper nicht so recht auf das Polarklima umgestellt und ärgert mich mit Schnupfen. Aber es wird ja auch hier einmal Frühling.«

Aufgrund seiner schweren Verwundung war Ado eigentlich dienstunfähig; er hätte sofort eine Berufsausbildung oder ein Studium beginnen können (zum Beispiel Jura wie unser Vater, Großvater und unser Bruder Reinold), er wollte aber weiter für das Vaterland kämpfen und nahm im Sommer an einem Offizierslehrgang teil. Ich wusste nicht, dass er sich die Diensttauglichkeit hartnäckig erzwungen hatte. Eine aus heutiger, nicht aus damaliger Sicht schwer verständliche Entscheidung, von der ich erst viel später erfahren habe.

Irgendwann muss ich mir darüber Gedanken gemacht haben, wo, an welcher Universität, in welcher Stadt ich studieren wollte. Entschieden habe ich mich für Freiburg i. Br.; nicht weil die Kunsthistoriker dieser Universität einen besonders guten Ruf hatten, ich kannte dort keinen Professor, sondern weil diese Stadt am weitesten entfernt war von Vahnerow. Auf dem Atlas hatte ich das mit dem Lineal ausgemessen. Königsberg oder Breslau hatte ich auch in Erwägung gezogen, dann verworfen.

Die begeisterten Schilderungen von Herrn Bassermann, der aus Baden stammte, warben für die besonders hübsche Stadt am Fuße des Schwarzwalds. Mich reizte die Vorstellung, in einen Ort zu ziehen, in dem ich keinen Menschen kannte, was nicht stimmte, wie sich später herausstellte.

Während ich anfing, mich auf das Studium zu freuen, tauchte das Gerücht auf, alle weiblichen Studienanfänger müssten im Sommersemester in Rüstungsfabriken arbeiten wegen des großen Mangels an männlichen Arbeitskräften. Es blieb bei dem Gerücht. Hitler, der zunächst grundsätzlich gegen die Arbeitspflicht für Frauen in der Rüstungsindustrie war, hatte sich noch einmal gegen die Befürworter durchgesetzt. Ich konnte mich also wieder auf Freiburg freuen.

Ganz allein habe ich das Studium doch nicht begonnen, denn Sabine Riebe, eine der Zwillingstöchter unseres Greifenberger Hausarztes, wollte ebenfalls in Freiburg studieren, und zwar Medizin. Wir beschlossen, zusammen zu wohnen. Die Zimmersuche war nicht einfach, zunächst bekamen wir nur Absagen. Zwei Wochen vor Semesterbeginn hatten wir immer noch kein Unterkommen. Schließlich war Frau Schilling unsere Rettung. Wir mieteten ein Wohn- und ein Schlafzimmer, hatten das Recht, Küche und Bad zu benutzen. Apartments gab es damals noch nicht für Studenten, man wohnte zur Untermiete und hatte eine »Wirtin«.

Ernst Wiechert und Frau
zu Besuch in Vahnerow (1935)

Magdalenenstift in Altenburg,
Blick in den Hof

Foto der Abschlussklasse (Ausschnitt)
(März 1938, 1. Reihe Mitte: Maria)

Maria (Foto von
Dr. Hermann Moses,
Berlin 1938)

Elisabeth von Thadden
als junge Frau (1913)

Appell im Hof des Magdalenenstifts –
die »Schürzenparade« (Maria ist die Zehnte von rechts)

Landerziehungsheim Schloss Wieblingen

Elisabeth von Thadden (1941)

STUDIUM DER KUNSTGESCHICHTE, FREIBURG IM BREISGAU, 1942–1943

Die Bahnfahrt war weit und dauerte viele Stunden: Umsteigen in Stettin und Berlin, die Züge waren immer überfüllt, viele Reisende mussten mit ihrem Gepäck auf den schmalen Gängen stehen. Ich hatte von Berlin nach Freiburg für die Nachtfahrt einen Sitzplatz am Gang in einem Abteil dritter Klasse, in dem acht Personen dicht nebeneinander auf harten Holzbänken saßen. Meistens schweigend – über sich ein kleines Plakat mit dem Kopf eines finsteren Mannes mit Schlapphut und daneben die Mahnung »Vorsicht bei Gesprächen! Feind hört mit!« –, den Reiseproviant geräuschvoll verzehrend oder lesend, was bei der trüben Deckenbeleuchtung anstrengend war. Trotzdem versuchte ich zu lesen. Wenn ich meinen Kopf zur Seite wandte, sah ich in dem Fenster zum Gang mein blasses, müdes Gesicht, das sich in dem Glas spiegelte, und ich fand es recht hübsch.

Das fand auch der junge Offizier, der im Gang stand und mich aufmerksam betrachtete. Nicht sofort, aber bald spürt man ja einen interessierten Blick. Als es im Abteil unerträglich heiß wurde, trat ich auf den Gang und überließ meinen Sitzplatz einer erschöpften Mitreisenden. Ich überlegte kurz, neben wem ich stehen wollte, und stellte mich neben den Offizier. Er sprach mich sofort an, und ich ging auf das Gesprächsangebot ein, weil er gut aussah, mir gefiel und ich mich langweilte. Er war Reserveoffizier, Jurist, auf dem Weg nach Wiesbaden, wo er wohnte; er hieß Herr von Haupt. Wir haben uns angeregt unterhalten, wir tauschten unsere Adressen aus, er gab mir seine Feldpostadresse. Allmählich wurde ich müde von dem langen Stehen, er merkte es und sagte, ich solle mich doch wieder auf meinen Platz setzen. Ich weckte die auf meinem Sitzplatz tief schlafende Frau, und bald war ich eingeschlafen. Als ich aufwachte, dämmerte der Morgen, und Herr von Haupt war längst ausgestiegen. Er hätte mich nicht wecken wollen, schrieb er und entschuldigte sich, dass er sich deshalb nicht habe verabschieden können. Eine Woche nach Semesterbeginn erhielt ich ein großes Paket mit sechs Flaschen verschiedener Liköre. Weil zum Studium auch Alkohol gehöre, wie er aus seiner Studentenzeit wisse und er eine Likörfabrik besitze, habe er mir das Paket schicken lassen. Vielleicht glaubte er, dass alle Damen gerne Likör trinken? Ob Sabine und ich die Flaschen allmählich allein geleert haben? Ich mochte jedenfalls Likör nicht besonders.

Der Absender bat mich, ihm zu schreiben und vom Studium zu erzählen, er würde bald an die russische Front kommen, und Post sei wichtig für Soldaten. Eines Tages lag ein kleines, stark duftendes Päckchen auf meinem Tisch, Absender Oberleutnant Dr. von Haupt. Er habe mir etwas besonders Schönes schenken wollen, schrieb er, aber in Charkow habe er nur dieses Stück Seife und zwei rote Rosen gefunden. Ich war ganz gerührt, penetrant nach Seife duftende Rosen aus Charkow, aus der östlichen Ukraine, zu bekommen; ein charmantes Geschenk. Sofort habe ich mich bedankt. Mein Brief hat den Adressaten nicht mehr erreicht, er kam mit dem amtlichen Stempel »Gefallen für Großdeutschland« zurück; gefallen bei der großen deutschen Offensive Richtung Stalingrad.

Da ich ihn nur mit Herr von Haupt angeredet habe und der Briefwechsel kurz war, habe ich seinen Vornamen vergessen, nicht aber diese poetische Begegnung zu Beginn meines Studiums.

Die beiden Zimmer mit Balkon bei Frau Schilling waren ganz passabel, etwas kleinbürgerlich eingerichtet, wie Sabine und ich fanden, aber nicht vollgestellt mit ausrangierten Möbeln. Das Schlafzimmer wurde beherrscht von dem ehelichen Doppelbett, für einen geräumigen Kleiderschrank und eine Kommode blieb noch Platz. Das Ehebett ist nur in der Hochzeitsnacht benutzt worden, und die Nacht muss schlimm gewesen sein. Frau Schilling betonte, dass sie nur einen Tag verheiratet gewesen sei, das habe ihr gereicht – für immer. Sie hatte ihren Mädchennamen wieder angenommen, bestand jedoch darauf, mit »Frau« angeredet zu werden, weil es ihr amtlich zustand. Darauf legte sie großen Wert. Wir hatten niemals Auseinandersetzungen mit ihr. Sie war zurückhaltend, hatte Erfahrung mit Untermieterinnen, und wir waren gut erzogen, hinterließen weder in der Küche noch im Bad Schmutz und Unordnung.

Eigentlich war das Zusammenwohnen für Sabine und mich ein Risiko, denn wir kannten uns kaum, hatten uns, seit ich das Gymnasium in Greifenberg verlassen hatte (1936), nur noch selten gesehen. Äußerlich waren wir ganz verschieden: Sie war ein brünetter Typ, kleiner als ich, sie hatte braune Augen und schwarze Haare, ich war groß, blond und dünn. Die gemeinsame Wohnung war ein Glücksfall für uns, sie erleichterte uns das Einleben in der fremden Stadt. Ich begriff bald, dass es nicht nur spannend, wie ich gedacht hatte, sondern auch schwierig sein könnte, sich allein einen unbekannten Ort zu erschließen und Menschen kennenzulernen. Alltags sahen wir uns erst am Abend, am Wochenende machten wir oft Ausflüge in die nähere oder weitere Umgebung, die ich meistens planen musste.

Das Elsass war seit dem Sieg über Frankreich mal wieder deutsch geworden, es gab keine Grenze, keinen Geldumtausch, allerdings eine schwer verständliche Sprache, einen alemannischen

Dialekt mit vielen französischen Elementen. In den Pfingstferien sind wir mit Rucksack durch die Vogesen gewandert, von Colmar bis Mühlhausen. Wir hatten einige kunsthistorische Sehenswürdigkeiten im Programm, ebenso wichtig waren uns die kleinen Dörfer und Städtchen und vor allem das Gebirge im Frühlingsgrün. Solch eine Wanderung auf einsamen Wegen war für zwei junge Mädchen nicht gefährlich.

Die historische Innenstadt von Freiburg mit ihren schönen alten Häusern, von denen nach dem schweren Bombenangriff 1944 wenig übrig geblieben ist, durchstreiften wir gemeinsam. Zu zweit ist man (nicht) »dauernd der Gefahr ausgesetzt, von irgendwelchen aufdringlichen Männern angeredet zu werden. Zu zweit kann man sie leichter loswerden!«, habe ich Inga geschrieben.

Wein war seit Kriegsbeginn rationiert; es stand aber – jedenfalls in Baden – jedem Gast eines Lokals ein viertel Liter zu. Wenn wir uns also mal etwas Besonderes leisten wollten, setzten wir uns in ein kleines Restaurant und bestellten uns je ein Fläschchen badischen Weins, meistens roten. Dann kamen wir uns sehr erwachsen vor.

Auf Bäume, Berge, hohe Mauern und Türme bin ich immer gerne gestiegen, um den unter mir liegenden Ort und seinen Grundriss erkennen und darüber hinaus in die Umgebung blicken zu können. Ich habe nicht lange mit der Besteigung des Münsterturms gewartet. Zu meinem Befremden las ich in einem Brief an Inga (9. Mai 1942), dass ich beim Hinunterschauen den Wunsch verspürte, in die Tiefe zu springen: »Als ich zum ersten Mal oben [auf dem Münsterturm] war, die Sonne schien herrlich + strahlend, erschien es mir ganz begreiflich, daß jemand von einem Turm herunter sich in die Tiefe stürzt. Die Stadt lag so friedlich unten, so daß man mit ausgebreiteten Armen ihr entgegen sausen möchte, das Gefühl durch die Luft zu fallen, in den Tod hinein, hatte gar nichts Erschreckendes.«

Dann verwerfe ich sofort diesen absurden Gedanken, finde, dass mein Leben zurzeit unverdient gut ist und ich dankbar bin, dass ich studieren darf. Ich war ja fasziniert von der Möglichkeit, zum ersten Mal mein Leben selbst zu gestalten, und ich genoss diese Freiheit jeden Tag. Ich war begeistert vom Frühling, von den Vorgärten mit den bunten Frühlingsblumen, von den Parkanlagen und besonders von den süß duftenden Glyzinien an unserem Balkon.

Das Studium begann nicht anders als heute mit Proseminaren, in denen man in die wissenschaftlichen Arbeitsmethoden, Bibliotheksbenutzung und anderes eingeführt wurde und einschüchternd lange Listen unbedingt zu lesender Fachliteratur in die Hand bekam. Ich hielt die ersten Referate in meinen Fächern: Kunstgeschichte, Archäologie und Geschichte. Freies Sprechen fiel mir schwer, es war in der Schulzeit niemals verlangt und geübt worden. Außerdem musste ich das schnelle Mitschreiben in Stichworten während der Vorlesungen üben; Vorlesungsskripte wurden nicht verteilt.

Die Studierenden lernten sich im kunsthistorischen und im archäologischen Institut schnell kennen, weil nur wenige die sogenannten »Orchideenfächer« Kunstgeschichte und Archäologie studierten. Die Studentinnen – an Studenten erinnere ich mich gar nicht – kamen aus der gebildeten Mittelschicht, manche studierten ohne Berufsziel, nur der Bildung wegen; Arbeiterkinder wählten kein Fach, das so geringe Berufschancen hatte. Geschichte studierten auch einige junge Männer, verwundet oder aus anderen Gründen wehrdienstuntauglich. Die meisten wollten Lehrer werden. Kein Seminar, keine Vorlesung war überfüllt.

Mein besonderes Interesse an der griechischen und römischen Kunst und Geschichte war durch die Italienreise im Frühjahr 1939 geweckt worden. Während des ganzen Studiums waren die Fächer Kunstgeschichte und Archäologie fast gleichwertig für mich, während ich Geschichte manchmal vernachlässigt habe.

Prof. W. H. Schuchhardt gehörte damals zu den bekanntesten Archäologen. Er sprach immer frei in einem eleganten Stil. Das war nicht selbstverständlich, manche Dozenten konnten sich kaum von ihrem Manuskript lösen. Mit einem Diaprojektor wurden die Bilder auf die Wand hinter dem Pult projiziert, meistens zwei nebeneinander. Prof. Schuchhardt schritt von einem Bild zum anderen und wies mit einem langen Stock auf die besonders charakteristischen Formen der von ihm beschriebenen Skulpturen oder Reliefs hin. Fast zärtlich führte er die Spitze des Zeigestocks am Rücken nackter Marmorjünglinge entlang und sprach von den wohlgeformten Glutäen. Das feine Wort »Glutäen« für das Gesäß war ganz neu für mich.

Im Kunstgeschichtsunterricht waren wir glücklicherweise nicht nur auf Lichtbilder im dunklen Hörsaal angewiesen. Viele Originale, vornehmlich der oberrheinischen Kunst, waren bombensicher in einem Keller untergebracht, zu dem wir Zugang hatten. Prof. Noack war ein Spezialist für die oberrheinische Plastik, und er versuchte, unsere noch ungeübten Augen das Erkennen von Stilunterschieden zu lehren, von Körperschwüngen, Kopfhaltungen und Faltenwürfen der Heiligen und Propheten, Madonnen, Engeln und Christusfiguren aus Holz und Stein.

Es gab sogar eine Dozentin unter den Kunsthistorikern; Frauen als Dozentinnen waren damals eine Rarität an deutschen Universitäten. Als einzige Frau im Institut meinte sie wohl, besonders streng sein zu müssen. Jedenfalls war sie gefürchtet wegen ihrer hohen Anforderungen. Sie war sicher ebenso kompetent wie die Männer – eine Professur hat sie trotzdem niemals bekommen.

Als er »zum ersten Mal nach dem Münster ging«, schrieb Goethe 1772, war er ein »abgesagter Feind der verworrenen Willkürlichkeiten gotischer Verzierungen«; das war ich natürlich nicht, denn wir waren gut vorbereitet auf die erste Exkursion zum Straßburger Münster, dessen Baugeschichte und Figurenschmuck wir im Seminar kennengelernt hatten. Durch eine schmale dunkle Straße – so habe ich sie in Erinnerung – gingen wir auf das helle Münster zu. Und als ich vor dem gewaltigen Westwerk stand, war ich überwältigt von der Schönheit der reich gegliederten Fassade. Die berühmten Skulpturen waren leider alle zum Schutz vor Bomben eingemauert, und die mittelalterlichen bunten Glasfenster waren durch leicht getöntes Glas ersetzt. Schade, dass ich nie wieder nach Straßburg gekommen bin.

Prof. Percy E. Schramm (unser Schwager Onkel Percy) hatte mir gesagt, dass der junge Geschichtsprofessor Klewitz sein Schüler sei, und mir empfohlen, mich bei ihm für ein Proseminar anzumelden und ihm Grüße zu bestellen.

Ich hatte die Verwandtschaft noch gar nicht erwähnt, da fragte mich Prof. Klewitz, nachdem ich meinen Namen genannt hatte, sofort, ob ich mit Prof. Percy Schramm verwandt wäre. So war ich für ihn von Anfang an nicht irgendeine Studentin, sondern die Schwägerin seines Lehrers. Dies bedeutete, ich musste mich besonders anstrengen, denn auch Universitätslehrer neigen dazu, die Studenten, die sie kennen, öfter zu fragen als diejenigen, deren Namen und Gesichter sie sich nicht gleich merken können. Wir lernten das Lesen, Übersetzen und Interpretieren von Urkunden der Stauferzeit. Exkursionen ins Elsass zu den Burgen der Staufer ergänzten den Unterricht.

Erst nach seinem Tod in Russland erfuhr ich, dass Prof. Klewitz ein überzeugter Nationalsozialist und Parteigenosse war. Sein Unterricht war frei von jeder Nazi-Ideologie. Er trug kein Parteiabzeichen am Revers. Während der ganzen Studienzeit bis Kriegsende habe ich niemals einen Lehrer gehabt, der nationalsozialistische Weltanschauung in Vorlesungen oder Seminaren zum Ausdruck gebracht hat.

Bei der Immatrikulation bin ich nicht gefragt worden, warum ich weder bei den Jungmädeln noch im BDM gewesen war und nicht Mitglied in der NS-Frauenschaft geworden bin. Es spielte keine Rolle. Für die Zulassung zum Studium genügten das Abiturzeugnis und der Arbeitsdienstnachweis. Trotzdem hatte ich das Gefühl, ich müsse endlich einen Kompromiss eingehen, und meldete mich beim Nationalsozialistischen Deutschen Studentinnenbund an, ohne zu wissen, welche Aufgaben ich da übernehmen musste. Man war verpflichtet, an einigen Abendveranstaltungen teilzunehmen, bei denen politische Themen erörtert wurden, die kaum jemanden interessierten. Außerdem sollte man eine gemeinnützige Arbeit leisten. Dazu gehörte zum Beispiel die Unterstützung junger Mütter mit kleinen Kindern, deren Männer an der Front waren. Ich kam zu einer Chemikerin, Mutter von zwei Kindern, die vor allem eine Gesellschafterin haben wollte. Auf Hilfe im Haushalt legte sie wenig Wert, und um die Kinder brauchte ich mich kaum zu kümmern. Wir saßen zusammen im Wohnzimmer, tranken Tee oder Kaffee, nähten oder stopften irgendwas und unterhielten uns. Sie hatte vor dem Krieg in Stockholm studiert, erzählte vom freien Leben in Schweden und von Homosexuellen und Lesben, die ihre Liebe ohne Angst vor Strafen und Diskriminierung zeigen durften. Homosexualität wurde bei den Nazis schwer bestraft (Paragraf 175). Von Lesben hatte ich bis dahin noch nie etwas gehört. Schockiert war ich nicht, nur erstaunt, dass es sexuelle Liebe zwischen Frauen überhaupt gibt. Sonst habe ich bei dem NS-Studentinnenbund nichts Nützliches gelernt, was meinen Horizont hätte erweitern können. In Leipzig und Prag habe ich mich bei diesem Verein nicht mehr blicken lassen.

Bei der Immatrikulation musste ich auch angeben, für welche Sportart ich mich entscheiden wolle, denn Sport war Pflicht, gleichgültig, welches Fach man studierte. Zur Wahl standen: Schwimmen, Geräteturnen und Leichtathletik. Sport am frühen Morgen auf einem großen Sportplatz vor Beginn der Vorlesungen, das gefiel mir gut, deshalb wählte ich Leichtathletik. Vor Semesterende musste man eine Prüfung ablegen; die Anforderungen waren so gering, dass sie eigentlich alle Studierenden erfüllen konnten. Die Leistungen wurden nicht zensiert, es gab nur Bestanden oder Nichtbestanden. Ich wollte unbedingt beim Zweitausend-Meter-Lauf als Erste das Ziel erreichen, weil ich bei den Vorläufen immer bei den Ersten gewesen war. Beinahe hätte ich das auch geschafft, wenn mir das Frühstücksbrot nicht so schwer im Magen gelegen hätte, dass ich beim Endspurt keine Kraft mehr hatte. So wurde ich nur Dritte. Beim Weitwurf gehörte ich immer zu den schlechtesten Studentinnen. Doch zum ersten Mal in meinem Leben warf ich neunundzwanzig Meter weit, einen Meter mehr als die erforderlichen achtundzwanzig Meter. Ob ein Nichtbestanden der Prüfung Konsequenzen für die Fortsetzung des Studiums gehabt hätte? Eineinhalb Meter weniger beim Weitwurf – und ich hätte das Studium abbrechen müssen?

Ich war, was ich in meinen Briefen an Inga oft betonte, eine fleißige Studentin, hatte pro Woche zwanzig Vorlesungen und Seminarstunden belegt und musste intensiv Latein lernen, denn ohne das große Latinum konnte man nicht promovieren. Seit den Privatstunden bei Herrn Bassermann (1939/40) hatte ich viel vergessen. Der Unterricht an der Universität war ähnlich wie am Gymnasium in Greifenberg mit Klassenarbeiten unter Aufsicht und Hausaufgaben. Nachmittags und abends habe ich manchmal zwei und mehr Stunden an den Übersetzungen sehr langer Texte gesessen.

Eigentlich waren meine Tage ausgefüllt. Ich wollte aber noch etwas Nützliches neben dem Studium tun und las deshalb die Zettel am Schwarzen Brett mit den verschiedenen Angeboten und Gesuchen. Ein blinder Jurastudent suchte jemanden zum Vorlesen juristischer Texte. Das kann nicht schwer sein, dachte ich und meldete mich an. Die Vermieterin führte mich zu dem jungen Mann, und er sagte mir, was ich ihm aus dem dicken Gesetzbuch vorlesen sollte. Deutlich und langsam, damit der gedankliche Zusammenhang nicht zerrissen würde. Oft musste ich die Sätze wiederholen, weil ich den Inhalt überhaupt nicht verstanden und entsprechend schlecht bzw. falsch gelesen hatte. Das spröde Juristendeutsch des *Bürgerlichen Gesetzbuches* (BGB) war mir sehr fremd.

Der Student bat mich eines Tages, ihn zu einem Prozess ins Gericht zu begleiten. Das fand ich aufregend und interessant. Ein großer Saal mit ansteigenden Bankreihen für das Publikum; wir saßen ziemlich weit oben. Angeklagt war eine junge Frau, Angestellte einer Behörde, die die Lebensmittelkarten ausgab. Sie hatte Karten für ihren Freund entwendet. Das war ein schweres Verbrechen, Betrug an der Volksgemeinschaft. Die Frau stand verängstigt da, antwortete leise auf die aggressiven Fragen des Anklägers. Was sollte sie auch zu ihrer Rechtfertigung sagen? Dass sie aus Liebe gestohlen hatte? Die verhängte mehrjährige Ge-

fängnis- oder Zuchthausstrafe wurde durch das Kriegsende sehr
verkürzt.

Nach einigen Stunden als Vorleserin sah ich ein, dass ich dazu
nicht taugte, obwohl ich mir Mühe gegeben hatte. Der Student
war sicher dankbar, dass er mir nicht kündigen musste. So scheiterte mein erster und einziger Versuch tätiger Nächstenliebe ganz
kläglich.

Ich fragte Sabine, die gerade ein anatomisches Praktikum
machte, ob sie mich wohl in das pathologische Institut mitnehmen könne, ich würde mir gern einmal Leichensektionen ansehen. Dachte ich an Leonardo da Vinci und seine anatomischen
Zeichnungen? Sie zögerte mit der Zusage, weil es Nichtmedizinern streng verboten war, nur aus Neugier den Sektionsraum zu
betreten. Ich war hartnäckig; schließlich gab sie meinem Drängen nach. Sie lieh mir einen weißen Arztkittel, und ich folgte ihr
möglichst selbstbewusst in den Raum, in dem viele Leichen auf
hohen Tischen lagen, neben ihnen, über sie gebeugt, die sezierenden Studentinnen und Studenten. Es roch sonderbar und unangenehm. Ich war überrascht, dass die Toten lehmfarben aussahen
und eben nicht »leichenblass«, wie ich erwartet hatte. Sie waren
mit roten Flecken übersät, da, wo ihnen die Haut entfernt worden war. Es wurde nur leise gesprochen. Ich überlegte, ob die Toten wohl Verbrecher oder Kriegsgefangene waren oder aus politischen Gründen Hingerichtete. Todesurteile hatten Konjunktur.
Ich begleitete Sabine zu »ihrer« Leiche. So bald wie möglich, aber
ohne dass es wie eine Flucht aussah, habe ich den Raum verlassen.

In Freiburg kenne ich niemanden, hatte ich gedacht, als ich mir
die Stadt als Studienort aussuchte. Das schien zunächst auch zu
stimmen.

Unerwartet traf ich meine Berliner Mitschülerin (H.) Reemtsma wieder, die Geschichte und Germanistik studierte. Wir sahen uns in Vorlesungen und Seminaren, zu längeren Gesprächen kam es nie. Trotzdem lud sie mich zu einem Sommerfest ein. In dem großen Garten, der zu dem Haus gehörte, in dem sie wohnte, war ein langer Tisch gedeckt. Auf jedem Teller lag eine schmale rote Schachtel mit der bekannten Reemtsma-Zigarette »R 6«. Zigaretten waren rationiert. Frauen bekamen erst ab zwanzig Jahren eine Raucherkarte. Ich rauchte gern, doch war ich auf Geschenke angewiesen und freute mich besonders über diese Schachtel. Das Angebot an Speisen und Getränken war »wie im Frieden«, als ob es keine Lebensmittelkarten und keine Rationierungen gäbe. Wer Einfluss und gute Beziehungen hatte, brauchte sich um restriktive Vorschriften nicht zu kümmern. Die Gäste, lauter Studentinnen und Studenten, waren natürlich begeistert über das ungewöhnlich üppige Buffet. Doch alle benahmen sich wohlerzogen-zurückhaltend, und keiner trank zu viel Alkohol. Man kam pünktlich und blieb nicht zu lange.

Nach ihrer Scheidung war Hilmie von Heyl mit ihren fünf Kindern von Worms nach Baden-Baden gezogen, in ein großes Haus, das ihr Vater, Graf Bismarck, für sie gekauft hatte. Sie lud mich zu einem Wochenendbesuch ein. Ich freute mich auf das Wiedersehen, denn ich erinnerte mich gerne an unsere langen Gespräche, die wir in Worms geführt hatten. Zum Abendessen hatte Hilmie eine junge Frau und ihren Bruder eingeladen, einen Oberleutnant, Berufsoffizier, Hans von B. Er fragte mich beim Abschied, ob er mich am nächsten Tag zu einem Spaziergang abholen dürfe, die Stadt und ihre Park- und Kuranlagen seien in dieser Jahreszeit ganz besonders schön. Natürlich ging ich lieber in Gesellschaft als allein durch die mir unbekannte Stadt. Die vornehmen Villen, die Bäderarchitektur, elegante Kurgäste, die weitläufigen Parks, überall Beete mit Frühlingsblumen, alles gefiel mir. Am meisten staunte ich über die hohen Rhododendren in voller Blütenpracht, es waren fast Rhododendronwälder, die sich die Hügel hinaufzogen. In Vahnerow waren wir stolz auf fünf oder sechs Rhododendren, die vielleicht eineinhalb Meter Höhe erreicht hatten und nie größer wurden. Diese mediterranen Pflanzen konnten im pommerschen Klima trotz sorgsamster Pflege nicht richtig gedeihen.

Es dauerte nicht lange, da meldete sich Hans von B. zu einem Besuch in Freiburg an, weil sein Urlaub zu Ende ging. Wir wanderten etwas bergauf durch den lichten Wald oberhalb der Stadt, und als wir uns auf einer Bank ausruhten, um ins Rheintal zu schauen, da machte er mir einen Heiratsantrag, obwohl wir uns kaum kannten. Ich war so verblüfft, dass mir nichts anderes einfiel, als den jungen Mann auszulachen. Er sah mich derart entsetzt und beleidigt an, als ob ich ihn geohrfeigt hätte. Deshalb beeilte ich mich, meine brüske Reaktion zu begründen: Endlich sei ich frei von Bevormundungen, endlich könne ich studieren, und nun solle ich heiraten und Hausfrau werden? Wieder Unfreiheit? Ich wolle später einen Beruf haben. Er beschwichtigte, es müsse nicht sofort sein, ich könne mein Studium fortsetzen während seines Fronteinsatzes, er könne warten. Und er wartete geduldig bis nach Kriegsende. Wir schrieben uns viele Briefe, und wenn wir uns mal sahen, stritten wir uns oft. Abgesehen davon, dass ich ihn nur nett fand, hätte ich niemals einen Berufsoffizier der Hitler-Armee geheiratet.

Das erste Semester habe ich als recht sorglos und heiter in Erinnerung. Auf andere deutsche Städte hatte es schon schwere Bombenangriffe gegeben, nicht auf Freiburg. Doch der Krieg war immer gegenwärtig. Die deutschen Truppen stießen in Russland weit nach Osten vor, und immer mehr junge Männer, die ich gekannt hatte, starben. An allen anderen Fronten schien es verhältnismäßig ruhig zu sein.

Ich füge hier meinen fröhlichen Bericht an Inga über einen Ausflug ein, den ich mit Sabine gemacht habe: »Letzten Sonntag wollten wir zum Titisee fahren. Als wir auf dem Bahnhof ankamen, wurden keine Fahrkarten mehr ausgegeben. Was tun? Kurz entschlossen setzten wir uns in die nächste Straßenbahn + fuhren bis zur Endstation. Man kann von Freiburg aus nach jeder Himmelsrichtung fahren + überall ist es wunderhübsch. Wir kamen in einem breiten Tal an + und beschlossen nach kurzer Beratung, immer geradeaus zu wandern. Wir gingen quer durch die Wiesen, einige waren schon gemäht + das Heu duftete herb + stark. Auf anderen stand das Gras noch lang + überall leuchteten bunte Blumen. Wir folgten dem Lauf eines Flüßchens (auf verbotenem Weg natürlich!), das sehr schnell über viele Steine dahinfloß. Trotzdem beschlossen wir zu baden. Es war weit und breit außer einem einsamen Angler kein Mensch zu sehen. Schnell in die Badeanzüge + dann hinein in die kühle Flut. An Schwimmen war kein Gedanke, der Fluß war viel zu flach + reißend + überall ragten große Steine heraus. Wir wateten vorsichtig im Wasser umher, bemüht, nicht von der Strömung umgeworfen zu werden, was aber doch passierte. (…) Als uns das Wasser zu kalt wurde, legten wir uns in die Wiese + die Sonne trocknete uns. Es war ganz traumhaft in der mittäglichen Stille zwischen Gräsern + Blumen zu liegen, die so zart gegen den hellen Himmel aussahen. Das Wasser rauschte mächtig, die Bäume wurden vom Winde bewegt, wenig Vögel sangen. (…) Wir stiegen dann in die Berge + pflückten eine Menge Walderdbeeren, die wir abends mit Zucker + Milch verspeisten.«

Diesen Brief konnte der Postkontrolleur unbedenklich mit seinem Stempel versehen: 044137, darunter 151360, daneben mit Bleistift 1177 und 766. Vielleicht hat er beim Lesen gedacht: Welch ein gutes Leben haben doch die Studentinnen.

In den Ferien war ich in Vahnerow, nirgendwo konnte es schöner sein! Es kann in diesen Ferien gewesen sein, dass ich zum ersten Mal bei der Kornernte auf dem Feld in Vahnerow mitgeholfen habe. Entweder reichten die Arbeitskräfte nicht aus, obwohl wir Kriegsgefangene und vielleicht schon ukrainische Zwangsarbeiter hatten, oder ich sollte nur meinen guten Willen zeigen. Die Feldränder wurden immer mit der Sense gemäht, bevor der Mähbinder eingesetzt werden konnte, und auch die von starkem Regen oder Sturm platt auf den Boden gedrückten Ähren konnten nur mit der Sense geschnitten werden. Das Binden der Garben war Frauenarbeit. Chemikalien zur Unkrautvertilgung wurden nicht über die Felder versprüht, und deshalb konnten Unkraut und Disteln gleichzeitig mit dem Korn kräftig wachsen. Die Frauen, durch langärmelige Kleider aus dickem Stoff ein wenig geschützt, griffen die Ähren vom Boden, drückten sie – mit Brennnesseln und Disteln – zu einer dicken Garbe zusammen, umschnürten und verknoteten sie mit einem Ährenband und legten sie auf den Boden. Eine sehr unangenehme Arbeit für mich, weil mein dünnes Kleid kurz war und die Disteln meine nackten Beine und Arme zerkratzten. Die Frauen sahen die Anwesenheit des »Fräulein Maria« als störend und überflüssig an. Immer hatten sie diese Arbeit ohne zusätzliche Hilfe der »Herrschaft« erledigt. Ich war sogar hinderlich: Sie mussten mir manchmal helfen, wenn mir das Binden einer Garbe nicht gelang. Sie strengten sich an, mit mir Hochdeutsch zu sprechen, was ihnen schwerfiel. Wieder einmal bedauerte ich, kein Plattdeutsch gelernt zu haben, dann wäre die gemeinsame Arbeit entspannter gewesen.

Die Ferien waren erstaunlich lang, sie endeten erst Mitte November. Bevor ich nach Freiburg zurückfuhr, wurde unsere Mutter von der Frau des Batzwitzer Pastors besucht, die Trost und Zuspruch brauchte. Frau Dufft stammte aus Schwaben; die Pommern waren ihr ganz fremd, nicht nur die Bauern und Landarbeiter, auch die reservierte Patronatsfamilie des Barons von Senfft. In Batzwitz war niemand, mit dem sie sprechen konnte. Der letzte Brief, den sie von ihrem Mann bekommen hatte, war in Stalingrad geschrieben; die Stadt war inzwischen fast vollständig von sowjetischen Armeen eingeschlossen. Aus irgendeinem Grund musste ich das Herrenzimmer betreten, ich wollte Mama vor meiner Abreise wohl etwas fragen. Da sah ich die junge Frau weinend auf dem Sofa, den Feldpostbrief ihres Mannes in der Hand. Konnte unsere Mutter die Verzweifelte trösten, wo es kaum noch Hoffnung gab? Vielleicht hat sie noch einmal Post aus Stalingrad bekommen. Gesehen hat sie ihren Mann nie wieder.

An den Winter 1942/43 habe ich nur undeutliche Erinnerungen; das ganze Semester war überschattet von den Niederlagen und Rückzügen an immer mehr Fronten. In den Wehrmachtsberichten wurde von militärisch notwendigen Frontbegradigungen gesprochen. Die Sondermeldungen im Radio, immer noch mit den ersten Takten von Franz Liszts *Les Préludes* angekündigt, unterbrachen seltener das laufende Radioprogramm. Die Wochenschauen vor jedem Spielfilm zeigten die Wirklichkeit nur verfälscht, geschönt. Selten wurden verwundete deutsche Soldaten gezeigt, tote niemals.

Zum ersten Mal war ich Weihnachten nicht zu Hause, weil das Semester so spät angefangen hatte. Auch Sabine wollte nach fünf Wochen nicht schon wieder quer durch Deutschland reisen; die Fahrt in den überfüllten Zügen war immer anstrengend. Ich glaube, wir fanden ein anderes Weihnachten als das übliche im trauten Familienkreis ganz spannend. Wir hatten für die Feiertage ein Doppelzimmer mit Vollpension in einem Schwarzwaldhotel gemietet und feierten mit den Gästen. Die Feier bestand wohl nur aus einem etwas reichlicheren Essen. In der Eingangshalle stand ein geschmückter Weihnachtsbaum, und gemeinsames Singen der bekanntesten Lieder »Stille Nacht, heilige Nacht« und »O du fröhliche, o du selige gnadenbringende Weihnachtszeit« hat wahrscheinlich nicht gefehlt. Skilaufen konnten wir nicht, stundenlang sind Sabine und ich bergauf und bergab durch den verschneiten Wald gewandert.

Zurückgekehrt nach Freiburg, haben wir unsere Geschenke ausgepackt und noch einmal Weihnachten gefeiert. Ein kleines Fichtenbäumchen, das wir im Schwarzwald gestohlen hatten, pflanzten wir in einen Blumentopf und stellten es auf ein Tischchen. Wir haben weiße Kerzen aufgesteckt und Lamettafäden angehängt, so wie wir es gewöhnt waren. Unter dem Baum stand eine Wiege mit dem Christkind, daneben knieten zwei Engel. »Dieses Tischchen muß mir das ganze Weihnachtszimmer mit Krippe + Tannenbaum in Vahnerow ersetzen« (an Inga). Das klingt doch nach ein bisschen Heimweh.

Die militärische Lage war im Januar 1943 so katastrophal geworden, dass ich es sogar wagte, sie nach dem Fall von Stalingrad (2. Februar) vorsichtig in einem Brief vom 13. Februar an Inga zu erwähnen: »All die Rückschläge, die wir jetzt an allen Fronten haben, tragen dazu bei, daß man mit seinen Gedanken doch nicht gesammelt beim Lernen sein kann. Es ist nur gut, daß ich in der Woche viel, viel Arbeit habe + daher wenig Zeit zum Grübeln habe.«

Mit der desolaten militärischen Lage hing es zusammen, dass immer wieder Gerüchte kursierten, alle Studentinnen, die kein nützliches Fach studierten, müssten ihr Studium unterbrechen und in Munitions- oder Rüstungsfabriken arbeiten, um die zum Militärdienst eingezogenen Männer zu ersetzen. Ich wollte auch helfen, aber auf keinen Fall in einer Fabrik arbeiten und in einem Massenquartier untergebracht werden. Deshalb fragte ich Inga, ob sie mich nicht irgendwie in ihrem neuen Kinderheim gebrauchen könnte. Ich zweifelte aber gleich an der Realisierbarkeit dieses Wunschtraums, weil »nicht gerade viele Männer durch diesen Einsatz frei würden«. Inga hat sich wegen der Aussichtslosigkeit gar nicht um einen Arbeitsplatz für mich bemüht. Es war auch nicht nötig, denn wieder, zum letzten Mal, konnte sich Hitler gegen die Forderungen der Rüstungsindustrie durchsetzen: Wir durften unser Studium fortsetzen.

Fünf Tage nachdem ich diesen Brief geschrieben hatte, wurden die Geschwister Sophie und Hans Scholl am 18. Februar 1943 in der Münchener Universität von der Gestapo verhaftet. Sie hatten Flugblätter, in denen sie zum Widerstand gegen die nationalsozialistische Tyrannei aufriefen, im ganzen Gebäude verteilt und waren vom Hausmeister dabei erwischt worden. Ich kann mich nicht erinnern, dass zu dieser ungewöhnlich mutigen Tat im Kunsthistorischen Institut eine Meinung geäußert wurde. Das gegenseitige Misstrauen und die Angst vor Denunziation waren zu groß. Man hörte nur in Bruchstücken, was in diesem letzten Flugblatt gestanden hatte. Von den älteren Flugblättern, die an vielen Universitäten kursierten, auch in Freiburg, habe ich nie eines gesehen.

Ich bewunderte die Risikobereitschaft und Todesverachtung der Geschwister Scholl und ihrer Freunde, musste mir aber kleinlaut eingestehen, dass ich diesen Mut niemals gehabt hätte. Immer die Warnung im Ohr: Vorsicht, es gibt kein Postgeheimnis mehr, habe ich dieses Ereignis in keinem Brief an Inga erwähnt. Wie fand ich heraus, mit wem ich unverstellt über Politik und die Kriegslage sprechen konnte? Zunächst hörte ich nur zu, wenn sich die Kommilitonen über aktuelle Ereignisse unterhielten. Sie taten es selten. Man entwickelte einen siebenten Sinn dafür herauszuhören, wer ein Sympathisant der Regierenden war und wer nicht. So unvorsichtig wie in Berlin und im Arbeitsdienst war ich nicht mehr. Unter den Kunsthistorikern und Archäologen waren überzeugte Nazis selten, die Studierenden dieser Fächer galten als elitär und reaktionär, trotzdem hielten sich alle mit politischen Äußerungen zurück. Nur Ingrid Sehlbach und ich fassten im zweiten Semester Vertrauen zueinander, nachdem wir uns schon im ersten Semester aus der Ferne interessiert betrachtet hatten. Kleine kunsthistorische Ausflüge unternahmen wir zusammen, und wir besuchten uns gegenseitig in unseren Wohnungen. Über alle uns bedrängenden Probleme, über unsere Ablehnung der Nazis, konnten wir offen sprechen.

Nach dem Wintersemester verließ ich Freiburg. Die Lebensqualität der Stadt hatte mir von Anfang an gefallen, und immer wieder war ich begeistert von der schönen Umgebung, die ich mit Sabine und Ingrid erwandert hatte. Prof. Percy E. Schramm hatte mir geraten, nach zwei Semestern die Universität zu wechseln. Die Kunstgeschichtsprofessoren in Freiburg fand ich wenig inspirierend. Wer mir die Leipziger Universität empfohlen hatte, weiß ich nicht mehr, die dortigen Kunsthistoriker und Archäologen hatten jedenfalls einen besonders guten Ruf.

Ein Jahr war ich in Freiburg, und doch habe ich keine Vorlesung des berühmtesten deutschen Philosophen, Martin Heidegger, gehört. Meine Antwort auf die oft gestellte Frage nach dem Warum war: Einen Nazi höre ich mir nicht an, ganz egal, wie bedeutend er ist. Außerdem interessierte ich mich nicht für Philosophie. Ich war überzeugt, ich würde seine Philosophie sowieso nicht verstehen. Diese Begründung habe ich aber für mich behalten.

Ich verabschiedete mich von Sabine, die bis zum Physikum in Freiburg bleiben wollte. Wir hielten aber lockeren Kontakt, bis wir uns 1944 in Prag wiedertrafen. Nach dem Krieg haben wir uns aus den Augen verloren. Die Freundschaft mit Ingrid, die in Wuppertal lebt, besteht dagegen immer noch.

Innerhalb eines Jahres waren unsere Trieglaffer Neffen Ernst-Dietrich und Leopold, mit denen ich bis zum achten Schuljahr das Greifenberger Gymnasium besucht hatte, in Russland gefallen. Ernst-Dietrich starb im März 1942 an einer schweren Verwundung in einem Lazarett, kurz bevor ich zum Studium nach Freiburg fuhr. Leopold fiel im März 1943 bei Orel, kurz bevor ich aus Freiburg abreiste.

Ernst-Dietrich wurde im März 1942 in Trieglaff auf dem Familienfriedhof beerdigt. Viele Verwandte, Freunde und Nachbarn waren gekommen. Nach dem Gottesdienst und der Beisetzung versammelten sie sich im Schloss, wo Tische für sie gedeckt waren. Auch die vier Schwestern unseres Vaters waren unter den Gästen: Hedwig Löher aus München, Elisabeth (Lieschen) von Oertzen aus Dorow, Marie (Miez) und Hildegard aus Bad Doberan. Diener reichten den Gästen auf silbernen Tabletts belegte Schnittchen und boten ihnen Getränke an. Ich sehe die Szene noch so deutlich, weil ich vor Traurigkeit keinen Appetit hatte und verständnislos beobachtete, wie die beiden Schwestern aus

Doberan ständig mit ihren dürren Greisinnenfingern einen Diener herbeiwinkten, während sie eilig kauten und schluckten und auch noch unberührte Schnittchen auf den Tellern hatten. Dass Tante Miez, die Johanniter-Ordensschwester (mit weißer Haube), und Tante Hildegard, die Altenburger Pröpstin (mit schwarzer Haube), nur ans Essen zu denken schienen und nicht an ihren Großneffen, der so jung in einem sinnlosen Krieg hatte sterben müssen, fand ich abstoßend.

LEIPZIG, 1943–1944

Warum ich mir ausgerechnet Leipzig als Universitätsstadt ausgesucht habe, wurde ich manchmal erstaunt gefragt, die Stadt sei doch verglichen mit Freiburg kunsthistorisch reizlos, nur 19.-Jahrhundert- und Gründerzeit-Architektur – was gar nicht stimmte –, die Umgebung sei langweilig und die Sprache ganz abscheulich. Das abschätzige Urteil über die Sprache war allgemein; Sächsisch galt und gilt immer noch als der hässlichste aller deutschen Dialekte. Es war mir nicht fremd, denn das in Altenburg gesprochene Thüringisch klang für mich ganz ähnlich. Die Umgebung interessierte mich nicht; zu Wochenendausflügen würde ich ohnehin keine Zeit mehr haben. Die Stadt kannte ich ein wenig. Während meiner Stiftszeit war ich mehrmals von der Familie Kind eingeladen worden, das waren Sternstunden, kulinarische Höhepunkte in meinem eintönigen und kargen Internatsleben. Hertha Kind war eine Freundin unserer Mutter, sie hatten sich beim Gesangsunterricht kennengelernt. Die Söhne Gerd und Klaus waren etwas jünger als ich. Gerd war Soldat, Klaus Gymnasiast.

Im Unterschied zu Freiburg hatte Leipzig ein großes, vielseitiges kulturelles Angebot, mehrere renommierte Theater, eine akzeptable Oper, das berühmte Gewandhausorchester, den Thomaner-Chor, der jeden Sonntag in der Thomaskirche sang. Es gab Kammerkonzerte, im Sommer Freilichtkonzerte. Wahrscheinlich wurde in keiner deutschen Stadt so viel musiziert wie in Leipzig. Die Universität hatte einen guten Ruf, besonders auch für meine Studienfächer.

Eine langwierige Zimmersuche mit ungewissem Ergebnis blieb mir erspart. Eine Bekannte von Tante Hertha, Frau Bernhardt, war bereit, mich aufzunehmen. Sie bewohnte mit Tochter Annelise (circa vierzig) und Sohn (circa fünfunddreißig) ein großes Haus am Schillerplatz in einem bürgerlichen Stadtteil mit vielen Grünanlagen. Ich nehme an, dass es damals schon eine Wohnungsbewirtschaftung gab und Zimmer abgegeben werden mussten, außer mir wohnte noch eine griechische Tänzerin im Haus. Frau Bernhardt war nicht auf Mieteinnahmen angewiesen. Die Familie besaß einen kriegswichtigen Betrieb, in dem der Sohn eine leitende Position hatte. Die Tochter war Fotografin.

Ich bekam ein winziges Zimmer unter dem Dach, in dem ich wegen einer schrägen Wand kaum meine Habseligkeiten unterbringen konnte. Wahrscheinlich ist es die Hausmädchenkammer gewesen. Die Küche durfte ich benutzen, um mir Frühstück und Abendessen zuzubereiten; mittags aß ich in der Mensa oder in einem billigen Lokal. Wenn ich Lust hatte, durfte ich mich jederzeit in den Garten setzen, auch mit einer Freundin. Vom ersten Tag an fühlte ich mich wohl bei Bernhardts. Ich war eher eine Mitbewohnerin als Untermieterin.

Die Universität war ein schönes, großzügiges Gebäude, kurz vor dem Ersten Weltkrieg errichtet im Stil der beginnenden Neuen Sachlichkeit; am Augustusplatz gelegen, einem rechteckigen, wohlproportionierten Platz, den sozialistischer Unverstand nach dem Krieg leider ganz verdorben hat. Die durch Bomben stark beschädigte, aber nicht total zerstörte Universität hätte wieder aufgebaut werden können. Das repräsentative Gebäude mit Skulpturenschmuck wurde aber nach dem Krieg abgerissen und durch ein langweiliges Hochhaus ersetzt.

In den Instituten der Kunsthistoriker und Archäologen wurde ich freundlich aufgenommen. In Freiburg hatte ich mich kaum um Kontakt zu irgendeiner Studentin bemüht, sie blieben mir fast alle fremd. Nun wohnte ich allein, musste also, wenn ich nicht eine Außenseiterin bleiben wollte, auf die Studentinnen zugehen. Das war auch nicht schwierig, denn sie waren freundlich und hilfsbereit zu den Neulingen. Wir gingen oft zusammen zum Essen in die Mensa oder in kleine Restaurants, in denen es billige fett- und fleischfreie Gerichte gab, für die man keine Abschnitte der Lebensmittelkarten abzugeben brauchte. Manchmal besuchten wir den berühmten Auerbachs Keller, in dem auch Goethe als Student gewesen ist. Dr. Faust soll auf einem Fass die steile Treppe empor geritten sein. Auf die Wände waren Szenen aus Goethes *Faust* gemalt; sie sind immer noch da. Ein freundlicher Kellner ermahnte mich einmal, anstelle von Sprudelwasser doch lieber Bier zu trinken. Ich sei so blass und dünn, Bier mache kräftig und rote Wangen. Es schmeckte mir aber nicht.

Von den Professoren, derentwegen ich mir Leipzig ausgesucht hatte, waren leider einige krank geworden oder zum Militärdienst eingezogen. Die beiden übrig gebliebenen Kunsthistoriker charakterisiere ich etwas abschätzig (an Inga): »Während der eine pathetisch wie ein Pastor spricht [Prof. Beenken] und jedes Bild in lauter Einzelheiten zerlegt, so dass von dem eigentlichen Kunstwerk nichts mehr übrig bleibt – spricht der andere [Prof. Jahn] reichlich nüchtern + trocken, doch lernt man als Anfänger einiges bei ihm.«

Originale Kunstwerke konnten wir uns nicht mehr ansehen, sie waren bombensicher untergebracht. Alle Museen waren längst geschlossen. Wir waren ganz auf Lichtbilder und Bücher angewiesen.

Viel besser als die Kunsthistoriker gefiel mir der Archäologe Prof. Bernhard Schweitzer, »der sehr gründlich ist + auch viel verlangt, bei dem ich dementsprechend auch viel gelernt habe«. Er war ein faszinierender Lehrer. Und wenn ich einen humanistischen Schulabschluss mit Latein und Griechisch gehabt hätte – vielleicht wäre ich noch zur Archäologie gewechselt. In diesem Fach waren die Berufsaussichten allerdings noch schlechter als in Kunstgeschichte, vor allem für Frauen. Und es reichte mir, dass ich immer noch für das große Latinum pauken musste. Griechisch hätte ich neu lernen müssen.

Die Archäologen waren nicht nur auf Lichtbilder und Bücher angewiesen. Zum Institut gehörte eine kostbare Sammlung antiker Vasen und eine umfangreiche, alle Epochen der antiken Plastik repräsentierende Sammlung von Gipsabgüssen. Sie waren zwar langweilig weiß, ein blasser Ersatz für die Originale aus Marmor und Stein, aber sie waren dreidimensional, und die Skulpturen standen frei im Raum.

Mein erstes archäologisches Referat in Freiburg über einen altattischen Porosgiebel von der Akropolis, für das mir nur Dias zur Verfügung standen, hatte ich sorgfältig schriftlich ausgearbeitet und fast auswendig gelernt. In das Manuskript, das ich auf das spärlich beleuchtete Pult gelegt hatte, konnte ich im Notfall schauen, wenn ich nicht weiterwusste.

In Leipzig hatte ich mir nur Stichworte für meinen Vortrag in der Gipsskulpturen-Sammlung über die klassischen Drei-Figuren-Reliefs aufgeschrieben und, von einem Relief zum anderen hin und her gehend, unbefangen frei gesprochen. Ich konnte mich ja nicht neben oder vor die Reliefs stellen und einen Text ablesen. Die Stichworte, die ich mir auf einen Zettel geschrieben und in die Jackentasche gesteckt hatte, vergaß ich dort in der Aufregung. Bei diesem meinem ersten Auftritt wurde ich von Eva Diehl »entdeckt« und zur Freundin auserkoren. Eva, etwas älter als die meisten Studentinnen, galt als kompetent, eloquent und überdurchschnittlich begabt. Ihr Lob hatte Gewicht. Sie gab schon Kunstgeschichtsunterricht an der Buchhändlerlehranstalt, was wir bewunderten.

Prof. Schweitzer lud seine Studentinnen, es waren nicht viele – ob Studenten dabei waren, weiß ich nicht mehr –, regelmäßig zu sich nach Hause zum Gespräch bei Kaffee und Gebäck ein. Ich war beim ersten Besuch erstaunt, dass diesen untersetzten, etwas verwachsenen Mann mit rötlichen Haaren eine große, schwarzhaarige Frau von klassisch-griechischer Schönheit geheiratet hatte; sie war das Ideal eines Archäologen. Im Vertrauen darauf, dass ihn niemand denunzieren würde, sprach er nur abschätzig und kritisch über die Nazis und ihre Politik. Er schien wohl sehr überzeugt davon zu sein, dass intelligente Studenten mit einer humanistischen Bildung keine Nazis und keine Denunzianten sein können.

Während die Vorlesungen von Prof. Schweitzer immer gut besucht waren, hatte sein Kollege Prof. Heidenreich nur eine kleine Gruppe allerdings treuer Zuhörer. Er hielt eine Vorlesung für Anfänger über die Geschichte der antiken Kunst von den Ägyptern bis zum Untergang des Römischen Reiches in einem der größten, vielleicht dem größten Hörsaal der Universität mit vielen ansteigenden Bankreihen. Wir waren aber nur acht bis zehn Studenten, weit im Raum verteilt. Jeder hatte seinen Stammplatz, den er das ganze Semester beibehielt. Um Fülle vorzutäuschen? Jedenfalls so übersichtlich, dass der Professor sofort feststellen konnte, ob jemand fehlte. Er zählte die Häupter seiner Lieben ... Fehlte jemand, wurde ihm zugerufen, die oder der sei leider krank. Dann konnte er mit seiner Vorlesung beginnen. Ich hatte meinen Stammplatz in der Mitte der zweiten Reihe.

Zum ersten Mal in diesem Krieg erlebte ich häufige Fliegeralarme am helllichten Tag, wenn ich in der Stadt unterwegs war. Am Tag griffen amerikanische Bombengeschwader an, in der

Nacht britische. Nach der Vorwarnung hatte man noch genug Zeit, um den nächsten öffentlichen Luftschutzraum aufzusuchen. Auf einige Hauswände war mit großen weißen Buchstaben LSR geschrieben, daneben ein Richtungspfeil, dem die Menschen folgten. Die Straßen leerten sich schnell. In den Schutzräumen waren Bänke aufgestellt. Die Menschen sprachen wenig, leise oder flüsternd, an lautes Reden oder gar Lachen kann ich mich nicht erinnern. Es herrschte eine beklemmende Gespanntheit. Einige Leute lasen Zeitung; auf das Lesen eines Buches konnte man sich nicht konzentrieren. Wenn ich Heft und Bleistift dabeihatte, habe ich Gesichter von etwas entfernt sitzenden Leuten gezeichnet. Manchmal habe ich den Keller verlassen, was eigentlich verboten war; man musste so lange im Keller bleiben, bis die Entwarnungssirene ertönte. Ich wollte frische Luft atmen und nach feindlichen Flugzeugen Ausschau halten. Ich konnte sie ganz klein, silberglänzend, am wolkenlosen Himmel sehen, hoch oben, unerreichbar für die Flak.

Es war erstaunlich, dass Leipzig noch keinen schweren Bombenangriff erlebt hatte, denn im Großraum der Stadt befanden sich viele wichtige Rüstungsbetriebe: Heinkel, Messerschmidt, Junker, Mitteldeutsche Motorenwerke. Man wartete auf einen Großangriff, es kam aber keiner.

Von Fräulein Hartung, der schrulligen Altenburger Klavierlehrerin, habe ich mehrmals erzählt. Ich hatte mich nach meiner Ankunft in Leipzig bei ihr gemeldet, und sie lud mich zu einem Besuch ein. Sie lebte in einem alten schäbigen Haus, ich musste vier oder fünf Treppen hochsteigen, bis ich ihre Dachwohnung erreichte. Es war schon dämmrig. Die Wohnung war spärlich erleuchtet, und es roch unangenehm muffig. Ich legte meinen Mantel ab und konnte gerade noch einen flüchtigen Blick in die Küche werfen, da zog mich Fräulein Hartung schon in ein Zimmer. In der unordentlichen Küche hing zu meinem Entsetzen ein Vogelkäfig von der Decke herab, in dem zwei Tauben saßen, unter ihnen, auf dem Fußboden der weißlich-graue Taubenmist. Daher der penetrante Gestank.

Wir setzten uns im Wohnzimmer an den Esstisch, und ich sah mich während unserer Unterhaltung verstohlen um: ein großer Flügel, Bücherregale bis unter die Decke, schäbige Sessel, ein großer Schrank. Fräulein Hartung erzählte von der wohlsituierten bürgerlichen Familie, aus der sie stammte – ihr Vater war Arzt –, und ich erzählte ihr von meinem Studium. Beim Abschied wurde ich aufgefordert, sie doch wieder zu besuchen, wahrscheinlich war sie einsam. Dazu kam es nicht mehr in dieser Wohnung.

Bald darauf erfuhr ich, dass Fräulein Hartung in ein städtisches Altenpflegeheim eingeliefert worden war. Eine der vier Damen, die ihr abwechselnd ein Mittagessen gebracht hatten, habe sie bewusstlos vorgefunden und den Notarzt gerufen. Die Wohnung wurde zuerst amtlich versiegelt, dann amtlich wieder entsiegelt und amtlich entrümpelt. Die verschlissenen, schmutzigen, nie gewaschenen und stinkenden Textilien wurden in viele Säcke gestopft und amtlich entsorgt, noch brauchbare Kleidungsstücke der NSV (Nationalsozialistische Volkswohlfahrt) übergeben. Von den besten, längst unmodern gewordenen Kleidern, Jacken und Mänteln durften sich die vier Damen etwas aussuchen. Sie wollten aber nichts davon haben. Sie waren empört darüber, dass Fräulein Hartung die meisten Mahlzeiten, die sie für sie gekocht hatten, gar nicht gegessen, sondern hatte verschimmeln lassen. Alte Kochtöpfe waren randvoll mit längst entwerteten Münzen. Ich war dabei, als ein großer Schrank geöffnet wurde, gefüllt mit gut erhaltenen Textilien. Ich legte mir Capes um, setzte mir große Blumenhüte auf, probierte Blusen und Röcke, zog Pelzmäntel und Jacken an. Kaum ein Stück schien jemals getragen worden zu sein. Viele waren noch vor dem Ersten Weltkrieg gekauft, nicht einmal die Preisschilder waren entfernt worden. Ich öffnete die Schubfächer einer Kommode: Sie waren vollgestopft mit all den Mützen, Schals und Pulswärmern, die Generationen von Altenburger Stiftskindern für die arme Klavierlehrerin Jahr für Jahr gestrickt und gehäkelt hatten! Zum Teil waren sie sogar noch in Weihnachtspapier eingewickelt.

Dann besuchte ich Fräulein Hartung im städtischen Alten- und Pflegeheim. Das war ein Schock! Ich weiß nicht, was ich erwartet hatte, jedenfalls keinen Saal mit vielleicht zwanzig eisernen Bettgestellen, zehn auf jeder Seite, durch einen breiten Gang getrennt. In jedem Bett sah ich einen ausgemergelten Kopf mit eingefallenen Wangen, großer Nase und schütteren weißen Haaren, dünne Arme lagen auf den Bettdecken. Mein erster Gedanke war: Wie erkenne ich hier Fräulein Hartung? Die alten Frauen sehen ja alle gleich aus. Viele wandten mir ihren Kopf zu und starrten mich hohläugig an. Eine hob den Kopf ein wenig, nickte und versuchte ein Lächeln – das war sie. Ich setzte mich auf einen Schemel neben ihr Bett. Worüber wir sprachen, weiß ich nicht mehr. Ich erinnere mich nur daran, dass sie mir sagte, in ihrer Wohnung fände ich vielleicht das eine oder andere Kleidungsstück, das ich gebrauchen könnte, das solle ich mir nehmen. Lange hat Fräulein Hartung nicht mehr gelebt.

Ich habe einige besonders schöne ungetragene Kleider, Mäntel, üppig dekorierte Hüte und Sonnenschirme ausgewählt und nach Vahnerow geschickt. Wir Schwestern haben uns immer gerne verkleidet, wenn sich ein Anlass dafür bot. Die Erbschaft war also eine willkommene Bereicherung unseres Kostümfundus.

Für mich suchte ich einen hellen Sommermantel aus und ließ ihn von einer Schneiderin umarbeiten. Er wurde von den Kommilitoninnen im Institut sehr bewundert. Ich hing ihn, wie üblich vor einer Vorlesung, im Korridor der Universität zwischen Mäntel und Jacken an einen Garderobenhaken. Man vertraute damals auf die Ehrlichkeit der Studenten, aber mein Mantel war wohl zu auffallend, er wurde gestohlen.

Sehnte ich mich nach gepflegt-bürgerlichem Milieu, brauchte ich Familienanschluss oder wurde mir meine Dachkammer zu eng, dann fragte ich bei Hertha und Walter Kind an, ob ich sie besuchen dürfe. Wenn es ihnen passte, war ich willkommen in ihrem großen Haus in der Gustav-Adolf-Straße. Am deutlichsten sehe ich auch heute noch den Wintergarten vor mir, er war voller üppig wuchernder Pflanzen mit exotischen Blüten, wie in einem Gewächshaus. Hier konnte sogar an milden Wintertagen noch eine warme Mahlzeit serviert werden. Hier wurde ich immer auf das angenehmste satt; in der Mensa oder in kleinen Restaurants hingegen nur selten.

Manchmal wurde ich zu Musikabenden in der eigenen Wohnung eingeladen. In dieser musikliebenden Stadt gab es viele Amateurquartette und -quintette.

Am Sonntag ging ich oft in die Thomaskirche, wo der Thomaner-Chor zu jedem Gottesdienst Motetten sang. Chorleiter war damals Günther Ramin. Die Kirche war immer gut besucht. Ob nur wegen des berühmtes Chors oder auch wegen guter Predigten, kann ich nicht beurteilen. Mir war jedenfalls der Gesang der jungen Sänger mit ihren »himmlischen« Stimmen wichtiger als die Predigt.

Von meiner Wohnung war es nicht weit zu einem Park, in dem ich gerne spazieren gegangen bin. Am Rande des Parks steht das einzige Rokoko-Schloss Leipzigs, das Gohliser Schlösschen. Im

Sommer, vor Einbruch der Dunkelheit, wurden hier an der Gartenseite Serenaden-Konzerte gegeben, die sehr romantisch und stimmungsvoll waren. Das Publikum saß auf unbequemen Gartenstühlen.

Im Gohliser Schlösschen hat mein Mann im November 1989, zwei Tage vor dem Fall der Mauer, mit einem handverlesenen Publikum diskutiert. Eigentlich war er zu einer Lesung eingeladen, doch war es ihm wichtiger, die aufregenden politischen Ereignisse zu diskutieren, als einen literarischen Text vorzulesen.

Mona war seit 1942 in Altenburg im Stift, sie war, im Unterschied zu Baba und mir, sehr gerne dort, beliebt bei Mitschülerinnen und Lehrerinnen. Wir hatten verabredet, dass ich sie einmal besuche, denn von Leipzig nach Altenburg war es nicht weit und die Bahnfahrt nicht zu teuer für mich. Ich betrat das Stift mit Selbstbewusstsein: Ich war erwachsen, ich war eine Studentin, wenn auch erst im dritten Semester, ich war die »große Schwester«. Die Pröpstin begrüßte mich freundlich, die Lehrerinnen verhielten sich distanziert, wie sie es immer getan hatten. Sie hatten meine kühle Zurückhaltung nicht vergessen, obwohl fünf Jahre vergangen waren. Natürlich lud ich Mona und ihre Freundin Armgard von Blanckenburg in die Konditorei am Marktplatz ein, in die ich als Stiftskind von Müttern meiner Freundinnen eingeladen worden war. Kuchenessen in der Konditorei – das war immer noch einer der wenigen Höhepunkte im Stiftsalltag, obwohl das Angebot an Torten und Kuchen bescheiden geworden war. Für das Gebäck gab ich Abschnitte von meiner Brotkarte ab, denn die Stiftskinder hatten keine.

Das Sommersemester musste ich leider vorzeitig abbrechen, weil unsere Mutter sehr krank war und ich in Vahnerow gebraucht wurde. An Inga schrieb ich (19. Juli):»Kaum von Monas Einsegnung zurückgekehrt, legte sie sich mit Venenentzündung ins Bett, dazu kamen Fieber, unerträgliche Kopfschmerzen, seit gestern auch noch Ohrenschmerzen – irgendeine Stirnhöhlensache, ich habe Mutti noch nie so erschöpft und elend gesehen.« Baba hatte auch gerade ein paar Tage Urlaub vom Arbeitsdienst, sodass wir vier Schwestern die Arbeiten unter uns aufteilen konnten. Das klappte gut.

Als Mama mich sah, war sie »entgeistert« über mein Aussehen, denn wegen der dürftigen Kriegsernährung und zu wenig Schlaf war ich noch dünner und blasser geworden, als ich normalerweise war. Im Dorf hatte sich die Nachricht von meiner Magerkeit herumgesprochen, und deshalb begrüßte mich jeder mit den Worten:»Wie siehst du blass und verhungert aus!« Und alle passten auf, dass ich genug aß.

Wir hatten Annelise Bernhardt für einige Tage nach Vahnerow eingeladen. Sie war ständig unterwegs, um zu fotografieren. Farbdias und -fotos: Innenaufnahmen des Hauses, die Alleen, pflügende bayerische Ochsen, die weißen Hunde, der Schäfer mit seinen Schafen, Fohlen auf der Koppel und andere Motive, die die Fotografin interessierten, und sie machte mehrere Bilder von mir als Reiterin auf dem Pferd des Inspektors, einer jungen schwarzen Stute. Niemand ahnte, dass es die letzte Bildserie von Vahnerow sein würde. Nach dem Krieg schickte uns die Fotografin viele Abzüge als Ersatz für die verlorenen.

Schon Anfang August fuhr ich zum »Rüstungseinsatz« wieder nach Leipzig. Endlich hatte sich die Wirtschaft mit ihrer Forderung nach mehr Arbeitskräften gegen Hitlers Widerstand durchsetzen können. Mein Arbeitsplatz waren die Mitteldeutschen Motorenwerke. Sinn dieses Einsatzes war die Vertretung einer

Arbeiterin oder Angestellten, damit diese drei Wochen bezahlten Urlaub machen konnte. Wenn ich mich recht erinnere, waren alle Studentinnen der Anfangssemester zu diesem Einsatz verpflichtet, der mit fünfzig Pfennig Stundenlohn honoriert wurde.

Die Mitteldeutschen Motorenwerke lagen weit entfernt vom Stadtgebiet, die Fahrt vom Schillerplatz mit Straßenbahn und Werkbus bis zur Fabrik dauerte über eine Stunde. Pünktlich um sieben Uhr fing die Arbeit an. Ich musste kurz nach fünf Uhr aufstehen – das war bitter.

Außer mir war noch eine Germanistikstudentin diesem Werk zugeteilt. Ein leitender Herr führte uns durch einige Hallen, weil wir – Studentinnen und keine einfachen Arbeiterinnen – wissen sollten, wie so ein großer Betrieb aussieht und was er produziert. Das waren Flugzeugmotoren und Ersatzteile für die Flugzeuge der Luftwaffe. Mit Ohrenschutz durften wir sogar die riesige Halle betreten, in der die Motoren geprüft wurden, deren Größe uns beeindruckte.

Nach dem Rundgang wurden wir einem Werkmeister übergeben, der uns zu unserem Arbeitsplatz führte und uns unsere Arbeit erklärte. Wir sollten Schrauben, die uns in Schubkarren gebracht wurden, zählen, in kleine Kästen füllen und die gefüllten Kästen in große Kartons stellen. Je nach Größe der Schrauben mal fünfzig, mal hundert oder mehr in einen Kasten. Dafür bekamen wir keine Waagen, um die Stückzahl auszuwiegen – nein, wir mussten die Schrauben abzählen. Um diese sture Arbeit abwechslungsreicher zu machen, stellten wir die Schräubchen und Schrauben in Mustern vor uns auf: Reihen, Quadrate, Rhomben, Sterne, Kreuze und andere, bevor wir sie in die Kästchen warfen oder sorgsam einschichteten, denn wir wollten die Arbeit in die Länge ziehen. Das uns gebrachte Material reichte kaum für einen halben Tag. Vier Jahre nach Kriegsbeginn gab es nicht mehr genug Material, die Rohstoffe waren knapp geworden, auch für Schrauben. Weil wir aber neuneinhalb Stunden arbeiten mussten und zwischendurch von einem Aufseher kontrolliert wurden, schütteten wir die gefüllten Kästchen heimlich wieder aus und fingen von Neuem mit dem Zählen an.

Nach einiger Zeit wurde ich in ein Büro versetzt, wo meine Tätigkeit ebenso sinnlos wie frustrierend war. Jeden Morgen lagen auf meinem Schreibtisch lange Listen, in die ich irgendwelche Vorgänge eintragen sollte. Die mir gegenübersitzende Angestellte bekam ebenso viele Listen. Sie verstand es aber, neuneinhalb Stunden eifrigen Beschäftigtseins vorzutäuschen, während ich anfangs nach zwei Stunden, mit etwas mehr Übung im Trödeln, nach drei Stunden, mit allem fertig war.

Der Bürovorsteher hatte Mitleid mit mir, er meinte, diese Beschäftigung sei doch sinnlos für mich, eine Studentin. Er fragte, ob ich vielleicht Dolmetscherin für Französisch sein könne, ob ich mir das zutraue; es gäbe viele französische Arbeiter, mit denen die Verständigung schwierig sei. Ich könne dabei auch noch etwas für mich Nützliches lernen. Natürlich ging ich sofort auf diesen Vorschlag ein, weil es mir Spaß machte, Französisch zu sprechen, und ich jetzt meine Sprachkenntnisse aktivieren konnte. Ich bin gerne Dolmetscherin gewesen, die Vermittlerrolle war menschlich interessant und abwechslungsreich.

Ein besonderer Horror war die Mittagspause. In drei Schichten wurde das Essen von zwölf bis vierzehn Uhr in einem Saal ausgegeben. Die langen Tische waren immer voll besetzt. Ununterbrochen dröhnte aus einem Lautsprecher das Musik- und Unterhaltungsprogramm »Allerlei von zwölf bis zwei« mit abgedroschenen Schlagern und blöden Zwischentexten. Wegen der lauten Musik sprachen die Leute laut, um sich zu verstehen, dazu der

Geruch des Essens, das Klappern des Geschirrs, das Stühlerücken auf dem Steinfußboden – es war grässlich.

Auf dem weitläufigen Fabrikgelände standen auch die Baracken für die russischen Zwangsarbeiterinnen. Ab und zu sah ich die Kolonnen der Frauen, die in meiner Erinnerung alle graue Kleider trugen. Bei Fliegeralarm mussten sie in ihren Baracken bleiben. Sie durften nicht zusammen mit deutschen »Herrenmenschen« in einem Luftschutzbunker sitzen.

Mein Fazit über diesen Arbeitseinsatz klingt so: »Wenn ich überhaupt je Gewissensbisse gehabt habe, dass ich studiere, anstatt in einer Fabrik zu arbeiten, dann sind diese restlos durch meine Erfahrungen in der Fabrik ausgetilgt worden. Noch nie kam ich mir so nutzlos + überflüssig vor wie in der Zeit meines Rüstungseinsatzes, als ich an einem Tag oft nur für zwei Stunden Arbeit hatte + trotzdem 9½ Stunden in dem Büro aushalten mußte« (an Inga am 15. 11. 43).

Die ernüchternde Erkenntnis, dass es sehr schlecht um die deutsche Rüstungsindustrie stehen müsse, wenn die benötigten Ersatzteile, sogar Schrauben, wegen des Rohstoffmangels so knapp geworden waren, verschwieg ich in dem Brief an Inga. Immerhin konnte ich zufrieden sein, nichts zur Verlängerung des Krieges beigetragen zu haben, ohne ein Saboteur zu sein.

Nach diesen drei Wochen wurde ich wieder nach Vahnerow beordert, diesmal um Maria von Wenckstern (Tante Mieze) zu unterstützen, die zur Pflege unserer Mutter gekommen war. Sie war mehrmals bei uns gewesen, wenn es unserer Mutter besonders schlecht ging. Sie wusste deshalb gut im Haushalt Bescheid, wurde von den Angestellten akzeptiert. Sie war sehr klein (ein Meter fünfzig?), rasch und umsichtig in allem Tun. Sie brachte uns das Schachspiel bei. Niederlagen konnte sie nicht ertragen.

Bei einem Unfall hatte sie ein Auge verloren, das durch ein Glasauge ersetzt war. Wenn dieses unangenehm drückte, nahm sie es heraus und legte es irgendwo ab. Oft vergaß sie den Platz und musste lange suchen. Der Anblick eines sehenden Auges und einer leeren Augenhöhle war peinlich. Einmal hob ich den Deckel einer Dose auf dem Rauchtisch in der Halle hoch und erschrak heftig, als mich ein Glasauge anstarrte.

Die Haushaltführung haben wir uns problemlos geteilt; ich kann mich an keine Unstimmigkeiten erinnern. Unsere Mutter konnte unbesorgt in Bad Wiessee ihre Kur machen. Endlich gesund und gestärkt, kehrte sie von dort nach drei Wochen zurück.

Im Oktober 1943 sah ich Elisabeth zum letzten Mal. Sie war für einige Tage nach Trieglaff gekommen, um sich ihre dort aufbewahrte warme Kleidung abzuholen. Nach der Verstaatlichung ihres Wieblinger Internats 1941 war sie nach Berlin in die Carmer Straße gezogen. In ihrer kleinen Berliner Souterrain-Wohnung war nicht einmal Platz für ihre Wintergarderobe.

Ich fand diese Berliner Wohnung, in der ich im Winter einmal übernachtet hatte, dunkel und beklemmend eng, weil die aus Wieblingen mitgebrachten Möbel viel zu wuchtig waren. Elisabeth hatte sich über meinen Besuch gefreut, sie war schwesterlicher und herzlicher als früher, als ich Schülerin in ihrem Internat war. Ich war aber traurig, sie, die an helle große Räume gewöhnt war, in dieser kleinen Wohnung zu sehen. Sie kam mir wie eingesperrt vor, aber sie klagte nicht.

Elisabeth brauchte jetzt ihre Winterkleider und -mäntel, weil ihr in einem Soldatenheim in Frankreich eine verantwortungsvolle Aufgabe übergeben werden sollte. Eine Tätigkeit, auf die sie sich freute, die ihr sinnvoll erschien.

Immer, wenn sie in Trieglaff war, im Hause ihres Bruders Reinold, besuchte sie uns nachmittags in Vahnerow. Niemals werde ich mein Erschrecken über ihr Aussehen vergessen. Sie, die immer selbstbewusst und dominant gewesen war und auch in Berlin äußerlich noch ungebrochen auf mich wirkte, saß zusammengesunken und verängstigt am Fenster in Mamas Zimmer. Die Begrüßung war nicht so herzlich, wie ich es gewohnt war, sondern nur freundlich, fast flüchtig. Sie erkundigte sich kaum nach meinem Studium, für das sie sich immer interessiert hatte. Ich konnte mir das seltsame Verhalten nicht erklären und zog mich schnell zurück. Ich hatte das Gefühl, bei einem wichtigen Gespräch zu stören.

Elisabeth machte sich Sorgen, von einem Spitzel an die Gestapo verraten worden zu sein. Sie hatte am 10. September 1943 zum Geburtstag von Anza (Marie-Agnes) gute Freunde zum Tee eingeladen, um mit ihnen, wie üblich, kritisch und offen über akute politische Probleme zu sprechen. Selbstverständlich hielten sie den Krieg für verloren. Einen Tag vor der Geburtstagsfeier hatte ein junger Arzt, Dr. Paul Reckzeh, angerufen und Grüße der gemeinsamen Schweizer Freundin Bianca Segantini bestellt. Leichtsinnig hat Elisabeth dem Unbekannten vertraut und ihn spontan zu dem Nachmittagstee eingeladen. Was er dort gehört hatte an Regimekritik und »defätistischen« Meinungen, berichtete er sofort der Gestapo. Kurz darauf wurde Elisabeth von einer Bekannten über die Identität des Dr. Reckzeh aufgeklärt: Er war ein Spitzel der Gestapo. Nun fürchtete sie die Konsequenzen für ihre Gäste und für sich. Sie war ratlos und besorgt und hatte Angst, die ich deutlich in ihrem Gesicht gesehen hatte, mir aber nicht erklären konnte.

Meine Mutter hat mich, bevor ich Anfang November wieder abreiste, über den Inhalt des Gesprächs informiert, um mich eindringlich zur Zurückhaltung und Vorsicht bei mündlichen und schriftlichen politischen Meinungsäußerungen zu ermahnen.

»In der Nacht zum 4. Dezember 1943 brachen Schwadrone (sic!) aus allen sechs R.A.F.-Bombergruppen zu einem der bestgelungenen Brandangriffe auf.« »Um 3.50 Uhr war trotz geschlossener Wolkendecke die Leipziger Innenstadt sauber ausgeleuchtet und markiert, bis 4.25 Uhr lagen knapp 300 000 Brandbomben und 655 Tonnen Spreng- und Minenbomben konzentriert im Ziel« (Jörg Friedrich, *Der Brand*, München 2002, S. 347).

Der Fliegeralarm hatte mich aus tiefstem Schlaf gerissen. Ich zog mich schnell an, packte die wichtigsten Sachen wie Personalausweis, etwas Wäsche, Kulturbeutel, Geld und Schmuck in eine immer bereitliegende Tasche und lief in den Keller. So leichtsinnig wie in Berlin war ich längst nicht mehr, als ich erst in den Keller ging, wenn »es ordentlich schoss«.

Das bedrohlich schnell sich nähernde Motorengeräusch der Bomber war schon zu hören, und die Flak schoss unentwegt.

Der Luftschutzkeller war ein normaler Kellerraum, in den Bernhardts vier Stühle und ein Bett gestellt hatten. Frau Bernhardt legte sich hin, Tochter und Sohn, die griechische Tänzerin und ich saßen auf den Stühlen. Der fensterlose Raum war spärlich erleuchtet, die Tür geschlossen. Wir saßen schweigend und lauschten auf das unheimliche Motorengeräusch und auf das Krachen der explodierenden Bomben. Ganz in der Nähe schlugen Bomben ein, das Haus zitterte, die Tür klapperte, es bildeten sich Risse in der Kellerdecke. Als bei einem Bombeneinschlag die Kellertür durch den Luftdruck aus den Angeln gehoben wurde und auf den Fußboden fiel, wurde dem Sohn des Hauses übel. Er musste sich auf das Bett legen. Die Mutter setzte sich widerspruchslos auf seinen Stuhl. Sie blieb nicht lange sitzen, denn beim nächsten Bombeneinschlag in bedrohlicher Nähe knieten sie und ihre Tochter auf dem Boden, rangen die Hände, jammerten und beteten und flehten Gott an, er möge sie beschützen.

Der Griechin und mir war natürlich auch beklommen zumute, denn das Bombardement war noch lauter zu hören, seit die Tür auf dem Boden lag. Wir sahen uns trotzdem verstohlen amüsiert an, weil wir diese Situation so komisch fanden. Erstaunlicherweise ging das Licht nie aus. Im dunklen Keller sitzen zu müssen wäre schrecklich gewesen.

Endlich hörten wir um 5.23 Uhr den lang gezogenen Heulton der Entwarnungssirene. Vielleicht hatten wir auch, wie viele Leipziger, den Keller schon vor der Entwarnung verlassen, um mögliche Brandherde zu löschen. Ein starker Wind wehte durch das ganze Haus, denn einige Türen waren herausgefallen und die meisten Fensterscheiben zerbrochen.

Ich lief zu meinem Zimmer. Die Tür stand auf. Wie ein Gespenst wehte mein japanischer Kimono, den ich über die Deckenlampe gehängt hatte, vor dem feuerroten Himmel über der brennenden Stadt, langsam hin und her. Überall lagen Glasscherben.

Bernhardts hatten mich gebeten, als Wachtposten auf den Dachboden zu gehen, um die umherwirbelnden, möglicherweise gefährlichen Funken zu löschen. Der Dachstuhl war nicht beschädigt, allerdings waren fast alle Ziegel durch den Luftdruck heruntergefallen. Auf dem Boden gab es nur eine kleine Tonne mit Wasser und daneben eine Gießkanne. Das war die einzige Vorsorge für den Ernstfall.

Da stand ich nun und sah auf die brennende Stadt, es war ein schrecklicher, aber auch faszinierend grandioser Anblick. Funken flogen durch die Luft, einige fielen auf den Dachboden; ich löschte sie schnell mit einem Wasserguss. Ich sah Menschen vor ihren Häusern, die versuchten, die Brandherde zu löschen.

Am Morgen war klar, dass ich in diesem Haus nicht mehr bleiben konnte. Ich gehörte nun zu den 140 000 Obdachlosen. Meine Stiftsfreundin Yrmintrud von Bischoffshausen (nur Ylein genannt) hatte mir im Sommer, als ich sie auf ihrem Gut Jana in der Nähe von Meißen besucht hatte, gesagt, wenn ich in Leipzig ausgebombt würde, womit jederzeit zu rechnen war, dann könne ich zu ihrer Familie kommen. Ich packte die Sachen aus meiner Studentenbude in einen großen Koffer und stellte ihn in dem noch intakten Keller bei Bernhardts unter. Dann machte ich mich auf den Weg.

Anrufen konnte ich nicht bei Bischoffshausens, weil kein Telefon funktionierte, waschen konnte ich mich nicht, weil kein Wasser lief, den weiten Weg zum Bahnhof bin ich mit kleinem Gepäck zu Fuß gegangen, weil keine Straßenbahn fuhr. Auf den Bahnsteigen drängten sich die Menschen mit Koffern, Rucksäcken und Taschen, die kein Dach mehr über dem Kopf hatten und nun zu Verwandten und Freunden flohen.

Irgendwann fuhr auch ein Zug nach Meißen, in den ich mich hineinzwängte. Jana war ungefähr vier Kilometer von Meißen entfernt, zu Fuß also in einer knappen Stunde zu erreichen.

Ylein erzählt heute noch, sie würde niemals vergessen, wie ich mit schwarz verschmiertem Gesicht und mit Ruß in den strubbeligen Haaren plötzlich vor der Haustür gestanden habe. Wahrscheinlich wurde ich zunächst ins Badezimmer gebracht, um im warmen Wasser meinen Körper und meine Seele zu baden.

Lange durfte ich in dieser freundlichen, heilen Welt nicht bleiben. Ich musste mir in Leipzig ein neues Zimmer suchen, meine Sachen bei Bernhardts abholen und feststellen, wie stark die Universität beschädigt war, ob und unter welchen Bedingungen eine Fortsetzung des Studiums möglich war.

Erstaunlicherweise fand ich trotz der Wohnungsknappheit sofort ein Zimmer bei dem netten älteren Ehepaar Redlich in einem Stadtteil, in dem nicht viele Häuser zerstört oder beschädigt waren. An Inga schrieb ich, dass sich eine Dame im Haus »rührend« um mich kümmerte, mir voll Begeisterung mein Essen kochte, weil sie sich an das Leben einer armen Studentin aus ihrer Jugendzeit erinnerte. Wahrscheinlich war ich wieder bemitleidenswert blass und dünn. Erinnern kann ich mich an diese freundliche Dame nicht.

Eines Tages wurde bekannt gegeben, dass sich jeder in einer stark zerstörten Fabrik für Tiefkühlkost schnell verderbliches tiefgefrorenes Obst und Gemüse abholen könne. Ich hatte noch nie gehört, dass es so etwas überhaupt gab. Die Fabrik lag am Stadtrand, und es fuhren auch wieder Straßenbahnen. Als ich ankam, gab es nur noch Apfelmus in ziegelsteingroßen Portionen. So viel ich tragen konnte, nahm ich mit und übergab sie Frau Redlich, die sie in ihrem Kühlschrank noch etwas aufbewahren konnte.

Die Leipziger Innenstadt sah erschreckend aus, Trümmer und Schuttberge am Straßenrand. Die Universität war schwer beschädigt. Das aufgehende Mauerwerk stand zwar noch, auch große Teile des Dachs waren intakt, die meisten Räume jedoch verwüstet. Ein effektives Studium war vorerst nicht möglich, und deshalb bin ich bald nach Hause gefahren. Was ich in Berlin bei der Durchreise in der Nähe der Bahnhöfe sah, waren überall auch nur Trümmer.

In Vahnerow hatte sich nichts verändert, alles war wie immer hell, freundlich, vertraut. Letzte Weihnachtsvorbereitungen, der Duft des frischen Gebäcks, der aus der Küche drang. Bis auf Ado waren alle Geschwister zu Hause. »Vielleicht war es das letzte Mal, dass wir solch ein ›friedliches‹ Weihnachten erleben durften? ... Wenn es doch nur das letzte im Kriege wäre!«, schrieb ich an Inga.

Und Silvester feierten wir auch wie immer: mit heiteren Gesellschaftsspielen, Punsch und Berliner Pfannkuchen – *the same procedure as every year*. Niemand wollte es anders. Vielleicht sangen wir noch inbrünstiger als sonst »Schleuß zu die Jammerpforten und lass an allen Orten nach so viel Blutvergießen die Friedensströme fließen«.

Eine auffällige Veränderung hatte es in der letzten Zeit im Haus gegeben: Unsere Freunde, die in Großstädten wohnten und die Bombenangriffe fürchteten, hatten mehr als fünfzig Kisten mit kostbarem Porzellan, Silber, Teppichen und anderem zu uns geschickt, weil sie Hinterpommern für sicher hielten.

Am 3. Januar 1944 erreichte die nicht mehr aufzuhaltende Rote Armee die polnische Grenze. Am selben Tag fand eine große Treibjagd in Vahnerow statt, zu der die Jäger aus der Nachbarschaft eingeladen waren. Ich habe zum ersten Mal nach vielen Jahren wieder an einer Treibjagd teilgenommen und sogar gerne. Ist man dabei, wird man als Landkind unweigerlich vom Jagdfieber gepackt.

Meine Rückreise musste um einen Tag verschoben werden, weil Stettin schwer bombardiert und der Bahnhof beschädigt worden war. Wir wachten in der Nacht von den fernen Explosionen auf und sahen den Feuerschein über der ungefähr siebzig, achtzig Kilometer weit entfernten, brennenden Stadt am Horizont. Der Krieg kam näher.

Ich konnte am Dreikönigstag noch mithelfen, den Schmuck vom Weihnachtsbaum abzunehmen, was ebenso sorgfältig zu geschehen hatte wie das Aufhängen: die Lamettafäden wurden gebündelt, die silbernen Kugeln auf Seidenpapierpolster in Schachteln gelegt, die Kerzenhalter von Wachsresten gesäubert. Dann wurde der Baum nach draußen gestellt und mit Vogelfutter behängt. Alles so wie immer ...

An ein geregeltes Studium war in Leipzig noch nicht zu denken. Erst einmal mussten alle Studenten beim Aufräumen und Entrümpeln helfen. Bei den schweren Aufräumarbeiten sah man in der Universität viele russische Zivilarbeiter, sogenannte Hiwi (Hilfswillige). Freiwillig waren sie bestimmt nicht nach Deutschland gekommen. Nach dem Krieg ging es ihnen sehr schlecht bei ihrer Rückkehr in die Heimat: Entweder wurden sie als Vaterlandsverräter, die für die Deutschen gearbeitet hatten, sofort erschossen, oder sie wurden nach Sibirien verbannt, wo die meisten gestorben sind.

Studenten beiderlei Geschlechts mussten Fensterrahmen entkitten und Fensterscheiben transportieren. Außerdem war es Aufgabe der Kunsthistoriker und Archäologen, die im Luftschutzkeller gelagerten Negative zu sortieren und zu bestimmen, wenn sie nicht mehr beschriftet waren, und Bücher zu tragen.

Warum war die kostbare Sammlung antiker Vasen nicht rechtzeitig in einem Bunker sichergestellt worden? Glaubten die Professoren etwa, Leipzig würde verschont werden? Wir, Archäologen und Kunsthistoriker, hockten in den eisigen, fensterlosen Räumen und versuchten aus Schuttbergen größere Bruchstücke zerbrochener Tonvasen herauszusammeln, die sich später vielleicht einmal wieder zusammenkleben ließen.

Intakte Hörsäle gab es kaum noch. In geringem Umfang wurde der Vorlesungsbetrieb im Januar aufgenommen. In verschiedenen Schulen (in der Thomasschule, aber auch im Konservatorium) konnten Vorlesungen gehalten werden. Mit Lichtbildern, von der Universität Jena ausgeliehen, waren die ersten Kunstgeschichtsvorlesungen endlich auch wieder möglich. Zu Seminaren im kleinen Kreis luden die Professoren der Kunstgeschichte in ihre Wohnungen ein, wo Bücher und einzelne Abbildungen von Hand zu Hand gereicht wurden. Ausarbeiten und Vertiefen des Gelernten war nicht möglich, weil die nach und nach angekauften Bücher vorerst noch in einem Keller untergebracht werden mussten, in dem weder Tische noch Stühle standen.

Was konnte ich also in diesem Semester tun? Zunächst wollte ich mich im Endspurt auf die Lateinprüfung vorbereiten, die nach allem, was ich gehört hatte, sehr anspruchsvoll war. Als Prüfungstermin war Ende März vorgesehen. Also noch reichlich Zeit, sodass ich bei einem Sinologen ein Einführungsseminar in die klassische chinesische Kunst belegte. Chinesische Kunst hatte mich schon lange interessiert und fasziniert. Ich hatte aber nie Gelegenheit gehabt, mich über ihre Geschichte, ihre Eigenheiten belehren zu lassen. Wir waren vier oder fünf Studentinnen und ein Sinologiestudent, die sich in der Wohnung des Professors trafen, der uns einzelne originale Blätter oder Abbildungen in Büchern zeigte und erläuterte.

Was konnte ich sonst noch für mich Sinnvolles tun? Zum Beispiel französische Konversation bei Mademoiselle Bouteiller. Gute Kenntnisse in Französisch, Englisch und Italienisch wurden von Studierenden der Kunstgeschichte erwartet. Zu Mlle Bouteiller kam ich durch Ebba Gräfin Reichenbach, eine Cousine von Elisabeth, ehemals Hausdame in Wieblingen, daher kannte ich sie. In vorgerücktem Alter (fünfzig Jahre?) hatte sie sich zum Studium entschlossen, um Lehrerin zu werden. Sie trug immer ein grünes Kostüm, dazu weiße Bluse und roten Schlips.

Ob sie nur ein grünes Kostüm besaß oder mehrere vom selben Schnitt und gleichem Stoff – das hätte ich gerne gewusst. Sie war eine süchtige Raucherin. Weil es nicht genug Tabakwaren für Frauen gab und ihr monatliches Kontingent schnell verbraucht war, stopfte sie getrocknete Blätter in ihre Pfeife. Nachdem sie Blätter verschiedener Bäume und Sträucher ausprobiert hatte, entschied sie sich, wenn ich mich nicht irre, für Kastanienblätter. Eichenblätter waren zu bitter.

Mir stand leider immer noch keine Raucherkarte zu. Inga, die selbst nicht rauchte, schickte mir manchmal eine Schachtel Zigaretten. Hatte ich keine, konnte ich das auch verschmerzen. Auf Eichen-, Linden- oder Ahornblätter hatte ich keinen Appetit.

Mlle Bouteiller lebte schon lange in Leipzig. Ich ging wöchentlich einmal zu ihr. Wir unterhielten uns nur auf Französisch. Selten wurde ich unterbrochen; nur wenn ein Fehler allzu gravierend war, verbesserte sie mich. Unser Beisammensein sollte keine Schulstunde sein. Diese französische Konversation war eine Sternstunde in meinem Trümmeralltag.

Am 1. Februar 1944 schrieb ich in meinen kleinen Taschenkalender nur einen Satz: »Beunruhigende Nachrichten über Elisabeth.« Hatte ich erst jetzt erfahren, dass Elisabeth schon am 13. Januar in Meaux in Frankreich von der Gestapo verhaftet worden war? Hatte Mama es mir geschrieben und so vorsichtig formuliert, dass bei einer Postkontrolle kein Verdacht geschöpft werden konnte? Von diesem Tag an war Elisabeths Schicksal immer gegenwärtig. Aus der Ferne verfolgten wir alle ihren Leidensweg: Gefängnis am Alexanderplatz in Berlin, Frauen-KZ in Ravensbrück, Zuchthaus Cottbus, Justizgefängnis Moabit. Wir schickten Päckchen in die verschiedenen Gefängnisse, die ankamen und (meistens?) der Gefangenen übergeben wurden. Jeder durfte ihr Briefe schreiben, nicht nur Verwandte.

Wie auch immer mein studentischer Alltag in den folgenden Monaten aussah, die Sorge um Elisabeth war von nun an immer da und schürte meinen Hass gegen die Nazis.

Dem ersten schweren Bombenangriff auf Leipzig folgten im Januar und Februar weitere mehr oder weniger heftige Bombardements, sowohl am Tag als auch in der Nacht, die auch einige der Universität zur Verfügung gestellten Notunterkünfte in Schulen zerstörten, sodass wieder Vorlesungen ausfallen mussten.

Wie ganz normale Tage verlaufen konnten, habe ich in meinem Tagebuch vom 19.–21. Februar 1944 notiert:

»19. 2.: Baba kommt mit 60 Min. Verspätung an. Ich freue mich riesig über ihren Besuch + wir haben einen schönen Abend zusammen, denn es gibt viel zu erzählen.

20. 2. (Sonntag): Früh morgens Terrorangriff. In unserer Nähe wenig Bomben. Langes Ausschlafen + reichhaltiges Frühstück entschädigen uns für d. Schrecken d. Nacht. Besuch b. Bernhardts. Durch einen erneuten Alarm beim Mittagessen gestört. Bomben + tolles Schießen. Fallschirme am Himmel. Zum Tee b. Tante Hertha. »Spaziergang« durch die brennende Stadt. Ich bringe Baba zum Zuge. Die Arme hatte scheußliches Pech mit ihrem Besuch. – Luftschutzwache, allein mit einem Mann!

21. 2. Baba ist noch in Lpz., weil ihr Zug nicht abfuhr. Nach d. Frühstück b. Tante Hertha bringe ich sie zur Bahn.

Konservatorium + Thomasschule wieder kaputt. Wo sollen wir nur weiter studieren?«

Baba erinnert sich auch noch daran, dass wir vor einem Luftschutzkeller gestanden und gesehen haben, wie amerikanische Piloten sich mit ihren Fallschirmen zu retten versuchten, nachdem ihre Flugzeuge getroffen worden waren und brennend herabstürzten.

Es war nicht so, dass man ständig in Angst lebte vor Bombenangriffen. Man war auf die heulenden Alarmsirenen gefasst, man wusste, wie man sich zu verhalten hatte. War Entwarnung gegeben, setzte man sein Leben da fort, wo es unterbrochen worden war: auf dem Weg zu einer Freundin, beim Einkaufen, beim Aufräumen in der Universität, oder man bemühte sich, in der Nacht so rasch wie möglich wieder einzuschlafen.

Erstaunlich schnell wurden provisorische Räume für Konzerte und Theateraufführungen gefunden: Die Städtischen Bühnen konnten das Konservatorium mitbenutzen, gespielt wurden *Die Geschwister* und *Die Mitschuldigen* von Goethe, die in der Trümmerstadt »heiter + erfrischend« auf mich wirkten. Das Gewandhausorchester zum Beispiel war in einem ehemaligen Varieté untergebracht, wo der damals berühmte Dirigent Abendroth die *Egmont-Ouvertüre* und die *Eroica* dirigierte, zwei wegen ihres heroischen Pathos besonders oft gespielte Werke von Beethoven. Unzerstörte Kinos gab es noch genug. Ein möglichst großes Unterhaltungsprogramm sollte die Leipziger von der Misere ablenken. Die Studentinnen, mit denen ich mich angefreundet hatte, waren jedenfalls unternehmungslustig. Was sollten wir auch machen, solange ein reguläres Studium nicht möglich war?

Habe ich noch Juden gesehen bei meinen Wanderungen und Straßenbahnfahrten durch die Stadt? Sie waren gekennzeichnet mit dem großen gelben Stern, der gut sichtbar auf der Kleidung befestigt sein musste. Es lebten wohl nur noch Juden in der Stadt, die mit einem Nichtjuden verheiratet waren. Starb dieser, so waren sie schutzlos von der Deportation in ein KZ bedroht. Öffentliche Luftschutzräume durften Juden bei Fliegeralarm nicht aufsuchen. In Mietshäusern hing es wohl vom Konsens der Bewohner und vom Einverständnis des Luftschutzwartes ab, ob sie zusammen mit den Ariern im Keller sitzen durften. Ich hatte ein offenes Auge besonders für alle diskriminierenden Maßnahmen der Nazis, trotzdem habe ich keine der perfiden Schikanen gegen Juden bemerkt, die Victor Klemperer in seinen Tagebüchern beschreibt. Vielleicht lebten in den Stadtteilen, in denen ich mich bewegte, gar keine Juden mehr.

Ich hatte vor, nach dem Wintersemester Leipzig zu verlassen und das Studium in Prag fortzusetzen. Meine Freundin Christa von Studnitz war schon im Herbst nach Prag gezogen und pries die unvergleichlich günstigen Studienbedingungen in der an Kunstschätzen so reichen und unzerstörten Stadt. Auch Eva Diehl sah ein, dass sie in Leipzig keine Chance hatte, ihre Dissertation abzuschließen, und entschloss sich ebenfalls für Prag. Zwei Freundinnen. Das war eine gute Basis für den Neubeginn. Aber Mitte Februar gab die Leipziger Studentenführung plötzlich bekannt, wir dürften die Universität nicht verlassen, weil sonst niemand mehr hier bliebe. Das Kulturministerium war anderer Meinung, denn Ende des Monats wurde die Exmatrikulationssperre aufgehoben. »Mein Prager Traum wird Wirklichkeit«, schrieb ich in meinen Kalender.

Das Semester war am 4. März 1944 zu Ende, die drei Wochen bis zur Lateinprüfung wollte ich irgendwie überbrücken. Zunächst fuhr ich nach Altenburg ins Stift, wesentlich entspannter als bei meinem ersten Besuch. Ich wurde beinahe wieder zum Stiftskind unter Stiftskindern. Mona hatte mich zu einer Theateraufführung eingeladen. Ihre Klasse spielte ein Stück, das »Zopf und Schwert« hieß. Mona war der Ritter Hotham. Sie sah prächtig aus mit friderizianischer Uniform und Allonge-Perücke, und sie überragte alle Mitspielerinnen und sprach ihren Text mit englischem Akzent.

341

Ich übernachtete bei Frau von Studnitz, Christas Mutter, deren stilvolle Wohnung mir vorkam wie ein feines Antiquitätengeschäft. Die wertvollen Möbel und Bilder hat sie nach dem Krieg, in der frühen DDR-Zeit, sogar nach Westdeutschland mitnehmen können, weil sie die Russen davon überzeugen konnte, dass es sich doch nur um alte unmoderne Möbel und Bilder handele. Christa kam nachmittags aus Prag, sie erzählte von den guten Professoren und der angenehmen Atmosphäre im Institut. Sie hatte ein Doppelzimmer in einem Studentinnenheim für uns reserviert, und wir freuten uns auf unser Zusammenleben.

Mona brachte mich zum Bahnhof. Die Abreise verzögerte sich um Stunden, denn auch in Altenburg gab es Fliegeralarm, glücklicherweise ohne Bombardement. Geduldiges Abwarten in einem Keller hatte man inzwischen gelernt.

Die schriftliche und mündliche Lateinprüfung hatte ich endlich Ende März mit »gut« bestanden und konnte Leipzig verlassen. Ich war mit meinem treuen Freund Hans von B. in Dresden verabredet; er wollte mir die Stadt zeigen, die er gut kannte, und ich wollte mir »diese vielgerühmte Stadt endlich einmal anschauen, bevor auch sie in Glut und Grauen dahinsinkt«, wie ich in düsterer Vorahnung geschrieben habe. Ich übernachtete bei Ebba von Reichenbachs Verwandten. Die Stadt, die Elb-Florenz genannt wurde, begeisterte mich nicht so, wie ich erwartet hatte, weil das Wetter miserabel war. Kälte, Wind und Schneeregen, da sahen auch die prächtigsten Barockbauten trist aus. Ich war entschlossen, mir die Stadt im Sommer bei gutem Wetter noch einmal anzuschauen – »wenn sie bis dahin nicht zerbombt ist«. Sehr beeindruckt war ich von der alle Gebäude überragenden, die Silhouette der Stadt dominierenden Frauenkirche, vor allem von dem hohen, trotz seiner Größe wohlproportionierten Innenraum.

Die Kuppel war allerdings durch T-Träger gesichert, die Statik war schon lange nicht mehr zuverlässig.

Dass ich zum ersten Mal einen Freund nach Vahnerow mitbrachte, war natürlich eine Sensation, die sich schnell im Dorf herumgesprochen hatte. Man sah das »gnädige Fräulein« bereits verlobt. Mama und die Geschwister, die gerade zu Hause waren, mochten den Gast, für mich kein Grund, seiner diskreten Werbung nachzugeben. Als er nach ein paar Tagen abgereist war, direkt an die russische Front, schrieb ich am 1. April 1944 in meinen Taschenkalender: »Jetzt bin ich ›Witwe‹ und kann mich endlich meinen eigenen Arbeiten widmen.« Das erinnert mich an den Schüttelreim von Hedwig Löher, einer Schwester unseres Vaters, die nach der Abreise des Verlobten seufzte: »Ach, ich bin der Minne satt, und mir sind alle Sinne matt.« So ist es jedenfalls überliefert worden.

Auch Ado war schon wieder auf dem Weg nach Russland, und Gerhard, der wegen seines Herzleidens vom Militärdienst zurückgestellt worden war und auf der Forstakademie in Eberswalde sein Studium begonnen hatte, wurde nun doch als tauglich befunden und kam zur Ersatzreserve C2.

Wir vier Schwestern bereiteten das Osterfest in bewährter Tradition vor: So kunstvoll wie es jeder möglich war, bemalten wir ausgeblasene Hühnereier mit geometrischen oder floralen Mustern, wobei Ingas Hühnereier die nie erreichten Vorbilder waren. In der Küche wurden die hart gekochten Eier einfarbig gefärbt. Diese Eier, in einen flachen Korb gelegt, gehörten zur Osterdekoration auf dem Esstisch sowie ein großer Hase, gelbe Watteküken und kleine Hasen. Die Eier wurden nach und nach zum Frühstück aufgegessen.

Zwei in Ostdeutschland weit verbreitete Osterbräuche kannten wir in Vahnerow auch: das Osterwasserholen und das Stiepen. Vor Sonnenaufgang musste am Ostersonntag das Wasser aus einer Quelle geschöpft werden, und zwar von jungen Mädchen. Das Waschen mit diesem klaren kalten Wasser sollte jung erhalten und verschönen. Es wirkte aber nur, wenn man auf dem Hin- und Rückweg nicht redete und sich nicht umdrehte. Weil wir keine Quelle in der Nähe hatten, holten wir das Wasser immer aus einem kleinen Bach. Auch in diesem Jahr waren wir Schwestern früh aufgestanden. Es war ein herrlicher Morgen, der Mond stand noch hoch am Himmel, als wir über die taufrische Koppel gingen, während die aufgehende Sonne den Osten allmählich orange-gelb färbte. Bevor sie über dem Horizont erschien, mussten wir wieder zu Hause sein. Erst nachdem wir uns das Gesicht gewaschen hatten, haben wir wieder gesprochen. Wir nahmen den Ritus sehr ernst! Die Wirkung des Osterwassers hat deshalb auch lange vorgehalten.

Eine lustige Sitte, auf die wir selten verzichteten, war das Osterstiepen. Man band dünne Zweige mit den ersten grünen Blättchen zusammen, zum Beispiel Birkenzweige, und überraschte die noch friedlich Schlafenden, indem man mit den Ruten auf das Bett schlug (stiepte). Diese Streiche sollten Gesundheit bringen. Man rief:»Stiep, stiep Osterei, gibst du mir kein Osterei, stiep ich dir das Bett entzwei!«, und erwartete eine Süßigkeit. Das Stiepen gehörte zum Ostermontag. Wir haben es immer auf den Sonntag vorverlegt. Unsere Mutter haben wir nie zu stiepen gewagt, obwohl sie es am nötigsten gehabt hätte, denn sie war am häufigsten krank. Auch an diesem letzten gemeinsamen Osterfest litt sie wieder an einer so starken Schultergelenkentzündung, dass ich klagend an Inga schrieb, kein Arzt könne ihr helfen,»wenn doch nur einer von Muttis guten Berliner Ärzten noch im Lande wäre!«. Doch die waren 1938 in die USA emigriert – mit ihrer Hilfe.

Zur Unterstützung unserer immer kränkelnden Mutter war Anfang des Jahres eine mit Baba befreundete ehemalige Wieblingerin aus Wien nach Vahnerow gekommen: Christl von Mosing. Sie hätte viel lieber studiert, als Haustochter zu werden; das durfte sie als Halbjüdin nicht. Im Hinblick auf das voraussehbare Kriegsende sollten die Monate in Vahnerow die Zeit bis zum Ende des Nazi-Regimes überbrücken. Nach dem Sieg der Alliierten würde sie endlich studieren können. Christl war intelligent, temperamentvoll und sehr selbstbewusst. Sie hatte das sichere Auftreten einer Großstädterin und fühlte sich in dem kleinen Dorf bestimmt am falschen Platz. Streitgespräche mit Dieter Bassermann, die wir Schwestern kaum wagten, waren ihr ein intellektuelles Vergnügen. War sie eifersüchtig auf mich? Sie hatte allen Grund dazu, denn ich konnte studieren, sie nicht. Und mein Privileg, einmal frei von Haustochterpflichten nur für mein Studium lernen zu können, nahm ich ganz selbstverständlich in Anspruch. Es waren seit dem Abitur die ersten Ferien, in denen ich nicht im Haushalt mitzuhelfen brauchte.

Zu meiner großen Freude bekam ich einen Brief von Elisabeth aus dem KZ Ravensbrück, eine Antwort auf meinen »Semester fälligen Erzählbrief«, in dem ich wohl ausführlich über mein Studium in Leipzig berichtet hatte. Die Schrift auf dem inzwischen vergilbten Papier ist groß und klar wie immer, kein Anzeichen von innerer Unruhe oder Nervosität. Ihre eigene Situation erwähnt Elisabeth nicht, sie fragt nach gemeinsamen Bekannten, und sie geht sehr verständnisvoll und klarsichtig auf das Problem Christl ein: »und Du studierst einfach weiter, darfst es mit gutem Gewissen tun, kannst dabei Deine Dir eigenen Kräfte entfalten + glücklich sein. Ich kann mir denken, dass Dich Christl beneidet. Sie wird sich gewiss sehr freuen, dass Du da bist + und Du kannst unbeunruhigt arbeiten + sie als tüchtige Hausfrau wirken lassen. Ob es ihr etwas Spaß macht?«Diesem Brief entnehme ich auch, dass Christl fast täglich ein Päckchen für Elisabeth packte; dafür bedankt sie sich ausdrücklich, ein Beweis, dass die Päckchen ihr in Ravensbrück ausgehändigt wurden.

Wenn ich mich an das Jahr 1944 erinnere, dann denke ich oft: »Das war zum letzten Mal.« Zum letzten Mal eine große Treibjagd in Vahnerow, zum letzten Mal das unzerstörte Dresden, zum letzten Mal Ostern in alter Tradition, zum letzten Mal am Ostseestrand in Deep, zum letzten Mal ein Tanzfest auf einem Gut in der Nachbarschaft.

Seit Beginn des Krieges wurde zu Tanztees eingeladen, wenn einer der Söhne von einem Nachbargut Front- oder Genesungsurlaub hatte. Da kamen vielleicht zehn oder zwölf junge Leute zusammen. Es wurde darauf geachtet, dass es ebenso viele Herren wie Damen waren. Getanzt wurden die klassischen Tänze, die man in der Tanzstunde gelernt hatte. Zunächst saßen alle sittsam am Tisch, auch die Eltern des Urlaubers, tranken Tee, aßen Kuchen und Gebäck, dann wurde nach Grammofonmusik getanzt. Animierender war es natürlich, wenn ein Pianist sich an den Flügel setzte, den es in jedem Gutshaus gab, und die Walzer, Tangos und Foxtrotts spielte, temperamentvoll und laut.

Zum ersten und zugleich letzten Mal war ich zu einem richtigen großen abendlichen Tanzfest nach Dorow eingeladen, auf das Gut einer Schwester unseres Vaters, Elisabeth von Oertzen, genannt Tante Lieschen. Wir Vahnerower Thaddens hatten überhaupt keinen Kontakt zu dieser nahen Verwandtschaft; nicht nur, weil es wohl Erbstreitigkeiten in der Familie gegeben hatte, sondern auch, weil die etwas adelsstolze Tante die Heirat ihres Bruders mit einer bürgerlichen Frau, Tochter eines Studienrats, missbilligt hatte. Wir Kinder aus der zweiten Ehe waren nicht standesgemäß.

Irgendeiner der jungen Offiziere hat sich über das Vorurteil hinweggesetzt und mich zu diesem Tanzfest eingeladen. Es gab damals bestimmte, von allen befolgte Verhaltensregeln: Jeder Herr musste einmal mit jeder Dame tanzen, und die Söhne des Hauses waren verpflichtet, die Damen zum Tanz zu bitten, die noch niemand aufgefordert hatte. Es durfte kein »Mauerblümchen« sitzen bleiben. Der Herr verbeugte sich vor der Dame, fragte, ob er sie um diesen Tanz bitten dürfe, und führte sie zur Mitte der Tanzfläche. Undenkbar, dass sich einzelne Tänzer oder Tänzerinnen nur »für sich selbst« mit irgendwelchen fantasievollen rhythmischen Bewegungen zwischen den Paaren bewegt hätten.

In echt Thaddenscher Tradition wurde nicht nur getanzt, sondern auch gespielt: Scharaden, die spontan improvisiert waren, und kleine Theaterstücke, die in Dorow vermutlich Tante Lieschen verfasst und auch einstudiert hatte. Sie war nicht nur Gutsherrin nach dem frühen Tod ihres Mannes, sondern auch Schriftstellerin. Sie hatte mehrere Bücher mit pommerschen Geschichten geschrieben, die damals viel gelesen wurden, jedenfalls in Pommern.

Es war nicht ungewöhnlich, dass die ältere Generation, grau- und weißhaarige, schwarz gekleidete Tanten und Onkel, der sogenannte »Drachenfels«, die Jugend bis tief in die Nacht observierte. Richtig lustig wurde es erst, als die alten Aufpasser endlich ins Bett gegangen waren.

In meinen Taschenkalender notierte ich, dass das Essen »etwas spärlich« war, obwohl auf dem Land auch im fünften Kriegsjahr die Lebensmittel nicht knapp waren. Bescheidenes Essen war hier also kein Zeichen von Knappheit, sondern ein Zeichen für protestantische und Thaddensche Genügsamkeit. Hinter vorgehaltener Hand hätte unsere Mutter vielleicht »Geiz« gesagt. Alle, die einen weiten Heimweg hatten, übernachteten im Schloss. Zu einem Besuch auf einem Landgut gehörten zum Abschluss immer ein Spaziergang durch den Park und eine Besichtigung der Pferde- und Viehställe.

Zum letzten Mal erlebte ich, wie über dreihundert amerikanische Flugzeuge, nachdem sie irgendwo ihre Bomben abgeworfen hatten, in guter Ordnung »unverschämt tief« über Vahnerow flogen und das ganze Dorf in Aufregung versetzten. Sie brauchten keine deutschen Jagdflugzeuge mehr zu fürchten; sie hatten längst keine Gegner mehr.

PRAG, SOMMER 1944

Wenn in Vahnerow einer von uns Geschwistern von einer Reise zurückkam und von seinen Erlebnissen berichten wollte, dann fing er mit dem Satz an: »Also, ich fuhr los ...« Und so fange ich jetzt auch mit diesem Kapitel an: »Also, ich fuhr los, am Mittwoch, dem 26. April 1944, denn die Osterferien waren zu Ende.« Das Reisen war von Jahr zu Jahr, je länger der Krieg dauerte, desto mühsamer geworden. Die Züge, vor allem die D-Züge, waren immer voller und selten pünktlich. Es kam oft vor, dass man gar nicht durch die Eingangstür einsteigen konnte, weil die Reisenden einen nicht mehr hineinließen. Dann lief man suchend am Zug entlang, bis freundliche Leute ein Abteilfenster öffneten, was damals möglich war, und zuerst das Gepäck entgegennahmen. Dann streckte man beide Arme aus, und während kräftige Hände einen hochzogen, wurde man von unten an Füßen, Beinen und Hinterteil nach oben geschoben, bis man mehr oder weniger unbeholfen im Abteil landete – wo man zwar keinen Sitzplatz, aber wenigstens einen Stehplatz bekam.

Die großen Schäden, die die Bombardierungen in Stettin angerichtet hatten, konnte man vom Zug aus sehen. Berlin wirkte bei jeder Durchreise immer trostloser. Nach einem kurzen Zwischenaufenthalt in Leipzig, das einigermaßen aufgeräumt war, freute ich mich besonders auf eine unversehrte Stadt, auf Prag. Sie zu zerbomben hatten die Alliierten noch keinen Anlass, denn sie war, auch unter deutscher Zwangsverwaltung, die Hauptstadt der Tschechen.

Für diese Stadt sprach für mich außer ihrer Unversehrtheit, dass ich hier schon Studentinnen kannte, was das Einleben erleichtern würde. Meine Greifenberger und Freiburger Freundin Sabine Riebe würde ich auch wiedersehen. Bei der geringen Zahl von Studierenden, zum größten Teil weiblichen, war es damals nicht schwierig, die Universitäten zu wechseln. Für Prag brauchte man keine Sondergenehmigung.

Hatte ich Bedenken, moralische oder politische, als ich mich entschloss, in Prag zu studieren? Die Tschechoslowakei war im März 1939 zum Protektorat Böhmen und Mähren gemacht worden, das dem Deutschen Reich unterstand. Im selben Jahr waren die Karlsuniversität unter deutsche Verwaltung gestellt und alle tschechischen Hochschulen geschlossen worden. Viele tschechische Professoren und Studenten wurden bei dieser Aktion verhaftet. Junge Tschechen durften nun nicht mehr studieren. Das fand ich ungerecht und verwerflich, wie alles, was die Nazis in den von ihnen besetzten Gebieten angeordnet hatten. Christa von Studnitz hatte betont, dass das Zusammenleben mit den Tschechen noch problemlos sei, sie habe von offener Deutschfeindlichkeit bisher nichts bemerkt. Seit Jahrhunderten lebten Deutsche und Tschechen in Prag zusammen, allerdings unter besseren Bedingungen für die Tschechen als in diesem von der SS verwalteten, aufgezwungenen Protektorat.

Barbara Reuter, die ich aus meiner Altenburger Stiftszeit kannte, holte mich vom Bahnhof ab und brachte mich zum Studentinnenheim, in dem Christa ein Zwei-Bett-Zimmer gemietet hatte. Es war doch so, dass die Studenten es allmählich vorzogen, in Studentenheimen zu wohnen, anstatt bei tschechischen Zimmervermietern. Für beide Seiten konnte das unangenehm werden, je wahrscheinlicher eine deutsche Niederlage wurde.

Das Studentinnenheim lag außerhalb des Stadtzentrums in einem neueren Wohngebiet. Es war ein mehrstöckiges Gebäude mit langen Korridoren, an denen die Zimmer beidseitig aufgereiht waren. Die Eingangshalle wurde von einem Hausmeister (*domovnik*) bewacht, der neben der Tür in einer kleinen Stube saß. Er passte auf, dass kein Fremder unangemeldet die Treppe oder den Aufzug benutzte, um in die oberen Etagen zu gelangen, was ohnehin nur Besucherinnen erlaubt war. Trotzdem konnte es passieren, dass man morgens auf dem Weg zum oder vom Etagen-Waschraum – in den Zimmern gab es keine Waschgelegenheit –, leicht bekleidet in Nachthemd oder Unterwäsche, auf dem Korridor einem jungen Mann begegnete, der gerade leise eine Tür hinter sich geschlossen hatte und nun auf Strümpfen, die Schuhe in der Hand, zum Aufzug eilte. Man tat so, als ob man den anderen nicht sähe.

Wir lebten anonym wie in einem Apartmenthaus, wir wussten nicht, wer rechts und links neben uns wohnte. Auf dem Flur grüßte man sich flüchtig. In der Gemeinschaftsküche stand man während des Kochens und Bratens schweigend nebeneinander. Vielleicht stand Edith Lange manchmal mit mir in der Küche? Wir kannten uns ja nicht. Erst viel später, als sie mit Bruder Ado verheiratet war, stellten wir fest, dass wir gleichzeitig in Prag studiert und im Naegleheim gewohnt hatten.

Das Mobiliar in unserem kleinen schmalen Zimmer war praktisch und einfach: zwei hintereinander stehende Betten, ein Schrank, eine Eckbank mit hochklappbaren Sitzen, die auch als Wäschetruhe diente, ein Tisch und zwei oder drei Stühle. Bücher konnten wir auf ein Wandregal über der Bank stellen. Es gab sogar einen Wandspiegel; darunter stand, wenn ich mich recht erinnere, eine kleine Kommode, unser Frisiertisch. Nachdem Christa eingezogen war, notierte ich in meinen Taschenkalender, dass unser Zimmer »nach + nach hübsch und wohnlich wird«. Später durften wir sogar ein Radio anschließen.

Wir lebten bescheiden auf engem Raum – und trotzdem haben wir uns niemals gestritten, worauf wir immer stolz waren. Das kleine Zimmer genügte uns, weil wir den ganzen Tag in der Stadt waren, in der Universität, genauer, in den verschiedenen Gebäuden, auf die die Institute verteilt waren. Ein großes Universitätsgebäude, wie zum Beispiel in Berlin, Leipzig oder Bonn, gab es nicht.

Das Kunsthistorische Institut war im Rudolfinum untergebracht, einem Prachtbau des späten 19. Jahrhunderts im Neo-Renaissance-Stil, am Ufer der Moldau gelegen. Von 1918 bis 1939 hatte hier das tschechische Parlament getagt. Im Plenarsaal wurden jetzt Vorlesungen gehalten. Außerdem hatten hier noch einige deutsche Verwaltungen ihre Büroräume. Die Innenausstattung war historistisch-pompös mit breiten Treppen, Vertäfelungen aus edlen Hölzern, vergoldeten Ornamenten, Parkettböden, Kassetten- und Stuckdecken.

Zum Institut gehörten mehrere Räume: für den Institutsdirektor, sein Sekretariat, eine Assistentin und Dozenten; den Studierenden – es waren nur Frauen, wenn ich mich nicht irre – standen zwei ineinander übergehende Arbeitsräume zur Verfügung. Es waren fast Säle, so groß und hoch waren sie, selbstverständlich hatten sie Parkettböden. An den Wänden standen Bücherregale mit der Präsenzbibliothek, aus den Fenstern schaute man über die Moldau auf den Hradschin, die Kaiserburg; breite Arbeitstische, an denen vier Studentinnen reichlich Platz hatten. Christa stellte mich allen vor. Was sie mir gesagt hatte, konnte ich bald bestätigen: Bis auf zwei oder drei Außenseiterinnen waren es besonders sympathische und intelligente junge Damen, die im Hauptfach Kunstgeschichte studierten. Unter ihnen zwei Halbjüdinnen aus Wien, deren Namen ich behalten habe: Eva Jelinek und Trude Cohen. Dass sie überhaupt studieren durften, obwohl Halbjuden offiziell vom Studium ausgeschlossen waren, wie unsere Wiener Haustochter Christl von Mosing in Vahnerow, hatten sie dem Institutsdirektor, dem energischen und unerschrockenen Prof. Karl Maria Swoboda zu verdanken, der sogar eine jüdische Sekretärin beschäftigte. Niemand im Institut nahm Anstoß an diesem ungewöhnlichen Protektionismus, der im »Reich« kaum möglich gewesen wäre. Swoboda sprach fließend Tschechisch, hatte daher gute Kontakte zu den Tschechen. Er war ein begeisternder Kunsthistoriker, ein guter Pädagoge. Seine Vorlesungen charakterisiere ich als »klar, einprägsam + wohldurchdacht, ohne Pathos + leere Worte«. Er war ein Kenner besonders der böhmischen und österreichischen Kunst, deren Denkmäler aus vielen Jahrhunderten er uns in Prag und bei zahlreichen Exkursionen in die Umgebung zeigen konnte.

Die historische Stadt, das heißt die Kleinseite und die Neustadt, habe ich mir erwandert, allein oder mit Freundinnen. Meine Eindrücke fasse ich in einem Brief an Inga (9. Juli) zusammen, aus dem ich hier einige Passagen zitieren möchte: »Manchmal ist die Stadt wirklich ›golden‹, wenn die Sonne scheint + der breite Moldau-Fluss silbern glitzert + viele, viele kleine Boote langsam dahingleiten, wenn die gedrungenen Kuppeln hellgrün leuchten, wenn man, oben auf dem Hradschin stehend, über die Stadt blicken kann, über das Gewirr von schmalen Dächern + spitzen Giebeln, die ganz unregelmäßig gegeneinander verschoben sind + die überall von den Kirchtürmen überragt werden, in Prag gibt es 70 Kirchen. Du kannst unaufhörlich durch die Straßen der Altstadt + der Kleinseite bummeln, immer wieder wirst Du Dinge entdecken, die Du bislang noch nicht beachtet hattest. Hier wird die Kunstgeschichte wirklich lebendig, denn aus allen Stilepochen haben sich Bauwerke erhalten, obgleich in der Barockzeit das Stadtbild wesentlich verändert worden ist. Bisher kannte ich schöne Barockbauten nur nach Abbildungen, hier ist alles Wirklichkeit, es gibt entzückende kleine Palais, große Schlösser mit wundervoll angelegten Parks dahinter, Kirchen – mächtig + eindrucksvoll, oder klein + voller Andacht + Stimmung, helle Klosterhöfe, die so still + abseits liegen, dass man ganz vergisst, mitten in einer Großstadt zu sein. Die Stadt ist wirklich unendlich reichhaltig + vielseitig. Aber sie ist gewiss nicht nur ›golden‹, die Vorstädte sind so scheußlich, trostlos, schmutzig + verkommen, wie ich es im Reich bisher noch nie gesehen habe. Gerade in den letzten Jahrzehnten sind abscheulich geschmacklose Häuser entstanden, die zu der Vergangenheit überhaupt kein Verhältnis haben oder sinnlos die Ornamente irgendeines Stiles übernehmen. Ich habe allein durch die Anschauung in diesem Semester schon sehr viel gelernt.«

Für Historismus, Jugendstil und Neue Sachlichkeit hatte ich damals kein Auge und kein Verständnis. Mit dem Klassizismus, vielleicht noch dem Biedermeier, hörte für mich die Architekturgeschichte auf. 1982, bei meinem ersten Wiedersehen mit Prag nach dem Krieg, habe ich erst wahrgenommen, wie viele schöne Jugendstilhäuser es in dieser Stadt gibt.

Seit dem Einzug der deutschen Zwangsverwaltung waren alle Synagogen und der berühmte jüdische Friedhof in der Nähe des Rudolfinums geschlossen. Die Prager Juden, die nicht rechtzeitig emigrieren konnten, waren von den deutschen Besatzern längst vertrieben oder ermordet worden (36 000 von ehemals fast 40 000), aber Hitler hatte die »perfide Absicht, nach dem ›Endsieg‹ ein großes jüdisches Museum in Prag zu gründen – ›Museum einer ausgestorbenen Rasse‹«. Aus den jüdischen Gemeinden im Protektorat Böhmen und Mähren waren jüdische Kunstwerke nach Prag gebracht worden. Diese Sammlung blieb erhalten und ist jetzt in den sechs bestehenden Synagogen untergebracht (nach Jana Halamickova, Hrsg., *Prag*, Frankfurt a. M. 1988, S. 299 ff). Ich habe den beklemmend eindrucksvollen Friedhof zum ersten Mal 1982 besucht.

Die Institutsexkursionen mit der Eisenbahn oder mit dem Schiff auf der Moldau trugen wesentlich dazu bei, dass sich unter den Studentinnen und Dozenten ein starkes Gefühl der Zusammengehörigkeit entwickeln konnte. Während der Fahrten lernte man sich besser kennen als im Institut, wo alle schweigend, über die Bücher gebeugt, arbeiteten. Die Diskussionen über Probleme der Datierung, über Zuschreibungen an verschiedene Künstler, über Stil- und Qualitätsfragen waren vor den Originalen lebhafter und oft kontroverser als im Seminar vor den Dias. Wir konnten unterwegs aber auch unkonventionell und albern sein. Jemand hat fotografiert, wie Eva Diehl, Christa und ich mit vereinten Kräften am Zweig eines Kirschbaums ziehen, um Kirschen pflücken zu können. »Mundraub« – frisches Obst kam selten in die Geschäfte der Großstadt.

In der Mittagspause aßen wir in Prag gerne zusammen in einem der beiden Restaurants am Platz vor dem Rudolfinum, dem kleinen oder dem großen Beisl, in denen typisch böhmische Gerichte serviert wurden: besonders köstliche Knödel *(knedlik)*, Buchteln *(buchta)* und Palatschinken.

Viele Studentinnen aus dem Institut bemühten sich, ein wenig Tschechisch zu lernen, um nicht arrogant zu wirken und ihren guten Willen zu zeigen. Wer sich speziell mit der Kunst und den Künstlern des Landes beschäftigte, musste wenigstens die Fachliteratur in tschechischer Sprache verstehen. Basis-Tschechisch war wichtig beim Einkaufen. Die Deutschkenntnisse der Verkäufer in kleinen Läden waren kaum besser als unsere Tschechischkenntnisse.

Alte Tschechen, die im Habsburger Kaiserreich aufgewachsen waren, sprachen Deutsch mit einem charmanten böhmischen Akzent. Die Jungen lehnten die Sprache der Besatzer ab. Offene Feindschaft ist mir persönlich nicht begegnet. Trotzdem spürte ich die Reserviertheit der Prager unter der konventionellen Freundlichkeit. Wir, die »Reichsdeutschen«, lebten nicht mit ihnen, sondern neben ihnen. Bei den wenigen Studentinnen, die die Landessprache beherrschten, war das natürlich anders.

Diese Abgegrenztheit schloss uns auch enger zusammen, wir waren eine große Clique im Institut. Wir besuchten uns gegenseitig, luden uns zu selbst gekochtem Essen ein. Die wenigsten wohnten so bescheiden wie Christa und ich. Trotzdem hatten wir manchmal ein oder zwei Gäste zum Abendessen. Im Studentinnenheim gab es eine große, wenig benutzte, ausreichend mit Geschirr ausgestattete Gemeinschaftsküche. Meistens kochte Christa, denn sie war eine bessere Köchin als ich. Mit vertrauten Freundinnen stopften wir nach dem Essen sogar Strümpfe, wie ich im Kalender notiert habe. Hatten die Kunstseidenstrümpfe Laufmaschen, verklebte man die Enden mit farblosem Nagellack. Strümpfe gab es nur auf Bezugsschein, man musste daher lange mit der Zuteilung auskommen.

In meinen Kalender habe ich auch die Titel von Filmen vermerkt, die ich gesehen habe. Am liebsten ging ich zusammen mit Freundin Eva, denn sie war eine begeisterte Cineastin und fachkundige Kritikerin, die immer lange über den gesehenen Film reden konnte. Sie interessierte sich vor allem dafür, wie ein Film »gemacht« war. In den letzten Kriegsjahren waren die meisten Filme harmlos und heiter; oft handelte es sich um Verfilmungen von bekannten literarischen Vorlagen, über deren Inhalt man sich gar nicht zu unterhalten brauchte; nur über die schauspielerischen Leistungen und die Regie konnte man unterschiedlicher Meinung sein.

Das immer mehr unter dem Krieg leidende Volk – Rückzüge an allen Fronten, verheerende Bombenangriffe auf deutsche Städte mit vielen Toten – sollte erheitert werden und abgelenkt von der Misere. Die brutale Realität des Krieges wurde in den Wochenschauen nicht gezeigt. Nur selten sah man brennende Städte nach einem Bombenangriff. Die selbstbewusst-zuversichtliche Stimme des kommentierenden Sprechers erklärte jeden Rückzug zu einer strategisch wichtigen Frontbegradigung auf dem unaufhaltsamen Weg zum Endsieg.

An Theater- und Opernbesuche habe ich keine deutlichen Erinnerungen, nicht einmal an Smetanas Oper *Die verkaufte Braut*. Das Prager Kulturprogramm scheint nicht gekürzt worden zu sein. Probleme mit knapper werdenden Etatmitteln gab es wohl nicht.

Origineller als Konzerte mit großem Orchester waren jedenfalls für mich Kammerkonzerte in einem der Adelspalais. Da passte die festliche Musik zur barocken Architektur, wie der des Palais Waldstein, das Albrecht Wenzel Eusebius von Waldstein, besser bekannt als Wallenstein, ab 1623, also zu Beginn des Dreißigjährigen Krieges, hatte bauen lassen – eine Symbiose von norddeutschem und italienischem Frühbarock. Die Konzerte fanden in dem hohen, üppig dekorierten Festsaal statt. Dort hörte ich unter anderem die *Abschiedssymphonie* von Haydn, bei der die Musiker gegen Ende des letzten Satzes mit ihren Instrumenten in der einen, einer großen Kerze in der anderen Hand, nach und nach den Saal verlassen, bis es mit dem Verschwinden des letzten ganz dunkel wird.

Das Waldstein-Palais war das größte von den vielen Palais, die sich adlige Familien aus dem ganzen Deutschen Reich im 17. und 18. Jahrhundert, unberührt von der Not im Land und auch an Kriegen gut verdienend, hatten bauen lassen. Vornehmlich auf der Kleinseite, zu Füßen des Hradschin.

In dem immer (oder nur an bestimmten Tagen?) geöffneten, von hohen Mauern umfriedeten Park des Waldstein-Palais bin ich gerne gewesen, weil mich die fantasievolle Anlage mit ihren Statuen, symmetrischen Beeten, Laubengängen, künstlichen Teichen faszinierte. Die meisten barocken Parkanlagen waren damals nicht zugänglich. Durch kunstvolle schmiedeeiserne Gitter konnte man nur Ausschnitte sehen.

Damit ich die Pfingstferien nicht allein in Prag verbringen müsste, schlug Eva vor, mit ihr nach Aussig (Nordböhmen) zu ihren Eltern zu fahren. Sie würden sich bestimmt über meinen Besuch freuen. Aussig, am linken Ufer der Elbe gelegen, war eine hässliche Stadt mit vielen Industriebetrieben. Sie hatte aber eine sehr schöne Umgebung. Bei sonnigem und mildem Frühlingswetter wanderten Eva und ich durch Bergwälder und blühende Frühlingswiesen, bis wir zur Elbe kamen und von der Höhe in das weite Flusstal schauen konnten. Wir beide erinnern uns noch heute an diesen strahlenden Pfingstsonntag.

Der tägliche Fliegeralarm in Aussig – ohne Bombenabwurf, die Alliierten waren auf dem Weg zu anderen Zielen – ließ uns auch hier den Krieg nicht vergessen.

Mit der Eisenbahn waren wir nach Aussig gefahren, zurück nach Prag wurden wir im Dienstauto von Herrn Diehl gebracht.

Wahrscheinlich hatte Eva mich darauf vorbereitet, dass wir am Konzentrationslager Theresienstadt vorbeikommen würden. Am Ortseingang wies ein großes Schild darauf hin, dass die Mindestgeschwindigkeit von sechzig Stundenkilometern bei der Durchfahrt eingehalten werden muss. Der Grund: Niemand sollte bei langsamem Fahren Gelegenheit haben, sich das KZ genau anzusehen. Das Lager bestand aus der Festung aus der Regierungszeit von Kaiserin Maria-Theresia (1740–1780) und allen Wohnhäusern der Stadt, deren Einwohner evakuiert worden waren. Das ganze Areal war von einer hohen Mauer umschlossen. Zunächst diente Theresienstadt ab 1940 als Sammellager für alle Juden aus dem Protektorat Böhmen und Mähren, ab 1942 als Ghetto für Juden über fünfundsechzig Jahre und privilegierte Juden wie schwerbeschädigte und hochdekorierte Teilnehmer des Ersten Weltkrieges, später als Sammellager für die Deportationen in die Vernichtungslager (Auschwitz und andere). Theresienstadt war ein Vorzeigelager, in das ausländische Delegationen geführt wurden, um ihnen die »humane« Unterbringung und Behandlung der Juden zu demonstrieren und Kritik zu zerstreuen. Bis 1945 wurden rund 141 000 Personen nach Theresienstadt verschleppt, 35 000 starben dort, nur 14 000 überlebten (nach *Brockhaus-Lexikon* 1993).

Von der Straße aus konnten wir im Vorbeifahren nur die beiden oberen Stockwerke der kasernenartigen Gebäude sehen. Es war ein warmer Tag, in vielen Fenstern hing Wäsche zum Trocknen. Hier und da sah ich undeutlich einen Kopf oder einen Oberkörper im Fensterrahmen.

Dann kam uns auf der anderen Straßenseite ein langer Zug von Häftlingen entgegen. Sie waren kahl geschoren, trugen den üblichen schwarz-weiß gestreiften Sträflingsanzug und dicke Holzschuhe. Alle sahen geradeaus, niemand wandte den Kopf zu unserem Auto. Wahrscheinlich war das streng verboten. Begleitet wurden die Gefangenen von bewaffneten Aufsehern mit Schäferhunden. Ein beklemmender, trauriger Anblick – so sah die Wirklichkeit aus, die verdrängt, verleugnet, vertuscht wurde. Eva und ich kommentierten das Gesehene nicht, wir schwiegen, wagten es nicht, uns in Gegenwart des Chauffeurs zu äußern.

Nach Prag zurückgekehrt, sind wir abends noch ins Kino gegangen; wahrscheinlich um den Schrecken über das Gesehene zurückzudrängen. Verdrängen wollte ich es nie, im Gegenteil, den Zug der traurigen Häftlinge sehe ich immer noch vor mir.

Während Eva und ich am Pfingstsonntag über die Elbhöhen wanderten, war Treptow im Kreis Greifenberg, ungefähr fünfundzwanzig Kilometer von Vahnerow entfernt, Drehort für einige Szenen in dem letzten opulenten Propagandafilm der Nazis: *Kolberg*. Am Beispiel dieser Stadt, die sich 1807 heldenhaft gegen die napoleonischen Truppen verteidigt hatte, sollte jetzt den von allen Seiten von Feinden bedrängten Deutschen demonstriert werden, wie man einer großen Übermacht erfolgreich Widerstand leisten kann. Das Stadtbild von Treptow, dieser kleinen hinterpommerschen Stadt, hatte sich seit dem frühen 19. Jahrhundert nur wenig verändert, und deshalb eignete es sich gut als Kulisse. Treptower Bürger, Männer, Frauen und Kinder, spielten den ganzen Tag lang begeistert mit. Sie bekamen dafür eine Gage von zehn Reichsmark. Bei der Produktion dieses Farbfilms wurde an nichts gespart, obwohl Pulver (gebraucht für die Platzpatronen), Textilien und Leder schon lange sehr knapp waren. Einen Teil der Näharbeiten an den historischen Kostümen und Uniformen hatte die NS-Frauenschaft freiwillig übernommen. Es wurden sogar Soldaten von den Fronten abgezogen, um hier als »Preußen« gegen die Truppen Napoleons zu kämpfen. Erst im Dezember waren die letzten Arbeiten beendet. Ende Januar 1945 kam der Film in die Kinos, als die Deutschen sich nur noch für ihre eigene unmittelbare Misere interessierten: die schweren Bombenangriffe und den schnellen Zusammenbruch aller Fronten. Fünf Wochen nach der Premiere fuhren sowjetische Panzer in Treptow ein, am 6. März wurde das total zerstörte Kolberg eingeschlossen und kapitulierte kurz danach.

Sprachen wir im Kunsthistorischen Institut über Politik? Mit wem wagte ich offen zu reden? Es waren außer Christa, Barbara und Eva nur wenige Studentinnen, denen ich vertraute, immerhin waren es mehr als in Leipzig.

Am 3. Juni 1944 wurde das Radio in unserem Zimmer angeschlossen.

Am 6. Juni haben wir bestimmt die Nachrichten über die Landung der Alliierten in der Normandie mit Spannung verfolgt und über die neue Situation diskutiert. Kein Wort darüber in meinem Tagebuch.

Am 9. Juni begannen die großen sowjetischen Offensiven, zunächst nach Norden gegen die finnische Front, dann ab 22. Juni nach Westen zwischen den Pripjetsümpfen und der Düna gegen die Heeresgruppe Mitte nach Westen.

Kein Wort davon in meinem Taschenkalender, in den ich im Juni außer einigen Ausflugszielen, Konzerten und Abendesseneinladungen nichts eingetragen habe.

Wir lebten auch nach der Devise: »Genießt den Krieg, der Frieden wird fürchterlich!« Ein zweideutiges Motto. Erstens: Gewinnen die Alliierten und diktieren sie den Frieden, werden die Deutschen hart bestraft – alle Industrieanlagen werden demontiert, Deutschland wird ein Agrarland, die Universitäten werden geschlossen. Oder zweitens: Die Nazis gewinnen und setzen ihre menschenverachtende, rassistische und kulturfeindliche Ideologie durch, dann wird es uns noch viel schlechter ergehen. Also hielten wir uns an die Maxime, die wir schon im Lateinunterricht gelernt hatten, *carpe diem*, und hofften – jedenfalls der innere Kreis im Institut – auf einen Sieg der westlichen Alliierten nach ihrer erfolgreichen Invasion in der Normandie.

Christa mit ihren internationalen gesellschaftlichen Beziehungen – ihr Vater war Militärattaché – kannte auch tschechische Adelsfamilien in Prag. Ein- oder zweimal hat sie erreicht, dass ich auch eingeladen wurde. Ob die Gastgeber Czernin, Lobkowitz, Gallas, Dubsky oder anders hießen, habe ich längst vergessen. Sie wohnten noch in ihren kleinen Stadtpalais. Christa bewegte sich in dieser Gesellschaft mit einer natürlichen Selbstsicherheit, die mir fehlte. Ich erinnere mich an eine Art Stehparty mit vielen jungen Leuten unseres Alters, die als Tschechen nicht studieren durften und in irgendwelchen ungeliebten Jobs Geld verdienten. Sie machten keinen Hehl aus ihrer Verbitterung.

Der einzige Student in Prag, den ich nicht vergessen habe, war Harald von Kügelgen, einer von Christas Verehrern. Groß, schlank, blond, etwas vorgebeugt, mit offenem, wehenden Mantel, immer in Eile, ständig redend und gestikulierend, so sehe ich ihn vor mir. Belangloses Plaudern kannte er nicht, es musste stets ernsthaft diskutiert und philosophiert werden. Wenn Christa verreist war, holte er mich als Ersatz zu einem Stadtbummel ab, wir aßen eine Kleinigkeit in einem Beisl und redeten. Einmal sind wir bis zum Einbruch der Dunkelheit auf der Hungermauer herumgeklettert, der alten Befestigungsmauer, die Karl IV. 1360 – 1362, kurz nach der großen Pestepidemie, hat errichten lassen. Mit diesem Bau hatte der Kaiser notleidenden Pragern Arbeit und Brot verschafft. Unsere Kletterei war aufregend, weil wir in der Dunkelheit die Unebenheiten auf der breiten Mauer kaum erkennen und nur mit den Füßen ertasten konnten. Es war Neumond, und die Stadt war finster wegen der Verdunklungsvorschriften.

Nach dem Krieg hat noch ein sporadischer Kontakt zu Harald bestanden. Er meldete sich jedenfalls Mitte der Fünfzigerjahre in Bonn an einem späten Vormittag bei uns an. Er wolle nur ganz kurz bleiben, er käme »nur auf einen Sprung«. Er kam und redete und redete, jetzt hatte er meinen Mann als Gesprächspartner, er aß eilig, was ihm angeboten wurde, und blieb bis gegen Mitternacht. Dann sprang er auf, bedankte sich und lief die Treppe hinunter, wahrscheinlich mit offenem, wehendem Mantel. Er ist nicht alt geworden. Er starb in den Sechzigerjahren in Mexiko.

Vorsichtig wie ich war, notierte ich nichts in meinen Kalender, was die Politik und die militärische Lage betraf. Was hätte ich auch eintragen sollen? In meinem einzigen Semesterbrief aus Prag an Inga vom 9. Juli 1944 kommentierte ich die aktuelle Situation mit einem Satz: »Im Augenblick schaut es ja recht trübe an allen Fronten für uns aus.« Dieser Feststellung hätte kein Briefkontrolleur widersprechen können.

Über das Schicksal von Elisabeth habe ich nur mit Christa und Eva gesprochen. Mama, die ständig Kontakt mit der Gefangenen hatte, schrieb mir wohl von ihrer Verlegung am 11. Juni vom KZ-Ravensbrück ins Zuchthaus in Cottbus, was eine Verschlechterung ihrer Lage bedeutete. Ende Juni wurde sie von Cottbus mit weiteren Angeklagten der »Teegesellschaft« für den bevorstehenden Prozess nach Berlin-Moabit gebracht.

Seit Ende Juni 1944 lag unsere Mutter in Wien im Krankenhaus. Kein pommerscher Arzt konnte die schwere Schulterentzündung, unter der sie schon seit Jahresbeginn gelitten hatte, heilen. Prof. Schönbaur, Ados Retter, hatte ihr angeboten, sie zu behandeln.

Nur langsam klang die Entzündung ab. Immerhin war sie so weit genesen, dass sie mir vorschlug, sie zu besuchen; denn von Prag nach Wien war die Reise nicht so weit. Christa, die auch in Wien, wie überall, Bekannte hatte, war sofort bereit, mit mir zusammen die Reise zu machen. Um keine Zeit zu verlieren, nahmen wir einen Nachtzug, kamen morgens müde an und mussten wegen des Fliegeralarms einen Luftschutzkeller aufsuchen, bevor wir uns im Hotel Zum goldenen Hirschen (»bescheiden + gemütlich«) ausruhen konnten.

Zu meiner Freude führte uns meine Mutter, die nie gerne spazieren gegangen ist, vor allem nicht auf harten Bürgersteigen, durch die Innenstadt, um uns gleich die imposantesten Sehenswürdigkeiten zu zeigen. Sie war überhaupt sehr unternehmungslustig, mehrmals hat sie uns zum Abendessen in ein Restaurant eingeladen. Sie genoss die Großstadt, die freundliche Atmosphäre, das Hofiertwerden, akzeptierte lächelnd das konventionelle »Küss die Hand, Frau Baronin«. In Wien avancierte jeder schlicht Adlige zu »Herr Baron« und »Frau Baronin«, obwohl der Adel 1918 abgeschafft worden war. Am letzten Tag unseres Aufenthalts hat sie sich sogar einen Ausflug mit uns nach Schönbrunn zugemutet. Sie war dabei so fröhlich und entspannt, wie ich sie gar nicht kannte, und ich freute mich, sie einmal »ganz für mich zu haben«. Erinnerte ich mich an unsere fröhlichen Unternehmungen in Berlin vor vielen Jahren?

Wien gefiel mir sofort, ich fand die Stadt »liebenswürdig + heiter, viel freundlicher + entgegenkommender als Prag«. Christa und ich, zwei pflichtbewusste und begeisterte Kunsthistorikerinnen, haben kaum ein kunsthistorisch wichtiges Denkmal ausgelassen: Kirchen, Klöster, Stadtpalais, Hofburg, Regierungsgebäude, Parks – in meinem Taschenkalender habe ich sie alle mit winziger Schrift aufgezählt. Die großzügige Anlage der Ringstraße beeindruckte mich zwar, doch mit den Monumentalbauten in historisierenden Stilen (»gotisches« Rathaus, »Renaissance«-Universität, »römisches« Parlament und andere) konnte ich mich auch hier nicht anfreunden, während mir Barock in allen Variationen immer gefiel. Mein Urteil folgte dem allgemeinen Zeitgeschmack. Der Stil der Gründerjahre galt als nicht eigenständig, nur kopierend, überladen. Dieses abschätzige Urteil hielt sich noch Jahrzehnte und war nach dem Krieg die Begründung für den Abriss vieler noch erhaltenswerter, nur leicht bombenbeschädigter Häuser und die radikale Entfernung von Stuckornamenten an den Fassaden. Erst Mitte der Siebzigerjahre wurden die Eigenständigkeit und auch der »Charme« des Historismus erkannt und noch verschonte Häuser endlich unter Denkmalschutz gestellt.

Nach dem Ende unserer Reise fragte ich besorgt, wie nach dem Dresden-Besuch, in einem Brief an Inga: »Wer weiß, wie lange diese Stadt noch heil bleibt? Bisher sind ja nur die Außenbezirke bombardiert worden. Gebe Gott, dass es so bleibt.«

Es lag sicher nicht an Gott, dass Wien im Vergleich zu anderen deutschen Großstädten so glimpflich davongekommen ist.

Während meiner Schulzeit in Berlin und während meines Studiums stand ich immer in lockerer Verbindung mit Bea von Bismarck, meiner Wieblinger Freundin. Ich wusste daher, dass sie in Wien Geschichte studierte, und hatte mich bei ihr gemeldet. Sie schlug ein Treffen mit einigen Freunden am späten Nachmittag im Bristol vor; ich solle sie in ihrer Wohnung abholen, dann könnten wir zusammen gehen. Zuerst begutachtete sie mein Kleid: Es war ein extravagantes kurzes Seidenkleid, das ihr gefiel. In Wieblingen hatte sie immer – mit wenig Erfolg – meine mangelnde Eitelkeit kritisiert: »Wenn man so hübsch ist wie du, muss man eitel sein.« Auf dem Weg zum Hotel klärte sie mich über einige Benimmregeln des österreichischen Adels auf, die sich vom preußischen unterschieden. Alle jungen Leute beiderlei Geschlechts sprechen sich sofort mit Vornamen an; alle Damen müsse ich sofort duzen, alle Herren siezen. Mit ihren Titeln hätte ich die »Prinzlich- und Gräflichkeiten«, wie ich sie in meinem Kalender nenne, sowieso nicht angesprochen. *Fraternitas principum*, auch noch sechsundzwanzig Jahre nach Abschaffung des Adels. Außerdem schärfte Bea mir ein, dass in diesen Kreisen keine ernsthaften Gespräche geführt würden, nur leichte, möglichst geistreiche Konversation sei üblich. Small talk auf mittlerem Niveau. Mit den jungen Männern dürfe ich nur locker-unverbindlich flirten, auf keinen Fall Probleme erörtern. Meine Erinnerung ist undeutlich. Ich kann mir nicht vorstellen, dass ich mich in dieser snobistischen Gesellschaft wohlgefühlt habe. Vielleicht habe ich mich nur mit den Damen unterhalten. Ich brauchte nicht lange zu bleiben; ich hatte eine Entschuldigung für meinen frühen Abschied: Zum Abendessen war ich bei einer befreundeten Familie eingeladen, bei der ich meine Mutter treffen würde. Dort waren interessante Unterhaltungen bestimmt nicht verboten. Ich hatte ein Nonstop-Programm von morgens bis abends.

Der Abschied von Wien wurde uns nach fünf sonnigen Tagen durch das Wetter erleichtert: Es regnete in Strömen. Wir nahmen wieder einen Nachtzug, um am nächsten Morgen rechtzeitig zur Institutsexkursion zur Burg Karlstein in Prag zu sein. Unser Zug hatte aber erhebliche Verspätung, und der Zug nach Karlstein war längst abgefahren. Diese Besichtigung, ein Höhepunkt aller kunsthistorischen Exkursionen des Sommersemesters, wollten wir auf keinen Fall versäumen. Wir entschlossen uns, es per Anhalter zu versuchen. Zunächst fuhren wir mit einer Straßenbahn zum Stadtrand, dann wanderten wir ein Stück auf der Landstraße. Es dauerte nicht lange, da hielt ein Auto neben uns und nahm uns einige Kilometer mit. Noch zwei Autofahrer hatten Mitleid mit uns, und der letzte setzte uns unterhalb der Burg ab. Wir trafen noch rechtzeitig ein, die Besichtigung hatte gerade erst angefangen. Unsere Fahrt mit drei Autos war viel schneller als die mit der Eisenbahn.

Die Burg Karlstein ist in einem abgeschiedenen schmalen Tal auf einen hohen Felsen gebaut, und sie gipfelt in einem fünfgeschossigen Turm. Den Grundstein hatte Kaiser Karl IV. im Juni 1348 gelegt. Sie sollte Aufbewahrungsort der Reichskleinodien und der böhmischen Krönungsinsignien sein, zugleich auch dem Herrscher als repräsentativer Wohnsitz und Refugium für Stunden und Tage der Meditation dienen. Die reiche Innenausstattung der Säle, Zimmer und Kapellen war zum großen Teil erstaunlich gut erhalten; die Ausschmückung der Kreuzkapelle von kaum zu überbietender funkelnder Pracht. Wir waren die einzigen Besucher; störende Touristengruppen gab es damals nicht. Einige Studentinnen hielten ausführliche Referate, daran anschließend fanden Diskussionen über Probleme des Stils, der Zuschreibung an verschiedene Meister und anderes statt, weil es sonst nur ein Ausflug mit fachkundiger Führung und keine wissenschaftliche Exkursion gewesen wäre.

Ich hatte geplant, mein Studium in Prag abzuschließen – drei Universitäten seien genug, hatte mir Percy E. Schramm gesagt – und natürlich gehofft, der Plan ließe sich verwirklichen. Doch je unwahrscheinlicher ein deutscher Endsieg wurde, desto größer wurde der Bedarf an Arbeitskräften in den Rüstungsbetrieben. Es drohte also wieder ein Arbeitseinsatz in den Semesterferien für die Studierenden »überflüssiger« Fächer. Prof. Swoboda, der nicht wollte, dass seine Schüler/innen zur Kriegsverlängerung beitrügen, hatte erreicht, dass alle seine Doktoranden und diejenigen, die es sich zutrauten, bis zum Ende des Wintersemesters eine Dissertation zu schreiben, von dem Kriegseinsatz befreit würden. Er konnte auch einige verhältnismäßig schnell zu bearbeitende Themen anbieten, zum Beispiel Biografien über wenig bekannte böhmische Künstler des 18. und 19. Jahrhunderts. Ich traute mir nicht zu, eine Doktorarbeit und die Vorbereitung auf das Rigorosum in sieben bis acht Monaten zu schaffen. Trotzdem brauchte ich vielleicht nicht in einer Fabrik zu arbeiten. Prof. Swoboda hatte nämlich eine wichtige Aufgabe für Kunsthistoriker entdeckt: die längst überfällige Inventarisation der von der SS schon vor Jahren beschlagnahmten und vom Bodenamt für Böhmen und Mähren in Prag, einer Dienststelle der SS, zwangsverwalteten Schlösser. Eine Arbeit, die bestimmt nicht zur Verlängerung des Krieges bis zum Endsieg beitragen würde. Sie sollte Ende August beginnen und zunächst auf vier Wochen beschränkt sein.

Über die Ereignisse, die mich im Juli 1944 am meisten betroffen und erschüttert haben, trug ich am 10. Juli nur vier Worte in den Kalender ein: »Nachricht über Elisabeths Todesurteil«. Dann folgt: »Abends gehen wir (Christa und ich) mit dem Prinz v. Altenburg essen. Ein sehr amüsanter kluger Mann«, der von meiner Trauer, meiner Wut nichts ahnte. Übrigens hat mein Entsetzen über das Todesurteil die Erinnerung an dieses Abendessen völlig ausgelöscht.

Der 20. Juli ist ohne Eintrag, als ob sich an diesem Tag nichts Besonderes ereignet hätte.

Von wem habe ich die Nachricht bekommen, dass Elisabeth schon am 1. Juli in Berlin vor dem Volksgerichtshof zum Tode verurteilt worden war? Wahrscheinlich von unserer Mutter, von wem sonst? Und vermutlich hat sie auch geschrieben, dass die Familie ein Gnadengesuch stellen würde. In der Anklageschrift des Oberreichsanwalts beim Volksgerichtshof in Berlin vom 22. Juni 1944 gegen die »Teegesellschaft« heißt es: »Ich klage die Angeschuldigten Elisabeth von Thadden, Dr. Kiep und Johanna Solf an, durch Wehrkraftzersetzung und durch Vorbereitung eines hochverräterischen Unternehmens die Kriegsfeinde des Großdeutschen Reiches begünstigt (…) zu haben (…) Die Angeschuldigten haben im September 1943 bei einer Teegesellschaft und teilweise bei anderen Gelegenheiten anderen Personen gegenüber die Auffassung vertreten, der gegenwärtige Krieg sei für Deutschland verloren und es sei daher an der Zeit, geeignete Männer für eine neue deutsche Regierung zu suchen (…).«

Als am 20. Juli die Nachricht von dem gescheiterten Attentat auf Hitler im Rundfunk verbreitet und in den Zeitungen ausführlich kommentiert wurde, wusste ich, dass Elisabeth kaum noch Aussicht auf Begnadigung hatte. Hitler mit seinem geifernden Hass auf die »blaublütigen Schweinehunde« würde die adlige Preußin nicht begnadigen. Christa war nach dem Attentat ebenso beunruhigt wie ich, denn sie ahnte, dass einige Männer ihrer weitverzweigten Familie in die Verschwörung verwickelt waren. Aus der Ahnung wurde bald Gewissheit. Im Institut sagte ich leise zu den Vertrauten an meinem Arbeitstisch: »Die Verräter von heute werden die Märtyrer von morgen sein.« Niemand widersprach mir.

Nach der Verurteilung wurde Elisabeth mit auf den Rücken gefesselten Händen in das Frauengefängnis in der Barnimstraße abgeführt. Für die Geschwister und weitere Verwandte war es möglich, eine Besuchserlaubnis im Frauengefängnis zu erhalten. Ich überlegte, ob ich nach Semesterschluss auf dem Weg nach Hause oder Ende August auf dem Rückweg nach Prag die

Fahrt in Berlin unterbrechen könnte, um Elisabeth zu besuchen, und teilte meinen Plan unserer Mutter mit, die ihn befürwortete. Bevor ich meinen Antrag an die Gefängnisverwaltung schickte, schrieb sie mir aber, ich dürfe Elisabeth nicht besuchen. An die Begründung erinnere ich mich nicht, nur daran, dass ich enttäuscht und traurig war. Natürlich wollte ich Elisabeth sehen und sprechen. Außerdem wollte ich unbedingt ein Gefängnis von innen sehen; Wärterinnen und vielleicht auch Gefangenen auf den Gängen begegnen und ein karges Besuchszimmer mit einer strengen Wärterin kennenlernen. Monate später erfuhr ich, dass nicht die Gefängnisverwaltung gegen meinen Besuch war – sondern Elisabeth selbst. Sie wollte nicht, dass ich sie in diesem demütigenden Zustand sähe: mit kurz geschnittenen Haaren, im gestreiften Sträflingskleid, abgemagert, mit eiternden und blutigen, von den Eisenfesseln aufgescheuerten Handgelenken. So sollte ich sie nicht in Erinnerung behalten. Wie hätte ich, einundzwanzig Jahre alt, auf diesen Anblick, auf den ich nicht vorbereitet war, reagiert?

Das Semester ging allmählich zu Ende. Prof. Swoboda lud das ganze Institut, Assistenten und Studenten, in das noble Hotel Savarin, ehemals Palais Sylva-Tarouca, zum Abendessen ein. Ob die Gäste für das Essen Abschnitte von ihren Lebensmittelkarten abgeben mussten? Wer gute Beziehungen hatte, in diesem Fall die Hoteldirektion, konnte erstaunlich viel beschaffen. Alkohol gab es jedenfalls immer reichlich und markenfrei.

Zu zweit, das heißt Christa und ich, oder in kleinen Gruppen arbeiteten wir in den letzten Tagen ab, was auf unserer Liste der noch nicht besuchten Sehenswürdigkeiten in der Nähe von Prag stand. Natürlich bedeutete das niemals Arbeit – es wurden ja keine Referate gehalten –, sondern immer Bereicherung und Vergnügen.

Und in den Nebenfächern, Geschichte und Archäologie, was wurde da von den Professoren angeboten? Es scheint nichts Bedeutendes gewesen zu sein, denn ich weiß es nicht mehr. Der Archäologe konnte mich nicht so für das Fach begeistern wie Prof. Schweitzer. Seine ungewöhnliche Vorlesung über die pikanten Wandmalereien in Pompeji und Herculaneum musste in diesem Semester ausfallen, weil es keine Studenten der Archäologie gab, sie war nämlich »nur für Männer«.

Einige Studentinnen, mit denen ich mich angefreundet hatte und deren Wohnungen groß genug waren, gaben Abschiedsfeste, bei denen auch getanzt wurde, wenn junge Männer dabei waren, meistens Soldaten auf Urlaub. »Mit Brüderschaften, Küssen + Zärtlichkeiten« (Kalendereintrag), alles ganz unverbindlich. Wir wussten, dass wir uns niemals wiedersehen würden. Die Zukunft der Soldaten, die zurück an die Front mussten, war noch ungewisser als unsere. Wir »tanzten auf dem Vulkan«, der schon bedrohlich unter uns brodelte.

Noch eine Aufregung gab es Ende Juli: den ersten langen Fliegeralarm, bei dem sich die feindlichen Flugzeuge, deren Ziel die Industriestadt Pardubice war, so weit der Stadt genähert hatten, dass die Flak heftig schoss, um sie zu vertreiben. Eine Bedrohung, mit der die Prager nie gerechnet hatten, entsprechend groß waren Verwirrung und Hilflosigkeit. Wer schwere Luftangriffe kannte, fand die Aufregung übertrieben. Ich kann mich nicht erinnern, jemals an einem Haus einen Hinweis auf Luftschutzräume gesehen zu haben. Vielleicht gab es gar keine.

Das Semester war zu Ende.
Harald von Kügelgen, der zuverlässige Kavalier, brachte mich mit meinem Gepäck am späten Abend zum Bahnhof. Der Zug nach Berlin war wie üblich total überfüllt, bis Dresden musste ich

im Gedränge auf dem spärlich beleuchteten Gang stehen. In engem Körperkontakt mit fremden Menschen zu sein und nicht ausweichen zu können, ist immer unangenehm. Vor den Abteilfenstern waren die Rouleaus heruntergezogen, damit der Zug für feindliche Flugzeuge kein erkennbares Ziel war. Die Fahrt dauerte bis zum nächsten Morgen; der Zug hielt wohl in jeder Kleinstadt.

Warum habe ich einen Umweg über Leipzig gemacht, anstatt direkt nach Berlin zu fahren? Ich wollte mich dort mit Christa treffen, die ich zu einem Besuch nach Vahnerow eingeladen hatte. Außerdem hatte ich eine emotionale Bindung an diese Stadt, in der ich gerne gelebt habe, und in der ich Bekannte hatte, die ich wiedersehen wollte. Gerade weil ich hier den ersten schrecklichen Bombenangriff erlebt hatte, nahm ich immer noch Anteil an dem weiteren Schicksal der Stadt. Sie war noch mehrmals Ziel von schweren Luftangriffen gewesen, und der Hauptbahnhof sah verheerend aus. Die Universität war notdürftig geflickt und der Lehrbetrieb fast normal, wie mir in den Instituten, die ich besuchte, versichert wurde.

Das Haus der Familie Kind war unversehrt, obwohl es in der Innenstadt lag. Ich genoss wieder die warmherzige Aufnahme und die Gastfreundschaft, einschließlich Übernachtung. Für Hertha Kind war ich fast eine Tochter geworden. Sie hätte gerne eine gehabt.

Ebba von Reichenbach war inzwischen zu Mlle Bouteiller gezogen, nachdem Bomben ihre kleine Wohnung völlig zerstört hatten. Es war üblich geworden zusammenzurücken, wenn jemand aus dem Freundeskreis kein Dach mehr über dem Kopf hatte. Bei renitenten Hausbesitzern wurden Zwangseinquartierungen durch das Wohnungsamt angeordnet.

Ich war abends bei Mademoiselle eingeladen, und es freute mich, Ebba zu treffen. Ob sie dort auch noch penetrant riechende Kastanienblätter in der Pfeife rauchen durfte? Es hat mir großen Spaß gemacht, endlich wieder französisch sprechen und der Konversation folgen zu können »bis tief in die Nacht«.

Anwesend war noch ein Monsieur Bonnefoy. An ihn habe ich eine undeutliche Erinnerung: ein gut aussehender, gebildeter Mann mittleren Alters. Was mögen französische Zivilisten, die nicht zur Fabrikarbeit zwangsrekrutiert waren, in Deutschland beruflich gemacht haben? Es muss sich doch um eine für die Deutschen nützliche Tätigkeit gehandelt haben. Ob sie nach dem Krieg als Kollaborateure galten und dafür bestraft wurden? Ich habe darüber nichts erfahren können

Am nächsten Tag, es war der 1. August 1944, fuhren Christa und ich aus Leipzig ab. Müde und voller Erwartung kamen wir abends auf dem Batzwitzer Bahnhof an, wo wir mit der Kutsche abgeholt wurden. Christa erwartete bestimmt nichts Ungewöhnliches von diesem Besuch. Sie kannte das einfache Leben auf den Gütern in Hinterpommern, wusste, dass die Gäste ganz selbstverständlich in den Tagesablauf integriert wurden oder wenn sie es wollten, sich jederzeit in ihr Zimmer zurückziehen, einen Platz im Park aufsuchen oder spazieren gehen konnten.

Besuche in der Nachbarschaft, Rudern auf dem Trieglaffer See gehörten zum Programm und bei warmem Sommerwetter ein Ausflug nach Deep an die Ostsee.

Unterhaltung gab es genug für jeden Gast, alle Gästezimmer waren belegt. Christa fand eine bunt gemischte Gesellschaft vor: Bei den Hauptmahlzeiten saßen manchmal zehn Personen am lang ausgezogenen Esstisch: die Hausfrau, Dieter Bassermann, vier Töchter, Christl von Mosing, Frances von Strachwitz (Miterziehungskind für Atti), Klaus Meinhardt aus Berlin, der seit den Dreißigerjahren in den Sommerferien oft bei uns war.

Seitdem die Luftangriffe auf westdeutsche Städte ständig zugenommen hatten (seit 1942), wurden Schulklassen mit ihren Lehrern in die sicheren ländlichen Provinzen Mittel- und Ostdeutschlands evakuiert. Nach Pommern kamen vor allem Schulklassen aus dem Ruhrgebiet, nach Greifenberg, Plathe und Umgebung besonders viele aus Bochum. Nicht alle fühlten sich wohl. Mentalität und Sprache der Pommern waren ihnen sehr fremd. In Greifenberg hörte ich einmal eine »Bochumer Frau furchtbar auf die Pommern schimpfen« (Kalendereintrag).

Michael Nickel, mein Kölner Galerie-Freund, ist am 30. Januar 1945 in Plathe geboren, wohin seine Mutter mit zwei Töchtern schon 1942 aus Bochum evakuiert worden war. Auch Frau Nickel mochte die Pommern nicht. Zwei Wochen nach der Entbindung ist sie mit den Kindern nach Westdeutschland aufgebrochen. Die ersten Windeln habe seine Mutter noch im Regawasser gewaschen, sagte Michael. Als sie in Bochum ankamen, war der Krieg längst vorbei. Drei Wochen nach ihrer Flucht waren die russischen Truppen in Plathe.

Im Laufe dieser Ferien wurde es immer stiller im Haus. Dieter Bassermann verließ uns, weil sein Wissen nicht mehr ausreichte, um die vierzehnjährige Atti und Frances zu unterrichten. Er wurde wieder Hauslehrer bei Rilke-Verehrern, einer Familie von der Marwitz in Groß Krentz bei Berlin. Wir gaben ihm ein großes Abschiedsfest mit Scharaden, wie bei Thaddens üblich. Frances von Strachwitz und Klaus Meinhardt reisten ab, und Christl von Mosing verließ uns fast fluchtartig, um nicht zum Schanzen am Ostwall eingezogen zu werden.

Josef Goebbels, der Propagandaminister, war am 25. Juli 1944 zum »Reichsbevollmächtigten für den totalen Kriegseinsatz« ernannt worden. Er ordnete sofort die Schließung aller Theater,

Konzerthallen und Kleinkunstbühnen an. Dieser Erlass galt nicht für das Protektorat Böhmen und Mähren. Er wies die Gauleiter der feindbedrohten Gebiete im Osten (Ostpreußen, Pommern, Schlesien) an, so schnell wie möglich zivile Arbeitskräfte für den Stellungsbau zu rekrutieren. Die russischen Truppen hatten die ostpreußische Grenze erreicht und in breiter Front die Weichsel überschritten. Es wurde also von der pommerschen Gauleitung beschlossen, Gräben auszuheben und Wälle aufzuschütten; *vallum fossaque*, wie es schon die Römer vorgemacht hatten. Allerdings hatten es die Deutschen nicht mit Germanen und Kelten zu tun, sondern mit schwer bewaffneten russischen Truppen, die mit Panzern und Kampfflugzeugen anrückten. Junge Mädchen und Frauen ab siebzehn Jahren wurden zum Schippen verpflichtet und an die Ostgrenze Pommerns transportiert. Verständlich, dass Christl sich dieser Zwangsarbeit rechtzeitig entzog. Mona und die beiden Hausmädchen Ella und Gertrud Radünz hatten keine Möglichkeit, sich vor dem Schippen zu drücken.

Mona hat für mich aufgeschrieben, was sie bei diesem Arbeitseinsatz erlebt hat. Ihre Freundinnen Sigrid und Armgard von Blanckenburg waren ebenfalls zum Schippen einberufen worden, außerdem viele Hausmädchen benachbarter Güter.

»Leider wurden wir alle in verschiedene Lager geschickt. Ich kam nach Pollnow. An die Fahrt kann ich mich nicht erinnern, nur an das etwas erschreckende Staunen über die Unterbringung auf dem Dachboden des Amtsgerichtsgebäudes, wo wir auf Strohschütten schlafen mussten. Unsere Kleider usw. hingen wir an die Dachsparren über unserem Schlafplatz. Die Organisation Todt organisierte unsere Arbeit und stellte die Aufseher. Wir mußten Schützengräben ausheben und mit Holzpalisaden verstreben. Später mußten wir Panzergräben ausheben, die wohl 4 m breit und mindestens 3 ½ m tief waren. Man mußte natürlich prüfen, ob eine adlige Gutsbesitzertochter arbeiten kann. Und da ich außerdem sehr groß war, musste ich ganz tief im Graben stehen und die Erde zu einem ungefähr 2 ½ m höher auf einem Sockel stehenden Mädchen werfen. Ich gab mir viel Mühe gemäß unserer strengen preußischen Erziehung. Das trug mir das anerkennende Lob des Offiziers der Organisation Todt ein. Mittagessen bekamen wir aus einer Gulaschkanone. Was wir abends und morgens bekamen, habe ich vergessen. Auf dem Weg zur und von der Arbeit mußten wir Marsch- und Wanderlieder singen. Wahrscheinlich auch Nazi-Lieder. Ich fühlte mich anfangs sehr verloren zwischen all den Hausmädchen. Aber ich kann mich nicht erinnern, daß sie nicht nett zu mir waren. Es war mir immer schrecklich peinlich, daß ich all die anzüglichen Witze, die sie sich kichernd erzählten, nicht verstand. Doch ich bekam einen tiefen Einblick in das Leben der Hausmädchen und wie die verschiedenen ›Gnädigen‹ beurteilt wurden. Als ich im September von Elisabeths Hinrichtung erfuhr (natürlich wußte ich von ihrer Verurteilung), habe ich mich sehr einsam gefühlt. Ich durfte und konnte mit keinem Mädchen darüber sprechen. Im November wurden wir nach Hause geschickt, weil wir wegen des schweren Frostes nicht mehr schippen konnten.«

Kein einziger sowjetischer Panzer hat sich durch diese Gräben aufhalten lassen.

Zurückgeblieben in Vahnerow waren sieben Hunde (zum letzten Mal hatte die Hündin Adda Junge bekommen) und sieben Menschen. Der Esstisch konnte wieder verkleinert werden.

Haustochter, Hausmädchen und Mona waren nun nicht mehr da. Also mussten Baba und ich wie üblich Mädchen für alles sein (»Dienstmädchen«, Kalendereintrag). Das führte zu Reibereien mit unserer anspruchsvollen Mutter, unter denen Baba mehr litt als ich. Sie hatte den ganzen Tag lang Dienst, während mir ein halber Tag zum Lernen zugestanden wurde. Eigentlich sollten die Studenten in den langen Semesterferien den Vorlesungsstoff nacharbeiten und vertiefen und nicht Zimmer sauber machen. Aber besser Hausarbeit in Vahnerow als Arbeit am Fließband in einer Rüstungsfabrik oder Schippen am Ostwall.

Zu den sieben Menschen gehörten zwei Gäste, die uns jedes Jahr besuchten: Vaters Vetter Karl Witte und seine Frau Ella. Beide liebten wir sehr. Onkel Karl war gekommen, um seinen ihm zustehenden Rehbock zu schießen. Und wieder »zum letzten Mal« habe ich ihn auf Pirschfahrten begleitet. Aus meinem Bericht an Inga zitiere ich: »Gestern (25. August) bin ich mit Onkel Karl ... auf Jagd gefahren. Diese stillen Augustabende sind unbeschreiblich schön. Über der Kastanienallee stand die Sonne, als wir abfuhren, noch war sie gelb, aber je tiefer sie sank, desto röter + glühender färbte sie sich + die Wolken fingen den roten Schein auf. Wir fuhren über abgeerntete Stoppelfelder + dann in den Wald hinein ... Der Wagen holpert durch die ausgefahrenen Wegspuren, Zweige rauschen vorbei, das Lederzeug knirscht + die Pferdehufe streifen das hohe Gras oder zertreten trockene Zweige. Durch die Stämme leuchtet der rötliche Abendhimmel, dessen Schein immer matter wird. Hinter mir sitzt Onkel Karl + erzählt mit seiner heiseren Stimme unermüdlich Jagderinnerungen aus alten Zeiten. Dann treten die Bäume auseinander, gleich ist der Wald zu Ende + es wird aufregend: ob dort auf dem Kleefeld wohl Rehe stehen? Meistens sahen wir nur Ricken mit Kitzen, die einzigen Böcke hielten sich lieber auf Zimmerhäuser [– Blanckenburger] Land auf. Das war für Onkel Karl natürlich traurig, aber ich fand die Fahrt auch ohne Schuss wundervoll.«

Und noch ein »letztes Mal«. Vor meiner Abreise bin ich noch einen Tag in Deep gewesen. Natürlich ahnte ich nicht, dass es das letzte Mal sein würde. Ich hatte Sehnsucht nach dem Meer, dem Strand, den Kiefernwäldern hinter den Dünen. Ich fuhr allein, weil ich allein sein wollte. So lange wie möglich blieb ich am Strand, um noch zu sehen, wie die Sonne im Meer versinkt und der Himmel sich verfärbt und das rotgoldene Licht auf dem Wasser glitzert. Ich war so versunken in diesen Anblick, dass ich die Zeit vergaß, zu spät auf die Uhr schaute und mit Schrecken feststellte, dass die Zeit bis zur Abfahrt des letzten Zuges sehr knapp war. So schnell ich konnte, lief ich zum Bahnhof und sah, wie der Zug in der Ferne entschwand. Was nun? Geld zum Übernachten hatte ich nicht. Eine öffentliche Telefonzelle gab es auch nicht. Sollte ich mich an die Polizei wenden? Wo war die überhaupt? Kein Mensch war da, den ich hätte fragen können. Wie weit ist es nach Vahnerow? überlegte ich und rechnete die Entfernung aus. Auf den Landstraßen ungefähr vierzig Kilometer. Das hat der Marathonläufer geschafft, sogar noch etwas mehr. Das schaffe ich auch, dachte ich und trabte los. Die Sonne war untergegangen, es wurde dunkel. Glücklicherweise schien der Mond. Bis Treptow, der nächsten Stadt, waren es wohl zwölf Kilometer. Kein Mensch begegnete mir. Die Stadt wirkte wie ausgestorben. Durch die Verdunklung der Fenster drang kein Lichtstrahl aus den Häusern. Außer mir war niemand unterwegs. Als ich die Stadt verlassen hatte, hörte ich hinter mir ein Auto, das sein Tempo verlangsamte und neben mir hielt. Ein Soldat beugte sich aus dem Fenster und fragte, wohin ich denn ganz allein in der Nacht gehen wolle und ob er und sein Kamerad mich nicht ein Stück mitnehmen könnten. Natürlich, gerne! Ich stieg ein und brauchte nun die achtzehn Kilometer bis Greifenberg nicht zu Fuß zu gehen, konnte meine Füße ausruhen und für die letzte

Wegstrecke Kräfte sammeln, denn die Soldaten fuhren nur nach Greifenberg.

Gegen Mitternacht war ich zu Hause. Alle schliefen, niemand hörte mich, auch nicht die Hündin Hella, die eigentlich ein Wachhund sein sollte. Wie war ich überhaupt ins Haus gekommen? War es gar nicht abgeschlossen? Ich schlich auf Strümpfen in mein Zimmer und schlief total erschöpft und zufrieden ein.

Gefährlich war dieser Nachtmarsch für ein junges Mädchen damals nicht, denn es waren weder Landstreicher noch Kriminelle, weder Sexualverbrecher noch flüchtige Kriegsgefangene unterwegs. Deutschland war ein sicherer Polizeistaat; jedenfalls auf dem Land.

Schon einmal, lange vor dem Ersten Weltkrieg, ist die andächtige Bewunderung eines pommerschen Sonnenuntergangs einem Fräulein von Thadden zum Verhängnis geworden. Das wurde von der jüngsten Schwester unseres Vaters, der Pröpstin Hildegard, erzählt. Während einer Bahnfahrt von Stettin nach Batzwitz entrückte sie der Anblick des farbenprächtigen Abendhimmels so aus der Gegenwart, dass sie sich in dem rüttelnden Zug an der Notbremse festhielt und gar nicht bemerkte, dass der Zug auf freier Strecke zum Stehen kam. Erst der Schaffner und die Mitreisenden rissen sie unsanft aus ihrem Traum in die Wirklichkeit. Wie hoch die Strafe für das fahrlässige Anhalten des Zuges war, wurde verschwiegen, oder es war nicht mehr bekannt.

Meine Ferien waren zu Ende. Ich reiste am 29. August 1944 in eine ungewisse Zukunft ab. Ich wusste immer noch nicht, ob ich wirklich zur Inventarisierung von beschlagnahmten Schlössern oder zur Arbeit in einer Rüstungsfabrik eingesetzt werden würde.

Christiane Engelbrecht, eine Freundin aus dem Kunsthistorischen Institut, war, von Prof. Swoboda empfohlen, bereits vom Bodenamt für Böhmen und Mähren für erste Inventarisationen beschlagnahmter Schlösser eingesetzt worden. Nun sollte ich mit ihr zusammenarbeiten, denn die Aufgabe war für eine junge Studentin zu heikel.

Vom Bodenamt wusste ich nur, dass es sich um eine Dienststelle der SS handelte, andere gab es im Protektorat wohl gar nicht. Es war schon 1939 eingerichtet worden und war zuständig für die »Deutschtumspolitik«. Leiter war ein SS-Sturmbannführer. Das Bodenamt hatte das Recht, Liegenschaften der Tschechen unter Zwangsverwaltung zu stellen. Die Zwangsverwalter konnten mit Zustimmung des Bodenamts die Liegenschaften veräußern. Die Enteignungsbescheide konnten von den Besitzern nicht angefochten werden.

Eine wichtige Aufgabe war die Ansiedlung deutscher Neusiedler oder Umsiedler aus Rumänien, der Ukraine, Moldawien und anderen Ländern auf den konfiszierten Liegenschaften. Im Vergleich zu anderen besetzten Gebieten blieb das Protektorat von deutschen Siedlungsmaßnahmen weitgehend verschont. Von der Zwangsverwaltung und Enteignung besonders betroffen waren die Güter derjenigen Adligen, die 1938 eine Ergebenheitsadresse an den zurückgetretenen, zunächst nach England, dann in die USA emigrierten Staatspräsidenten Eduard Benesch, gerichtet hatten. Der Reichsprotektor für Böhmen und Mähren, Reinhard Heydrich, verfügte vier Monate vor seiner Ermordung (4. Juni 1942) die Zwangsverwaltung besonders prominenter Adelsfamilien: Kinsky, Schwarzenberg, Lobkowitz, Strachwitz, Kolowrat und vieler anderer. Dass die Adligen seit 1939 ihre Titel wieder gebrauchen durften, die ihnen nach der Gründung der Tschechoslowakei aberkannt worden waren, war keine Kompensation für Zwangsverwaltung und Enteignung. (Dazu: Detlef Brandes, *Die Tschechen unter deutschem Protektorat*, 2 Bde. (1969-1975).)

Reichsarbeitsdienst
(Vietz 1941, vorn sitzt Ruth Leest, daneben Maria)

In Fräulein Hartungs Kleidern (1943, von links: Maria, Atti,
Frances von Strachwitz, Elfriede Kern, Dori Meinhardt)

Maria als Studentin (1942)

Maria auf einem Pferd der
SS-Reitschule Schloss Sebuschitz,
Mähren (September 1944)

Mit Eva Diehl
(1944)

Schloss Libochowitz an der Eger (1944/45)

Villa Porak in Kienberg/Moldau

Maria in amerikanischer
Gefangenschaft (9. Mai 1945)

DAS ENDE – VON ALLEM

Noch zwei Tage der Ungewissheit in Prag, dann hatte Prof. Swoboda es durchgesetzt, dass ich auch vom Bodenamt zunächst für einen Monat zur Inventarisierung beschlagnahmter, zwangsverwalteter Schlösser eingesetzt wurde. Genau fünf Jahre nach Kriegsbeginn wurde ich für diese ziemlich überflüssige Arbeit engagiert. Welchen Sinn sollte es haben, die schon seit einigen Jahren beschlagnahmten Schlösser zu inventarisieren, da sich die sowjetischen Truppen den deutschen Grenzen näherten? Vielleicht konnten die Listen eines Tages für die rechtmäßigen Besitzer nützlich sein, falls sie sie jemals in die Hände bekämen. Sinnvoll jedoch konnte die Arbeit zunächst nur für mich persönlich sein. Ich hoffte, einiges für mein Studium Verwertbares, meine kunstgeschichtlichen Kenntnisse Erweiterndes lernen zu können, weil ich es mit Kunst zum Anfassen zu tun haben würde. Außerdem erwartete ich viel Abwechslung, interessante menschliche Begegnungen, Reisen durch ein schönes Land und das Meistern schwieriger Situationen.

Christiane und ich kannten uns zwar aus dem Kunsthistorischen Institut, die enge Zusammenarbeit war aber trotzdem ein Risiko. Doch wir merkten schnell, schon bei der ersten gemeinsamen Reise, dass wir gut zusammenpassten. Ohne die spontane Sympathie wären das enge Zusammenleben, das Aufeinander-angewiesen-Sein und die gegenseitige Rücksichtnahme nicht zu schaffen gewesen. Auch dass wir beide das NS-Regime ablehnten, war eine Bedingung für konfliktfreie Tage und Wochen.

Wusste ich, was uns erwartete, wenn wir, zwei deutsche Studentinnen, im Auftrag des unbeliebten Bodenamtes bei den Schlossbesitzern, deren mobiles Eigentum wir inventarisieren sollten, ankamen? Ich kannte ja viele adlige Familien, allerdings fast nur ost- und westdeutsche und keine böhmisch-tschechischen. Christiane stammte aus Ostpreußen von einem Gut, war unter ähnlichen Bedingungen aufgewachsen wie ich. Ob uns unsere preußisch-konservativen Umgangsformen bei diesem heiklen Auftrag etwas nützen würden, musste sich erst noch zeigen. Wir kamen ja nicht als eingeladene, freudig erwartete Gäste, sondern als Beauftragte der deutschen, von der SS dominierten Besatzungsmacht.

Die uns betreuende Kunsthistorikerin im Bodenamt war Dr. Isolde Baronin von Troschke. Sie war eine brünette, schlanke Dame; als »affektiert und undurchsichtig« wurde sie von Christiane bezeichnet. Konnte sie uns auf unsere Aufgabe vorbereiten? Hatte sie uns instruiert, welche Objekte wir registrieren sollten und welche nicht und wie summarisch oder detailliert unsere Beschreibungen sein sollten? Wir können uns an keine Unterweisungen erinnern. Vorlagen, nach denen wir uns hätten richten können, gab es nicht. Von den psychologischen Schwierigkeiten, die mit diesem Auftrag verbunden waren, hatte Isolde von Troschke bestimmt keine Ahnung. Sie konnte uns nicht beraten, wie wir uns den misstrauischen Schlossherren gegenüber verhalten sollten, weil sie selbst gar keine Erfahrungen hatte. Einige Besitzer der uns zugewiesenen Schlösser konnten noch in ihrem Eigentum wohnen. Sie durften aber nichts veräußern. Solange nichts inventarisiert war, konnte niemand kontrollieren, ob etwas fehlte. Christiane hatte schon erfahren, dass die Situation in jedem Schloss anders war.

Zur Vorbereitung auf unsere Tätigkeit war keine Zeit, weil wir schon einen Tag nach meiner Einstellung zum ersten Schloss aufbrechen mussten. Wahrscheinlich dachten wir uns unterwegs verschiedene Möglichkeiten des Empfangs aus: feindlich, frostig, zurückhaltend, vielleicht auch – eher unwahrscheinlich – freundlich. Wie wir darauf reagieren sollten, das wussten wir nicht. Wir verließen uns auf unser Taktgefühl, unseren amtlichen Auftrag und vielleicht auch auf unseren Jungmädchencharme.

Unser erstes Ziel war Schloss Lösch bei Brünn in Mähren, südöstlich von Prag. Besitzer Graf Belcredi. Wir reisten im »D-Zug II. Klasse« bis Brünn. Das notierte ich in meinem Kalender, weil es ein ungewöhnlicher Luxus für mich war. Normalerweise fuhr ich in der billigen dritten Klasse mit Holzbänken. Die zweite Klasse war bequemer, die Abteile waren breiter und die Sitze gepolstert. Dieser Komfort wurde den Mitarbeitern des Bodenamtes manchmal zugestanden.

Das Schloss lag außerhalb von Brünn. Am Bahnhof gab es weder Taxis noch Fiaker, noch andere Verkehrsmittel, mit denen wir hätten fahren können. Und so mussten wir zu Fuß gehen in großer Hitze mit schweren Koffern, »vorbei an einer zerbombten Flugzeugfabrik«. Ende August war Brünn zum ersten Mal von amerikanischen Bombern angegriffen worden.

Lösch war eine kleine Stadt mit langen Straßenzügen, deren bunte Häuschen uns entzückten.

Ein Angestellter empfing uns am Portal und brachte uns zu unserem Zimmer. Dann waren wir uns selbst überlassen. Graf und Gräfin ließen sich nicht blicken. Zu einem Antrittsbesuch wurden wir nicht vorgelassen.

Wir sahen uns das Schloss aus dem 17. Jahrhundert von außen an, gingen durch den Park; ich konnte es nicht lassen, ich kletterte auf einen Baum. Dann erkundeten wir die nähere Umgebung, um uns die Zeit bis zum Abend zu vertreiben. »Mit großem Stein auf dem Herzen« mussten wir bis zum nächsten Morgen auf die Audienz bei Graf Belcredi warten. Ich erinnere mich nicht an ihn. Ich notierte, dass er uns frostig, aber höflich empfangen hat. Mehr konnte man nicht von ihm erwarten bei diesen zwei Eindringlingen vom Bodenamt. Ein Graf Belcredi war stellvertretender Vorsitzender der Nationalen Gemeinschaft, die die Interessen der Tschechen gegenüber den deutschen Behörden vertrat. Wenn es dieser Belcredi war, kann ich seine frostige Zurückhaltung gut verstehen.

Die junge Gräfin dagegen, »nett + kunstsinnig«, führte uns durch die vielen Zimmer, Säle, Kabinette, deren Inventar wir in den nächsten Tagen aufnehmen sollten: Möbel, Gemälde, Stiche, Porzellane, Skulpturen und anderes. Die Gräfin war immer hilfsbereit, wenn wir Probleme hatten.

Etwas Wichtiges haben wir schon bei dieser ersten gemeinsamen Unternehmung gelernt: Wir mussten schnell die Zuneigung der Angestellten gewinnen. Das fiel uns leicht. Wir merkten immer an Qualität und Menge des Essens, das uns serviert wurde, ob man uns akzeptiert hatte. Selbstverständlich aßen wir separat, niemals zusammen mit den Besitzern. Nach drei Tagen hatten wir die Inventur abgeschlossen. Mit Obst und Pflaumenkuchen von der Köchin für die Reise versorgt, fuhren wir mit unseren Listen zurück nach Prag.

Zwischen unseren Dienstreisen hatten wir immer einige freie Tage, nachdem wir unsere Inventarlisten im Büro von Frau von Troschke abgegeben hatten.

Zum nächsten Schloss mussten wir schon um halb vier Uhr aufbrechen, obwohl es gar nicht weit von Prag entfernt war. Das bedeutete einen Fußweg vor Sonnenaufgang durch die dunkle Stadt bis zum Hauptbahnhof. Im Krieg gab es die Sommerzeit. Dieses Mal war alles ganz anders. Wir wurden vom Bahnhof Sedlatz, östlich von Prag, mit dem Auto abgeholt und bis vor die Haustür von Schloss Sebuschitz gefahren. Es war von SS-Kavalleristen beschlagnahmt. Wo der rechtmäßige Besitzer, Graf Thun-Salm, mit seiner Familie lebte, haben wir nicht erfahren. Mitnehmen durften die Enteigneten außer Kleinigkeiten wohl nichts, denn das Schloss war noch voll wertvoller Möbel und Gemälde. Die Inventarisierung war für uns nicht peinlich wie in Lösch, weil sich niemand um uns kümmerte. Andererseits konnten wir auch keinen fragen, wenn wir Probleme hatten.

Die SS-Kavalleristen hatten sich ein repräsentatives Haus mit Nebengebäuden und einem riesigen Park, dazugehörendem Wildpark mit Damwild und weißen Hirschen für ihre Reitschule ausgesucht. Offiziere und Soldaten lebten so, als ob sie der Krieg überhaupt nichts anginge. Ob sie jemals an einer Front eingesetzt waren? Jetzt taten sie jedenfalls nichts für den Endsieg. Es standen ihnen die besten Pferde zur Verfügung, die täglich trainiert wurden, obwohl an den überall zurückweichenden deutschen Fronten gar keine Kavallerie mehr gebraucht wurde; so edle Pferde erst recht nicht. Einige Reiter übten sogar die komplizierten Schritte der Wiener Hofreitschule. Wozu? Außer der Reitschule gab es noch einen sogenannten Heimatpferdepark, in dem kranke Pferde gesund gepflegt wurden.

Mit zwei russischen Hengsten, die wir vor einen leichten Wagen spannen durften, haben wir einmal eine Prager Freundin vom Bahnhof abgeholt.

Die Offiziere waren sehr erfreut über den Besuch von zwei jungen Damen. Jeden Abend luden sie uns zum Essen ein, und zu jedem Essen wurde reichlich Alkohol ausgeschenkt. Wenn die

Herren, leicht beschwipst, aufdringlich wurden, zogen wir uns sofort in unser Zimmer zurück.

Entweder haben wir gefragt, ob wir auch mal reiten dürften, oder wir wurden gefragt, ob wir reiten könnten. Wir durften es, und wir konnten es. Jedenfalls Christiane, eine passionierte und perfekte Reiterin. Ich zögerte, denn zu Hause war ich nur auf dem etwas trägen Pferd unseres Inspektors geritten, das sich selten zu einem Galopp antreiben ließ.

Ein General, der immer väterlich-freundlich zu uns war, hatte uns verschiedene Reithosen zur Anprobe besorgt, und wir suchten uns die passenden aus. Zunächst bin ich im Zirkel geritten, bis ich mich sicher im Sattel fühlte. Dann sind wir jeden Tag geritten, mal am frühen Morgen vor unserem Arbeitsbeginn, mal am späten Nachmittag, im Galopp über Stoppelfelder. Zum Schluss bin ich sogar mutig über kleine Hindernisse und Gräben gesprungen.

Wir brauchten eine Woche, um das kostbare Inventar des großen Schlosses aufzunehmen und möglichst genau zu beschreiben. Inzwischen hatten wir uns einige Grundbegriffe – Fachjargon – der Möbelkunde angeeignet. Die inventarisierten Objekte mussten gestempelt werden, eine »Arbeit von früh bis spät«. Zu meiner Freude stand in einem Raum ein Billard; die drei Kugeln, Queues und blaue Kreide waren auch vorhanden, sodass ich hin und wieder Billard spielen konnte. Niemand störte mich dabei. Das trockene Klack-klack der aneinanderstoßenden Kugeln erinnerte mich sofort an unseren in Trieglaff und Vahnerow Billard spielenden Vater.

Wenn ich mich nicht irre, wurden die repräsentativen Säle des Schlosses mit den wertvollsten Möbeln und Bildern von der SS-Einquartierung nicht benutzt.

Kalendereintrag am 19. September 1944, dem Tag unserer Rückkehr nach Prag:
»Unendliche Fahrt nach Prag. Hier erwarten mich 15 Briefe. Nachricht von Elisabeths Tod.« Dass sie in Berlin-Plötzensee am 8. September enthauptet worden war, erfuhr ich erst viel später. Niemand wagte mir die Umstände ihres Todes zu schreiben. Mit wem konnte ich sprechen über meine Trauer, mein Entsetzen, meine Wut? Nur mit Christiane, denn Christa hatte Prag endgültig verlassen, Eva war nach Aussig gefahren. Sie waren die einzigen Freundinnen, die schon lange von meiner Angst um Elisabeth wussten.

Wir blieben nur drei Tage in Prag. Dann mussten wir unsere Koffer packen und zum Schloss Raitz in der Nähe von Brünn fahren. Der Forstverwalter holte uns mit einer Kutsche vom Bahnhof ab. »Eine schmale, steinige Straße ging es bergan, dann bog der Wagen um die Ecke, wir fuhren durch ein Tor, das mit einem Wappen geschmückt war + plötzlich öffnet sich ein großer Ehrenhof, der an beiden Seiten von zwei niederen Seitenflügeln gerahmt wird, die zu einem schönen Barockschloss gehören, das am Ende des Hofes breit hingelagert ist. In dem Hof eine symmetrische Gartenanlage in französischem Stil: Springbrunnen, Lebensbäume als Kugeln + Pyramiden geschnitten, Rosenbeete in allen Farben« (an Inga). Immer waren wir aufgeregt bei der Ankunft, nie wussten wir, was uns erwartete. Dieses Mal wurden wir von einem »sehr liebenswürdigen + sympathischen« Hausherrn empfangen, dem Fürsten Hugo zu Salm-Reifferscheidt. In meiner Erinnerung war er ein älterer Herr; er war aber erst einundfünfzig Jahre alt. Auf so viel Freundlichkeit waren wir nicht gefasst. Wir waren sehr dankbar dafür, denn es erleichterte uns die Ausführung unseres Auftrags. Die Fürstin lernten wir erst später kennen, eine »sehr vornehme, freundliche Dame«, die nette Tochter, jung verheiratet, in unserem Alter.

Beim ersten Rundgang durch das Schloss, um uns einen Überblick zu verschaffen, waren wir überwältigt von der Menge der Kunstwerke. Wir hatten den Eindruck, durch ein Museum zu gehen. Seit Generationen hatte die fürstliche Familie Kunst gesammelt. Wir zweifelten daran, eine sorgfältige Inventur in einer Woche zu schaffen – mehr Zeit war nicht vorgesehen. Und deshalb machten wir uns sofort an die Arbeit. Für uns Kunsthistorikerinnen war das Inventarisieren hier besonders interessant, weil wir eine große und hochwertige Gemäldesammlung vorfanden. In einer Galerie hingen die Bilder in langen Reihen übereinander: »Petersburger Hängung«. Unsere handgeschriebenen Listen durften wir im Büro der Forstverwaltung abtippen.

Großzügig wurde uns erlaubt, dass wir uns abends nach der Arbeit an den Flügel setzten und vierhändig spielten. Es gab viele Noten, unter denen wir auswählen konnten. Christiane war eine sehr gute Pianistin, deshalb spielte sie die Melodien, und ich, etwas weniger talentiert, die Begleitung. Vielleicht freute sich die fürstliche Familie sogar über unsere musikalische Abendunterhaltung.

Eine deutliche Erinnerung habe ich noch an unseren letzten Abend, weil die Szenerie so ungewöhnlich und anrührend war. Der Fürst hatte uns in sein Zimmer eingeladen. Er saß aufrecht im Bett, den Rücken an ein dickes Kissen gelehnt. Er war etwas gehbehindert und sah sehr zart aus. Ein Tisch mit Weinflasche und Gläsern und zwei Stühle waren von einem Diener in angemessener Entfernung für uns hingestellt worden. Wir mussten gleich etwas näher rücken. Unsere Unterhaltung war lebhaft und sehr offen. Dass der Krieg für die Deutschen verloren war, daran zweifelte keiner von uns. Aber danach – was sollte dann aus uns werden? Mit Kunstgeschichte könnten wir doch nichts anfangen, damit könnten wir kein Geld verdienen, meinte der Fürst und schlug vor: Werdet Köchinnen! Gute Köchinnen werden immer gebraucht, die sind nie arbeitslos. Und dann werdet ihr Chefköchinnen auf einem Luxusdampfer und macht Weltreisen! Er war ganz begeistert von diesem Vorschlag. Er hatte wohl vergessen, in seinem Eifer, uns eine glückliche Zukunft zu entwerfen, dass Frauen selten Küchenchef werden, auf Ozeandampfern schon gar nicht. Seine Zukunft war nicht glücklich. Er konnte das Protektorat wegen seiner Behinderung nicht verlassen; er starb im März 1946.

Vor unserer Abreise hörten wir noch vom Zwangsverwalter, dass das Schloss vom Bodenamt beschlagnahmt werden sollte. Christiane und ich waren entsetzt, und wir beschlossen, »alles zu versuchen, um das zu verhindern«. Waren wir wirklich so naiv zu glauben, wir könnten durch unseren Protest eine Anordnung der SS-Dienststelle rückgängig machen? Der Besitz wurde gleich nach dem Krieg von den Tschechen enteignet und bisher der Familie nicht zurückgegeben.

Bevor wir zum Bahnhof gebracht wurden, setzte sich Christiane noch einmal an den Flügel und spielte zum Abschied die *Träumerei* von Robert Schumann.

Auf dem Bahnhof von Skalitz passierte etwas ungewöhnlich Fahrplanwidriges: Der D-Zug von Wien hielt nicht wie angekündigt, sondern brauste an den auf dem Bahnsteig wartenden verblüfften und wütenden Passagieren vorbei. Das bedeutete dreieinhalb Stunden Warten auf den nächsten Zug nach Prag, wo wir erst am späten Abend eintrafen.

Unsere vierwöchige Ferienarbeit für das Bodenamt war beendet. Wir gaben unsere Inventarlisten ab und wussten nicht, wie es nun weitergehen würde. Durften wir im Wintersemester wieder studieren? Mussten wir doch noch in einer Rüstungs- oder Munitionsfabrik arbeiten, oder wurden wir zu Flakhelferinnen ausgebildet? Nach drei Tagen der Ungewissheit die Entscheidung, dass wir ab Mitte Oktober weiter für das Bodenamt arbeiten sollten.

Noch waren wir, Christiane und ich, Studentinnen mit einem befristeten Ferieneinsatz. Eine Anstellung mit Bezahlung war uns zwar zugesagt, aber es dauerte vier Wochen, bis wir einen Vertrag bekamen, in dem unsere Pflichten, Rechte(?) und unser Gehalt geregelt waren. Bis dahin mussten wir uns noch selbst finanzieren mit dem Geld, das uns von zu Hause überwiesen wurde.

Wenn ich einige freie Tage in Prag hatte, verabredete ich mich mit Freundinnen und besuchte immer das Kunsthistorische Institut, in dem die Doktorandinnen, die vom Kriegsdienst befreit waren, fleißig ihre Dissertationen schrieben. Wenn ich sie bei ihrer Arbeit sah, kamen mir Zweifel, ob es eine richtige Entscheidung gewesen war, das Studium monatelang zu unterbrechen, anstatt den Endspurt zu wagen. Ich glaubte nicht mehr, dass meine beim Inventarisieren erworbenen kunstgewerblichen Kenntnisse später einmal von Nutzen für mich sein könnten. Wenn ich Zeit hatte, hörte ich Vorlesungen von Prof. Swoboda oder nahm an Seminaren seiner Assistenten teil.

Keine Woche ohne Kinobesuch, obwohl die Filme läppisch waren und die Wochenschauen wie üblich die schlechte militärische Lage an allen Fronten verfälschten. Ich suchte nur nach Ablenkung von den quälenden Gedanken an Elisabeth, über deren Hinrichtung ich immer noch nichts Genaues wusste.

Konzerte mit klassischer Musik, Beethoven, Schubert, Bruckner, trösteten mich nicht, sie machten mich nur traurig.

Einen zusammenhängenden Erinnerungsfilm über diese Zeit der inneren Unruhe habe ich nicht mehr im Kopf, nur noch einzelne Bilder oder kurze Bildsequenzen. Tanzpartys mit Fähnrichen vom nahe gelegenen Milowitzer Truppenübungsplatz. Ich hatte nette Tischherren, wir tanzten viel, waren fröhlich und ein wenig zärtlich und wussten beim Abschied, dass wir uns niemals wiedersehen würden.

Ein ganz anderes Bild: die Einladung von SS-Offizieren (von Sebuschitz oder vom Bodenamt?) in ein exquisites Restaurant am Wenzelsplatz in Prag. Einige Herren wurden von ihren Frauen oder Freundinnen begleitet. Gut aussehende, sportlich-schlanke, selbstbewusste Männer mit eleganten Frauen. Zehn oder zwölf Personen an einer langen Tafel, etwas abgerückt von den anderen Gästen. – Warum hatte ich diese Einladung überhaupt angenommen? Eine Absage hätte ich immer begründen können. Wahrscheinlich aus Hass. Vielleicht genoss ich sogar die schizophrene Situation, dass ich an den läppischen Unterhaltungen teilnahm, wohlerzogen-freundlich war, mir konventionelle Komplimente über mein Aussehen anhörte und dabei voller Wut war auf diese arroganten Repräsentanten der Nazis, die den Krieg begonnen hatten, in dem so viele junge Männer, die ich kannte, gefallen waren, die Elisabeth zum Tode verurteilt, das Gnadengesuch abgelehnt und sie hingerichtet hatten.

In meinem Kalender habe ich diesen Abend nicht erwähnt, sehe die Szene in dem Restaurant aber noch deutlich vor mir. Andere Ereignisse dagegen, die ich notiert habe, sind gelöscht.

Obwohl wir noch keinen Vertrag hatten, fing Mitte Oktober unsere Inventarisierungsarbeit wieder an. Auf dem Programm standen mehrere Schlösser in Olmütz und Umgebung (Nordmähren).

Die Situationen, die wir vorfanden, waren wie immer ganz unterschiedlich. Das erste Objekt, Schloss Tschech, wurde nur noch von einem Verwalter bewohnt, sodass wir ungestört und unbeobachtet inventarisieren konnten. Obwohl es in den ungeheizten Räumen kalt war und wir steife Finger hatten, setzten wir uns an einen Flügel und spielten vierhändig. Die Noten hatten die enteigneten Besitzer dagelassen.

In Kremsier, der Sommerresidenz des Fürsterzbischofs von Olmütz, wohnten wir in einem riesigen frühbarocken Palast, in dem wir uns ganz verloren vorkamen. Der Palast war nicht mehr bewohnt; im Erdgeschoss befanden sich die Büroräume der Zwangsverwaltung und im ersten Stock Zimmer für die wechselnden Gäste. Also auch eines für uns.

Diesmal sollten wir kein Inventar erstellen – das hätten wir auch nicht geschafft –, denn das Mobiliar und die Gemälde in der großen Galerie, darunter Bilder von Tizian, Rubens, van Dyck, Cranach, Breughel und anderen, waren im tschechischen Inventar verzeichnet. Unsere Arbeit bestand darin, das Verzeichnis mithilfe eines Lexikons zu übersetzen und schließlich auf seine Richtigkeit zu überprüfen. Dabei lernten wir das Schloss gründlich kennen. Heute ist es ein Museum. In den schon lange nicht mehr benutzten Festsälen waren die kostbaren Möbel, von Schutzbezügen bedeckt, zusammengeschoben; die wertvollsten Bilder waren abgenommen und in Sicherheit gebracht worden. Ich versuchte mir vorzustellen, wie prächtig die Säle ausgesehen haben müssen, als der Fürsterzbischof hier wohnte und zu glänzenden Festen einlud.

»Der einzige lebendige ›Rest‹ aus der alten Zeit«, schrieb ich an Inga, »war der Kastellan, der anfangs unfreundlich + kurz angebunden war, den wir aber bald für uns gewannen. Zum Abschied schenkte er jedem von uns einige große, weiße Kerzen.«

Außerdem zeigte er uns eine Grotte, einen Mosaiksaal und ein künstliches Bergwerk.

Zur Residenz gehörte, wie zu den meisten Schlössern, ein großer Park. Dieser war im strengen französischen und offenen englischen Stil angelegt: mit Wiesen, Waldstücken, Baumgruppen, jetzt in bunten Herbstfarben, mit Teichen und Bächen. Es war ein Vergnügen, hier in der Mittagszeit spazieren zu gehen. Im Park war es noch angenehm warm.

Einmal wurden wir nach Dienstschluss zur Weinprobe in den erzbischöflichen Weinkeller eingeladen. Ich staunte über die unübersehbaren Reihen gewaltiger Fässer.

In Olmütz wohnten wir in der erzbischöflichen Residenz, in der kein Fürsterzbischof mehr residierte. War er geflohen oder vertrieben worden? Jedenfalls war auch dieser kirchliche Besitz vom Bodenamt beschlagnahmt worden. Wir bekamen sogar ein geheiztes Zimmer mit Bad. Außer uns waren noch einige Wehrmachtsoffiziere in der Residenz einquartiert, deren Zimmer wir ebenfalls inventarisieren sollten, obwohl sie nur »mit scheußlichen Möbeln aus der Gründerzeit« (Kalendereintrag) eingerichtet waren. Was in den Prunksälen, alle mit rotem Damast tapeziert, noch an Mobiliar stand oder an den Wänden hing, haben wir aufgeschrieben. Ich wunderte mich, dass uns kein tschechisches Inventar vorlag, das es gegeben haben muss. Vielleicht waren schon viele Objekte abhanden gekommen? Wir bewegten uns auf historischem Boden: Hier waren ein Kaiser gekrönt und wichtige Verträge abgeschlossen worden. Christiane und ich hatten noch immer keinen Vertrag und deshalb auch kein Geld.

Und dann wurden wir zu der überflüssigsten Inventarisierung über Land geschickt: dem Jagdschloss Hochwald, das auch zu den erzbischöflichen Liegenschaften gehörte. Wertvolles Mobiliar war nicht zu erwarten, denn wer stellt kostbare Möbel in ein abgelegenes Jagdschloss? Zum ersten Mal fühlten wir uns unbehaglich auf einer Reise. Von der Bahnstation Friedek bis Hochwald mussten wir im Bus fahren. Es war schon dunkel, »und eng wie die Heringe stehen wir zwischen lauter Tschechen im Omnibus; es stinkt und es ist unheimlich« (Kalendereintrag). Es hatte geregnet, und es roch nach der nassen Kleidung der Fahrgäste und wahrscheinlich auch nach Diesel. Christiane und ich wagten nicht, Deutsch zu sprechen. Was wir uns sagen wollten, flüsterten wir auf Französisch. Ob sich die Tschechen täuschen ließen? Jedenfalls kümmerten sie sich nicht um uns. Ich erinnere mich an ein kaltes, ungemütliches kleines Zimmer und dass ich seelisch und körperlich so erschöpft war, dass ich, was selten vorkam, ungewaschen ins Bett fiel.

Ein Rundgang durch das kleine Schloss bestätigte das, was wir auch schon erwartet hatten: nirgendwo stand ein wertvolles Möbelstück. Unsere Inventur dauerte deshalb auch nur zweieinhalb Stunden. Dann fuhren wir mit dem Bus nach Mährisch-Ostrau nahe der polnischen Grenze (circa zwanzig Kilometer), der »trostlosesten Stadt, die ich je gesehen habe« (Kalendereintrag). Dass Auschwitz nur siebzig Kilometer entfernt war, wusste ich damals nicht.

Wir freuten uns auf das hübsche Olmütz, wo wir uns in unserem behaglichen Zimmer ausruhen wollten.

Wir hatten im Olmützer Palais einen österreichischen Offizier kennengelernt – Werner S., im Zivilberuf Journalist – der uns schon am ersten Tag entdeckt und zu einem Abendessen in der Stadt eingeladen hatte. Uns gefielen sein Charme, sein Witz, seine Nonchalance und sein unkonventionelles Missachten militärischer Vorschriften. Salutierte ein Soldat mit erhobenem rechten

Arm, antwortete er freundlich nickend: »Grüß Gott, Herr Soldat.« Er kannte die Stadt gut und führte uns zu allen historisch und kunsthistorisch interessanten Sehenswürdigkeiten, was uns das Suchen und Herumirren ersparte. Viel Dienst schien der Offizier nicht zu haben. In Erwartung des uns immer wieder zugesagten Gehalts, hatten wir ihn als Dank für seine Einladung zum Abendessen in ein Restaurant eingeladen. Als wir uns dort trafen, mussten wir aber verlegen gestehen, dass wir ihn leider ausladen müssten, weil wir noch immer kein Geld vom Bodenamt bekommen hätten. Großzügig lud er uns wieder ein, andernfalls hätte er allein essen müssen, was er wohl auch nicht wollte.

Christiane und ich hatten uns gerade von dem kalten Abenteuer in unserem geheizten Zimmer etwas erholt, da meldete sich Werner S. und überredete uns, noch einen Tag in Olmütz zu bleiben und dann mit ihm zusammen nach Prag zu fahren. Wir hatten nichts dagegen.

Erst als Christiane in einem Prager Vorort ausgestiegen war, begriff ich, dass Werner S. sich vor allem für mich interessierte, was er, solange wir zu dritt waren, galant kaschiert hatte. Wir verabredeten uns nun jeden Tag zum Mittag- oder Abendessen und zu langen Stadtbummeln. Unsere Zweisamkeit dauerte aber nur vier unbeschwerte und verliebte Tage, weil ich vor den nächsten Inventarisationsaufgaben noch einmal nach Vahnerow fahren wollte, vor allem, um endlich Genaues über Elisabeths Tod zu erfahren. Außer dem Datum, 8. September 1944, wusste ich ja nichts, und jetzt war der 8. November.

Das Reisen wurde immer strapaziöser: Verspätungen, Überfüllung, Stehen im Gang, schlecht oder gar nicht geheizte Waggons. Ankunftszeiten konnte man nicht angeben, nie wusste, man, welchen Zug man erreichen würde. Am späten Abend ging ich vom Batzwitzer Bahnhof nach Vahnerow mit meinem leichten Gepäck zu Fuß. Fast zu »einem Eisklotz gefroren«, kam ich zu Hause an, wo Baba mich liebevoll bewirtete.

Am nächsten Tag schrieb ich in meinen Kalender: »Mutti lädt Baba + mich zum Tee ein.« Wäre das nicht eine so außergewöhnliche Begebenheit gewesen, hätte ich sie nicht notiert. Zum Tee lud unsere Mutter nämlich nur zwei oder drei ihr nahestehende und ihre literarischen Interessen teilende Damen aus der Nachbarschaft ein. Gedeckt wurde das Rosenthal-Geschirr mit den Streublumen. Manchmal hatte ich schon beim Damentee dabei sein dürfen. Aber eine Einladung an die ältesten Töchter – das war neu und eine ganz besondere Auszeichnung. Mama liebte theatralische Inszenierungen, feierliche Gesten, und dies war eine Art Initiationsritus: Jetzt seid ihr erwachsene junge Damen!

Eine gemeinsame Nachmittagsmahlzeit mit unserer Mutter ist in Vahnerow nie üblich gewesen. Alltags gingen wir Kinder in die Küche und aßen Brot mit Marmelade oder Honig, am Sonntag wurden Kaffee- oder Teegeschirr und Kuchen auf den Esstisch gestellt, und wir bedienten uns. Kuchen wurde nur zum Sonntag gebacken. Niemals war unsere Mutter dabei. Ihren Nachmittagstee wollte sie in Ruhe allein trinken, ebenso wie ihren Frühstückskaffee.

Ich weiß nicht mehr, was damals schon den Familienangehörigen über die letzten Wochen Elisabeths im Gefängnis und ihre Enthauptung in Berlin-Plötzensee bekannt war. Wie schrecklich die letzten Tage und Stunden waren, erfuhren wir erst nach Kriegsende. Der Gefängnispfarrer Harald Poelchau schrieb in seinen Erinnerungen über seine kurze Begegnung mit Elisabeth: »Ich sah sie nur in ihrer Todesstunde und war durch die gelassene und entschlossene Haltung beeindruckt« (Harald Poelchau. *Die letzten Stunden. Erinnerungen eines Gefängnispfarrers*, Köln

1987, S. 121). Ich bekam aus Elisabeths Hinterlassenschaft eine goldene Kette mit einem schönen Anhänger: ein heller Saphir von kleinen Brillanten eingefasst.

Vor meiner Rückreise nach Prag erlebte ich noch, wie die ersten vierzehn Flüchtlinge aus Ostpreußen mit vollgepackten Ackerwagen eintrafen, erschöpft von dem langen Weg von der litauisch-deutschen Grenze, die die sowjetischen Truppen im Herbst erreicht hatten. Sie kamen in ein vom Krieg unberührtes Land, in dem sie noch alles vorfanden, was sie hatten verlassen müssen. Ich konnte nur drei Tage zu Hause bleiben, dann musste ich mich wieder im Bodenamt melden. Christiane und ich hatten noch viele handgeschriebene Listen von den letzten Inventarisationen abzutippen. Und endlich wurden wir mit einem regulären Vertrag beim Bodenamt angestellt, bekamen einen neuen Chef, Dr. Lorenz, und unser längst verdientes erstes Gehalt. Sicher war ich auch stolz und zufrieden, dass ich kein Geld mehr von zu Hause brauchte, und ich verdiente wohl auch mehr, als mir geschickt werden konnte. Schade, dass ich nicht aufgeschrieben habe, wie viel es war.

Neun Schlösser hatten wir inventarisiert und zahlreiche Erfahrungen gesammelt mit den dort noch wohnenden Besitzern, mit SS-, Wehrmacht- und Arbeitsdiensteinquartierungen, mit Zwangsverwaltern, Hauspersonal, Kastellanen. Wir hatten bedeutende Kunstsammlungen kennengelernt und waren Expertinnen in Möbelkunde geworden von der Gotik bis zum Jugendstil; von Porzellanen, vor allem ostasiatischen, verstanden wir immer noch nicht viel. Wir waren in herrlichen Parks spazieren gegangen, und wir waren vom Spätsommer bis zum Herbst durch schöne böhmische und mährische Landschaften gefahren.

Dass Schloss Libochowitz an der Eger unser letzter Arbeitsplatz sein würde, ahnten wir nicht, als wir dort am 21. November 1944 abends ankamen. Erschöpft von einer sechsstündigen Bahnfahrt, obwohl Libochowitz nur ungefähr achtzig Kilometer von Prag entfernt ist, verschliefen wir den verabredeten Vorstellungstermin beim Zwangsverwalter Dr. Franz Xaver Kreschl. Zur Strafe für unsere Unpünktlichkeit ließ er uns lange warten; die Zeit vertrieben wir uns mit Schachspielen, wobei Christiane immer gewann. Erst nachmittags wurden wir von Herrn Kreschl empfangen, kühl und vorwurfsvoll. Der herrische Auftritt schüchterte uns ein, so unfreundlich waren wir noch niemals begrüßt worden.

Auch das große Gebäude, in strengem Barockstil 1676–84 erbaut, schüchterte uns ein: Es hatte einundsiebzig Zimmer, davon fünfunddreißig Gästezimmer. Der ehemalige Besitzer, Graf Herberstein, war ein Sammler, ein »Dilettant in allen Wissenschaften«, der von seinen Weltreisen Souvenirs mitgebracht und in Schränken, Vitrinen und Schaukästen untergebracht oder ausgestellt hatte. Hunderte oder Tausende aufgespießter Käfer und Schmetterlinge waren in Glastischen aufgereiht. Und da sollten wir nun jedes Objekt in unsere Verzeichnisse aufnehmen, fragten wir uns besorgt. Zur Inventarisierung der kostbaren Bibliothek sind wir niemals gekommen. Bei vielen Problemen konnte uns später der Kastellan helfen, der den Grafen auf einigen Reisen begleitet hatte.

Dr. Franz Xaver Kreschl sah aus wie ein Abkömmling der böhmischen Hocharistokratie: groß, schlank, dunkle Haare, kräftige Nase (dinarischer Typ), selbstbewusstes Auftreten, das keinen Widerspruch duldete. Es wurde gemunkelt, er sei der uneheliche Sohn eines böhmischen Fürsten. Verheiratet war er mit einer sympathischen, warmherzigen Österreicherin. Der Ärger über unsere Trödelei war schnell vergessen, und schon bald luden Kreschls uns abends zu Obst und Wein ein, um uns besser kennenzulernen. Das Ehepaar hatte keine Kinder, und allmählich wurden wir Adoptivtöchter.

Und die netten Töchter wurden zu fast jedem gesellschaftlichen Ereignis eingeladen, denn wir waren die einzigen jungen Damen weit und breit. Am ersten Wochenende mussten wir schon an einer großen Treibjagd teilnehmen. Die Liegenschaften des enteigneten Grafen bestanden nicht nur aus Ackerland und Wiesen, sondern auch aus Wäldern mit einem großen Bestand an Niederwild. Ich notierte, dass »fast 450 Hasen« erlegt wurden. Zu den Jagden wurden Beamte des Bodenamtes eingeladen, »sie kamen später und brachten eine eisige Atmosphäre mit«. Diese Bemerkung in meinem Kalender bedeutet wohl, dass in Gegenwart der Amtspersonen offene Gespräche über die militärische Lage, über die Situation im Protektorat, harmlose politische Witze nicht möglich waren. Die Prager Gäste blieben nicht bis zum Abend, denn ich nenne ausnahmsweise in Stichworten einige Themen der Unterhaltungen nach dem Abendessen: »Lebhafte Debatten über Musik + Kunst. Tauschgeschäfte, Schleichhandelspreise etc. sind ebenso wichtig.« Keine Themen für die Herren vom Bodenamt. Dr. Kreschl war Parteigenosse, sonst hätte er den Posten als Zwangsverwalter nicht bekommen, er war aber kein überzeugter Nazi, er ließ andere Ansichten gelten.

Dieser Jagd folgten an jedem Wochenende weitere Jagden, mal in Libochowitz, mal in einem anderen Jagdrevier. Der Ablauf war immer der gleiche, so wie ich ihn aus Pommern kannte. Frühes Aufstehen gehörte leider dazu. Die Verpflegung war mir auch vertraut: Kartoffelsuppe und/oder Erbsensuppe, dazu wärmende Schnäpse. Ob es im Protektorat überall üblich war, die deutschen und tschechischen Schützen getrennt einzuladen? Ich habe sie jedenfalls nur getrennt erlebt. Vielleicht wegen der Sprachbarriere.

Die spielte bei Dr. Kreschl keine Rolle, er sprach fließend Tschechisch. Christiane und ich wurden auch zu den Treibjagden mit tschechischen Jägern und Hegern zugelassen, und die freundlichen Männer schenkten uns Brot und Äpfel. Wir sahen wohl sehr hungrig aus.

Das böhmische Mittelgebirge, inzwischen schon leicht beschneit, mit weitem Blick über den grünen und braunen Flickenteppich der kleinen Felder, entzückte mich immer wieder. Das langsame Wandern, Stehen und Schauen war sehr entspannend nach den Tagen des stundenlangen Inventarisierens.

Die Welt schien hier friedlich zu sein, fern vom Krieg – bis wir das dunkle Geräusch eines sich nähernden amerikanischen Bomberverbandes hörten, das Schießen der Flak über Brüx an der Eger und irgendwo Bombeneinschläge. Am hellen Tag konnten wir sogar Flugzeuge sehen.

Die Truppen der Alliierten hatten Ende November stellenweise den Rhein erreicht; die Flugstrecke bis zur Tschechoslowakei wurde immer kürzer.

In Libochowitz mussten wir endlich lernen, uns auch mit den Tschechen zu verständigen, die Deutsch weder sprachen noch verstanden, und das waren die meisten. Wir bemühten uns sehr, etwas Tschechisch zu lernen, weil wir viel mehr als bisher täglich mit Tschechen zu tun hatten: den Angestellten im Schloss, der Bedienung im Gasthof, in dem wir oft aßen, den Kaufleuten, dem Zahnarzt, dem Heger im Jägerhaus, dem Gärtner und anderen. Ich habe immer gerne Sprachen gelernt.

Unsere Arbeitszeit war nicht festgelegt. Niemand kontrollierte, wann wir morgens anfingen und nachmittags aufhörten. Wir mussten das Tageslicht ausnutzen, weil sich die großen Fenster nicht verdunkeln ließen. Ob es überhaupt im ganzen Schloss oder nur in einigen Räumen Elektrizität gab, habe ich vergessen. In den einundsiebzig Zimmern hing (Bilder), stand (Möbel) und lag (Teppiche) viel, was wir beschreiben, bestimmen und nummerieren sollten. Die Anweisungen waren jetzt genauer als bei Frau von Troschke. Das Bodenamt verlangte eine Registrierung aller Objekte. Ob auch aller Salzfässer aus Glas, wie Christiane behauptet? Bestimmt alle Einzelteile der kostbaren englischen, französischen, deutschen und chinesischen Porzellanservices.

Ein Forstmeister hatte uns bei einem Besuch in seinem Forstamt die wichtigsten im Möbelbau verwendeten Hölzer gezeigt und uns die Unterscheidungsmerkmale erklärt. Er gab uns viele Brettchen mit, damit wir die Holzarten identifizieren konnten. Je mehr wir wussten, desto ausführlicher wurden unsere Beschreibungen, besonders der floralen und geometrischen Intarsien der Schränke, Kommoden, Schreibsekretäre und Tischplatten verschiedener Epochen. Über Datierung und stilistische Einordnung konnten wir uns lange streiten.

Im Bodenamt hat sich wahrscheinlich niemand die Mühe gemacht, unsere sauber abgetippten ausschweifenden Texte zu lesen. Wir hatten Spaß an unseren Formulierungen im kunstgewerblichen Fachjargon.

Hatten wir das uns selbst gesetzte Tagespensum geschafft und waren so durchgefroren, dass wir mit unseren steifen Händen nichts mehr schreiben konnten, wärmten wir uns in unserem recht gemütlichen Zimmer wieder auf. In einer Ecke stand ein großer Kachelofen, der vom Korridor aus geheizt wurde. Ein Angestellter sorgte dafür, dass das Feuer nie ausging. Wir hatten inzwischen mehrere Möglichkeiten erprobt, die Abende gemeinsam zu verbringen. Wir schrieben Briefe, lasen, nähten oder strickten. Meistens las eine vor, während die andere Handarbeiten machte.

Als Lektüre habe ich Jakob Burckhardt aufgeschrieben, leider ohne einen Titel zu nennen, und von Adalbert Stifter den *Nachsommer*, der uns wochenlang begleitet hat. Schreibspiele (Käsekästchen, Schiffe versenken und andere) waren als Zeitvertreib für Bahnfahrten erprobt und reserviert.

Solange die Temperatur im Musiksaal noch erträglich war und wir nicht zu müde waren, setzten wir uns an den Flügel und spielten vierhändig. Klaviernoten gab es genug. Viel schöner und romantischer fand ich es, wenn Christiane allein spielte, Schubert, Beethoven oder Bach, und ich, in eine Pelzdecke eingewickelt, auf einem Sessel zusammengekuschelt, ihr zuhören konnte, bei stimmungsvoller Kerzenbeleuchtung.

Immer häufiger lud uns das Ehepaar Kreschl zum Abendessen oder zu »Wein, Obst und Zigaretten« nach dem Essen ein. Je länger wir in Libochowitz waren, desto herzlicher, vertrauter und lockerer wurde unser Umgang. Der strenge Zwangsverwalter war längst vergessen, und Frau Gretel Kreschl war zugleich große Schwester und junge Mutter für uns.

Bis Mitte Dezember war ungewiss, ob das Bodenamt uns einen Weihnachtsurlaub geben würde. Wir sollten den Urlaub nur erhalten, wenn wir mit der Inventarisierung in Libochowitz fertig würden. Doch was sollten wir in dem eiskalten Schloss machen, wenn überall Weihnachten gefeiert wurde? Dr. Lorenz, unser Chef, hatte schließlich Verständnis für unsere Situation, und er bewilligte uns Ferien bis Anfang Januar 1945.

Seit Christa das Studium abgebrochen, Prag verlassen und überraschend geheiratet hatte, wohnte ich allein in unserem Zimmer im Naegleheim. Ich war froh, dass ich mich nicht an eine fremde Studentin gewöhnen musste. Die Miete hatte sich für mich nicht erhöht. Zum Wintersemester waren viele Zimmer frei geworden. Prag war wegen der immer schneller zusammenbrechenden Ostfront ein unsicherer Studienort geworden. Mir blieb ein Zimmer, in dem ich alle meine Sachen lassen konnte, die ich in Libochowitz nicht brauchte, und ein Nachtquartier.

Ein Besuch im Kunsthistorischen Institut gehörte zu jedem, auch dem kürzesten Besuch in Prag. Ich wollte immer noch dazu gehören, mit den Freundinnen im Beisl essen und bei Eva Tee oder Kaffee trinken.

Der gedruckte Fahrplan der Reichsbahn und die tatsächlichen Ankunfts- und Abfahrtzeiten stimmten längst nicht mehr überein. Meine Freiburger Freundin Sabine Riebe begleitete mich am 19. Dezember zum Hauptbahnhof und leistete mir Gesellschaft, bis der Zug von Wien mit dreieinhalb Stunden Verspätung eintraf. Bei der Ankunft in Berlin war noch eine Stunde dazugekommen. Der Anhalter und der Stettiner Bahnhof hatten Bombenschäden, funktionierten aber noch. Die U-Bahn fuhr zuverlässig wie immer.

Zum letzten Mal Weihnachten zu Hause in Vahnerow.

Bei dem altbewährten Ablauf gab es einige Varianten oder Neuerungen: Mona, inzwischen siebzehn Jahre alt, durfte zum ersten Mal beim Schmücken des Baums und beim Aufbau der Krippe helfen. Die Dorfkinder kamen ins Haus, wir sangen mit ihnen Weihnachtslieder, und sie sagten Gedichte auf. Seit die Dorfschule geschlossen war, gab es keine Feiern mehr im Schulhaus. Zum ersten Mal seit fünf Jahren meldete sich Ado kurzfristig zum Fest an. Seine Sturmgeschützbrigade versuchte in Ungarn die sowjetischen Truppen aufzuhalten. Er selbst hatte an einer Tagung in Burg bei Magdeburg teilgenommen und konnte diesen Abstecher nach Pommern anhängen. Zum ersten

Mal war Gerhard nicht dabei, weil er als Nebelwerfer im Ruhrgebiet eingesetzt war. Inga, die eigentlich zum festen Weihnachtsbestand gehörte, sagte kurzfristig ab. Dieter Bassermann fehlte auch. Ein neues Gesicht war für mich Madame de la Perche, die schon seit einigen Wochen in Vahnerow wohnte. Sie wollte in der Nähe ihres Sohnes Philippe Rossignol sein, der als Untersturmführer in der SS-Division Charlemagne in Greifenberg stationiert war und uns einmal besuchte. »So begeisterte N. S. [Nationalsozialisten] kann man im Reich lange suchen!«, schrieb ich in meinen Kalender, eine zutreffende Einschätzung der Stimmung der meisten Deutschen. In Gegenwart von Madame vermieden wir politische Gespräche, obwohl sie behauptete, kein Deutsch zu verstehen und wir französisch mit ihr sprechen mussten. Philippe hat das Kriegsende überlebt. Ob seine Mutter sich retten konnte, wissen wir nicht. Wir haben nach dem Krieg nie wieder von Madame gehört.

Trotz bitterer Kälte fuhren wir am Heiligen Abend nach Batzwitz zum Weihnachtsgottesdienst. Zum letzten Mal führten die Dorfkinder in der kalten Kirche ein von der Frau des vermissten Pastors Dufft einstudiertes Krippenspiel auf. Unsere Mutter verteilte während unserer Abwesenheit die Geschenke auf die mit kleinen weißen Tischtüchern bedeckten Tische.

Auf meinem Tisch lag neben einigen Büchern ein ganz ungewöhnliches Geschenk: ein weißes Cape aus zarten Schneehasenfellen mit geblümtem Seidenstoff gefüttert. Was hatte Mama sich vorgestellt, bei welcher Gelegenheit ich es tragen könnte? Große Feste wurden schon lange nicht mehr gegeben, Theater und Konzertsäle waren im Reich seit Ende Juli geschlossen. Dachte sie vielleicht an die Zeit nach dem Krieg, dessen Ende absehbar war? Wie das Ende sein könnte, darüber sprachen wir wohl nicht, weil wir es uns nicht vorstellen konnten. Die Russen hatten zwar in Ostpreußen stetig Gelände gewinnen können, die Einwohner flohen auf Schiffen und mit ihren Trecks nach Westen, kamen durch die pommerschen Städte und Dörfer, wo sie versorgt wurden, ehe sie weiterzogen – doch einen Vormarsch der Russen bis zur Oder und darüber hinaus hielten wir für ganz unwahrscheinlich.

Um meine Schultern warm zu halten, brauchte ich das Cape nicht, denn in unserem Haus war es immer warm. Erstaunlicherweise war Heizmaterial niemals knapp geworden im Krieg. Im Heizungskeller war immer genügend Koks; sogar im Park lagerte ein Vorrat, für den im Keller kein Platz war.

Noch einige friedliche Tage mit den Geschwistern; mit Atti Schlittschuh laufen auf einem der kleinen runden Teiche, von denen es bei uns mehrere in Koppeln, Feldern und an Waldrändern gab (»Soll« oder »Sölle« ist der Fachausdruck für die fast kreisrunden Seen in Norddeutschland), dann musste ich am 31. Dezember 1944 Abschied nehmen.

Es dauerte einunddreißig Jahre, bis ich wieder nach Vahnerow kam ...

Meine letzte Erinnerung an Berlin: 31. Dezember. Ich stehe am Haupteingang des Anhalter Bahnhofs, ein beschädigter, aber noch funktionsfähiger wuchtiger Bau aus dem 19. Jahrhundert. Überall liegt dicker Schnee, die Häuser rings um den Bahnhofsplatz sind mehr oder weniger zerbombt und ausgebrannt. Darüber ein grauer Himmel. Es ist unheimlich still. Der Schnee schluckt die Geräusche. Ab und zu fährt ein Auto langsam vorbei. Einige Menschen in dunklen Wintermänteln gehen auf den Bürgersteigen und ziehen flache Schlitten, auf die sie Säcke gepackt haben. Keine Farben. Ein großes Schwarz-Weiß-Bild, das auch die späteren baulichen Veränderungen am Bahnhofsplatz nicht haben auslöschen können.

Silvesterabend bei meiner Freundin Eva und Familie Diehl in Aussig, wo ich ein immer freundlich aufgenommener Gast gewesen bin. Ein Silvesterabend, wie ich ihn nicht gewohnt war: keine Spiele, kein gemeinsames Singen, kein Bleigießen. Nur fünf oder sechs Erwachsene, die üppig essen und sich unterhalten wollten. Dann wurde rechtzeitig vor Mitternacht das Radio angeschaltet, um Hitlers Neujahrsproklamation zu hören, die mindestens eine Stunde dauerte. Die Rede endete mit einem Dank an den Herrgott für die Hilfe, die er Führung und Volk hat immer wieder finden lassen, dem Dank für die eigene Rettung (20. Juli) und dem feierlichen Gelöbnis, »dass wir treu und unerschütterlich unsere Pflicht auch im neuen Jahr erfüllen werden, des felsenfesten Glaubens, dass die Stunde kommt, in der sich der Sieg endgültig dem zuneigen wird, der seiner am würdigsten ist: dem Großdeutschen Reiche!«. (In: Max Domarus, *Hitler. Reden und Proklamationen*, Bd. 4, 1988, S. 2179 ff). Vier Monate später erschoss sich Hitler im Bunker in Berlin; die Alliierten waren des Sieges »am würdigsten« gewesen. Ich habe der Rede kaum zugehört, weil ich so müde war von der Reise und fast einschlief. Zum Schluss bin ich wieder zu mir gekommen, aufgeschreckt durch die Bitte von Herrn Diehl, auf das Wohl des Führers und den Endsieg zu trinken. Dazu schenkte er roten Krimsekt aus. Diese Aufforderung befremdete mich, weil Herr Diehl sich in meiner Gegenwart noch nie als Anhänger Hitlers geäußert hatte. Eva war die Szene überaus peinlich, sie kannte Elisabeths Schicksal, von dem ihre Eltern nichts wussten. Ich habe meine Verlegenheit überspielt und vielleicht nur am Sektglas genippt.

Noch zwei Tage in Prag, bevor der Dienst in Libochowitz wieder anfangen sollte. Am Morgen des letzten Tages rief überraschend Werner S. an, um sich mit mir zu verabreden. Stundenlang sind wir durch die Stadt gewandert, obwohl es kalt und ungemütlich war, »aber sehr nett«. In Kaffeehäusern haben wir uns zwischendurch aufgewärmt. Auf dem Bahnhof konnten wir noch viel Zeit miteinander verbringen und auf dem Bahnsteig auf und ab gehen, weil sich der Zug, wie üblich, verspätete. Dann ging alles ganz schnell, im letzten Moment verabschiedeten wir uns, eine kurze Umarmung, ein flüchtiger Abschiedskuss, und Werner murmelte enttäuscht: »Das war ja nichts, das nächste Mal muss es besser werden …« Ein »nächstes Mal« gab es aber nicht. Wir haben uns noch einige Briefe geschrieben, solange es möglich war, und uns dann in den Wirren des Kriegsendes und der Nachkriegszeit aus den Augen verloren.

In meinen Taschenkalender von 1945, der noch kleiner ist als der von 1944, habe ich im Januar nichts geschrieben. War das tägliche Einerlei der Inventarisierung so langweilig, dass sich kein Eintrag lohnte? War ich geschockt und gelähmt vom katastrophalen Verlauf der vergeblichen Abwehrkämpfe im Osten? Am 12. Januar hatten die sowjetischen Truppen aus dem Baranow-Brückenkopf an der Weichsel eine Großoffensive begonnen, unter deren Wucht die deutsche Mittelfront unaufhaltsam zusammenbrach. Auch in Ostpreußen konnten die Sowjetarmeen schnell vordringen. Christianes Heimat ging zuerst verloren.

Kreschls hatten in ihrer Wohnung eine Landkarte an einer Wand befestigt, auf der wir mit kleinen Fähnchen fast täglich den Frontverlauf neu markieren mussten. Ende Januar erreichten die Russen die Oder bei Frankfurt, dadurch war Hinterpommern abgeschnitten. Die Bewohner saßen in einer Falle.

Vielleicht ist die Erklärung für die leeren Seiten im Kalender auch ganz banal: Ich hatte noch keine Gelegenheit gehabt, mir einen neuen für das Jahr 1945 zu kaufen. Ab 1. Februar habe ich mit winziger Schrift so viel eingetragen wie nie zuvor.

Dr. Kreschl hielt es für sinnlos und vielleicht auch für zu gefährlich, dass Christiane und ich vom Bodenamt noch zur Inventarisierung weiterer beschlagnahmter Schlösser kreuz und quer durch Böhmen und Mähren geschickt wurden. So dachte er sich immer neue Aufgaben für uns aus, von deren Wichtigkeit er vor allem Dr. Lorenz überzeugen konnte.

An den Wochenenden fuhren wir oft nach Prag, um an einem Seminar bei Prof. Swoboda teilzunehmen und um unsere Freundinnen zu sehen, mit denen wir auch über die bedrohliche und ungewisse Zukunft sprachen – »wenn die Russen kommen«, wie ich notierte.

Ungeduldig wartete ich auf Post aus Vahnerow. Nachdem wochenlang kein Brief angekommen war, erlaubten mir Kreschls, ein Telefongespräch über das Fernamt anzumelden. Direkte Durchwahl gab es damals nicht. Nachts bestand eher die Aussicht, dass private Gespräche weitergleitet wurden als am Tag. Christiane war bereit, mit mir Nachtwache im Wohnzimmer zu halten, wo das Telefon stand. Sie legte sich aufs Kanapee, ich versuchte, auf einem großen Sessel so bequem zu liegen, dass ich schlafen konnte. Wir schliefen bald ein, kein Telefonklingeln weckte uns. Zwei Nächte später haben wir es noch einmal versucht, wieder vergeblich. Ich wusste nicht, dass am Tag nur noch stundenweise Strom nach Vahnerow geliefert wurde und nachts der Strom ganz abgestellt war.

Endlich, am 12. Februar, brachte der Postbote den sehnlich erwarteten Brief von Mama. Sie schrieb, dass sie sicher sei, die Russen würden Vahnerow nicht finden, weil keine gepflasterte Straße zum Dorf führe, das abseits der Chaussee läge. Ich erinnere mich, dass ich mich über diese Realitätsblindheit und Verkennung der Lage sehr wunderte. Sie musste doch wissen, dass ein Kilometer abseits von einer Chaussee keine Entfernung für die russischen Truppen sein konnte, die es gewohnt waren, auf jeder Straße zu marschieren, auch auf unbefestigten, holprigen pommerschen Landstraßen. Außerdem besaßen sie Landkarten und Ferngläser.

In Libochowitz zogen wir wie üblich nach dem Abendessen bei Kreschls, nachdem wir den Wehrmachtsbericht gehört hatten, die bunten Fähnchen aus der Landkarte heraus und steckten sie ein Stückchen weiter westwärts ein – nur noch wenige Zentimeter bis Greifenberg. Dann spielten wir Halma und tranken Wein dazu.

In der Nacht vom 13. zum 14. Februar schreckten wir aus tiefem Schlaf hoch, weil Fenster und Tür unseres Zimmers klapperten und schepperten und die Alarmsirenen heulten. Wir liefen zum Fenster, um nachzusehen, ob in der Nähe von Libochowitz etwas passiert war. Da war alles ruhig, aber der nördliche Horizont war hell orangerot von einem gewaltigen Feuerschein erleuchtet, und wir hörten ein Bombardement in der Ferne und das tiefe Brummen der sich entfernenden Bomber. Sie hatten ihren ersten großen Angriff auf Dresden geflogen. Die Stadt war ungefähr achtzig Kilometer von Libochowitz entfernt, dazwischen lag das Elbsandsteingebirge, das kein Hindernis für die starken Druckwellen war, die die Türen und Fenster des alten Schlosses erzittern ließen. Dem nächtlichen Angriff folgte ein Tagesangriff, den wir auch hörten, und wir sahen die von ihrem Einsatz zurückkehrenden Flugzeuge hoch am Himmel westwärts fliegen. Wie verheerend die Bombardements waren, erfuhren wir erst nach und nach.

Einige Menschen, die sich in Dresden vor den Nazis hatten verstecken müssen, konnten sich in dem allgemeinen Chaos nach den Angriffen durch Flucht retten, wie Victor Klemperer und seine Frau. Gefangene, politische und kriminelle, konnten aus zerstörten Zuchthäusern und Gefängnissen fliehen oder mussten entlassen werden, weil ihre Akten verbrannt waren. Zu diesen Entlassenen gehörte meine Stiftsfreundin Waltraut von Metzsch, die verlaust, verdreckt, mit Eiterbeulen nach Hause geschickt wurde, weil die Prozessunterlagen verbrannt waren und das Zuchthaus schwer beschädigt. Waltraut, im Stift ein gläubiges BDM-Mädchen, das den Führer verehrte, war im Herbst 1944 von einer Arbeitskollegin wegen einer kritischen Bemerkung zum Kriegsverlauf denunziert und dann wegen Defätismus verhaftet worden. Der Prozess stand kurz bevor – die Bomben der Alliierten hatten sie gerettet. Sie konnte zu ihrer Familie nach Freiberg (Sachsen) zurückkehren. Das schrieb sie mir kurz nach ihrer Entlassung. Am 5. Mai erreichten die Russen Freiberg, und in der folgenden Nacht hat sich die ganze Familie aus Angst vor Erniedrigungen und Vergewaltigungen mit Zyankali vergiftet. Wahrscheinlich hatte Waltraut das Gift schon lange zuvor im Labor, in dem sie arbeitete, beschafft, »organisiert«, wie es damals hieß. Es waren zwölf Personen, vier Generationen, darunter fünf Kinder, die in dieser Nacht starben. Wie mir der Nachlassverwalter Monate später schrieb, hat es in Freiberg weder Plünderungen noch Vergewaltigungen gegeben; ein korrekter Kommandant konnte die sonst üblichen Ausschreitungen der siegreichen Truppen verhindern. Der Familie von Metzsch sei nichts zugestoßen.

Anfang Februar hatten die sowjetischen Truppen das oberschlesische Industriegebiet erreicht, und bald darauf standen sie vor Breslau. Die Deutschen flüchteten, zogen in endlosen Trecks durch die Tschechoslowakei nach Westen, sie fuhren durch Libochowitz: »müde Menschen + abgetriebene Pferde. Die Tschechen stehen + staunen« (22. Februar). Voll geladene schwere Ackerwagen, auch Planwagen; außer dem Kutscher saßen nur alte Menschen und kleine Kinder auf den Wagen, die meisten Leute gingen zu Fuß nebenher. Manche Trecks machten Station in der Kleinstadt, sie blieben über Nacht, damit sie und die Pferde sich erholen konnten. Christiane und ich besuchten sie im Gasthof, ich schrieb: »Not, Elend + Stumpfheit + man kann nicht helfen.« Haben wir angesichts dieses Elends mit Kreschls beim Abendessen oder beim anschließenden Halma-Spiel häufiger über unsere eigene Zukunft gesprochen und Pläne gemacht? Bald würden wir in der Falle sitzen. Wir konnten nicht einfach fliehen, wir waren Angestellte des Bodenamtes mit einem Arbeitsvertrag. Wohin sollten wir fliehen? Wir waren ratlos und spielten weiter Halma und tranken Wein dazu.

Am 6. März 1945 gab der Wehrmachtsbericht bekannt, dass die Russen Plathe und Greifenberg eingenommen hatten. Sie hatten also auch Vahnerow erreicht. Zehn Tage später meldeten sich Mona und Atti aus Pasewalk in Vorpommern. Sie hatten im letzten Zug, der den Plather Bahnhof noch verlassen konnte, mitfahren dürfen. Ihr Ziel war Göttingen, das Haus von Percy und Eta Schramm. Unsere Mutter und Baba waren zu Hause geblieben. Warum, das hatten die Schwestern nicht geschrieben. Ich war entsetzt, dass Baba nicht mitgekommen war. Jeder wusste, wie gefährdet junge Mädchen waren.

Ado, noch immer realitätsblind, schrieb einen Brief von der

ungarischen Front: Er war zuversichtlich, dass die Russen (oder sagte er »der Russe«?) bald wieder aus Pommern vertrieben würden und wir in unsere Heimat zurückkehren könnten.

Trotz der Sinnlosigkeit inventarisierten wir fleißig, nahmen auf, was wir noch übersehen hatten. Allmählich wurde es wärmer in den kalten Sälen, wenn wir die Fenster öffneten und die Frühlingsluft hereinließen. Wir fingen an, besonders hübsche Gegenstände sorgfältig abzuzeichnen, obwohl das nicht verlangt war. Es machte uns aber Spaß und schob das Ende unserer Tätigkeit hinaus. Da waren auch noch die Schaukästen mit den aufgespießten Käfern und Schmetterlingen, mit ihnen wollten wir uns auf keinen Fall beschäftigen. Wir waren Kunsthistoriker, keine Biologen oder Entomologen.

Das saubere Abtippen unserer Listen nahm noch viel Zeit in Anspruch, denn wir mussten immer darauf warten, dass eine Schreibmaschine im Büro der Zwangsverwaltung zur Verfügung stand. Als die Listen fertig waren, fing ich an, eine kunsthistorische Einleitung für die Verzeichnisse zu entwerfen. Es blieb bei dem Entwurf.

Dr. Kreschl hatte keine Bedenken, uns für außerplanmäßige Arbeiten einzusetzen, wenn er uns brauchte. Einige Räume des Schlosses sollten neu eingerichtet werden, angeblich um Platz für eine Wehrmachtseinquartierung zu schaffen. Wir hatten schon Offiziere zur Besichtigung durch das Schloss führen müssen. Was für eine Absurdität Ende März angesichts der absehbaren militärischen Niederlage! Wir machten aber verschiedene Vorschläge für die Neueinrichtung der Zimmer; wir transportierten leichte Möbel, die schweren überließen wir zehn russischen Kriegsgefangenen, die »unbeschreiblich langsam« arbeiteten. Ich fand sie sehr lustig mit ihrem gebrochenen Deutsch, in dem sie uns »bolschewistische Vorträge« hielten mit dem Fazit: »Russland gut, Stalin Scheiße« (Kalendereintrag 27. März). Sie werden wohl, wenn sie das Kriegsende überlebt haben, auf Stalins Befehl als Kollaborateure entweder gleich erschossen oder nach Sibirien verbannt worden sein.

Der alte Kastellan weinte, als das Bett des Grafen Herberstein, des rechtmäßigen Besitzers von Libochowitz, in Teile zerlegt und das Schlafzimmer ausgeräumt wurde.

Es wurde Frühling. Wir gingen im Wald spazieren, nahmen Sonnenbäder, setzten uns mit unseren Listen zum Korrekturlesen in den Park, halfen dem Gärtner, beobachteten hoch am Himmel die Flugzeuge der Alliierten, die fast täglich ungehindert ihre Ziele anflogen – und warteten

Über Ostern nahmen uns Kreschls zu einer Schnepfenjagd mit; wir waren ihre Töchter geworden, gehörten zur Familie. Benzin war schon lange knapp und rationiert. Es gab aber die Möglichkeit der Selbstversorgung: An Kraftfahrzeuge konnte ein Ofen zur Holzverkohlung montiert werden, zur Gewinnung von Holzgas, das auch noch nach dem Krieg als Motorentreibgas verwendet wurde. Dieser Treibstoff war bei Weitem nicht so effektiv wie Benzin, und deshalb mussten wir schon bei leichten Steigungen das Auto verlassen und bis zur Höhe nebenhergehen.

Die Jagd war nicht erfolgreich: eine Schnepfe! Das betrübte allerdings nur die Jäger, uns nicht. Wir genossen das langsame, leise Gehen durch den lichten Wald mit rauschenden Bächen und Vogelgezwitscher. Es war ein leuchtender Frühlingstag, die Sonne glänzte, es lachte die Flur, es drangen Blüten aus jedem Zweig und tausend Stimmen aus dem Gesträuch (frei nach Goethe). Wir erlebten die helle Gegenwart so intensiv, weil die Zukunft so dunkel war.

Zurückgekehrt, notierte ich in meinem Kalender: »Böse Nachrichten von allen Fronten.« Endlich wollten wir uns ernsthaft darüber Gedanken machen und möglichst einen realisierbaren Plan entwerfen, wie wir uns noch retten könnten, ehe die Falle ganz zuschnappte. Dr. Kreschl hatte Landkarten auf dem Esstisch ausgebreitet, und wir überlegten, ob wir uns mit Pferd und Wagen auf den Weg machen sollten oder ob wir das Ende des Krieges, den Einmarsch der Russen, in Libochowitz abwarten sollten. Kreschls wollten ihre Angestellten nicht im Stich lassen, vielleicht rechneten sie sogar mit deren Unterstützung. Christiane und ich wussten nicht, wohin wir fliehen könnten. So kamen wir mit unseren Überlegungen zu keinem Ergebnis. Immerhin wurde beschlossen, nach Prag zu fahren, um dort die Sachen abzuholen, die sich noch in unseren Studentenzimmern befanden. Das waren vor allem Bücher und Studienunterlagen, aber auch Garderobe, Bilder, Korrespondenz, Haushaltsgeräte und anderes. In Libochowitz räumte ich alles, was ich mitgebracht hatte, sorgfältig in Schrank und Kommode ein, so, als ob ich mich noch für längere Zeit hier häuslich niederlassen könnte! Der Mensch – oder nur der deutsche? – hat wohl das Bedürfnis, sich, wo auch immer, eine wohnliche Umgebung zu schaffen.

Am 13. April 1945 war Wien von den sowjetischen Truppen erobert worden. Die letzte Nachricht von Ado hatte ich aus Wien bekommen. Wohin sich seine Sturmgeschützbrigade zurückgezogen hatte und ob sie sich überhaupt hatte retten können, wusste ich nicht. Hitler hatte, vollmundig wie immer, in einer Proklamation an die Soldaten der Ostfront verkündet: »Berlin bleibt deutsch, Wien wird wieder deutsch, und Europa wird niemals russisch!«

Die traditionelle Rede von Joseph Goebbels am 19. April zu Hitlers Geburtstag haben wir wohl bei Kreschls gehört. Ein eigenes Radio hatten wir nicht. Bestimmt nicht die ganze Rede mit ihren pathetischen Huldigungen an den Führer, ihrer Verlogenheit und der Umdeutung der katastrophalen militärischen Lage. Die Russen hatten Berlin erreicht, die Umfassung von Norden und Süden stand bevor. »Hitler ist Festungskommandant von Berlin«, das war wohl eine offizielle Bekanntmachung, die ich am 23. April notierte. Meine Bemerkungen in meinem Taschenkalender zur politischen und militärischen Situation sind leider sehr dürftig; nur Stichworte ohne Kommentar.

Ganz unerwartet gab es einen Ausweg für mich: Ado stand plötzlich vor der Tür, um mich abzuholen. »Du kommst hier sonst nicht mehr raus«, erklärte er. Ich müsse sofort meine Sachen packen, einen kleinen Koffer mit den notwendigsten Kleidungsstücken und einen großen mit weniger wichtigen Dingen, der später abgeholt werden könnte. Er drängte auch Christiane mitzukommen. Sie konnte sich aber nicht dazu entschließen, sie wollte noch bei Kreschls bleiben.

Um mich aus Nordböhmen abholen zu können, brauchte Ado, dessen Brigade jetzt nördlich von Wien in Niederösterreich stationiert war, selbstverständlich einen offiziellen Auftrag: Er sollte erkunden, ob es im Protektorat irgendwo noch größere Treibstofflager gab, die Benzin und Diesel liefern könnten. Der Vorgesetzte wusste ebenso gut wie sein Oberleutnant, dass es keine Vorräte mehr gab. Der Scheinauftrag war nötig, um mich zu retten. In achtundvierzig Stunden musste Ado wieder bei seiner Truppe sein.

Kreschls luden uns zum letzten Abendessen ein, und um einundzwanzig Uhr brachen wir auf. Ein trauriger Abschied, wir wussten nicht, ob wir uns jemals wiedersehen würden.

In Prag konnte ich noch einmal in meinem Zimmer im Naegleheim schlafen. Ado übernachtete im Hotel Savarin, wo wir »friedensmäßig« zusammen gefrühstückt haben.

Immer noch war herrliches Frühlingswetter. Wir fuhren durch schöne Landschaften, doch auf den Straßen drängten sich Flüchtlingstrecks, daneben Fußgänger mit Gepäck und Handwagen und Militärfahrzeuge. Panzersperren mussten umfahren werden. Sahen wir ein Treibstofflager, verließen wir die Straße, und Ado erkundigte sich nach lieferbaren Vorräten und erhielt überall Absagen. Etwas anderes hatte er auch nicht erwartet. Tiefflieger sausten, ohne zu schießen, über das Chaos von Menschen und Fahrzeugen auf den Straßen. Ich habe jedenfalls keinen Angriff erlebt.

Gegen Abend kamen wir sechzig Kilometer nordwestlich von Wien in Dreieichen an. Die Stimmung bei den Soldaten bezeichne ich mit »Galgenhumor: Keine Munition, kein Sprit, keine Geschütze«.

Ein großer Gasthof, zu dem mehrere Häuser gehörten, war für den Tross der Sturmgeschützbrigade beschlagnahmt worden. Im Haupthaus wohnten die Offiziere, in den Nebengebäuden Unteroffiziere und Mannschaften. Es war nicht einfach, in dieser Männerwelt die Schwester des Oberleutnants von Thadden unterzubringen. Ich bekam ein kleines Zimmer hinter dem Schlafsaal der Soldaten, in dem Feldbetten in Reih und Glied aufgestellt waren. Morgens war der Saal schon verlassen, die Betten waren ordentlich zugedeckt, wenn ich zum Frühstück ins Gasthaus ging. Kam ich abends spät zurück, schliefen die Soldaten bereits.

Wenn ich an einem fremden Ort bin, erkunde ich zuerst die Umgebung. Dreieichen liegt auf einer Anhöhe, umgeben von viel Wald. Ich wanderte also in den Wald, ging bis zum trigonometrischen Punkt, um mir einen Überblick zu verschaffen, entdeckte eine Barockkirche, die ich natürlich besichtigte. Katholische Kirchen sind (waren?) immer geöffnet, und Kunsthistoriker sind immer im Dienst. Jeden Tag ging ich in eine andere Richtung. Wollte ich der Schlagermusik entkommen, die ständig aus einem Lautsprecher am Parkplatz über Feld, Wald und Flur dröhnte, musste ich weit wandern.

Das Repertoire war nicht groß, natürlich gab es nur deutsche Schlager. Am beliebtesten war »Unter einem Regenschirm am Abend« mit der Zeile »wenn es klopft, wenn es tropft auf das Regendach …«. Anfang Mai passte der Text zu dem kalten regnerischen Wetter. Nachrichten, Wehrmachtsberichte und Sondermeldungen gab es in gleicher Lautstärke zwischen den Musiksendungen.

Tagsüber war ich mir selbst überlassen. Obwohl ich morgens lange schlief, war ich nachmittags schon wieder müde und legte mich ins Bett. Ich war seelisch erschöpft, nicht körperlich.

Womit die Soldaten tagsüber beschäftigt waren, wusste ich nicht. Selten sah ich einen auf dem Gelände des Gasthofes. An der Front, die ungefähr dreißig Kilometer entfernt war, fand kein Krieg mehr statt. Die feindlichen Truppen lagen sich gegenüber und warteten. Mir schien die Situation so ungefährlich zu sein, dass ich meinen Bruder fragte, ob er mich nicht mal zu den deutschen Stellungen mitnehmen könne. Dieses Ansinnen fand er völlig absurd und lehnte es ab.

Munition und Treibstoff waren knapp, aber Alkohol war reichlich vorhanden, denn aus Wien war viel Wein abtransportiert worden. Jeden Abend wurde gefeiert: Es gab Kameradschaftsabende »mit lustigen Vorführungen«, üppige Mahlzeiten mit viel Wein, Tanzfeste im Gasthaus oder in der Nachbarschaft. Für einige Stunden wollten alle, Offiziere und Mannschaften, ihre hoffnungslose, aussichtslose Lage vergessen – ersäufen. Der besorgte Bruder passte immer auf, dass die beschwipsten Herren nicht zudringlich wurden. Bevor »es gefährlich wurde«, brachte er mich zurück in mein Zimmer.

Alle tranken hemmungslos, auch Ado, was ihn nicht davon abhielt, sich nach dem Fest ans Lenkrad seines Autos zu setzen, um selbst zurückzufahren, obwohl er einen nüchternen Fahrer hatte. Als ich protestierte, beruhigte er mich: sobald er im Auto säße, sei er sofort nüchtern …

Nach vier Tagen wurde mir mein restliches Gepäck aus Libochowitz gebracht. Ich packte den großen Koffer aus und »machte mir mein Zimmer ganz wohnlich«. Ich hätte die Sachen auch im Koffer lassen können, doch schon wieder hatte ich das sinnlose Bedürfnis, ein Nest zu bauen.

Ich hoffte, dass Christiane die günstige Gelegenheit, aus Libochowitz zu fliehen, genutzt hatte. Am 8. Mai wurde sie von einem spontan zusammengestellten Rote-Kreuz-Treck mitgenommen. Sie wurde als Krankenschwester eingekleidet, um nicht als Zivilistin aufzufallen. Nach fünf Tagen erreichte der Treck die bayerische Grenze. Christiane war in Sicherheit bei den Amerikanern. Wir haben uns schon bald nach dem Krieg wiedergefunden und sind immer noch befreundet.

Am 1. Mai meldete der Rundfunk mit einem Tag Verspätung, dass Hitler im Kampf gefallen sei. »Hitler gefallen«, habe ich notiert. Dass er sich am Tag zuvor in Berlin im Bunker erschossen hatte, erfuhren die Deutschen erst nach dem Krieg. Im Rundfunk wurde erklärt, dass Hitler »in seinem Befehlsstand in der Reichskanzlei, bis zum letzten Atemzug gegen den Bolschewismus kämpfend, für Deutschland gefallen« sei. Ich habe nicht bemerkt, dass ein Soldat beim Tross erschüttert über diesen Heldentod gewesen wäre. Alle dachten nur noch an ihr eigenes Überleben.

An diesem Abend durfte ich dabei sein, als der Kommandeur mit seinen Offizieren die Lage besprach und Pläne für die Zukunft diskutierte, für realisierbare Absetzbewegungen weg von den Russen nach Westen zu den Amerikanern. Solche Planungen im größeren Kreis wären vor Hitlers Tod unmöglich, sogar gefährlich gewesen.

Den Ernst der Lage hatte nun auch ein Leutnant erkannt, dessen Namen ich nicht vergessen habe: Julius Johannes Joschko. Er war der Meinung, ich müsse unbedingt lernen, mit einem Karabiner zu schießen, für den nicht unmöglichen Fall der Selbstverteidigung. Mit Tesching und Pistole hatte ich oft und recht gut geschossen, warum sollte ich es mit einem Karabiner nicht können? Wir gingen zu einer Kiesgrube. Joschko stellte eine Zielscheibe auf und erklärte mir, wie ich den schweren Karabiner halten müsse. Vor allem gut festhalten, um einen Rückstoß zu verhindern, der schmerzhaft sei. Auf dem Weg zur Kiesgrube war ich noch das gnädige Fräulein, bei den Schießübungen war ich der Rekrut, der angeschnauzt wurde, weil ich den Karabiner nicht fest genug an meine Schulter drücken konnte. Die Folge war ein großer blauer Fleck auf dem Schlüsselbein. Für die nächsten Schießübungen, es waren wohl nur noch zwei, hatte ich die Schulter gepolstert.

Ich war schon eine Woche in Dreieichen und langweilte mich, als Ado endlich einfiel, dass ja ein gebildeter Mann in seiner Truppe war, mit dem ich mich bestimmt gut unterhalten würde: Unteroffizier Fritz Werner, ein Buchhändler aus Freiburg, der in der Schreibstube beschäftigt war. Wie sich herausstellte, ein Freund von Dieter Bassermann – die Welt ist klein. Ich machte mich nach Dienstschluss auf den Weg, freute mich nach Tagen geistiger Öde auf das Gespräch. Die Schreibstube, das Büro der Truppe, war in einem Gerätewagen untergebracht. Es war schon etwas dämmrig. Fritz Werner hatte eine Lampe in den Wagen gestellt. Wir setzten uns auf die kleine Treppe, die zum Eingang führte. Der Buchhändler erzählte, und ich hörte zu. Es war eine Art Einführung in die moderne Literatur, die mir nicht fremd war, denn ich kam aus einer Familie, in der viel gelesen wurde, gerade auch Bücher verfemter Dichter. Einen Namen hatte ich noch nie gehört: Gottfried Benn. Ein Grund für Fritz Werner, mir viel von diesem schon lange verbotenen Dichter und Arzt zu erzählen, dessen Werk, vor allem die Gedichte, er besonders schätzte. Ich war mir durchaus dieser eigenartigen Situation bewusst und sehe die Szene noch vor mir: ein Buchhändler, zurzeit Soldat, eine Studentin, zurzeit arbeits- und heimatlos, auf einer kleinen Treppe vor dem Gerätewagen sitzend, vom milden Mondlicht beschienen, nur über Dichter und Dichtung redend, nicht über die zu erwartende Katastrophe. Ich erinnere mich noch, dass Fritz Werner mir zum Schluss sagte, mein Bruder sei der einzige gebildete Offizier in der ganzen Truppe. Zu einem weiteren Gespräch ist es nicht mehr gekommen, die Ereignisse überstürzten sich.

Unruhen brachen im Protektorat aus. Ich machte mir große Sorgen um Kreschls und Christiane. Goebbels Tod bedauerte niemand. »Klumpfüßchen ist tot«, war mein knapper Kommentar. Ich hatte nichts zu tun, langweilte mich, wartete ungeduldig auf das Ende. Wir hörten im Radio von den Teilkapitulationen deutscher Truppen im Westen und erwarteten stündlich die Kapitulation an der Ostfront. Immer mehr Soldaten desertierten in den Nächten, die zurückgebliebenen betranken sich.

Am 8. Mai 1945, morgens um vier Uhr, weckte mich Julius Johannes Joschko durch energisches Klopfen an meine Tür: »Gnädiges Fräulein, der Krieg ist aus! Aufstehen!«

DER ANFANG – NACH DEM 8. MAI 1945

»Gnädiges Fräulein, der Krieg ist aus! Aufstehen!« Dieser Weckruf bedeutete sowohl Ende als auch Anfang. Ich sprang aus dem Bett, und während ich meine beiden Koffer packte, hörte ich auf dem Hof eilige Schritte, Rufen und Kommandos, das Anlassen von Motoren. In der Ferne hörte ich das ununterbrochene tiefe Brummen der von Osten nach Westen rollenden Fahrzeuge; weg von den Russen, so schnell wie möglich zu den Amerikanern. Diese hatten schon vor einiger Zeit die Linie Linz–Budweis–Karlsbad erreicht, an der sie stehen geblieben waren, um die zurückflutenden deutschen Truppen zu entwaffnen und gefangen zu nehmen.

Um sieben Uhr begann die gut organisierte Abfahrt des Trosses von Dreieichen. Ich saß im Fond eines offenen Wagens, zusammen mit Ado und zwei oder drei Offizieren, an der Spitze der Kolonne. Wir fuhren langsam dicht aufgeschlossen bergab durch einen großen Wald bis zur Hauptstraße. Die Route hatten die Offiziere längst festgelegt: über Altenburg, Zwettl nach Hohenfurt an der Moldau. Als wir die Hauptstraße erreichten, mussten wir erst einmal anhalten, weil die Fahrzeuge so geschickt in den dichten Verkehr eingefädelt werden sollten, dass die Kolonne nicht sofort auseinandergerissen wurde.

Dichtes Gedränge auf der Straße von Militärfahrzeugen aller Art, dazwischen Pferdewagen, Radfahrer, Reiter, Fußgänger mit leichtem Gepäck oder Handwagen, Männer, Frauen, Kinder, auch Infanteristen in Gruppen oder einzeln. Gab es einen längeren Halt wegen des Staus, versuchten Soldaten und Zivilisten auf die

Militärfahrzeuge zu klettern. Wenn es möglich war, wurden sie mitgenommen. Neben der Straße und in den Straßengräben lagen defekte Fahrzeuge, Gepäckstücke, Aktenordner und Papiere.

Jeder, der das Kriegsende bewusst erlebt hat, erinnert sich an strahlende Maitage, an den Gegensatz von menschlichem Elend und aufblühender Natur, an blauen Himmel und Sonnenschein. »Zauberhaftes Wetter!«, schrieb ich in meinen Taschenkalender.

Wie und wo wir die erste Nacht verbrachten, habe ich nicht notiert. Am nächsten Tag war die Kolonne schon nicht mehr vollständig zusammen. Bei der Mittagsrast wurde Proviant verteilt – und weggeworfen. Ich war verblüfft zu sehen, welche Mengen an Lebensmitteln es noch gab: große Schinken, Würste, Käse, Konserven und anderes – und entsetzt, wie viel davon in einen breiten Bach geworfen wurde, damit die Russen nichts davon bekamen, falls wir ihnen in die Hände fielen. Es schien den Soldaten sogar Spaß zu machen, die Käseräder in den Bach zu rollen. Die ersten amerikanischen Soldaten tauchten auf und verschwanden wieder, nachdem sie die Deutschen entwaffnet hatten. Die Offiziere saßen zusammen und entwarfen wohl Zukunftspläne. Zum ersten Mal in meinem Leben übernachtete ich in einem Zelt.

Am nächsten Morgen in aller Frühe plötzlich chaotischer Aufbruch. Offensichtlich hatten sich die Offiziere überlegt, sie könnten auf Schleichwegen durch die Berge der Gefangennahme durch die Amerikaner entkommen. Ich erinnere mich an ein mir sinnlos erscheinendes Fahren kreuz und quer auf schmalen unbefestigten Straßen durch den Böhmerwald, das schließlich in einem großen Camp in Nesselbach in der Nähe von Hohenfurt an der Moldau endete. Wir waren nun doch in amerikanischer Gefangenschaft.

Langsam rollten wir mit allen Fahrzeugen in ein offenes, nicht eingezäuntes Sammellager vor der amerikanischen Linie – ein grosses Areal mit Wiesen, Bäumen, Buschwerk, durch das ein breiter überbrückter Bach floss. Ununterbrochen trafen Soldaten und Zivilisten ein, zu Fuss, motorisiert oder mit Pferdewagen, und verteilten sich auf dem Gelände.

Unsere Restgemeinschaft blieb vorerst zusammen. Die Offiziere hatten einen Platz unter Bäumen ausgesucht, am Ende des Lagers. Dort war es noch leer und luftig. Ich durfte im I-Wagen (Instrumentenwagen) wohnen und auf einem Tisch schlafen, was sehr hart war. Eine zusammengefaltete Decke war mein Kopfkissen. Zum Schlafen wickelte ich mich angezogen in meinen Mantel. Ob die Soldaten im Freien oder in Zelten schliefen, habe ich vergessen.

Ich hatte mich unauffällig soldatisch angezogen mit Hose und feldgrauem Hemd, ein Käppi vervollständigte mein militärisches Outfit.

Zivilisten, die mit den Soldaten angekommen waren, vor allem Frauen und Kinder, lebten zunächst noch unbehelligt im Lager. Immer noch hatte man Angst, den Russen, die schon in der Nähe sein sollten, ausgeliefert zu werden. Wenn man von der Aussenwelt abgeschnitten ist, keine Zeitung, kein Radio hat, blühen die Gerüchte. »Zum Frühstück gibt es eine Portion Gerüchte«, schrieb ich.

Die Zeit verging mit Herumsitzen, mit fruchtlosen Gesprächen: »hätten wir« – »wären wir« – »wenn wir doch«, mit Wasser holen, Essen organisieren; dazu gehörten Tauschgeschäfte mit den Bauern der Umgebung und Warten auf irgendetwas.

Eines Abends sass ich mit einigen Soldaten an unserem Lagerplatz an einem kleinen Feuer, da hörten wir ein Rascheln im Gebüsch und Stimmen, die sich näherten: »Hier lang, Herr General.« Darauf die ärgerliche Antwort: »Nicht mehr Herr General, wie oft habe ich das schon gesagt, nur noch Herr…« Dann traten sie heraus, ein junger und ein alter Soldat. Beide hatten Hoheitsabzeichen und Schulterstücke von den Uniformen abgetrennt.

Manchmal herrschte eine erstaunlich heitere, fast euphorische Stimmung unter den Gefangenen. Was die totale Niederlage, die bedingungslose Kapitulation, der Untergang des Deutschen Reiches bedeutete, schienen sie noch nicht begriffen zu haben. Jeder war froh, überlebt zu haben und den Russen entkommen zu sein. Einige Soldaten hatten sogar noch so viel Schwung und Talente, dass sie ein Varieté, »bunte Abende« mit »lustigen Einfällen« organisierten, im Schein eines Lagerfeuers.

Von den amerikanischen Soldaten, die das Lager bewachten, merkten wir wenig. Sie patrouillierten lässig-selbstbewusst, gut genährt und frisch gewaschen auf weichen Sohlen durch das ausgedehnte Areal. Sie kümmerten sich kaum um die Gefangenen. Ado war deshalb total überrumpelt, als ein GI befahl, ihm seine Armbanduhr zu geben, was er verweigerte. Daraufhin packte der Amerikaner ihn und stieß ihn in den flachen Bach, der durch das Lager floss. Ein amerikanischer Offizier, der die Szene beobachtet hatte, eilte herbei, entschuldigte sich bei dem deutschen Offizier, der durchnässt am Ufer stand, maßregelte den Soldaten und drohte ihm eine hohe Strafe an. Dass auch amerikanische, nicht nur russische Soldaten Armbanduhren mit Gewalt von Kriegsgefangenen einforderten, damit hatten wir nicht gerechnet. Wir hatten bisher keinen ohne Uhr am Handgelenk gesehen. In der warmen Maiensonne trocknete Ados Uniform schnell.

Noch niemals hatte ich so nah mit meinem Bruder zusammengelebt, noch nie waren wir so ganz aufeinander angewiesen gewesen. In Dreieichen hatten wir uns nicht oft gesehen, meistens erst am Abend, nach dem Dienst an der Front, und dann nur im Kreis der Offiziere. Hier im Gefangenenlager bröckelte die Fassade des zuversichtlichen, selbstbewussten Offiziers. Ich hatte den Eindruck, er begriff erst jetzt in den Tagen des Nichtstuns, in denen er keine Verantwortung mehr für die verbliebene Truppe hatte, die totale Katastrophe. Er wurde wortkarg, wirkte ratlos. Über Probleme haben wir nicht gesprochen; so nahe standen wir uns nicht, dass er eine Schwäche, eine Unsicherheit zugegeben hätte. Verstärkt wurde die depressive Stimmung wohl auch durch den Entzug von Pervitin, einem Aufputschmittel, von dem er schon lange abhängig war und das er sich jetzt nicht mehr beschaffen konnte. Nach einigen Tagen hatte er die Depression überwunden.

Am Rande des Lagers, in der Nähe unseres Platzes, lag in einer Wiese ein kleiner See, an dessen Ufer vereinzelte Büsche und Bäume standen. In deren Schatten habe ich oft gelegen, um zu lesen, zu dösen und Strandhosen für die Soldaten unserer Truppe zu nähen, denn es war ungewöhnlich heiß Mitte Mai. Die Männer brachten mir abgeschnittene Uniformhosen, die ich sorgfältig säumte. So konnten sie wenigstens bis zu den Knien ins Wasser gehen. Ich konnte mir auch nur die Beine kühlen, weil ich keinen Badeanzug besaß.

Nach und nach verließen die Zivilisten das Lager. Es hieß, die Soldaten würden demnächst in ein geschlossenes, mit Stacheldraht eingezäuntes Lager verlegt werden. Schließlich war ich die einzige junge Frau unter den Soldaten. Und wenn ich nicht mehr bleiben konnte, mich von Ado trennen musste, was dann? Wir wussten keinen Ausweg.

»Wo aber die Gefahr ist, wächst das Rettende auch« (Hölderlin).

Ich lag wieder einmal dösend oder nähend am Seeufer, da hörte ich Schritte. Zögernd näherte sich mir ein Paar mittleren Alters mit großen Rucksäcken. Der Mann fragte mich, ob ich die Gegend kenne, er und seine Frau seien auf dem Weg nach Kienberg. Kienberg? Wo die Familie von Porak wohnt, Besitzer von Papiermühlen? Poraks waren mit Kreschls befreundet, ich hatte sie bei Treibjagden in Libochowitz kennengelernt, erzählte ich aufgeregt. Da stellte sich der Flüchtling als der Bruder Georg meines Chefs Dr. Kreschl vor. Über das Schicksal seines Bruders und dessen Frau wusste er nichts; vermutlich waren sie den Russen in die Hände gefallen und Christiane mit ihnen. Diese zufällige Begegnung am Seeufer wurde meine – und schließlich auch Ados Rettung.

Ich bat darum, Poraks von meiner misslichen Lage zu erzählen und sie zu fragen, ob ich bei ihnen wohnen dürfte, wenn ich nicht mehr im Lager bleiben könnte.

Schon am folgenden Tag besuchten mich Frau von Porak und ihre Tochter Aniella und brachten einen Korb voll Lebensmittel mit. Ein großer Teil wurde gestohlen, denn die Soldaten waren ebenso hungrig wie Ado und ich, und ich konnte im I-Wagen nichts abschließen.

Nachdem ich meine Situation geschildert hatte, hielten wir es für das Beste, dass ich im Lager bleiben sollte bis zu meiner endgültigen Vertreibung, um so lange wie möglich in der Nähe meines Bruders zu sein. Dann sei ich herzlich willkommen in Kienberg.

Am nächsten Tag wanderte ich nach Kienberg, eine Stunde Fußweg durch den Böhmerwald – dann stand ich vor der von einem großen Garten umgebenen Fabrikantenvilla. Ich betrat eine Welt, die mit der, aus der ich kam, nichts zu tun hatte, die vom Krieg ganz unberührt zu sein schien und keine Not kannte.

»Eine friedliche Idylle«, schrieb ich. Die gastfreundliche Familie, Eltern und drei Kinder, nahmen mich auf wie eine Tochter und ältere Schwester; Georg Kreschl und seine Frau, die hier nun auch Gäste waren, begrüßten mich freudig. Bevor wir uns zum Tee und zum Erzählen im Salon zusammensetzten, durfte ich ein Bad nehmen, das erste Bad seit Libochowitz, die erste Ganzkörperreinigung seit der Gefangennahme. Als ich wieder aufbrechen musste, verabredeten wir weitere Besuche und Gegenbesuche, mal im Lager, mal in Kienberg. Mit einer elektrischen Bahn fuhr ich durch das Tal der Moldau zurück nach Nesselbach.

Immer noch war ungewiss, wann dieses Lager geräumt werden sollte. Einige Soldaten wurden entlassen, die anderen warteten und hofften. Noch hatte ich nette Gesellschaft und Unterhaltung mit einigen Leutnants aus Dreieichen, sodass ich mich selten langweilte, unter ihnen Julius Johannes Joschko, mein Schießlehrer. Täglich wurden Offiziere aller Truppenteile in andere Lager verlegt, zunächst die jüngsten, also meine Freunde, aber nicht mein Bruder, dann die älteren. Es wurde einsam für mich.

Am 26. Mai wurde das offene Lager vollständig geräumt. Nun kamen alle Gefangenen in das eingezäunte Lager von Nesselbach. Vorher waren die Bauern der Umgebung »wie Aasgeier« (Kalendereintrag) durch das Lager gezogen und hatten mitgenommen, was sie gebrauchen konnten. Wir Geschwister mussten uns trennen. Welche Möglichkeiten es gab, in Verbindung zu bleiben, wussten wir nicht. Ich war jedenfalls mobiler als Ado; ich war frei, er wurde eingesperrt.

Mit einem Handkoffer und einer Tasche machte ich mich auf den Weg zu Poraks. Mein großer Koffer (mit dem Schneehasencape) war längst verloren gegangen. Den Verlust hatte ich schnell verschmerzt, denn er wäre mir mit seinem Gewicht nur lästig gewesen. Je weniger Gepäck, desto besser.

Poraks hatten mich erwartet und ein hübsches Zimmer für mich vorbereitet. Zum ersten Mal seit Wochen schlief ich in einem blütenweiß bezogenen Bett auf einer weichen Matratze.

Ich befand mich nun im südlichen Sudetenland, nahe der österreichischen Grenze, und hier war die Situation anders, als ich erwartet hatte. Die Sudetendeutschen waren weder Österreicher noch Tschechen, sondern Deutsche, die Hitler einige Jahre zuvor jubelnd empfangen hatten. Das schien die Amerikaner aber nicht zu stören, vielleicht war ihnen in diesem Grenzgebiet der Unterschied gar nicht klar. Die Bewohner – den Eindruck hatte ich jedenfalls – begrüßten die Amerikaner als willkommene Befreier von den deutschen Unterdrückern. Die Amerikaner sahen das wohl auch so, überall verbrüderten sich Sieger und Besiegte. Den Befehl *Do Not Fraternize* gab es hier nicht. Für mich waren die Amerikaner keine Feinde, sondern die Befreier von der Nazi-Herrschaft. Ich wusste noch nicht, dass nach dem 8. Mai erstaunlich viele Deutsche im Reich behaupteten, schon immer gegen die Nazis und eigentlich im Widerstand gewesen zu sein und von den Verbrechen nichts bemerkt zu haben.

Bei Poraks gingen amerikanische Offiziere ein und aus; sie benahmen sich mit einer Lässigkeit, als ob sie alte Freunde der Familie wären. Sie brachten immer etwas zum Essen und zum Trinken mit, ließen sich im Wohnzimmer mehr liegend als sitzend auf den Sesseln nieder. Wenn ich dazukam, forderten sie mich freundlich auf: »*Sit down and look pretty.*« Und selbstverständlich wurde ich wie alle nur mit meinem Vornamen angeredet. Mein Familienname, amerikanisch ausgesprochen, hätte auch scheußlich geklungen. Von den meisten Offizieren kannte ich auch nur die Vornamen. Mir gefiel diese Nonchalance besser als die Gnädiges-Fräulein-Korrektheit der deutschen Offiziere. Das ständige Chewing-Gum-Kauen »im Takt« fand ich allerdings ordinär. Angebotenes Kaugummi lehnte ich ab.

Um Ado zu suchen und hoffentlich auch zu finden, machte ich mich zwei Tage nach meinem Umzug auf den Weg nach Nesselbach. Ich fand ihn in dem neuen Lager, das gerade mit Stacheldraht eingezäunt wurde, konnte ihn aber nur kurz sprechen. Bei meinem nächsten Besuch war er gar nicht mehr da; das Lager war geräumt, alle Gefangenen waren nach Friedberg verlegt worden, wo ich ihn nicht sehen durfte. Sehr enttäuscht wanderte ich den weiten Weg zurück.

Ich wollte bei Poraks nicht nur Gast sein, sondern zur Familie gehören und etwas Nützliches tun. Ich bat Frau von Porak also um eine sinnvolle Arbeit. Sie schlug mir vor, dem Gärtner zu helfen, der im Park und im Gemüsegarten viel zu tun hatte. Keine Arbeit hätte ich lieber übernommen, sie machte mir Spaß und lenkte mich von trüben Gedanken ab. Zur Erfrischung konnte ich nachmittags in der kühlen Moldau baden; einen Badeanzug hatte mir jemand geliehen. Während ich badete, sah ich einmal müde deutsche Soldaten einzeln oder in Gruppen auf der staubigen Straße gehen. Sie waren aus der Gefangenschaft entlassen worden und nun auf dem Weg nach Deutschland.

Ich erhielt einen Brief von Ado. Kam er mit der Post, oder brachte ihn ein Bote? Er schrieb mir nur, dass er in ein Offizierslager käme. Sobald er mir eine Woche später seinen Aufenthaltsort mitgeteilt hatte, brachten mich Herr von Porak und Herr Kreschl im Auto nach Friedberg. Leider durfte ich Ado nicht sehen – ich wollte so viel mit ihm besprechen –, ich konnte nur einen schriftlichen Gruß für ihn abgeben.

Was ich nicht wusste: Ado war in dem Offizierslager nicht nur ein Kriegsgefangener, er hatte eine Aufgabe bekommen, über die er in einem Brief aus Kienberg nach seiner Entlassung an Wiener Freunde, wahrscheinlich die Familie seiner Freundin Renate von Mauthner, geschrieben hat: Er ist fast die ganze Zeit Leiter der deutschen Abwicklungs- und Entlassungskommission gewesen.

»Ganz plötzlich stellte ich fest, dass meine Englischkenntnisse doch weit besser waren, als ich gedacht hatte. Und ich habe mich mit den Amis glänzend vertragen, und es war eine recht nette Zusammenarbeit. Vor allen Dingen bekam ich ständig viele und gute Zigaretten geschenkt und viele schöne Dinge zu essen. Also mein Leben als P. W. war durchaus erträglich.«

Diese Kommission, in der amerikanische und deutsche Offiziere vertreten waren, hatte die Aufgabe, eine Vereinbarung der Alliierten mit der Sowjetunion zu erfüllen, nämlich die gefangenen deutschen Streitkräfte stets derjenigen Macht zu übergeben, gegen die sie zuletzt gekämpft hatten – das waren in Österreich und in der Tschechoslowakei die Russen. Eisenhower hatte ausdrücklich alle Truppen unter seinem Kommando angewiesen, deutsche Truppen, die aus der (östlichen) Kampfzone kämen, gefangen zu nehmen und den Russen zu übergeben. (Dazu: Kurt W. Böhme, *Die deutschen Kriegsgefangenen in amerikanischer Hand*, Europa. München 1973).

Was wussten die deutschen Offiziere von dieser Vereinbarung der Alliierten? Nach welchen Kriterien die Soldaten ausgewählt wurden, die den Russen übergeben werden sollten, weiß ich nicht, außer dass sie gesund und nicht verwundet sein durften. Vermutlich gab es auch eine Altersgrenze. Die Kommission erinnert mich an die Judenräte, die in den Ghettos Juden für den Abtransport in die Konzentrationslager auszuwählen hatten. Ado hat in dem zitierten Brief nicht geschrieben, welche Aufgabe diese Kommission hatte und welche Funktion ihm persönlich übertragen war. Er hat zu mir nur Andeutungen gemacht über die Übergabe von Gefangenen an die Russen, und ich habe wohl nicht nachgefragt. Einer der Betroffenen, der viele Jahre in russischer Gefangenschaft gelitten hat, war der Buchhändler Fritz Werner, mit dem ich mich in Dreieichen über Literatur unterhalten hatte.

Mein Leben als Gast bei Poraks war auch »erträglich«; im Allgemeinen heiter und abwechslungsreich: Klettern in den Bergen mit der Tochter Aniella, Besuche bei Bauern in der Nähe, um Lebensmittel zu kaufen, Arbeiten im Garten und im Heu. Fast täglich kamen amerikanische Offiziere, mit denen ich Tischtennis spielte und immer Englisch sprach, womit ich ebenso wenig Schwierigkeiten hatte wie Ado. Ich nahm jede Gelegenheit wahr, um mich abzulenken von quälenden Gedanken an die ungewisse Zukunft.

Einmal wurde ich sogar zu einem großen Ball auf ein Schloss eingeladen und von einem Major abgeholt. Für dieses Fest lieh mir Frau von Porak ein stilechtes, cremefarbenes Empirekleid, zu dem noch schnell ein Unterkleid genäht wurde. Das Kleid stand mir gut, denn durch die Gartenarbeit war ich leicht gebräunt. Wie bei den Amerikanern üblich – das kannte ich schon von kleinen Partys –, bekam jede Dame einen Herrn zugeteilt (oder umgekehrt), mit dem sie den ganzen Abend verbringen musste. Die Dame durfte von keinem anderen Herrn zum Tanzen aufgefordert werden als von dem eigenen Partner. Ein Risiko für beide. Weil man so festgelegt war, lernte ich weder andere Damen noch Herren kennen. Mein Partner hieß Bill, und er war »nett« und ein guter Tänzer. Wir haben viel getanzt, und zum Schluss hatte ich einen Schwips »wie alle Gäste«. Auf der Rückfahrt versuchte ich, an Bills Schulter gelehnt, zu schlafen.

In Kienberg angekommen, erzählte mir die Hausdame ganz aufgeregt, während sie mir aus dem engen Kleid half, dass zwei sehr erschöpfte Leutnants, die mich kannten, am späten Abend angekommen seien. Sie waren aus einem russischen Gefangenentransport geflohen. Poraks hatten ihnen erlaubt, diese Nacht hier im Haus zu schlafen, dann müssten sie es jedoch so früh wie möglich wieder verlassen, bevor die ersten Amerikaner erschienen. Es waren die Leutnants Weiß und Kersten aus Ados Truppe, die ich aus dem Gefangenenlager kannte. Sie wussten, dass ich hier in Kienberg auf die Entlassung meines Bruders wartete. Sie gehörten zu den deutschen Soldaten, die von den Amerikanern den Russen übergeben worden waren. Nach einigen Tagen ermüdender Fußmärsche Richtung Osten war es ihnen in der Abenddämmerung gelungen, aus der Kolonne zu fliehen. Tagsüber hatten sie sich versteckt, nachts waren sie gewandert. Dreizehn Nächte sind sie unterwegs gewesen. Sie hatten gefälschte Ausweispapiere bei sich.

Länger als eine Nacht durften sie nicht bleiben. Das Haus war schon einmal von tschechischen Polizisten und Russen nach Flüchtlingen durchsucht worden.

Poraks schlugen vor, dass ich die Flüchtlinge in einer Kalesche so weit wie möglich wegfahren sollte. Noch heute besitze ich den kleinen, von der *104th Infantry* ausgestellten Pass, der es mir erlaubte, »*to travel in and around his (her) home in the city (or commune) of Kienberg/M. to a distance of 15 km*«. Die Kalesche war besonders geeignet, weil sie ein zusammenfaltbares Verdeck hatte, unter dem sich die Flüchtlinge verstecken konnten. Es wurden auch noch leere Säcke über sie gelegt, damit nichts von ihnen zu sehen war. Ich fuhr so weit, bis die beiden meinten, sie könnten nun allein durch die amerikanischen Linien nach Westen wandern, Richtung Bayern. Ob ich mich nun weiter als die mir erlaubten fünfzehn Kilometer von Kienberg entfernt hatte, konnten wir nicht feststellen. Im Regen nahmen wir traurigen Abschied. »Hoffentlich kommen die beiden gut durch«, schrieb ich in den Kalender. Es gelang ihnen, wie ich später erfuhr.

Dann der Freudentag: Mein Bruder war entlassen worden und fuhr im Auto, einem grün-grauen Mercedes der Wehrmacht, vor. Herrenlose Autos standen in der Nähe der meisten Gefangenenlager herum. Man brauchte allerdings die Genehmigung der Amerikaner, um sich eines davon zu nehmen. In dem schon zitierten Brief an die Wiener Freunde schrieb Ado: »Nach vielem Hin und Her ist es mir doch gelungen, einen Wagen freizubekommen, und dies deshalb, weil ich fast die ganze Zeit Leiter der Deutschen Abwicklungs- und Entlassungskommission war.« Das Auto war also eine Belohnung. Ado sagte, es sei sehr schwierig gewesen, unter den abgestellten Autos ein vertrauenerweckendes, intaktes zu finden. Er hatte mehrere ausprobieren dürfen. Aufgetankt hatte er den schließlich ausgewählten Mercedes mit Benzin, das er aus anderen Autos abgelassen und in Kanister gefüllt hatte. Nachdem alle nötigen Papiere beschafft waren und Colonel Gladding, mein Tischtennispartner und Verehrer, schriftlich und militäramtlich bescheinigt hatte, dass dieser Mercedes das Eigentum des Oberleutnants Adolf von Thadden sei, konnten wir abfahren. Es war einerseits ein trauriger Abschied von den großzügigen Poraks, deren Gast ich zweieinhalb Wochen gewesen war, und den unbeschwert heiteren Amerikanern, mit denen ich geflirtet und getanzt hatte, und andererseits ein fröhlicher, erwartungsvoller Aufbruch in die Freiheit und eine Zukunft, die wir uns nicht vorstellen konnten. Unser Ziel war Göttingen, wo die Schwestern Mona und Atti seit drei Monaten bei Schramms wohnten. Unser Permit für die Fahrt im eigenen Auto galt nur von

Kienberg bis Göttingen. Von unserer Mutter und Babas Schicksal und dem unserer Leute in Vahnerow wussten wir nichts. Georg Kreschl hatte inzwischen gehört, dass sein Bruder und seine Schwägerin in Libochowitz von den Russen gefangen genommen worden waren. Nach der Entlassung aus dem Gefängnis zog das Ehepaar Kreschl zunächst nach Österreich, dann nach Westdeutschland, wo Dr. Kreschl in der Landwirtschaft Arbeit fand. Wir haben uns mehrmals getroffen. In den Fünfzigerjahren riss die Verbindung ab.

In das Gästebuch der Poraks schrieb ich ein langes Dankesgedicht. Den Entwurf dazu entdeckte ich in meinem kleinen Taschenkalender mit der Anmerkung: »Erdacht in einer Nacht, da der Schlaf mich floh.«
Es endet:
»Schau ich zurück auf diese Zeit,/ so bin ich nur voller Dankbarkeit./ Nach all den Schrecken im Anfang des Mais,/ fühlt ich mich hier wie im Paradeis./ Schwere Gedanken durften nicht sein,/ es galt die Gegenwart allein./ Ping-Pong, Heuarbeit und English-Talking,/ Bäder im Fluß und *mountain-walking*,/ Dance-Party im Empire-Gewand,/ sogar ein Ritt durchs schöne Land,/ und die Wochen klangen aus/ mit einem Ball im eigenen Haus./ Viel innere Ruh' und Kraft hab ich gesammelt an,/ von denen ich in den nächsten Monaten leben kann./ In dunkle Ungewissheit fahr ich hinein,/ doch hinter mir liegen Tage voll Sonnenschein./ Und daß ihr verschont bleibt von Not und Schmerzen,/ das wünsch' ich allen von ganzem Herzen.
We shall, we must see us again. So long! Maria von Thadden«

Gesehen haben wir uns leider nicht wieder und auch lange nichts voneinander gehört. Poraks wurden von den Tschechen enteignet und ausgewiesen. Sie zogen nach Österreich. Überraschend erreichte mich auf Umwegen 1987 ein Brief von Frau von Porak aus Bad Ischl, in dem sie sich nach dem Schicksal »des schönen blonden Mädchens« erkundigte. Meine Antwort hat sie noch kurz vor ihrem Tod erhalten.

Am 15. Juni um sieben Uhr starteten Ado und ich, reichlich mit Proviant versehen, in unserem grün-grauen Wehrmachts-Mercedes und fuhren bei schönstem Sommerwetter durch den Böhmerwald in Richtung Passau. Es dauerte nicht lange, da hatten wir schon die erste Reifenpanne. Nach anderthalb Stunden mühsamer Reparatur konnten wir weiterfahren. Die zahlreichen amerikanischen Straßenkontrollen passierten wir mit unseren Ausweispapieren ohne Schwierigkeiten. In Passau waren wir endlich in Deutschland. Wir stiegen aus, bummelten durch die hübsche, kaum zerstörte Stadt, besichtigten den Dom und fuhren dann auf der »Militärstraße« bis Straubing. Viele Menschen waren unterwegs am Straßenrand: entlassene Soldaten, Männer und Frauen zu Fuß, mit und ohne Gepäck, Radfahrer, auch Pferdewagen, ab und zu ein Reiter oder eine Reiterin, nicht mehr auf der Flucht vor den Russen, sondern auf dem langen Heimweg oder auf der Suche nach einer neuen Heimat.

Sprachen wir unterwegs von der Zukunft? Hatten wir Vorstellungen, wie es nach diesem desaströsen Ende für die Deutschen, für uns selbst, weitergehen könnte? Wie würden die Sieger uns bestrafen? Vom Morgenthau-Plan hatten wir natürlich gehört, denn er hatte in der Durchhaltepropaganda der Nazis eine Rolle gespielt. Dass Roosevelt ihn nicht unterschrieben hatte, wussten wir nicht. Ich nahm an, dass Deutschland nur noch ein Agrarland sein sollte und ich mir durch Feldarbeit meinen Lebensunterhalt verdienen müsste. Ich glaubte nicht, dass ich jemals wieder studieren durfte, aber mein Studienbuch hatte ich immer bei mir. Ado hatte einen ganz konkreten Plan, den er schon seinen Freunden in Wien mitgeteilt hatte: »Von dort (Göttingen) geht es nach einer Ruhe-Rekognoszierungspause weiter nach Pommern zur Mama, die wirklich zu Hause geblieben ist. Ich bin gespannt, ob der Russe mich mit Hurra oder mit einer Schlafwagenkarte nach Sibirien empfängt. Na, *on verra*.« Die Zukunft war hinter einem schwarzen Vorhang verborgen.

Kurz vor Straubing hatten wir schon wieder eine Panne. Hatte Ado wirklich kein besseres Auto finden können? Die Reparatur dauerte bis zum Anbruch der Dunkelheit. So blieben wir in Straubing und übernachteten in einem Lazarett. Schwestern brachten mich in ihrem Zimmer unter.

Nach dem Frühstück wollten wir so schnell wie möglich weiterfahren, wir kamen aber nicht weit. Am Stadtrand wurden wir von einem amerikanischen Posten gestoppt, der die Echtheit unserer Ausweis- und Wagenpapiere bezweifelte und uns zur Military Police (M. P.) schickte. Dort zweifelten die Militärpolizisten ebenfalls an der Echtheit unserer Papiere. Wir mussten stundenlang in einem kalten Raum warten, während die Amerikaner versuchten, die Offiziere in Kienberg zu erreichen, vor allem Colonel Gladding, der die Ausweise unterschrieben hatte.

Zunächst waren die Bewacher barsch und unfreundlich. »*Do not fraternize!*« Sie waren die Sieger und nicht die Befreier. Ich war anderes gewöhnt: »Vorgestern wurde ich geküsst, und hier ist sogar das dienstliche Sprechen schwierig« (Kalendereintrag). Ado behauptete, das Verhalten der Polizisten habe sich erst geändert, als sie verstanden hatten, was das »von« unseres Namens bedeutete: »O, you are of noble birth?« Das machte Eindruck.

Die M.P.s in Straubing wussten nicht, was sie mit uns anfangen sollten. Ein deutscher Offizier mit korrektem Entlassungsschein, der mit seiner Schwester im amtlich zugelassenen Privatauto durchs Land fuhr, war ihnen bisher noch nicht begegnet, und deshalb wurden wir im Jeep nach Regensburg zum Secret Service gebracht. Unsere Papiere wurden wieder gründlich geprüft, bekamen einen zusätzlichen Stempel, und wir wurden nach Straubing zurückgebracht. Dort übernachteten wir noch einmal im Lazarett.

Was hätten wir gemacht, wenn uns unser Mercedes abgenommen worden wäre? Das konnte uns schon bei der nächsten Kontrolle passieren. Und das wäre eine Katastrophe gewesen. Wir hätten auf einen Teil unseres bisher geretteten Besitzes verzichten müssen, denn nur mit leichtem Gepäck hätten wir einen Ort zu Fuß erreicht, von dem vielleicht ein Zug abfuhr. Wir überlegten, ob es ungefährlicher sei, über Nebenstraßen durch die Dörfer zu fahren, oder ob es sicherer sei, auf der viel befahrenen Hauptstraße zu bleiben. Auf Nebenstraßen würden uns bestimmt gelangweilte M.P.s schikanieren, auf Hauptstraßen und in den Großstädten gäbe es dagegen kaum Kontrollen. Wir entschieden uns also für die Autostraße nach Würzburg, kamen jedoch nicht weit, weil wir schon wieder eine Reifenpanne hatten. Ein Landser, einer der vielen, die am Straßenrand wanderten, bot uns seine Hilfe an. Er hatte beobachtet, wie wir uns mit dem Radwechsel abquälten. Zum Dank und weil wir seine starken Arme bei der nächsten Panne bestimmt brauchen würden, nahmen wir ihn im Auto mit.

Wenn der Treibstoff knapp wurde, hielten wir nach verlassenen Kraftwagen Ausschau, die am Straßenrand abgestellt waren. Ado und unser Begleiter nahmen sich unsere Kanister in der Hoffnung, sie mit Benzin aus einem Tank füllen zu können. Selten wurden die Kanister voll. Wir mussten also häufig tanken. Reguläre Tankstellen gab es nur für die Amerikaner.

Zunächst hörten wir nur ein leises Klappern, dessen Ursache wir nicht feststellen konnten. Dann, als das Klappern lauter wurde, erkannten die Männer, dass das Kugellager in einem Vorderrad defekt war. Wir konnten gar nicht mehr unbemerkt fahren, wie es unsere Absicht war. Trotz unserer Bescheinigungen fürchteten wir immer unangenehme Kontrollen. Schon bald wandten sich weit vor uns gehende Soldaten und Zivilisten neugierig nach dem quietschenden Auto um. Die amerikanischen Militärpolizisten kümmerten sich zu unserer Erleichterung überhaupt nicht um uns.

Wir fuhren durch das völlig zerstörte Nürnberg, überall nur hohe Schuttberge und Mauerreste, und durch Würzburg, wo nicht Schuttberge lagen, sondern die Fassaden ausgebrannter Häuser mit den leeren Fensterhöhlen in den Abendhimmel ragten. Die Straßen waren fast menschenleer, die Innenstädte unbewohnbar geworden.

Bis Göttingen konnten wir mit unserem klappernden Auto nicht mehr fahren, es brauchte unbedingt ein neues Kugellager. Außerdem war es spät geworden, nach der Sperrstunde *(curfew)* durften Deutsche nicht mehr auf der Straße sein. Unser hilfsbereiter Begleiter hatte uns irgendwann verlassen.

Wir wollten versuchen, die Familie von Thüngen, die nördlich von Würzburg in Thüngen wohnte, rechtzeitig vor Einbruch der Dunkelheit zu erreichen. Der Schlossherr, Baron von Thüngen, war ein Bruder meiner Patentante Liesi. Einige Familienmitglieder kannte ich von ihren Besuchen in Trieglaff. Man muss eben möglichst überall Bekannte haben.

Wir fuhren durch einen Torbogen auf den großen Hof. Das

alte Schloss war von Amerikanern beschlagnahmt. Die stolzen Sieger hatten auf den Bogen geschrieben: *Through this arch marched the best soldiers of the world* (oder so ähnlich). Das Quietschen unseres Autos war unüberhörbar. Fenster wurden geöffnet, neugierige Gesichter hielten Ausschau.

Angemeldet waren wir natürlich nicht bei Thüngens. Damals wurde aber jeder durchreisende, irgendwie entfernt Verwandte oder angeheiratete Verwandte – wie wir –, gastlich und freudig aufgenommen, untergebracht und verköstigt. Die vielen durch die Lande ziehenden Entwurzelten und Heimkehrenden waren auch Boten, Überbringer wichtiger Nachrichten, solange die Postzustellung nicht regelmäßig war und keine Zeitungen erscheinen durften. Auf dem Land gab es immer noch genug zum Essen. Wir konnten dazu nichts beitragen, wir hatten nichts. Der Reiseproviant, den Poraks uns mitgegeben hatten, war längst aufgegessen. Ohne einen festen Wohnsitz besaßen wir keine Lebensmittelkarten.

Die große Thüngen-Familie, darunter zahlreiche hellblonde Töchter, wohnte in einem Nebenhaus, »sehr beschränkt, aber gemütlich«, und sie nahm uns, zwei unerwartete Gäste, nach stürmischer Begrüßung auch noch auf. Wahrscheinlich hatte uns Franz-Lorenz, unser Neffe aus Trieglaff, zuerst erkannt, als wir aus dem Auto stiegen. Er lebte seit seiner Entlassung aus der Kriegsgefangenschaft bei seinen Verwandten. Über das Schicksal seiner Eltern und seines jüngsten Bruders Rudolf in Trieglaff, die nicht mehr vor dem Einmarsch der Russen hatten fliehen können, wusste er nichts.

Unsere Weiterfahrt im Auto hing vor allem davon ab, ob Ado in Schweinfurt, das wegen seiner Kraftfahrzeugzubehörindustrie oft bombardiert worden war, noch irgendwo ein intaktes Kugellager beschaffen konnte. Vielleicht in einer Kugellagerfabrik?

Schweinfurt war ungefähr fünfzig Kilometer von Thüngen entfernt. Ado vertraute darauf, dass hilfsbereite Autofahrer ihn mitnahmen. Er hatte auf dem Hinweg Glück und wurde mitgenommen. Auf einem großen Schrottplatz fand er unter den defekten Autos eines, aus dem er ein Kugellager ausbauen konnte. Gegen Abend kam er »restlos erschöpft« in Thüngen an, weil er auf dem Rückweg mit dem schweren Kugellager viele Kilometer hatte zu Fuß gehen müssen.

Im Rundfunk hörten wir an diesem Abend (20. Juni), dass »Ostpreußen, Schlesien und Pommern an Polen kommen sollen!«. Wie wir darauf reagiert haben, schrieb ich nicht in meinen Kalender. Für Kommentare reichte der Platz nicht. Mein Kommentar war das Ausrufezeichen. Waren wir auf diese Nachricht vorbereitet? Die Deutschen waren bestimmt nicht darüber informiert worden, was die Alliierten im Februar 1945 bei einem Treffen in Jalta auf der Halbinsel Krim über das Schicksal Deutschlands nach der bedingungslosen Kapitulation beschlossen hatten. Die Konferenz und ihre Beschlüsse sind selbstverständlich von den Nazis weder im Rundfunk noch in der Presse erwähnt worden. Und wer heimlich im Feindsender (BBC) darüber gehört hatte, schwieg. Wir hatten also bis zu diesem Tag von der auf der Konferenz beschlossenen Verschiebung der polnischen Westgrenze bis an die Oder nichts gewusst. Sie bedeutete für uns, dass Trieglaff und Vahnerow für immer verloren waren.

Ado reparierte das Auto; es war wieder fahrbereit. Wir durften uns aber noch einige Tage bei den freundlichen Thüngens ausruhen. Zehn oder mehr junge Leute, die meisten temperamentvoll und laut, freuten sich über das Zusammensein. Besonders die drei aus der Kriegsgefangenschaft entlassenen Männer. Wir gingen spazieren im Park und im Dorf, sammelten gemeinsam

Beeren im Wald, spielten Ballspiele im Hof und »Räuber und Prinzessin«. Bei Thüngens waren sogar Kartenspiele erlaubt, die bei Tante Liesi in Trieglaff streng verboten gewesen waren. Ich notierte: »Bis spät in die Nacht Poker gespielt!« Wenn wir uns im Hof aufhielten, lehnten die Amerikaner manchmal aus den Fenstern und beobachteten uns durch ihre Ferngläser. Fraternisieren durften sie nicht.

Nach einer Woche, in der wir uns von den körperlichen Strapazen hatten ausruhen dürfen, brachen wir auf. Wir fuhren ohne Panne »durch ein wunderhübsches Land mit schönen Dörfern«, ohne unterwegs kontrolliert zu werden, nach Göttingen und hielten am 25. Juni um sieben Uhr abends vor dem Haus der Familie Schramm, Herzberger Landstraße 66, genau zwei Monate nachdem Ado mich aus Libochowitz abgeholt hatte.

Ich trug immer noch mein feldgraues Soldatenhemd, ein anderes sommerliches Kleidungsstück besaß ich nicht mehr, und eine lange Hose. Zum Schmuck hatte ich mir dunkelrote Kirschen über die Ohren gehängt. Ich war braun gebrannt und sah so frisch aus, dass mich Gebhard, der jüngste Sohn, der uns zuerst bemerkt hatte, nicht gleich erkannte. Dann stürzten alle Bewohner aus dem Haus, und jubelnd und weinend lagen wir drei Schwestern uns in den Armen.

Zu unserer Begrüßung wurden als abendliches Festmahl die beiden letzten der von Gebhard und Freunden aus einem Mannschaftswagen der Amerikaner gestohlenen vorgepackten Essensrationen serviert, woran Gebhard sich noch erinnern kann.

Ich hatte das Gefühl, dass der Krieg erst jetzt nach Gefangenenlager, Wartezeit bei Polaks und stets gefährdeter Heimfahrt endgültig für mich zu Ende war. Mit Ado bummelte ich am nächsten Tag durch die Stadt, in der Kriegsschäden kaum zu sehen waren, und abends hörten wir in einer Kirche ein Orgel-

447

konzert mit Werken von J. S. Bach. Sieben Wochen nach Kriegsende ein Orgelkonzert – das war überwältigend. Neun Personen lebten schon seit einigen Monaten im Haus von Percy und Eta Schramm. Nun mussten wieder zwei Vertriebene untergebracht werden. »Das Haus ist sehr voll, aber der Platz reicht.« Erstaunlicherweise war es möglich, später noch mehr Heimatlose unterzubringen.

Familie Schramm war noch nicht vollzählig: Der Hausherr Percy war von den Alliierten inhaftiert, Jost, der älteste Sohn, war vermutlich in russischer Gefangenschaft. Zu Hause wohnten die Schüler Götz und Gebhard und Percys Mutter Olga Schramm.

Ado und ich mussten uns sofort polizeilich anmelden. Ohne Anmeldung gab es keine Aufenthaltsgenehmigung, keine Lebensmittel- und keine Brennstoffkarte.

In meiner Anmeldung bei der polizeilichen Meldebehörde habe ich als letzte Wohnung Kienberg/Moldau, Kreis Krummau angegeben, als Wohnung »am letzten vor der Anmeldung liegenden 10. Oktober«: Prag VII, Naeglestr. »Bei Zuzug aus dem Ausland, von Reisen (u. a.), Angabe, wann und wo Sie zuletzt im Inland polizeilich gemeldet waren«: Vahnerow. Danach sah ich also Kienberg im Protektorat als Ausland an und Vahnerow noch als Inland.

Die Organisation der stets auf Zuwachs eingestellten Hausgemeinschaft lag in Etas Händen; sie verteilte die anfallenden Arbeiten. Jeder Bewohner hatte bestimmte Aufgaben zu übernehmen, im Haus, im Garten, bei der Wäsche, beim Saubermachen, in der Küche, beim täglichen Einkaufen. Letzteres bedeutete frühes Aufstehen und geduldiges Anstehen in langen Schlangen vor den Geschäften.

Für den Gemüsegarten war Percys Mutter, von allen liebevoll Omi genannt, zuständig. Sie war die Witwe eines Hamburger Bürgermeisters. Sie, die es gewohnt war, von zahlreichen Dienstboten umgeben zu sein, genoss es, wie sie oft betonte, endlich selbst richtig arbeiten zu können, und sie arbeitete unermüdlich. Sie säte, pflanzte und harkte; das Umgraben erledigten die Enkel. Gedüngt wurde mit unserem verdünnten Urin. In jeder Toilette stand ein Eimer, an der Wand hing ein Zettel mit der Mahnung, diesen auch immer zu benutzen. – Bevor mir eine bestimmte Aufgabe übertragen wurde, arbeitete ich auch im Garten.

Mona war für das genaue Abwiegen aller Lebensmittelzuteilungen verantwortlich. Sie wog Wurst, Käse und Brot grammgenau ab und legte die Scheiben und Scheibchen auf elf Teller. Gebhard war der geschickte Handwerker, der alles reparieren konnte.

Immer musste improvisiert werden. Als der Küchenherd kaputtging, wurde sofort eine Kochstelle im Garten gebaut, auf der sogar »im strömenden Regen« gekocht wurde, bis ein neuer, mit Holz und Kohle zu beheizender Herd in der Küche installiert war.

Ados dringendste Aufgabe war, nach Sondershausen in Thüringen zu fahren, um die Frachtkoffer aus Vahnerow abzuholen, die mit dem letzten Güterzug aus Plathe, mit dem auch Mona und Atti gereist waren, zu Verwandten von Bismarcks gebracht worden waren. Es war bekannt, dass sich die amerikanischen Truppen ab 1. Juli aus Thüringen, Sachsen, der Provinz Sachsen, Mecklenburg auf die vereinbarte Zonengrenze zurückziehen und das von ihnen besetzte Gebiet den Russen überlassen würden. Es war also Eile geboten. Das Benzin für diese Fahrt besorgte Gebhard. Er entdeckte in einer nicht verschlossenen Garage der Amerikaner viele Benzinkanister, die nicht ganz entleert waren.

Mit den Benzinresten konnte er zwei Kanister füllen, die für Hin- und Rückfahrt reichten. Der Passierschein für unser Auto galt zwar nur für die Strecke von Kienberg nach Göttingen, doch das hielt Ado nicht von der Fahrt ab.

Rechtzeitig kam er mit den Koffern zurück. Als wir sie öffneten, waren wir enttäuscht, denn sie enthielten nur Aussteuerwäsche und silberne Bestecke. »Nichts für die Jungens«, notierte ich im Kalender. Das bezog sich wohl auf Ados Enttäuschung, der Zivilkleidung für sich und Gerhard erwartet hatte. Es war natürlich eine richtige Überlegung unserer Mutter, vor allem etwas Wertbeständiges vor dem Zugriff der Russen zu retten. Garderobe kann man sich immer beschaffen, außerdem hat sie keinen Langzeitwert. Das Besteck haben wir später unter uns Geschwister verteilt, die Aussteuerwäsche auch. Ich besitze immer noch Tischtücher und etwas Bettwäsche aus feinstem schlesischem Leinen. Wenn meine Schwestern mich besuchen, schlafen sie in Vahnerower Bettwäsche.

Nachdem ich polizeilich gemeldet war, sah ich mich sofort nach einer Arbeit um, was auch von mir erwartet wurde, denn die Tätigkeiten in Haus und Garten waren selbstverständliche Pflicht und keine Arbeit. Die Sorge, dass Deutschland ein Agrarland werden würde und die unterworfenen Deutschen nur noch Feldarbeit machen dürften, war unbegründet. Auch das von der Nazi-Propaganda prophezeite Terrorregime der Besatzungsmächte gab es nicht. Die Militärregierung war streng, aber erträglich.

Ob Eta mir eine Schneiderlehre vorgeschlagen hat? Sie kannte eine Schneiderin, die mich schon zum 1. Juli als Lehrling einstellen würde. Schneiderin war ein krisenfester Beruf, und eine Lehre konnte nützlich sein. Ich hatte immer gerne genäht. Wichtig war für mich auch, außer dem kleinen Verdienst, dass ich einige Stunden außerhalb des vollen Schramm'schen Hauses verbringen konnte. Die vielen Menschen, die ständige Unruhe, die Unmöglichkeit, sich irgendwohin zurückzuziehen, ließen mich nicht zur Besinnung kommen. Beim Röcke säumen, Knöpfe annähen, Nähte heften konnte ich mich vielleicht innerlich ein wenig entspannen; vielleicht auch beim naiven Geplapper der Mädchen.

Ich glaubte nicht, dass ich mein Studium in absehbarer Zeit fortsetzen könnte. Es war auch noch ungewiss, ob überhaupt und wann die Universitäten den Lehrbetrieb wieder aufnehmen durften.

So würde ich zunächst einmal einfache Näharbeiten bei der Schneiderin erledigen – damals wurde noch viel mit der Hand genäht – und zu Hause für meine Schwestern, für mich und auch noch für andere Interessenten Kleider nähen aus geschenkten Stoffen, aus karierter Bettwäsche, aus Fahnentüchern. Man sah auffallend viele rote Kleider und Röcke, hergestellt aus alten Hakenkreuzfahnen. Dazu kamen nach einiger Zeit Kleider in Care-Paketen aus den USA, die geändert werden konnten, wenn es sich denn lohnte. Die meisten Textilien, die von Freunden der Schramms, aber auch von unbekannten Spendern geschickt wurden, waren von guter Qualität.

Die Pakete enthielten auch langfristig haltbare Lebensmittel, eine willkommene Ergänzung der uns zustehenden Rationen, von denen niemand richtig satt wurde. Die Zuteilungen waren nicht so kärglich, dass die Menschen verhungern mussten, wie Hitler in seiner letzten Neujahrsproklamation düster prophezeit hatte, aber so knapp, dass die meisten versuchten, zusätzliche Nahrung aufzutreiben. Die Nahrungsmittelzuteilungen lagen teilweise unter der Minimalration von 1150 Kalorien täglich. Frisches Obst aus dem großen Garten der Schramms konnte günstig bei den amerikanischen Soldaten gegen Dosen mit Fleisch und Fett getauscht werden. Eta war sehr erfinderisch und auch unkonventionell, wenn es darum ging, zusätzliche Lebensmittel für die große Familie, für die sie sich verantwortlich fühlte, zu beschaffen. Ganz spontan beschloss sie an einem Sonntag, nachmittags zu Graf Hardenberg zu fahren, der in Nörten-Hardenberg in der Nähe von Göttingen wohnte. Wir hatten ja ein Auto, mit dem man einiges transportieren konnte. Vielleicht wollte sie auch Berufsmöglichkeiten für Ado in der Landwirtschaft mit dem Graf besprechen. Zu einer Anmeldung reichte die Zeit nicht; also fuhren wir, mindestens fünf Personen, unangemeldet los – und platzten in eine fröhliche Geburtstagsgesellschaft. Ich erinnere mich an einen hell erleuchteten Saal, an reich gedeckte Tische, an denen viele gut gekleidete Herren und Damen saßen, die uns erschrocken anstarrten. Graf und Gräfin eilten auf Eta zu; was sie besprachen, hörten wir nicht. Das Ergebnis des Gesprächs war jedenfalls kein Rausschmiss. Die geladenen Gäste rückten zusammen, damit für uns noch zusätzliche Gedecke aufgelegt werden konnten. »Wohl oder übel müssen sie uns mitessen lassen. Nach anfänglichem Unbehagen wird es etwas netter«, habe ich aufgeschrieben. Auf dem Hof hatten wir bei unserer Ankunft die Treckwagen der ostpreußischen Verwandten der Hardenbergs gesehen, die nicht zur Geburtstagsfeier eingeladen waren. Ganz erfolglos wird dieser Ausflug nicht gewesen sein. Was Grafens uns großzügig mitgegeben haben, waren vielleicht Kartoffeln und Gemüse? Es wird allerdings nicht am Gewicht der milden Gaben gelegen haben, dass unser Mercedes auf dem Rückweg im Schlamm stecken geblieben ist und mit vereinten Kräften von uns aus der tiefen Pfütze herausgeschoben werden musste.

Das war die erste und einzige Hamsterfahrt mit unserem Auto. Schramms hatten keine Garage, und deshalb wurde es immer, für jeden sichtbar, auf der Straße abgestellt. Es dauerte nicht lange, dann wurde es gestohlen. Unsere üblichen Unternehmungen, um zusätzliche Nahrungsmittel zu beschaffen, waren fröhlich und erfolgreich. Wir meldeten uns bei Bauern der Umgebung an, um bei der Ernte zu helfen, wofür wir mit den Früchten des Feldes bezahlt wurden. Wir, das waren wir drei Schwestern, Götz und Gebhard. Zuerst pflückten wir Erbsen, mal nur zu zweit, mal alle zusammen. Dann konkurrierten wir, wer seinen Korb am schnellsten gefüllt hatte. Der Schnellste wurde wohl zum Erbsenkönig ernannt. Später begann die Getreideernte. Nach dem Mähen mit den Maschinen blieben immer so viele Ähren auf den Stoppelfeldern liegen, dass sich das Aufsammeln zwar nicht für die Bauern, aber für die Städter lohnte. Tief gebückt wie die *Ährenleserinnen* auf dem Gemälde von J. F. Millet schritten wir über die Felder. Wenn unsere Ernte abends gedroschen war, blieben nur enttäuschend kleine Säckchen mit Korn übrig. Es mussten also alle Hausbewohner und manchmal auch Freunde des Hauses mitmachen, damit sich das Ährenlesen lohnte. Waren die Bauernhöfe oder Güter nicht in unmittelbarer Nähe von Göttingen, wurden Quartiermacher vorausgeschickt, damit wir auf Stroh in einer Scheune oder auf einem Dachboden übernachten konnten. Die Bauern waren dankbar für zusätzliche Hilfe, besonders bei der Kartoffelernte, weil sie nicht mehr genug Arbeitskräfte hatten. Die Kriegsgefangenen und Zwangsarbeiter aus ganz Europa waren längst entlassen und befreit; die deutschen Soldaten kehrten erst nach und nach aus der Gefangenschaft zurück.

Brennstoff war sehr knapp. Falls es überhaupt Zuteilungen gab, reichten sie bei Weitem nicht für den Küchenherd und den

Waschkessel, in dem die Wäsche von mindestens elf Personen gewaschen werden musste. Also sammelten wir trockenes Knüppel- und Strauchholz im nahen Wald. Bucheckern, die aufzusammeln am anstrengendsten war, konnten im Herbst kiloweise gegen Speiseöl eingetauscht werden. In der Gruppe machten uns diese Aktionen immer Spaß.

Die neue, noch nicht deutlich markierte Zonengrenze verlief manchmal mitten durch einen Grundbesitz, man merkte also gar nicht, wann man die britische Zone verlassen hatte und sich schon in der russischen befand. Wir sammelten unbehelligt Ähren auf beiden Seiten der noch nicht markierten Grenze. Ich notierte: »Über die russische Grenze. Die Russen machen einen guten Eindruck. Viele Flüchtlinge unterwegs.« Flüchtlinge vor allem aus Mitteldeutschland (der »Ostzone«), die, ehe es zu spät war, den freien Westen erreichen wollten.

Was nicht gleich gegessen werden konnte, wurde eingekocht oder auf andere Weise konserviert.

Wahrscheinlich kam Eta auf den Gedanken, Sauerkraut selbst herzustellen aus dem Weißkohl, den uns jemand geschenkt hatte. Den in dünne Streifen geschnittenen Kohl füllten wir, schichtweise gesalzen, in eine Holztonne. Dann wechselten wir drei Schwestern uns ab, die Masse mit gründlich gewaschenen Füßen kräftig zu treten, bis sie fest zusammengedrückt war. Die Jungen waren bei dieser Arbeit nicht zugelassen. Glaubten wir nicht an die Sauberkeit ihrer Füße? »Weintrauben werden auch mit nackten Füßen getreten«, wurden wir belehrt, als wir zögerten, in die Tonne zu steigen.

Zwei Wochen nach unserer Ankunft in Göttingen meldete ich mich auf einer Postkarte bei Inga, die jetzt in Oldenburg wohnte, mit dem Ausruf: »Wir sind zu viert! Ist es nicht herrlich, dass wir uns hier zusammenfinden konnten? ... Wir sind so dankbar für dieses Heim. ... Von Mutti und Baba noch keine Nachricht!«

Von Gerhard hatten wir auch noch keine Nachricht bekommen. Wir wussten nur, dass er in den letzten Kriegswochen im Ruhrgebiet eingesetzt war. Ich sah ihn zuerst, als er auf das Haus zukam, zwar abgemagert durch die Gefangenschaft, aber frisch und strahlend. Er hatte sich nach seiner Entlassung aus der Gefangenschaft erst einmal einige Zeit bei Freunden auf dem Land erholt. Seine Heimkehr war eine riesige Freude für uns Geschwister und für alle Bewohner des Hauses. Wir rückten gerne zusammen, damit er noch Platz hatte. Leider blieb er nur zwei Tage, dann fuhr er nach Hameln. Er hatte bereits feste Pläne für seine Zukunft: Zunächst brauchte er, um Geld zu verdienen, eine Stelle als Forstlehrling, die ihm ein Forstbeamter vermitteln konnte. Dann wollte er sich in Hannoversch-Münden in der Forstakademie immatrikulieren, möglichst schon für das Wintersemester, um das abgebrochene Studium fortzusetzen. Sein Berufsziel war Diplom-Forstwirt. Nach einigen Tagen kam er erfolgreich zurück, packte seine wenigen Sachen zusammen und brach frohgemut nach Hameln auf.

Ado hatte keine weitreichenden Zukunftspläne. Er hatte sich jahrelang darauf eingestellt, nach Kriegsende Vahnerow als Gutsherr zu übernehmen. Noch im Februar hatte er mir geschrieben, dass Pommern wieder deutsch werden würde. Jetzt, nach der Potsdamer Konferenz der drei alliierten Siegermächte (17. Juli – 2. August 1945), musste er einsehen, dass Pommern ein Teil Polens werden sollte. Festgesetzt wurde auf der Konferenz, was im Februar in Jalta schon beschlossen worden war, dass die Oder-Neiße-Linie »bis zu einer endgültigen Regelung durch eine Friedenskonferenz Polen zur Verwaltung übergeben wird« (Ploetz).

Ohne einen eigenen Besitz sah Ado keinen Sinn in einer Ausbildung zum Landwirt. Das Nahziel war nun, unsere Mutter und Baba in den Westen zu bringen, sobald wir das erste Lebenszeichen von ihnen bekämen, da ihr tapferes Ausharren in Pommern sinnlos war. Wir wussten nicht, ob sie überhaupt noch lebten.

Beschäftigungslos war Ado in den Wochen des ungeduldigen Wartens nicht. Er konnte zwar nicht mit uns auf den Feldern sammeln und pflücken wegen seiner schweren Kriegsverletzungen, aber er konnte, was illegal und üblich, weil lebensnotwendig war, »organisieren«, »tauschen« und auf dem blühenden Schwarzmarkt handeln, auch mit den Besatzungssoldaten, seit das strikte Fraternisierungsverbot aufgehoben war. Wir haben Ado nie danach gefragt, was er machte. Wir waren dankbar, dass er nicht nur Naturalien beschaffte, sondern irgendwie auch an Geld kam. Als großer Bruder fühlte er sich besonders für Mona und Atti verantwortlich, solange sie zur Schule gingen. Wir wollten so wenig wie möglich auf Kosten der Verwandten leben. Ich verdiente als Schneiderlehrling nur ein kleines Taschengeld. Die Reichsmark war zwar nicht entwertet, sie blieb das gültige Zahlungsmittel, hatte aber wenig Kaufkraft. Was auf meinem Sparbuch deponiert war (zum Beispiel das Gehalt vom Bodenamt), musste lange reichen.

Trotz aller Einschränkungen und Sorgen waren die Menschen gesellig, hilfsbereit und gastfrei. Unerwartete Besucher wurden mit einer Kleinigkeit bewirtet, wenn sie nicht selbst etwas zum Essen mitbrachten. Man saß bei Kaffee-Ersatz, Heißgetränk, Kräutertee oder auch schwarzem Tee zusammen und redete und diskutierte. Wir konnten offen über alle Probleme sprechen, ohne Angst vor Denunzianten; endlich freie Meinungsäußerung seit mehr als zwölf Jahren Diktatur. Nach und nach erfuhren wir durch Presse und Rundfunk Einzelheiten über die Untaten der Nazis, über die Konzentrationslager, die Massenvernichtung der Juden in Gaskammern. Noch wurde nichts verdrängt. Man wollte die Wahrheit wissen. Flüchtlinge berichteten von überstandenen Gefahren beim Überqueren der immer strenger bewachten Zonengrenzen. Wir Geschwister waren besonders daran interessiert, von Vertriebenen aus Hinterpommern etwas über das Schicksal von unserer Mutter und Baba zu erfahren. Aber selbst Familien aus Vahnerower Nachbarschaft hatten nichts von ihnen gehört.

Man teilte, was man hatte. Bei den Mahlzeiten saßen häufig Freunde der Familie Schramm am Tisch. Die Portionen wurden dann verkleinert, damit sie für alle reichten, oder es wurde etwas mehr Wasser in die Suppe gegossen. An Inga schrieb ich einmal: »… im Hause Schramm tauchen täglich Menschen aus allen Himmelsrichtungen auf, die viel erlebt haben + ihre vollen Herzen bei Eta ausschütten.«

An eine Episode erinnere ich mich: Es hatte eine Fischzuteilung gegeben – vielleicht einen Hering pro Person – und jeder hatte gerade seinen Fisch auf dem Teller, als wir die Haustürklingel hörten und Eta erschrocken rief: »Professor Iwand!« Eilig wurden die Fische wieder eingesammelt, ein Gedeck wurde geholt, ein Stuhl neben Etas Platz gestellt und der vergessene Gast freudig begrüßt. Er bekam einen ganzen Fisch; den anderen Fischen wurde jeweils ein Stückchen abgeschnitten, aus diesen der fehlende Fisch zusammengesetzt. Der zerstreute Professor bemerkte das nicht.

Am 13. August, Monas siebzehntem Geburtstag, erreichte uns die erste Nachricht aus Vahnerow. Es muss sich dabei um die verstümmelte Abschrift eines Briefes (an wen?) gehandelt haben, denn am 22. August schrieb ich Inga, dass »wir die wörtliche

Abschrift von Muttis Brief (die erste Nachricht gab nicht alles) bekamen. Es muss furchtbar sein, was sie + Baba erlebt haben. Daß sie überhaupt leben, welch eine Gnade! Nach der letzten Rede Churchills sind wir wieder hoffnungsvoller. Ado will morgen fort. Gott weiß, wann wir von ihm hören werden, ob er je bis Vahnerow gelangt.« Wahrscheinlich ist dies der Brief, den unsere Mutter am 6. Juni an Lena von Woedtke, die in Potsdam wohnte, geschrieben hat. Er ist hier im Anhang abgedruckt (Seite 475).

Mein Hinweis auf die letzte Rede Churchills bezieht sich darauf, dass er bei der Potsdamer Konferenz gefordert hatte, die »Austreibung« der deutschen Bevölkerung solle »in geregelter und humaner Form (menschlicher Weise)« geschehen. Es ist bekannt, dass sich weder Russen noch Polen noch Tschechen um diese Forderung gekümmert haben.

Schon seit einiger Zeit hatte Ado sich auf sein gefährliches Unternehmen vorbereitet. Er hatte fleißig Russisch gelernt, und er hatte sich einen Oberlippenbart wachsen lassen, um nicht so preußisch auszusehen, sondern etwas russisch, wie er hoffte. Gerhard kam aus Hameln, um sich von seinem Bruder zu verabschieden. Die Brüder sahen sich nie wieder. Gerhard wurde sechs Wochen später in der Nähe von Hannoversch-Münden vor einer Jagdhütte im Wald erschossen; wahrscheinlich von *Displaced Persons*, sogenannten D. P. s. Er und ein Studienfreund wollten dort übernachten, weil sie wegen der strengen Ausgangssperre am späten Abend in der Dunkelheit nicht in die Stadt zurückkehren durften. Nach den Mördern wurde nicht gefahndet; es wäre erfolglos gewesen.

Am 23. August, um drei Uhr morgens, brach unser Bruder auf. Ging er immer zu Fuß, oder wurde er auch mal von einem Autofahrer mitgenommen? Nach einigen Tagen erreichte er jedenfalls Magdeburg. Und dort kam es zu einer ganz unwahrscheinlichen Begegnung: Auf der Elbebrücke gingen zwei junge Männer aufeinander zu, sahen sich, stutzten und erkannten sich – Ado und Jost Schramm. Jost, aus russischer Gefangenschaft entlassen, war auf dem Weg nach Göttingen in den sicheren Westen; Ado kam aus dem sicheren Westen und war auf dem Weg in den gefährlichen Osten, nach Hinterpommern. Jost erzählte uns in Göttingen von dieser Begegnung, und er sagte, Ado habe mit seinem kleinen Bart ausgesehen wie ein britischer Lord oder wie ein russischer Fürst, trotz seiner schäbigen Kleidung, genannt »Räuberzivil«.

Aus Berlin schrieb Ado uns noch, dass er versuchen wolle, uns eine Nachricht über die grüne Grenze zu schicken. Dann hörten wir wochenlang nichts mehr von ihm.

Erst Mitte November berichtete uns eine mit ihren Kindern aus Vahnerow ausgewiesene Frau sehr ausführlich, denn wir wollten jede Einzelheit wissen, über das harte, bewundernswert tapfer ertragene Leben von Mama und Baba. Von Ado hatte sie auch gehört. Er sei in Naugard in polnische Gefangenschaft geraten.

Ado selbst meldete sich mit einer Postkarte vom 28. November, die er einem Flüchtling mitgegeben hatte. Kurz vor Weihnachten kam sie in Göttingen an.

Ich zitiere aus diesem Schreiben: »Liebe Maria! Ich hoffe in den nächsten Tagen diese Karte und einen Brief absenden zu können. Hofftl. erreicht dich beides. Meine Tage in Naugard sind gezählt. In 14 Tagen kann ich nach Hause. Am 9.9. wurde ich verhaftet, saß hier 7 Wochen im Gefängnis. Dann wurde ich als Architekt mit dem Bau eines Siegesdenkmals für die Polen beauftragt. Und darauf kam ich in die Freiheit und wurde zum angesehenen Mann. Das Denkmal ist sehr groß und protzig geworden. Ich habe genau den poln. Geschmack getroffen. Die letzten zwei Wochen habe ich auf meinen Lorbeeren geruht und betätige mich jetzt als Vermessungsingenieur. Der Mensch muß eben universell sein! Dass ich sowohl von der Vermessung wie von der Architektur keine Ahnung habe, fällt gar nicht auf. Ich habe eine schöne Wohnung, reichlich Bücher, es ist schön warm, und zu Essen habe ich auch genug. Mutti besuchte mich, leider nur auf 1 Stunde, aber wir konnten uns doch etwas sprechen. Ihr und Baba geht es den Umständen entsprechend gut. Sie wohnen im Haus, zusammen mit 70 poln. Soldaten! Das Gut ist noch nicht enteignet, im nächsten Jahr wird es sich wohl entscheiden. … Mutti und Baba haben auch nur das, was sie auf dem Leibe tragen. Die Russen haben das Haus ziemlich besenrein ausgeplündert. Für mich ist das höchst betrüblich, da ich nun nichts zum Anziehen habe über Winter.« Dass er von den Polen fast tot geschlagen worden war, verschwieg er. Es dauerte nicht vierzehn Tage, wie er hoffte, sondern mehr als ein Jahr, bis er wieder in Göttingen war. Das große Denkmal steht noch in Naugard auf dem Marktplatz.

Ich hatte Anfang August meine Lehrstelle gewechselt und in Frau Garms eine bessere Schneidermeisterin gefunden, bei der ich gerne gearbeitet und viel gelernt habe. Wenn es aber eine Möglichkeit geben sollte, das Studium fortzusetzen, dann wollte ich doch die Schneiderlehre abbrechen und versuchen, nach einigen Semestern das begonnene Studium abzuschließen. Es gehörte ein unbekümmerter Optimismus dazu, an irgendwelche Berufschancen für Kunsthistoriker in einem so stark zerstörten Land zu glauben.

Solange ich eine Arbeit hatte und Geld verdiente, wenn es auch sehr wenig war, fühlte ich mich nicht nur als Nutznießer der großzügigen Verwandten im Schoße einer Großfamilie. Uns

Schwestern ging es trotz der räumlichen Enge viel besser als den meisten aus Ostdeutschland Vertriebenen, die in primitiven Behelfsunterkünften bei fremden Menschen einquartiert worden waren. Würde ich noch nebenher Geld verdienen können, wenn ich einen Studienplatz bekäme? Welche Zukunftssorgen ich damals hatte, habe ich nicht aufgeschrieben. Ich glaube, in dem Zustand des Entwurzeltseins lebte ich nur von einem Tag zum anderen.

Früher als ich erwartet hatte, wurde bekannt gegeben, dass der Lehrbetrieb der Georg-August-Universität zum Wintersemester wieder aufgenommen wurde. Die Universitätsgebäude waren, wenn überhaupt, nur geringfügig beschädigt, viele waren von der Militärregierung beschlagnahmt. Archäologen und Kunsthistoriker zum Beispiel hatten zunächst kein eigenes Institut, sie wurden vorübergehend von den Theologen in ihren Räumen aufgenommen. Erst nach Genehmigung des von der Universität vorgelegten Lehrplans erteilte die Militärregierung am 1. August die Erlaubnis zur Wiedereröffnung der Universität in allen Fakultäten und unter eigener Verantwortung zum 1. September, genau sechs Jahre nach Beginn des Krieges. Die Entnazifizierung des Lehrkörpers lag ausschließlich in der Hand der Militärregierung, ebenso die gesamte Personalpolitik (Ernennungen, Entlassungen, Wiedereinsetzungen); jede deutsche Mitwirkung war ausgeschlossen. (Dazu: Wiebke Fehsefeldt, *Der Wiederbeginn des kommunalen Lebens in Göttingen*. Die Stadt in den Jahren 1945– 1948, Göttingen 1962)

Die Göttinger Universität war eine der wenigen nicht zerstörten deutschen Hochschulen, deshalb versuchten besonders viele Interessenten, hier einen Studienplatz zu bekommen. Es gab einen strengen Numerus clausus. Hochschuloffiziere, von den Siegermächten eingesetzt, überprüften überall die Anträge auf Zulassung. Ich erinnere mich undeutlich an einen Fragebogen, der allerdings viel kürzer war als der berühmt-berüchtigte mit hunderteinunddreißig Fragen. Ein oder zwei Engländer gingen meine Antworten und Kreuzchen durch. Sie stutzten bei den »Mitgliedschaften« *(Membership in Organizations)*, denn ich hatte BDM (Bund Deutscher Mädel) wahrheitsgemäß nicht angekreuzt. Sie behaupteten, jedes Mädchen hätte dieser Organisation beitreten müssen. Dass man sich auch erfolgreich drücken konnte, bezweifelten sie, mussten es aber glauben. Es spielte für die Zulassung auch keine Rolle. Nur den NSDStB kreuzte ich an, den unbedeutenden Nationalsozialistischen Deutschen Studentinnenbund.

Bevorzugt wurden zu diesem ersten Nachkriegssemester zugelassen: Verwundete, Examenskandidaten, Männer, die ihr Studium wegen des Krieges unterbrechen mussten (dazu gehörte Gerhard), politisch Verfolgte (ich gehörte wegen Elisabeths Ermordung in diese Kategorie), Kriegswitwen. Allgemein benachteiligt waren zunächst Frauen, solange die Studienplätze knapp waren – jedoch nicht beim Studium der Kunstgeschichte und Archäologie. In diesen Fächern dominierte nach wie vor das weibliche Geschlecht, allerdings nicht mehr so ausschließlich wie im Krieg.

Am 4. September 1945 erhielt ich meine Zulassung zum Studium, zwei Tage später wurde ich immatrikuliert. Meine ersten Eindrücke schilderte ich Inga: »Vorläufig ist an konzentriertes Arbeiten noch nicht zu denken, weil das Seminargebäude noch nicht fertig restauriert ist + ein großer Teil der Bücher noch im sicheren Bergwerk steht. Das Bild in den Hörsälen hat sich sehr geändert: während vor einem Jahr die Universität einem Mädchenpensionat glich, sind jetzt die Reihen mit Männern, in ›Restuniformen‹ gekleidet, ausgefüllt + die Zahl der Studentinnen ist bescheiden klein geworden.«

Ich war glücklich und dankbar, dass ich dazugehörte.

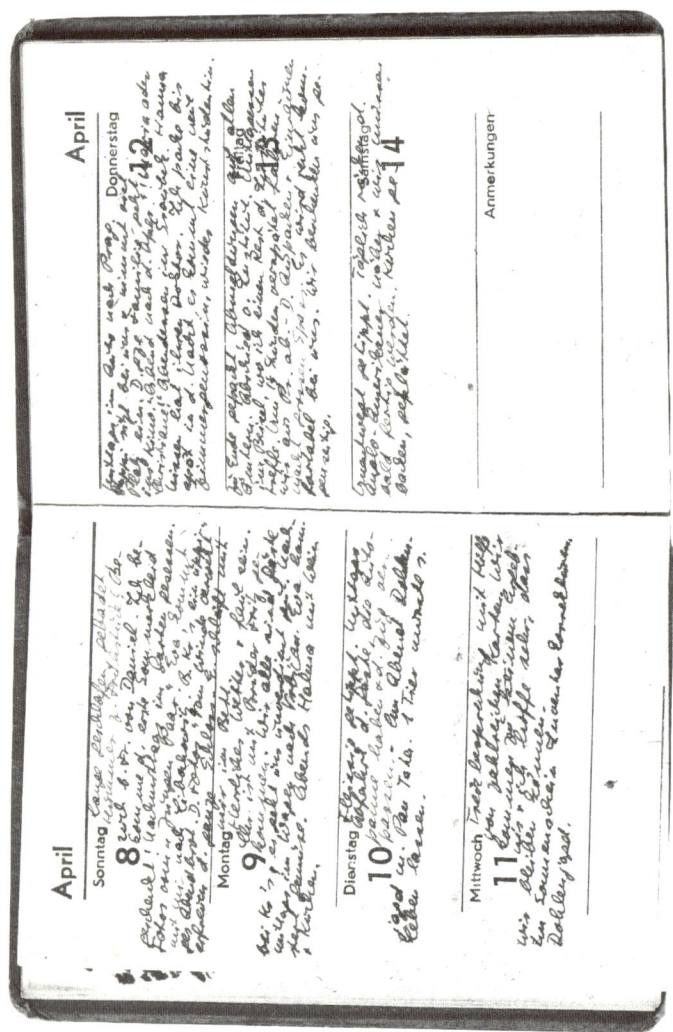

Ein Auszug aus dem Taschenkalender von Maria von Thadden, Sonntag, 8. April, bis Samstag, 14. April 1945, originales Seitenformat: 7,5 x 10,5 cm. Die Geschehnisse und Eindrücke des Tages wurden mit Bleistift und Tinte in Millimetergröße festgehalten.

DREI BRIEFE UNSERER MUTTER
AUS VAHNEROW

An Gerhard (aus seinem Nachlass)

Vahnerow, 19. II. 45
Mein Söhnlein,

heute kam dein Brief vom 2. I. unter dem Motto: »Spät kommt Ihr, doch Ihr kommt, Graf Isolan« + außerdem einer vom 25. I. – Du erzählst so lieb von Weihnachten, + ich bin nur schrecklich traurig, daß all unsere zärtlich gepackten Päckchen nicht ankamen. Auch inzwischen nicht?? Dein Brief vom 25. I. war geöffnet worden, aber das schadet ja nichts bei uns vernünftigen Leuten. Dein erster Brief wegen der Kisten (vom 21. I.) war ja schon am 2. II. hier. Ach du rührender Sohn, wie du dir das wohl mit Zinkblech denkst!! Aber der Inhalt der großen flachen Kiste ist so märchenhaft von Mona + mir gepackt, alles einzeln in entsprechend ganz durchtränkte (von meinem Vorrat – nicht deinen kostbaren Fläschchen! – ca 1 1/2 l!) Zeugstreifen gewickelt, daß nichts passieren kann. Eingraben lasse ich im letzten Moment, Gegend Entenstall – du weißt, den komischen neuen hier – wahrscheinlich direkt unter ihm. Nehmen wir einen anderen Platz, so zeichne ich es auf, d. h. dann geht doch keine Post mehr. Es ist also dort, jedenfalls in dem Stück, zwischen der großen Buche hier an der Ecke (gegenüber den kl. Eichen, wo die »Würmchen« immer knabbern) + dem hinteren Weg. [Anmerkung: Es handelt sich hier um das Vergraben der Jagdgewehre. M.] – Dahin kommt auch, was sonst evt. vergraben wird. Die

Gehörnkiste ist so groß, + ich lasse sie am liebsten im Keller, im Leute-Eßraum, der jetzt den Franzosen gehört. Das findet sich. Daß die neun Mann jetzt unten im Hause wohnen – die Mädchen in Herrn B[assermanns]s Stube – muß dir eine Beruhigung sein. Was ernstlich schlimm ist, ist die Tatsache, daß wir bis auf 9 – 10 vormittags ohne Strom sind. Abgesehen von den trostlosen Abenden, die auf jeden Menschen deprimierender wirken, als man zu ahnen scheint, bedeutet das, daß wir vollkommen ohne Heeresbericht sind, also nie wissen werden, wann Gefahr naht. Heute hören wir es wieder sehr schießen. Ja, + gestern + heute haben wir Abende mit Licht, weil ein Treck mit 37 Menschen hier ist, so daß die Ställe nicht dunkel sein dürfen + auch nicht das Massenquartier. Drum schreibe ich dir schnell. Was die Stromlosigkeit punkto Wasser bedeutet mit 33 Menschen im Hause, kannst du dir ausmalen. Nun, wir wollen es alles, alles tragen, wenn wir nur bleiben dürfen. Ich rechne fest damit, daß wir es nicht nur dürfen, sondern auch müssen. Wo sollten wir noch hin, da jetzt noch, bzw. erst, die ganzen Ostpreußen- + Warthegautrecks durchkommen. Das Elend dieser Trecks ist so grauenhaft, daß es eine Gnade wäre, hier sterben zu dürfen. Aber irgendwie hoffe ich noch immer, daß wir, d. h. Pommern, im allerschlimmsten Falle eingeschlossen werden, + daß unser liebes Vahnerow auf seiner Morastinsel (einst bedauert, jetzt sehr beneidet, da kein Treck + auch sonst niemand herfindet; die gestrigen Treckwagen waren nur von Batzwitz abgezweigt) im toten Winkel liegt. Natürlich kann ich mir andererseits auch kein nur entfernt normales Leben hier vorstellen. Aber das will nichts heißen. Man lebt von einem Tag zum andern mit Flüchtlingen am laufenden Band. Ich habe fünfzig untergebracht. Im Dorf noch ca 25, aber das sind längst nicht alle. Es sollen noch viel mehr kommen. Und das wäre dann praktisch wirklich nicht mehr aufzulösen, es ist wie eine aufgewickelte Riesenschlange, + wir sitzen in der Mitte. Es ist gut, daß soviel Arbeit ist. Man erntet Dank + Undank + lernt allerlei Menschen kennen. Heute wurde eine kl. Küche im Bad vorm einstigen Schulzimmer fertig für Dr. Krienitz (Studienrat + dennoch nett!) mit Frau + fünf Kindern. Wohnen tun sie im Wohnzimmer in Euren beiden Betten, Chaiselongue + Kinderbett. Sowie Mme de la Perche weg ist – wohl diese Woche, da die Legion samt Anhang fortkommt aus Grfbg [Greifenberg] – kommt Vater Kr. ins Kastanienzimmerchen. Aber ich habe nun sonst kein Bett mehr. In der Waschküche kochen 9 Personen, davon wohnen sechs in der Schulstube. Daß ich Eure Stube nach oben in die große G[äste]-Schlafstube (O. Karl + T. Ella [Witte}) verlegte, schrieb ich schon, + Mona schrieb dir sogar mit Zeichnung. Es ist wunderschön. Die Betten in der kl. Stube daneben. Ob Ihr das alles je seht? Deine schönen, schönen Bücher – ich stellte sie alle selbst wieder in den Schrank. Falls du dies bald bekommst + gleich ein Wort schreiben kannst, so sag, welche Bücher (nicht viele!) am wichtigsten sind. Vielleicht kann ich 3 – 4 in einen Koffer + ein paar andere in eine kl. Kiste packen + im Keller verstauen; ich denke – als einzigen trockenen Raum – an den Holzkeller, wo ich manches unter einem großen Holzberg verstauen will (falls das Haus zusammenkracht!). Ach Söhnlein, man murkst vor sich hin + hat kaum eine halbe Stunde tgl. für die eigenen Sachen (wegen der langen dunklen Abende), aber es ist unendlich viel gepackt. Zum Mitnehmen viel zu viel! Daß ich A[tti] + M[ona], evt. auch B[aba] zu Piets [?] Eltern schicken will, schrieb ich. Alles hängt davon ab, daß wir rechtzeitig von einer evt. Gefahr hören. Mein Telefon ist ab; drüben [i. e. Inspektorhaus] ist es noch. Möglich, daß das Amt ein Telegramm von Euch auch mir durchsagte. Man weiß es nicht. Busso [v. Blanckenburg] in den Straßenkämpfen in Glogau verwundet, linke

Hand, irgendwas am Bein, liegt in Döberitz b. Berlin. Onkel Hasso [v. Blanckenburg) auch verwundet, leicht. Von Ado Nachricht vom 3ten. Wo du steckst, ist mir schleierhaft, aber das ist wohl gut so. Am 2.I. schickte ich mal Bilder, das waren wohl deine Aufnahmen. Die von V[ahnerow] gewiß schon im Dezember; am 17. XII. steht in m. Briefbuch. Ob der Nietzsche-Freund wiederkam? Hoffentlich. Wegen der Lichtlosigkeit kann ich garnicht mehr Zarathustra abschreiben.

[Gruß und Unterschrift fehlen.]

An Dieter Bassermann

Vahnerow, 23. II. 45
Lieber Herr Bassermann,

gestern kam Ihr anderer Brief (datiert v. 14ten). Herzlichen Dank. Es rührt mich, daß Sie doch lieber in unserer Mausefalle wären als dort. Und wenn Sie eben hier wären, so würden Sie wahrscheinlich gestern + heute ein Höllen-Donnerwetter en français mit Madame losgelassen haben. Ich erzähle noch davon. Beiliegendes Goethewort kennen Sie gewiß. Da war anschließend noch ein viel längerer Ausspruch. Es hatte mich nur wieder stark beeindruckt, + ich wollte es schon neulich schreiben, d. h. vorgestern + dann gestern. Aber gestern ... Es fing an mit dem Gerücht im Dorf, nach Batzwitz kämen 500 (!! eine andere Zahl fiel keinem ein) Soldaten + alle Flüchtlinge müßten weg. Von diesen sah ich bereits im Geiste --zig anrücken. Ja, + nach Zimmerhausen käme SS-Polizei. Angefüllt mit nachdenklichen Gedanken schritt ich nach Hause + sah einen F[ieseler]-Storch auf dem jungen Klee (im Blick von m. Stube z. Triegl. Weg) landen. Schon kam ein Leutnant + ein Feldwebel an + --- machte bei uns Quartier. Ich war recht erschlagen über seine milit. Pläne, die ich für uns eigentlich gefährdend finde. Aber da kann man nichts machen. Die Quartierfrage – mir war erst etwas weich in den Knien – löste sich schön. Offizier + Feldwebel (ca 10 Mann) kommen ins Haus + die anderen 15 Mann in das heute früh frei gewordene, so herrlich eingerichtete Flüchtlings- alias Franzosenlager. Dies war wirklich ein Geschenk des Himmels – daß es gerade frei wurde – der es doch manchmal gut mit mir meint. Und die Besichtigung angesichts der (heute nach Berlin bzw. Hamburg reisenden) beiden gemeckert habenden Familien eine herrliche Genugtuung für mich. Die beiden Herren ganz fassungslos über das prächtige Lager mit den vielen Betten, Schränken, Sofa!, Kommoden, über die eingerichtete Küche + die nette Stube dahinter. – Es hing an einem Seidenfaden, daß vierzehn meiner Flüchtlinge im Hause rausgesetzt wurden, aber dann erwiesen sich die drei Töchterzimmer eben als geeignet! Eh bien, wir haben sie gestern in 2 1/2 Stunden ins verstorbene Jungensschlafzimmer geräumt, Marias Möbeln z.T. gelassen. Das ging alles. Gekocht wird drüben, wo die Herren auch essen wollen. Werden nur die Hintertreppe benutzen. Kommen morgen angeflogen. Und --- kein Flüchtling kommt mehr nach V., hingegen Licht (fürs »Schloß« + Quartier drüben) + Telefon. Die Herren aßen mit mir, + alles löste sich sehr schnell. Natürlich kann es alles auch von kurzer Dauer sein; wer weiß das heute. – Zimmerhausen bekam nicht, was man dachte, sondern an der Einfahrt hängt plötzlich eine RK-Fahne, ohne daß der Besitzer weiß, wieso. Na, mir wäre sie lieber, als das, was sich auf unserem Kleeschlag tun wird. – Aber nun zu Madame. Daß sie weg war, endgültig, mit Abmeldung + allem, schrieb ich? Und daß die Koffer wiederkamen, weil alles umgestoßen wäre + ein Briefchen, ob sie wiederkommen könnte? Da das Zimmer ja schon wieder besetzt war, sagte ich, ich könne sie nur 8 – 10 Tage in Marias Stube kampieren lassen, bis sie was fände in Grfbg [Greifenberg]. Na, + das wurde nun gestern beschlagnahmt. Telefonisch konnte ich sie nicht erreichen, + so erschien sie gestern abend um 1/2 6, ungeheuer exaltiert, daß ihr Philippe, den sie in Grfbg erwartete, an die Ostfront käme, wahrscheinlich sich schon »schlüge« in der großen Schlacht + gewiß verwundet würde etc. etc. Ach, nun kennen Sie ja meine Steifheit solchen Gefühlswallungen gegenüber – Ado + Gerhard sitzen, wie hunderttausende von anderen Söhnen, auch nicht eben in Abrahams Schoß. Ich fiel also mit der Tür ins Haus, daß kein Zimmer mehr frei wäre + sie nicht bleiben könnte, d.h. nur bis morgen; daß es mir leid täte, daß es bei anderer Lage der Zimmer die vierzehn anderen (incl. 10 Kinder) getroffen hätte etc., daß man nichts machen kann. Ja, + nun hätten Sie dies erleben sollen, wie sie die contenance verlor. Es war entsetzlich. Warum keiner von den andern wegkönnte, immer sie, immer sie – Philippe au front; es war ein Abendbrot ... Die Kinder starr vor Schrecken. Sie heulte + schimpfte + tobte ohne Gutenacht nach oben. Heute früh eilte ich um 8 ins Büro, um glücklich um 9 Uhr die Verbindung zu dem Generalstab zu haben, dem unsere Einquartierung angehört, + rums war das Telefon kaputt. Bei Tisch heute mittag eine Szene von solcher Ungezogenheit, daß ich zornig wurde + die Tafel schnellstens aufhob + sagte, Mona sollte nach Z[immerhausen] radeln + von da telefonieren. Da kam sie dann nochmal an, sie hätte eine Idee, M. sollte nur in Grfbg in der Kaserne anrufen, ob der Transport schon weg wäre (sie hatte gesagt, er ginge gar nicht!), sie wollte dann doch mit. Gottlob klappte das Gespräch, bei dem sich herausstellte, daß nie die Rede war, daß der Transport nicht ginge. Nur hatte Mme herausgekriegt, daß es wohl kein Kastanienzimmer + gedeckten Tisch (sie war doch ganz mein Gast), möglicherweise Baracken oder so gäbe. Und hatte wohl gemeint, wenn sie erst einen Fuß in Marias Stube hätte --- Na, gottlob fährt Mona morgen zu Sisis [v. Blankenburg] Geburtstag durch Grfbg, nimmt sie ihre Koffer mit + setzt alles bei der Kaserne ab + fährt eilig weiter. Es war eine interessante Erfahrung. Sie hätten hier sein sollen. – Aber Sie haben da ja scheinbar was Ähnliches.

Eben ging das Telefon, das Amt wollte »nur prüfen«. Der Vorläufer vom Militär.

Die Söhne schweigen. Auch Marias Brief vier Wochen alt. Gut ist, daß das Militär uns sagen wird, wann es heiß ist. Und ich hoffe, daß sie meine Töchter dann versorgen. – Wenn ich doch nun bloß bald zwei ruhigere Tage habe, um noch allerlei Wichtiges für uns + nicht für andere zu erledigen. Ein verwegener Wunsch!
Ob Sie nochmal in Berlin waren?
Und Sie schreiben eine Karte, wenn Ihre Geschwister sich melden? Da ohne Strom, hörte ich nur durch Mundfunk von einem untergegangenen Dampfer. Ich hoffe täglich auf eine Nachricht.

Leben Sie wohl + verzeihen das viele Geschwätz. Aber dann belastet es mich alles nicht mehr. Dies war gar zu arg mit Mme de la Perche.

Freuen Sie sich mit mir, daß ich ab morgen abend wieder lesen kann + daß in den WC's Wasser läuft.

Viele herzliche Grüße von Ihrer Barbara Thadden

Abschrift eines Briefes an die Schwägerin Helene von Woedtke, geb. von Gerlach in Potsdam, der von jemandem, der zu Fuß von Pommern dorthin ging, mitgenommen wurde und die Schwägerin Ende Juli 1945 erreichte. Das Original ist verloren, da die Dame (circa dreiundsiebzig Jahre alt) gegen Ende 1945 in Potsdam starb – verhungert, wie so viele alte Menschen in Potsdam. Es kann sich hier um den Brief handeln, dessen Abschrift uns am 13. August 1945 in Göttingen erreichte.

Vahnerow, 3. Juni 45
Liebe Lena,

falls Frl v. D[üring] Dir dies selber bringt, wird sie Dir erzählen, was ja nicht zu schreiben ist. Aber wir leben noch, B[aba] und ich, und sind im eigenen Hause. Das ist viel. An Atti und Mona wage ich nicht zu denken vor Sehnsucht. Wo mögen sie sein? Sondershausen oder Göttingen? Und Maria? Prag wäre russisch, heißt es hier. Ach, die Söhne, wo mögen sie sein? Ob sie leben?

Dein Jürgen ist weg wie alle Männer, es heißt, bei Schneidemühl, aber man weiß das nicht. Brigitte allein im Hause, d.h. nicht im Hause, sondern beim Schweizer oder wo. Ich wage nicht recht B[aba] mal hingehen zu lassen, weil die Brennerei wieder in Betrieb ist. – Liesi, Leni etc. in Trieglaff. Batzwitz abgebrannt. Gertrud [v. Senfft] starb am 29. April bei uns, Gerhard S[enfft] soll tot sein. Ilse und Renate bei mir. – Rütznow abgebrannt, Oda [v. d. Marwitz] beim Schäfer. Neklatz abgebrannt; aber man sieht ja kaum jemanden, und von Woedtke weiß ich nichts. – Christa [v. d. Osten] wieder in Rottnow bei ihrem Hofmeister. Käthe Normann jetzt auch zurück und wohnt bei jemand von ihren Leuten.

Ach, Lena, es ist gut, daß man nichts vorher wußte; dann hätte man es nicht ertragen. Ich bin nun schlanker als ein 19-jähriges Mädchen. Schade, daß alle Kleider weg sind. – Ob Du von Grolls weißt und von uns sagst? Und Eta schreibst? Daß Evelia nicht hier war u. Lore auch nicht, welch Segen! Daß Mona und Atti in letzter Minute wegkamen, welch Trost! Ich hätte dies nicht ertragen mit ihnen hier. Frau Prof. Groß ist hier mit ihrer Christine. Wenn doch Post ginge! Wird einmal Frieden? Eben haben wir wieder eine russische Kommandantur mit Kühen. Dabei soll dies doch polnisch werden? Man versteht nichts von allem. Aber ich bin froh, daß das Haus voll ist (und alle ihre festen Mädchen mitbrachten!), das wird ein Schutz, der hoffentlich ein Weilchen dauert. Die letzten Wochen der Vogelfreiheit waren unbeschreiblich.

Wie mag es Euch nur gehen? Man weiß ja nicht, was man glauben soll. Ach, wir wußten immer, daß die SS-Grausigkeiten sich furchtbar rächen würden; und dennoch kann man es schwer ertragen, daß die Gewissenlosen, denen wir dies danken, einen leichten Tod haben werden oder hatten, statt des schweren Lebens, das wir führen. Ich klage nicht, Lena. Mir ist, als lebte ich gar nicht mehr und alles geschieht außer mir. Wir hatten viele Wochen schwere Ruhr und ich die schwerste Bronchitis meines Lebens; aber man hält viel aus. Ich habe immer gesagt, daß ich den Kindern die Heimat retten will oder ein Stück. Es scheint zu gelingen. Aber der Preis ist hoch – aber doch nicht zu hoch.

Aber daß mans übersteht … es ist verwunderlich. Gibt es irgendwo keine Russen? Ach, könnte ich nach England später und alles vergessen!

Denke an uns, liebste Lena. Innigst Deine Barbara

PERSONENVERZEICHNIS

Die wichtigsten Personen der Familien von Thadden und Blank, die im Text erwähnt werden.

Die Eltern unseres Vaters
REINHOLD VON THADDEN (1825–1903), Landwirt. Verh. mit MARIE WITTE (1834–1922)

Unser Vater
ADOLF VON THADDEN (1858–1932); Dr. jur., Landrat und Landwirt

1. Ehefrau
EHRENGARD VON GERLACH (1868–1909)

Aus dieser Ehe fünf Kinder
ELISABETH (1890–1944); Gründerin und Leiterin des Landerziehungsheims Wieblingen. Hingerichtet am 8. September 1944 – REINOLD (1891–1976); Dr. jur., Landwirt. Gründer des Deutschen Evangelischen Kirchentages. Verh. mit Elisabeth (Liesi) Freiin von Thüngen. Fünf Söhne – MARIE-AGNES, gen. Anza (1894–1985). Verh. mit Martin Braune, Korvettenkapitän a. D.; geschieden. Eine Tochter, drei Söhne – HELENE, gen. Leni (1896–1985); Kreisfürsorgerin – EHRENGARD, gen. Eta (1900–1985). Verh. mit Prof. Dr. Percy E. Schramm. Drei Söhne

2. *Ehe*
mit unserer Mutter BARBARA BLANK (1895–1972). Lehrerin

Aus dieser Ehe sechs Kinder:
ADOLF, gen. Ado (1921–1996) – MARIA (*1922) – GERHARD (1924–1945) – BARBARA, gen. Baba (*1925) – MONIKA, gen. Mona (1927–2008) – ASTRID, gen. Atti (*1930)

Die Eltern unserer Mutter:
BERNHARD LOUIS BLANK (1855–1897); Oberlehrer/Studienrat – MARIA HUME (1868–1930)

Die Schwestern unseres Vaters:
ELISABETH, gen. Lieschen (1860–1944); Gutsfrau und Schriftstellerin. Verh. mit Karl von Oertzen. Ein Sohn, fünf Töchter – MARIE, gen. Miez (1862–1945); Johanniter-Schwester – HEDWIG (1864–1945). Verh. mit Franz (von) Löher; Kgl. Bayer. Reichsarchivrat. Ein Sohn, eine Tochter – HILDEGARD (1866–1955); Pröpstin des Magdalenenstifts in Altenburg

Die Geschwister unserer Mutter:
PAUL (1894–1951), Dipl.-Ingenieur. Verh. mit Friedel Hümmert. Ein Sohn, eine Tochter

Halbgeschwister aus der 2. Ehe von Maria Hume mit Studienrat Dr. Schmidt:
FRITZ (1904–1994); Dr. agr., Landwirtschaftsoberrat. Verh. mit Marianne Wegener (1904–2005) – KÄTHE (1907–1994 oder 1995). Verh. mit Karl Pierau. Zwillinge

LITERATUR ZUR FAMILIE VON THADDEN

Eleonore Fürstin Reuß, *Adolf von Thadden-Trieglaff. Ein Lebensbild.* Berlin 1890
D. Hermann Petrich, »Adolf und Henriette von Thadden und ihr Trieglaffer Kreis. Bilder aus der Erweckungsbewegung in Pommern.« In: *Forschungen zur Kirchengeschichte Pommerns*, Bd. 2, Stettin 1931
Werner Hühne, *Thadden-Trieglaff. Ein Leben unter uns.* Stuttgart 1959
Irmgard von der Lühe, *Elisabeth von Thadden. Ein Schicksal unserer Zeit.* Düsseldorf 1966
Matthias Riemenschneider, Jörg Thierfelder (Hrsg.), »Elisabeth von Thadden. Gestalten – Widerstehen – Erleiden.« In: *Edition Zeitzeugen.* Karlsruhe 2002
Eckhard Jesse, »Biographisches Porträt: Adolf von Thadden.« In: *Jahrbuch Extremismus und Demokratie.* Hrsg. Von Uwe Backes und Eckhard Jesse. 2. Jahrgang 1990
Barbara Fox (von Thadden), *Finding a Way Home. Recollections of a Family in Pomerania.* York (o. J.). Privatdruck

DIE ELTERN, SCHWESTERN, ZWEI EHEFRAUE

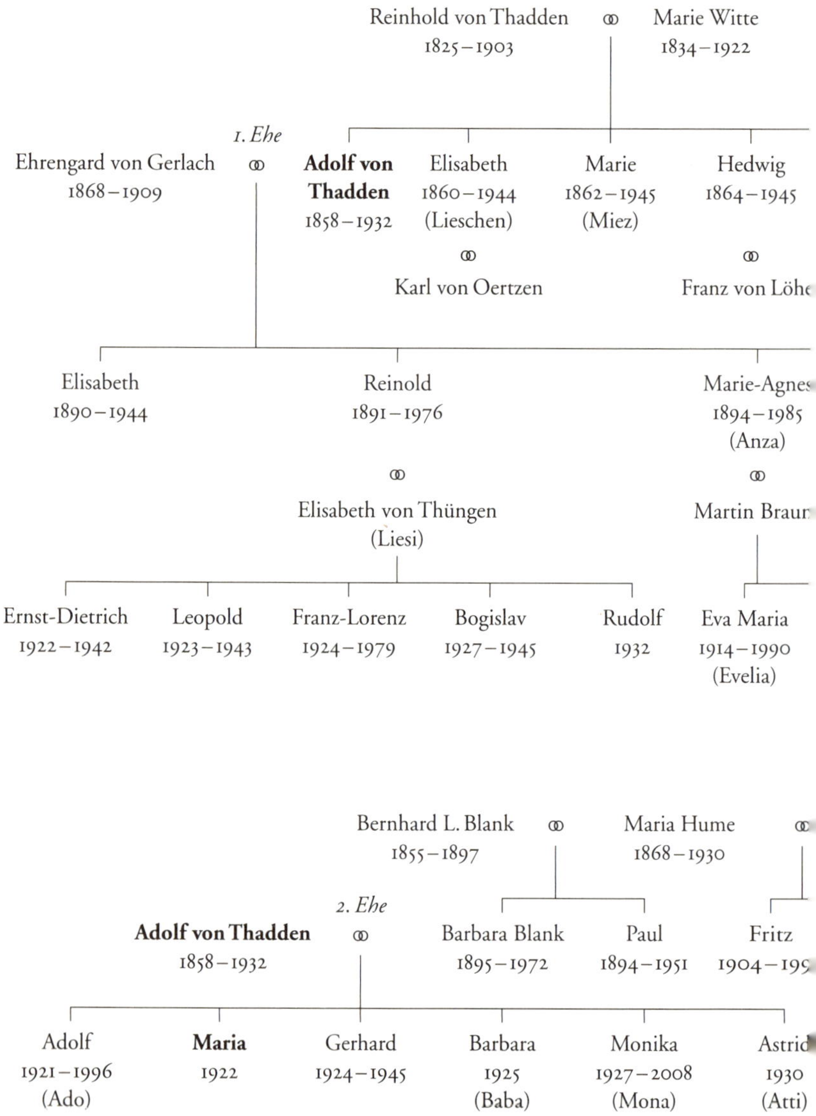

Reinhold von Thadden ⚭ Marie Witte
1825–1903   1834–1922

1. Ehe

Ehrengard von Gerlach ⚭ **Adolf von Thadden**   Elisabeth   Marie   Hedwig
1868–1909   1858–1932   1860–1944   1862–1945   1864–1945
                         (Lieschen)   (Miez)
                                    ⚭   ⚭
                               Karl von Oertzen   Franz von Löhe

Elisabeth   Reinold   Marie-Agnes
1890–1944   1891–1976   1894–1985
                                 (Anza)
                 ⚭   ⚭
       Elisabeth von Thüngen   Martin Braun
           (Liesi)

Ernst-Dietrich   Leopold   Franz-Lorenz   Bogislav   Rudolf   Eva Maria
1922–1942   1923–1943   1924–1979   1927–1945   1932   1914–1990
                                                                  (Evelia)

Bernhard L. Blank ⚭ Maria Hume ⚭
1855–1897   1868–1930

2. Ehe

Adolf von Thadden ⚭ Barbara Blank   Paul   Fritz
1858–1932   1895–1972   1894–1951   1904–199

Adolf   **Maria**   Gerhard   Barbara   Monika   Astrid
1921–1996   1922   1924–1945   1925   1927–2008   1930
(Ado)   (Baba)   (Mona)   (Atti)

JND NACHKOMMEN DES ADOLF VON THADDEN

Hildegard
1866–1955

	Helene	Ehrengard
	1896–1985	1900–1985
	(Leni)	(Eta)
		∞
		Percy E. Schramm

Georg	Henning	Joachim	Jost	Gottfried	Gebhard
1919–1943	1922–1944	1926–1952	1926–2002	1929	1932
				(Götz)	

Dr. Schmidt

Käthe
1907–1994 oder 1995